Serge Berstein, Pierre Milza

L'Allemagne de 1870 à nos jours

Huitième édition

ARMAND COLIN

Collection U

Histoire

Illustration de couverture : *Vue de Berlin et du Reichstag, 2007*
ph © AKG - Images / Jost Schilgen

Maquette de couverture : L'Agence libre

Armand Colin est une marque de Dunod Editeur
5, rue Lanromiguière
75005 Paris

ISBN 978-2-200-28505-0

Chapitre 1

Les grandes étapes de l'Unité allemande

L'idée unitaire allemande, née à la fois du contact de la Révolution française et de la réaction contre l'emprise napoléonienne, a subi un long et difficile cheminement avant de servir de levier à l'action de Bismarck. En effet, de même qu'en Italie l'Unité s'est faite sous l'égide du Piémont et pour le plus grand profit de la monarchie de Savoie, la fondation du Reich marque, avec le triomphe des Hohenzollern, les débuts d'une prussianisation dont les effets seront longtemps ressentis.

Des origines à 1815 : naissance du sentiment national allemand

L'Allemagne à l'école de la France révolutionnaire et impériale

Préparée par le cosmopolitisme de la seconde moitié du XVIIIe siècle, admiratrice des « idées nouvelles », répandues en Europe par les philosophes français, l'intelligentsia allemande a généralement accueilli avec faveur les débuts de la Révolution. Tandis que des intellectuels comme Kant et Fichte saluaient avec enthousiasme les premières victoires du peuple de Paris, on vit se développer un peu partout les loges maçonniques, les sociétés de lecture et les journaux libéraux. Quelques *clubs* firent même leur apparition, tel celui de Mayence qui ne réunit, il est vrai, que quelques centaines de personnes, parmi lesquelles beaucoup d'étrangers. On pouvait donc penser que les idées libérales et nationales qui animaient les révolutionnaires français allaient trouver en Allemagne un terrain favorable. En fait, les rares mouvements d'inspiration révolutionnaire qui se développèrent en Allemagne du Sud et en Saxe durèrent peu et n'affectèrent qu'une faible partie de la population. La bourgeoisie industrielle et commerçante des pays d'outre-Rhin était encore trop éloignée des formes modernes du capitalisme, trop attachée aux cadres corporatistes de l'économie, pour souhaiter un bouleversement radical des structures et des institutions de l'Ancien Régime. Ce conservatisme se trouva bientôt renforcé par le poids matériel et moral de l'occupation française, et c'est en définitive contre celle-ci que devaient se développer les premiers germes du sentiment national allemand.

La brutalité de la domination napoléonienne devait évidemment accentuer cette tendance. Mais la Révolution et l'Empire n'ont pas seulement joué le rôle de réactif. Ils ont préparé les voies de l'unification en simplifiant la carte de l'Allemagne, qui ne compte plus que 39 États en 1815 au lieu de 350, en détruisant ou en ébranlant fortement les bases de l'Ancien Régime socio-économique – corporations interdites, servage et droits féodaux supprimés, privilèges des États abolis – en introduisant enfin des réformes administratives et juridiques (système préfectoral, Code Civil) calquées sur le modèle français.

L'éveil national

Seule une mince frange de la bourgeoisie allemande – de riches familles de Hambourg, les Sieveking ou les Voght, un Forster ou un Joseph Görres en Rhénanie – a souhaité l'application dans son pays des idées de la Révolution française. Très vite ces francophiles eux-mêmes sont déçus par les excès des révolutionnaires et par les maladresses des occupants, qui n'ont aucune peine à réveiller les haines accumulées lors des guerres du XVIIe et du XVIIIe siècle. Par la suite, il apparaît clairement aux patriotes allemands que les réformes introduites dans les pays soumis à la domination impériale visent avant tout à assurer une meilleure exploitation de ceux-ci, Napoléon n'hésitant pas à limiter leur champ d'application dès qu'elles peuvent servir de ferment à l'idée nationale.

Dans ces conditions, la genèse du nationalisme allemand s'est opérée non par contamination des idées jacobines françaises, mais plutôt par réaction contre celles-ci. Au cosmopolitisme, au rationalisme, aux idées de progrès et de droits naturels qui caractérisent la pensée des philosophes français et les aspirations des hommes de 1789, les penseurs allemands opposent des conceptions tournées vers un passé médiéval idéalisé, mêlant à la nostalgie du vieux Reich et à la vision mystique et universaliste de la foi catholique l'image d'une société fondée sur l'harmonie des rapports entre des groupes sociaux parfaitement hiérarchisés. Ce courant réactionnaire et *romantique*, qu'illustrent des écrivains comme Frédéric Schlegel, Novalis, von Brentano, Görres et surtout Adam Müller, débouche sur un concept national fort différent de celui qui est issu de la Révolution française et qui repose sur l'idée d'un contrat librement consenti. Pour les romantiques allemands, la nation est une réalité vivante qui plonge ses racines dans le passé le plus lointain de la communauté germanique. Le folklore, les mythes hérités de la légende, le passé national sacralisé ou idéalisé (des cathédrales aux chevaliers teutoniques), la notion même d'un « droit historique » coutumier développée par Carl von Savigny, entrent dans ce concept d'esprit populaire, de *Volkgeist*, qui va constituer l'assise fondamentale du nationalisme allemand.

À noter cependant que tous les patriotes allemands ne souscrivent pas à une conception aussi résolument tournée vers le passé : il subsiste, à côté de ces tendances romantiques et réactionnaires, un courant progressiste qui demeure attaché aux notions de liberté et d'égalité et qui s'oppose à la France napoléonienne, non pas par nostalgie de l'Ancien Régime, mais parce que celle-ci, devenue puissance oppressive, se trouve maintenant en parfaite opposition avec les principes de 89. Ces tendances « jacobines » apparaissent notamment dans les *Discours à la Nation allemande* prononcés par Fichte, dans Berlin occupé par les troupes françaises, lors de l'hiver 1807-1808. Pour Fichte, le culte de la langue et de l'histoire allemandes ne doit pas servir au renforcement des idées contre-révolutionnaires, mais constituer au contraire le ferment d'une Allemagne unifiée et démocratique.

Beaucoup de patriotes pensent que la Prusse, en pleine rénovation après la paix de Tilsit, pourrait être le noyau autour duquel se constituerait cette Allemagne nouvelle. En effet, pour les grands ministres réformateurs que sont von Stein et Hardenberg dans le domaine civil, Scharnhorst et Gneisenau pour les problèmes militaires, la renaissance de l'État prussien implique, à côté de l'action d'une haute bureaucratie fidèle aux principes du despotisme éclairé, la participation de la nation tout entière à l'administration, au gouvernement et à la défense du pays. C'est dans cette perspective que sont adoptées des réformes propres à unifier les rapports entre l'État et les sujets et à intéresser une partie d'entre eux à la vie publique : adoption d'un système administratif inspiré du modèle français et mise en place d'assemblées municipales élues au suffrage censitaire. En même temps s'amorce, avec les réformes agraires, l'accès à la propriété foncière de toutes les classes sociales, l'abolition du servage et des corporations, un déblocage de la société qu'accompagne la création d'une armée nationale dont l'encadrement cesse d'être le monopole de la noblesse. Stein aurait voulu que cette entreprise fût couronnée par l'établissement d'un véritable système représentatif, mais sa disgrâce en 1809 mit un terme aux projets qui avaient été ébauchés en ce sens. Son œuvre fut poursuivie par Hardenberg mais dans un esprit plus proche de celui qui avait animé les despotes éclairés du XVIIIe siècle. L'un et l'autre avaient cependant montré suffisamment d'audace pour inquiéter la classe dirigeante traditionnelle. Groupés autour de von der Marwitz, les Junkers constituèrent un parti conservateur assez puissant pour faire prévaloir auprès du prudent Frédéric-Guillaume III des thèses d'inspiration féodale et particulariste. En agissant de la sorte, ils sacrifiaient à leurs intérêts et à une vision médiévale du monde allemand une unité qui leur semblait devoir assurer le triomphe des idées jacobines. Il reste que les mesures libérales des ministres réformateurs ont puissamment aidé à l'essor du mouvement patriotique qui, groupant autour de la Prusse les patriotes allemands, aboutit en 1813 à la guerre de libération et à l'expulsion des troupes napoléoniennes.

De 1815 à 1850 : l'échec de la tentative libérale

La Restauration

Ceux qui avaient cru aux chances d'une Allemagne unifiée autour d'une Prusse libérale furent vite déçus par les traités de 1815 et par la réaction qui suivit. Sans doute la carte politique des pays germaniques se trouvait-elle considérablement simplifiée, mais la redistribution territoriale s'était opérée en fonction du seul intérêt des princes, et plus particulièrement des deux grands vainqueurs : Prusse et Autriche. Metternich, qui voyait dans la constitution d'un Reich unitaire et nationaliste, un danger pour l'ordre et l'équilibre de l'Europe restaurée, imposa la création d'une *Confédération germanique* à peu près dépourvue de pouvoir central. La *Diète* de Francfort, que présidait l'Autriche, n'était en effet qu'un conseil groupant les ambassadeurs des États membres, chacun de ces États conservant sa souveraineté et pouvant refuser de ratifier telle ou telle décision de la Diète. Ainsi constituée, la Confédération représente surtout pour l'Autriche un moyen de surveiller les pays allemands et d'intervenir pour briser toute velléité de subversion.

En même temps que s'effondre le rêve unitaire – limité il est vrai à une faible minorité d'intellectuels – s'opère une réaction à la fois idéologique, avec la diffusion en Allemagne des idées de Joseph de Maistre et du Bernois Haller, et politique. En Prusse, où l'œuvre de Stein et Hardenberg se trouve partiellement remise en question, Frédéric-Guillaume III se garde bien de donner suite à la promesse faite à ses sujets en mai 1815 de leur accorder une « représentation du peuple ». Ils devront se contenter de diètes provinciales aux attributions très restreintes et que dominent d'ailleurs les propriétaires fonciers. Dans l'armée, on s'attache à faire disparaître toute trace de « jacobinisme ». Le service militaire obligatoire est maintenu mais la *Landwehr* est placée dans l'étroite dépendance de l'armée de métier où les hauts grades redeviennent plus ou moins le privilège de la noblesse. Cette réaction n'est pas limitée à la Prusse. Seuls y échappent quelques États d'Allemagne du Sud où des souverains au pouvoir mal affermi ont accordé à leurs sujets des constitutions inspirées de la Charte concédée par les Bourbons.

L'agitation libérale

Jusqu'en 1848, les aspirations unitaires et libérales, souvent confondues, ne se manifestent guère qu'au niveau des élites. Les classes populaires des villes et des campagnes sont trop absorbées par les difficultés de la vie quotidienne, trop attachées encore à la tradition et aux dynasties locales, pour atteindre le stade de la conscience révolutionnaire. L'opposition vient des milieux bourgeois et plus particulièrement des intellectuels : historiens, juristes, publicistes, professeurs. Il s'agit généralement d'ailleurs d'un libéralisme modéré, bien qu'il se soit constitué, sous l'influence de la gauche hégélienne et en particulier de Bauer, un courant « radical » d'inspiration démocratique et laïcisante. Aux idées libérales et unitaires se mêle d'autre part l'amour romantique et tourné vers le passé du vieux Reich médiéval.

Toutes ces tendances se fondent dans l'agitation universitaire qu'entretiennent des associations d'étudiants et de professeurs, bientôt groupées autour de la *Burschenschaft* (camaraderie) d'Iéna. Les principales manifestations en sont la fête de la Wartbourg en 1817 – célébration du troisième centenaire de la Réforme s'achevant en autodafé de livres réactionnaires – et l'assassinat en 1819 du poète Kotzebue, considéré comme un agent du tsar, par le jeune Sand, ce qui permet à Metternich d'imposer en Allemagne une politique de réaction (congrès de Carlsbad en 1819). D'autres manifestations libérales et unitaires font suite aux événements de 1830, ainsi la Fête de Hambach (mai 1832) au cours de laquelle est hissé le drapeau noir-rouge-or de la *Burschenschaft*, symbole d'une Allemagne unifiée et démocratique, et l'année suivante le putsch contre la Diète de Francfort. Metternich en profite pour accentuer, avec l'accord des princes, une répression qui frappe à la fois les milieux universitaires et les écrivains de la « Jeune Allemagne », un Gutzkow ou un Laube. Pendant quelque temps, le mouvement national disparaît sur le plan politique. Jusqu'en 1840, il lui manque en effet l'indispensable assise sociologique que constitue une puissante bourgeoisie capitaliste.

L'essor de la bourgeoisie et la politique de la Prusse

Paradoxalement, c'est au moment où le mouvement libéral et unitaire se trouve complètement étouffé que se constituent les bases de la future unité. Pour lutter contre le marasme qui fait suite à l'effondrement du système économique impérial et à l'invasion du marché allemand par les marchandises britanniques, la Prusse prend d'importantes initiatives douanières. Dans un premier temps elle unifie son propre régime douanier, à la fois pour satisfaire les intérêts économiques des nouvelles provinces occidentales et pour servir de modèle aux autres États allemands. Puis elle contraint ceux-ci, d'abord groupés dans des associations douanières rivales, à passer avec elle des traités bilatéraux. Ainsi se constitue, sous l'égide des financiers Motz et Maassen et conformément aux idées de Frédéric List, une union douanière, le *Zollverein*, qui groupe, en 1833, 25 États et dont l'Autriche se trouve exclue.

C'est dans ce cadre élargi que s'amorce à partir de 1840 le démarrage économique de l'Allemagne. L'unification douanière et la mise en place d'un réseau ferré qui, en 1849, représente déjà près de deux fois celui de la France, stimulent l'activité industrielle. En dix ans, la production de fer augmente de 50 %, celle de coton de 60 %, tandis que double en valeur le commerce extérieur. Aussi voit-on se développer une bourgeoisie dynamique, composée d'hommes d'affaires, d'industriels, de spéculateurs. Elle brasse des affaires importantes et commence à penser, à la suite de David Hansemann, un commerçant prussien des provinces rhénanes, que « l'unité allemande devait être réalisée par la Prusse sur la base des intérêts matériels ».

Mais les intérêts économiques ne sont pas seuls à pousser les petits États allemands dans les bras de la Prusse. En 1840, la mobilisation française sur le Rhin a provoqué une nouvelle poussée de nationalisme et l'on a pris conscience de la nécessité d'une union que seule la Prusse pourrait réaliser. Beaucoup d'Allemands sont prêts à la suivre dans cette voie, à condition qu'elle se transforme en un État libéral et constitutionnel. Or l'avènement de Frédéric-Guillaume IV en 1840 suscite de grands espoirs. Lors de la cérémonie qui clôt les travaux de la cathédrale de Cologne, il fait allusion à l'unité spirituelle des Allemands (septembre 1842). Il nomme ou réintègre des professeurs libéraux comme Arndt ou Dahlmann. Surtout, il réunit en 1847 un Landtag où siègent les députés des diètes provinciales et qui va prendre la tête du mouvement libéral. Mais le roi de Prusse est moins un libéral qu'un « romantique » qui croit à la communion mystique du peuple et de la couronne. Lorsque le Landtag veut se transformer en parlement annuel et lui refuse un emprunt ferroviaire, il le renvoie, à la satisfaction des hobereaux. Mais déjà l'opposition politique se trouve relayée par une agitation plus radicale que favorisent les graves difficultés économiques des années 1845-1847.

La Révolution de 1848 et son échec

L'annonce des événements de Paris déclenche en mars 1848 une vive agitation révolutionnaire. Tandis que l'Allemagne du Sud est la proie de jacqueries spontanées, des manifestations encadrées par la bourgeoisie des villes contraignent les souverains à accorder des réformes libérales (Bade, Wurtemberg, Hesse), ou à abdiquer (Louis Ier de Bavière). À Berlin, où Frédéric-Guillaume IV inquiet promet de réunir un nouveau Landtag et d'agir en faveur de l'unification de l'Allemagne, éclatent des émeutes qui livrent la ville aux insurgés, ouvriers et étudiants (18 mars). Soucieux d'écarter le danger d'une révolution démocratique, le roi, qui a besoin de l'alliance temporaire de la bourgeoisie, renvoie les troupes et annonce l'octroi d'une constitution avec une Assemblée élue au suffrage universel. En même temps se développe le mouvement unitaire. Le 31 mars se réunit à Francfort un parlement préparatoire *(Vorparlament)*, composé essentiellement de libéraux et qui décide d'élire un Parlement constituant. Celui-ci s'installe à Francfort le 18 mai, adopte le drapeau rouge, noir et or et désigne un ministère d'Empire tout en commençant à préparer la constitution du futur Reich.

Le roi de Prusse Frédéric-Guillaume IV expose à son ami le baron de Bunsen les raisons pour lesquelles il a refusé la couronne impériale que lui proposait l'assemblée libérale de Francfort

« ... Mais, mon très cher ami, toute la difficulté gît précisément là : je ne veux ni l'assentiment des princes à ce choix, ni cette couronne impériale. Comprenez-vous les mots soulignés ?

Je vais vous mewttre cela en pleine lumière, aussi brièvement et aussi vivement que possible. D'abord *cette* couronne n'est pas une couronne. La couronne que pourrait prendre un Hohenzollern, si les circonstances permettaient que cela fût possible, ce n'est pas, même avec l'assentiment des princes, la couronne fabriquée par une assemblée issue d'un germe révolutionnaire, une couronne *dans le genre de la couronne des pavés de Louis-Philippe* ; c'est la couronne qui porte l'empreinte de Dieu, la couronne qui fait souverain par la grâce de Dieu celui qui la reçoit avec le saint-carême, la couronne qui a fait rois des Allemands par la grâce de Dieu plus de trente-quatre princes et qui associe toujours le dernier oint du Seigneur à l'antique lignée qui le précède. La couronne qu'ont portée les Othon, les Hohenstaufen, les Habsbourg, un Hohenzollern peut la porter, cela va sans dire ; elle est pour lui une surabondance d'honneur, un rayonnement de mille années d'éclat. Celle-là au contraire, celle dont vous vous occupez... pour votre malheur, elle est déshonorée surabondamment par l'odeur de charogne que lui donne la révolution de 1848, la plus niaise, la plus sotte, la plus stupide, et non pas cependant, Dieu soit loué ! la plus criminelle des révolutions de ce siècle. Quoi ! cet oripeau, ce bric-à-brac de couronne pétri de glaise et de fange, on voudrait la faire accepter à un roi légitime, bien plus à un roi de Prusse qui a eu cette bénédiction de porter non pas la plus ancienne mais la plus noble des couronnes royales, celle qui n'a été volée à personne...

... Je vous le dis nettement : si la couronne dix fois séculaire de la nation allemande, après un interrègne de quarante-deux ans, doit être une nouvelle fois donnée, c'est moi et mes pareils qui la donnerons. Et malheur à qui usurperait ce qui ne lui appartient pas ! »

Cité par Saint-René Taillandier,
Dix ans de l'histoire d'Allemagne, Didier, 1879, p. 114-115.

Mais la vague est de courte durée. En Prusse, où les forces conservatrices ont repris la situation en main et où l'agitation ouvrière rapproche la bourgeoisie de la couronne, le roi, qui a proclamé l'état de siège et rappelé les troupes à Berlin, dissout la Constituante et promulgue une constitution très conservatrice. Pendant ce temps, le Parlement de Francfort, divisé entre partisans de la *Grande Allemagne* (avec l'Autriche) et de la *Petite Allemagne* (sans l'Autriche), se trouve rapidement discrédité et sans moyens d'action. Lorsqu'en mars 1849, les députés proposent à Frédéric-Guillaume l'Empire héréditaire, le roi de Prusse qui se méfie des tendances jacobines du Parlement et n'entend tenir son sceptre que des princes, refuse le « bric-à-brac de couronne pétri de glaise et de fange » qui lui est offert. Peu de temps après d'ailleurs le Parlement est dispersé et les velléités d'insurrections qui secouent les États de l'ouest sont écrasées par les armées prussiennes. Frédéric-Guillaume IV tente alors de réaliser à son profit une fédération monarchique autour de la Prusse. Mais l'Autriche intervient. Schwarzenberg convoque à Francfort l'ancienne Diète et lance un ultimatum à la Prusse. Celle-ci doit en novembre 1850 renoncer pour un temps à ses audacieux projets (reculade d'Olmütz).

L'échec des révolutions de 1848 est aussi celui d'une Unité réalisée par la voie libérale et par l'adhésion des élites bourgeoises. Il reste une autre voie dans laquelle vont s'engager une dizaine d'années plus tard la monarchie prussienne et la classe dirigeante traditionnelle : elle est autoritaire, conservatrice et anti-autrichienne.

La Prusse rhénane à la veille de la Révolution de 1848, vue par Frédéric Engels

« Depuis deux générations, la rive gauche du Rhin ne connaît plus la féodalité ; la noblesse est privée de ses privilèges, la propriété foncière est passée de ses mains et de celles de l'Église aux mains des paysans ; le sol est morcelé, le paysan est libre propriétaire de ses terres comme en France. Dix ans plus tôt que partout ailleurs en Allemagne, les corporations et la domination patriarcale des patriciens disparurent des villes devant la libre concurrence ; et finalement le Code Napoléon sanctionna toutes les institutions révolutionnaires.

Mais en second lieu, la Prusse rhénane possède – et c'est là son principal avantage sur les autres régions de la rive gauche du Rhin – l'industrie la plus évoluée et la plus variée de toute l'Allemagne. Presque toutes les branches de l'industrie sont représentées dans les trois arrondissements gouvernementaux d'Aix-la-Chapelle, de Cologne et de Dusseldorf ; l'industrie du coton, de la laine et de la soie en tous genres, accompagnée des branches connexes de la blanchisserie, de l'impression et de la teinture, de la fonderie et de la fabrication de machines, en outre l'industrie minière, l'armurerie et toutes les autres industries des métaux, s'y trouvent concentrées dans un espace de quelques milles carrés occupant une population de densité inouïe pour l'Allemagne. Le district de la Mark se rattache immédiatement à la province rhénane ; région du fer et du charbon, il l'alimente partiellement en matières premières et en fait même partie au point de vue industriel. La meilleure voie fluviale de l'Allemagne, la proximité de la mer, la richesse minérale de la contrée, favorisent l'industrie, qui a en outre construit de nombreuses voies ferrées et qui travaille chaque jour à compléter son réseau ferroviaire. En corrélation avec cette industrie on trouve un commerce d'exportation et d'importation avec toutes les parties du monde qui est considérable pour l'Allemagne, des relations directes importantes avec tous les entrepôts du marché mondial, et une spéculation relativement développée sur les matières premières et les actions de chemin de fer. Bref le degré de développement industriel et commercial de la Province rhénane, bien qu'assez insignifiant sur le marché mondial, n'a pas son pareil en Allemagne. »

Frédéric Engels, *La révolution démocratique bourgeoise en Allemagne*
Paris, Éditions sociales, 1951, p. 119-120.

Ce texte, comme celui qui suit, a été rédigé par Engels « à chaud », au lendemain de l'échec de la Révolution de 1848. Il a été écrit à Londres au cours du printemps 1850 et a paru dans la revue économique et politique fondée par Marx, la *Neue Rheinische Zeitung* sous le titre : « La campagne pour la constitution du Reich ». Le texte suivant est également extrait d'une série d'articles d'Engels, groupés sous le titre « Révolution et contre-révolution en Allemagne » et publiés entre août 1851 et octobre 1852 dans le *New York Daily Tribune.* À noter qu'ils portaient la signature de Karl Marx, correspondant pour l'Europe de ce journal américain de tendance libérale. Il a fallu la publication de la correspondance Marx-Engels pour que soit connu le nom du véritable auteur.

La société allemande en 1848

« En résumé, voici la condition de la Prusse et des petits États d'Allemagne, à la fin de 1847. La bourgeoisie, sentant sa force, était décidée à ne pas supporter plus longtemps les entraves au moyen desquelles un despotisme féodal et bureaucratique gênait ses transactions commerciales, sa capacité de rendement industriel, son action commune en tant que classe ; une partie de la noblesse foncière était transformée à tel point en producteurs de marchandises, qu'elle avait les mêmes intérêts que la bourgeoisie et faisait cause commune avec elle ; la petite bourgeoisie, mécontente, grommelait contre les taxes, contre les obstacles qu'elle rencontrait dans ses affaires commerciales, mais n'avait pas de plan défini de réformes capables de lui assurer une position dans la société et l'État ; la paysannerie était opprimée ici par des exactions féodales, là par les prêteurs d'argent, les usuriers et les avocats ; les ouvriers des villes, gagnés par le mécontentement général, nourrissaient également une haine contre le gouvernement et les grands capitalistes industriels, et étaient gagnés par la contagion des idées socialistes et communistes ; bref, il y avait une masse d'opposition hétérogène, issue d'intérêts divers, mais plus ou moins dirigée par la bourgeoisie, au premier rang de laquelle marchait cette même bourgeoisie prussienne, et notamment celle de la province rhénane. D'un autre côté, des gouvernements en désaccord sur nombre de points, se méfiaient les uns des autres et en particulier de la Prusse, dont la protection était pourtant leur ressource ; en Prusse, un gouvernement abandonné par l'opinion publique, abandonné même par une partie de la noblesse, s'appuyait sur une armée et une bureaucratie que de jour en jour contaminaient davantage les idées de la bourgeoisie oppositionnelle, et qui en subissaient toujours davantage l'influence, un gouvernement par surcroît sans le sou, dans l'acception la plus littérale du mot, et incapable de se procurer le premier centime pour couvrir un déficit croissant, sans capituler sans conditions devant l'opposition de la bourgeoisie.
La bourgeoisie d'un pays eut-elle jamais une plus splendide position dans sa lutte pour le pouvoir contre le gouvernement établi ? »

F. Engels, *op. cit.*, p. 224-225.

Bismarck et la réalisation de l'Unité allemande (1850-1871)

De 1850 à 1862 la Prusse connaît un rapide essor économique

À la tête d'un *Zollverein* élargi et consolidé, elle développe son réseau ferroviaire et ses industries, notamment dans la région rhéno-westphalienne. Mais elle traverse en même temps de sérieuses difficultés politiques, avec la constitution d'un parti libéral qui entend contrôler les dépenses de la monarchie et contraindre celle-ci à reprendre une politique unitaire. Peu de temps après son avènement (1861), le nouveau souverain Guillaume Ier se heurte à la résistance du Landtag à qui il a demandé une augmentation des crédits militaires. Le roi songe d'abord à abdiquer, puis se décide à appeler Bismarck à la chancellerie. Pour briser l'opposition des députés, celui-ci use de procédés dictatoriaux, levant les impôts par décrets et faisant voter le budget par la Chambre des seigneurs. Puis il réforme et renforce l'armée en qui il voit l'outil de l'unité future. Mais qui est Otto von Bismarck et quelles sont ses idées ?

Bismarck

Celui que l'on surnommera le « chancelier de fer » est né en 1815 dans une famille d'ancienne noblesse poméranienne. Son milieu social est celui des Junkers de l'Est. Ces assises rurales et aristocratiques influenceront profondément le futur chancelier qui se préoccupera toujours de la mise en valeur de ses domaines et aimera se replonger dans la vie active et rude du « gentilhomme campagnard ». Bismarck connaît une enfance très dure. Dès l'âge de six ans, il est envoyé en pension à Berlin. L'éducation « à la prussienne » marquera cette âme sensible et passionnée. Sous une apparence de colosse autoritaire et brutal, Bismarck cache en effet un tempérament émotif et nerveux. Pendant ses études secondaires, il se fait surtout remarquer par sa paresse et son insolence. À l'Université de Göttingen, ses duels et ses beuveries lui confèrent un grand prestige auprès de ses condisciples. Après un court passage dans l'administration, où l'inaction lui pèse, et une année de service militaire, Bismarck est de retour dans ses terres. Il y mène pendant quelques années une existence de hobereau, gérant lui-même son domaine, partageant ses loisirs entre l'activité physique et des lectures désordonnées.

Bien que farouchement hostile au régime parlementaire et à « l'ignominieuse démocratie », Bismarck est élu en 1848 à la Constituante, puis à la Chambre des députés. La violence de ses propos et l'ardeur de ses sentiments monarchiques le font remarquer et, en 1851, il est désigné pour représenter la Prusse à la Diète fédérale. Il est ministre plénipotentiaire à Paris lorsqu'en 1862, Guillaume Ier fait appel à lui pour diriger le gouvernement.

Sa personnalité est complexe. La sensibilité refoulée et constamment maîtrisée réapparaît parfois chez ce géant à l'appétit légendaire. Grand seigneur, il peut être courtois et séduisant mais aussi d'une excessive brutalité et d'une parfaite insolence. Personnellement désintéressé, il montre dans les affaires de l'État une âpreté et un réalisme sans limites. Il ne manque ni d'audace ni de ruse et sait parfaitement adapter ses objectifs politiques aux moyens dont il dispose et aux risques éventuels. Sur le plan des idées, Bismarck reste essentiellement un homme de l'Ancien Régime. Né l'année du congrès de Vienne, de famille noble, il déteste le libéralisme et cherche surtout à utiliser les aspirations unitaires du peuple allemand. Sa conception de l'Unité est fort éloignée de celle des bourgeois du Parlement de Francfort. Ce qui compte à ses yeux c'est la grandeur de la Prusse et plus encore la puissance des Hohenzollern. Le sentiment national vient après la fidélité au souverain. L'Empire qu'il veut créer sera donc *prussien* et fondé sur l'adhésion des princes, non sur l'assentiment des masses. De même en politique extérieure. Ce terrien, peu ouvert aux problèmes économiques, voudra pour son pays une prépondérance strictement continentale et le détournera des ambitions coloniales. Mais c'est aussi un opportuniste habile qui sait faire capituler les principes devant la tactique. D'où ses concessions au libéralisme, le recours au suffrage universel et la politique sociale.

L'élimination de l'Autriche

Bismarck songe depuis son arrivée au pouvoir à effacer l'humiliation d'Olmütz et à en finir avec l'influence autrichienne en Allemagne. La question des duchés lui permet à la fois de discréditer son adversaire et de trouver un prétexte pour rompre avec Vienne. Les duchés de Schleswig et de Holstein, peuplés d'Allemands et de Danois, étaient rattachés au roi de Danemark par une union personnelle. À la mort du souverain danois Frédéric VII, leurs habitants se prononcent non pour l'héritier direct mais pour un prince allemand, le duc d'Augustenbourg, que soutient la Diète de Francfort. Bismarck prend alors l'initiative d'une intervention commune avec l'Autriche. Après une campagne rapide et victorieuse, les deux alliés obtiennent la cession des duchés, dont ils se partagent l'administration par la *convention de Gastein* (1865). Cet accord fournit à Bismarck le prétexte recherché. Dénonçant la « mauvaise administration » autrichienne dans le Holstein, le chancelier prussien envahit le duché, non sans avoir obtenu auparavant la neutralité de Napoléon III (entrevue de Biarritz) et l'alliance de l'Italie. La guerre dure peu. Vainqueurs des Italiens à Lissa et à Custozza, les Autrichiens sont écrasés à Sadowa le 3 juillet 1866 et doivent signer la Paix de Prague qui donne les duchés à la Prusse et impose à Vienne la dissolution de la confédération germanique. L'année suivante, Bismarck qui a annexé les petits États du centre, fait admettre par les princes la constitution d'une *Confédération de l'Allemagne du Nord*. Celle-ci est placée sous la présidence du roi de Prusse qui nomme un chancelier fédéral et dispose d'une armée et de finances communes.

Il ne reste plus, pour achever et cimenter l'unité de l'Allemagne, qu'à dresser contre un ennemi commun les princes et les peuples allemands, qu'ils appartiennent ou non à la Confédération. Certains sont encore très réticents, notamment en Bavière où l'on redoute beaucoup le militarisme autoritaire de la Prusse. Les imprudences et les maladresses de Napoléon III vont permettre à Bismarck de réaliser cet ultime objectif.

La thèse qui fait du chancelier prussien le principal responsable de la guerre de 1870-1871, est toutefois très fortement confortée aujourd'hui par la publication que développe l'historien allemand Josef Becker. Contrairement à la thèse allemande défendue depuis 1870 – celle de la responsabilité unilatérale de la France, et notamment celle de Napoléon III et de l'impératrice –, Becker démontre, archives à l'appui, que la guerre franco-prussienne a été préparée et voulue par Bismarck, et qu'elle a été décidée le 12 juillet – donc avant l'affaire d'Ems – au cours d'un conseil de guerre informel à Berlin avec le général von Moltke, son collègue von Roon et le ministre de l'Intérieur de Prusse Eulenburg.

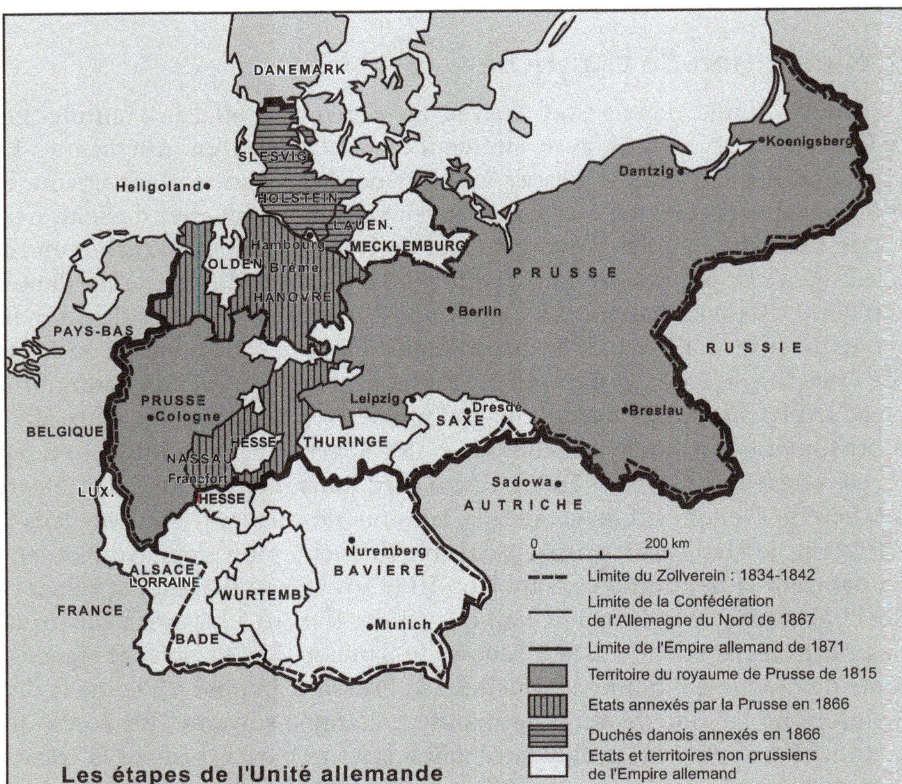

Les étapes de l'Unité allemande

Chapitre 2

L'Allemagne de Bismarck (1871-1890)

Les conditions dans lesquelles s'est opérée l'Unité allemande – conquête prussienne et domination de la classe dirigeante traditionnelle – pèsent fortement sur l'organisation et sur les orientations du nouvel État.

L'Allemagne bismarckienne au lendemain de l'Unité

Le régime

Conçu par Bismarck, il est fondé sur un certain nombre de compromis :

– d'une part entre les aspirations nationales du peuple allemand et les tendances conservatrices de la classe dirigeante. À cet égard Bismarck s'applique à tenir la balance à peu près égale entre les intérêts des grands propriétaires de l'Est et ceux de la bourgeoisie d'affaires, bénéficiaire de la révolution industrielle et que le chancelier parvient à faire entrer dans son système ;

– compromis entre la monarchie absolue, fille du despotisme éclairé du XVIIIe siècle, et le libéralisme, par l'intermédiaire d'une Chambre, élue au suffrage universel, non pour gouverner, mais pour permettre à tous les groupes d'intérêts de se manifester ;

– compromis enfin entre les tendances unitaires et les traditions particularistes. La Prusse impose sa loi à toute l'Allemagne, mais chaque État conserve son gouvernement et peut envoyer des représentants au Conseil fédéral.

La constitution promulguée le 16 avril 1871 reprend dans ses grandes lignes celle qui avait été rédigée en 1867 pour la *Confédération de l'Allemagne du Nord*. Elle établit en théorie un Empire fédéral qui comprend 25 États : 4 royaumes (Prusse, Bavière, Saxe, Wurtemberg), 6 Grands-Duchés, 5 Duchés, 7 principautés et les trois villes libres de Brême, Lübeck et Hambourg. Il s'y ajoute l'Alsace-Lorraine qui ne constitue pas un vingt-sixième État mais un *Reichsland*, propriété commune des 25 autres. Chaque État a son gouvernement souverain qui gère les finances locales et décide en matière de justice, d'enseignement et de travaux publics. Il conserve également son assemblée élue, le Landtag.

Le pouvoir fédéral a des attributions qui concernent la défense, la conduite de la diplomatie, les douanes et les postes. Dans ce cadre, le pouvoir exécutif appartient à l'Empereur, héréditaire en tant que roi de Prusse. Celui-ci promulgue les lois, dirige les affaires extérieures et l'armée, désigne le chancelier et les fonctionnaires fédéraux. Il est assisté d'un chancelier, nommé et révoqué par lui et qui exerce en même temps les fonctions de Premier ministre de Prusse. À partir de 1878, six secrétaires d'État, distincts des ministres prussiens, sont placés à la tête des Offices impériaux. Il n'existe pas de solidarité ministérielle ni de responsabilité devant les Chambres et par conséquent pas de régime parlementaire. Le pouvoir législatif est partagé entre deux chambres. Le Reichstag, élu au suffrage universel, pour 3 ans puis pour 5 ans (à raison d'un député pour 100 000 habitants), n'a que l'initiative indirecte des lois, aucun droit d'interpellation et aucun moyen d'action sur le chancelier. Sa fonction essentielle est le vote du budget. Le *Bundesrat* (Chambre haute), formé des représentants désignés par les États – 58 dont 17 pour la Prusse – élabore le budget, vote les lois, autorise l'Empereur à dissoudre le Reichstag. C'est cependant cette dernière assemblée qui finira par jouer le rôle principal.

Un État imparfaitement unifié

En réalité, sous les apparences d'un État fédéral, la Prusse domine étroitement le reste de l'Allemagne. Cette suprématie, elle la doit au prestige de ses victoires militaires et de sa dynastie, mais aussi à son étendue territoriale (348 000 km^2 sur 540 000), à sa population (24 millions d'habitants sur 41), à sa puissance économique. Cette inégalité se traduit sur le plan institutionnel par la prépondérance des représentants prussiens au Parlement fédéral : 17 sur 58 au *Bundesrat*, alors que 14 opposants suffisent à bloquer toute décision et 256 députés au Reichstag sur un total de 328. Or il existe une contradiction entre l'emprise croissante de la Prusse sur le reste de l'Empire et la faiblesse de l'État fédéral à qui il manque le pouvoir essentiel de percevoir directement l'impôt. Les impôts directs et les ressources des chemins de fer sont perçus par les différents États, tandis que les communes se réservent l'impôt foncier. Dans ces conditions, les finances fédérales ne peuvent disposer que de ressources réduites : recettes des postes et des douanes, certains impôts indirects et surtout les « contributions matriculaires » qui sont octroyées par les États. Cette situation n'est guère favorable à l'effacement des particularismes locaux qui demeurent forts. Ceux-ci sont parfois consacrés par des institutions. C'est le cas par exemple des États catholiques du Sud qui n'ont accepté d'entrer dans l'Empire qu'à la suite de négociations serrées, destinées à préserver leur originalité face au centralisme prussien protestant. Ainsi la Bavière et le Wurtemberg ont gardé la direction de leur armée et de leurs postes. Ils peuvent se traduire également par la fidélité à une dynastie, symbole de l'autonomie provinciale, même si les hasards de la guerre ont provoqué la chute de celle-ci. Windthorst, chef du Centre catholique, reste par exemple obstinément attaché à la dynastie déchue de Hanovre. D'une façon générale, ce sont d'ailleurs les pays à majorité catholique – Bavière ou Rhénanie – qui présentent les tendances autonomistes les plus marquées.

On comprend que ce soit en s'appuyant sur la Prusse, et non sur le pouvoir fédéral, que le *Praesidium* (Empereur + chancelier) impose son autorité à l'ensemble de l'Empire. Mais de ce fait, l'équipe dirigeante transmet à toute l'Allemagne certains des traits particuliers de la Prusse – domination de la caste aristocratique militaire, insignifiance de la démocratie – qui surprennent dans un État qui connaît entre 1860 et 1890 un remarquable essor économique. Il est vrai que l'Empereur se fixe pour règle absolue d'unir autour de lui les classes dirigeantes en assurant la domination des grands intérêts et en désamorçant, par un mélange de réformes et de répression, les revendications sociales.

Une société que dominent les grands intérêts

Du point de vue économique, l'Empire allemand présente une dualité fondamentale entre une zone orientale à prépondérance rurale et une zone occidentale où se développe la grande industrie moderne. La première est le domaine de l'aristocratie foncière tandis que dans la seconde prospère une bourgeoisie capitaliste de plus en plus riche et de plus en plus puissante. Mais en dépit des divergences d'intérêts de ces deux groupes, le pouvoir central saura unir les classes dirigeantes pour tenir en lisière les revendications d'un prolétariat nombreux et perméable aux idées socialistes.

Si l'on fait abstraction de Berlin, où s'est développée une puissante industrie, les provinces qui s'étendent à l'est de l'Elbe – Prusse, Poméranie, Bandebourg, Silésie – sont le domaine d'élection des grands hobereaux qui constituent les cadres de l'État prussien. Certes, l'agriculture n'est absente ni des provinces de l'Ouest, ni de celles du Sud, où les terres sont souvent meilleures, mais elle ne pèse pas du même poids social. Il s'agit en effet de petites ou de moyennes exploitations, souvent mises en valeur de façon familiale par de petits exploitants manquant de capitaux.

Au contraire, les grands domaines de l'Est sont la propriété de la haute aristocratie des Junkers. Les propriétés de plus de 100 ha sont la règle et toutes les tentatives de réformes vont échouer devant la mauvaise volonté des Junkers et de l'Empereur. Ainsi lorsqu'après la chute de Bismarck, en 1891, le nouveau chancelier Caprivi fait voter par le Landtag prussien une loi autorisant la vente en lots de 20 à 40 ha des grands domaines mal cultivés, moins de 2 000 domaines sont touchés sur un total de 38 000. D'ailleurs, disposant de capitaux abondants, les grands propriétaires améliorent très sensiblement les rendements de leurs terres et constituent dès 1870 des exploitations de type capitaliste. Ils fournissent en grande quantité les céréales, les pommes de terre et la betterave à sucre. Ils installent sur leurs terres sucreries et distilleries et transforment eux-mêmes une partie de la production agricole. Depuis 1807, les serfs ont été affranchis, mais les ouvriers agricoles restent par rapport à leurs maîtres dans une situation de totale subordination. Un règlement particulier *(Gesindeordnung)* leur interdit d'attaquer leurs maîtres devant les tribunaux, les contraint à accepter tous les ordres du maître et ne leur permet de résister à celui-ci que si leur vie ou leur santé se trouve en danger immédiat. En outre, des lois d'exception placent les ouvriers agricoles dans la complète dépendance économique du seigneur qui peut établir seul le contrat de travail, opérer des retenues sur les salaires et congédier sans indemnité qui bon lui semble. Ces grands seigneurs capitalistes, qui règnent ainsi sur leurs paysans, exploitent rarement eux-mêmes leurs domaines. En règle générale, ils les confient à des fermiers. Eux-mêmes se consacrent à la haute administration et surtout aux carrières militaires. Ils constituent la majorité des cadres de l'armée et de l'État prussien comme ceux de l'Empire allemand.

Face à cette classe dirigeante traditionnelle se développe, notamment dans les provinces occidentales, une bourgeoisie capitaliste puissante et dynamique : armateurs et négociants des ports rhénans et de la mer du Nord, dirigeants des banques et capitaines d'industrie que favorise la très forte concentration industrielle et financière. Les grands patrons de l'industrie lourde, un Krupp, un Stinnes, un Thyssen, sont à la tête de véritables empires économiques. Rassemblés dans un vaste groupement d'intérêts – *Zentralverband deutscher Industriellen* – fondé en 1876, ils peuvent en même temps aborder en position de force les offensives ouvrières et faire pression sur l'équipe dirigeante. Ils peuvent ainsi peser très fortement sur les grandes options de politique intérieure (douanes, législation sociale) et extérieure. En principe, les intérêts de cette classe capitaliste s'opposent à ceux de l'aristocratie foncière. En fait, face aux revendications politiques de la petite bourgeoisie et à la pression des masses, se constitue entre elles une véritable alliance que favorisent la politique du pouvoir, les nombreuses liaisons entre familles nobles et bourgeoises (par exemple le Dr von Bohlen épouse Bertha Krupp, petite-fille du fondateur de la dynastie et la famille devient Krupp von Bohlen und Halbach), les longs séjours dans l'armée accomplis par les jeunes bourgeois et la formation commune reçue dans les universités où règne une idéologie autoritaire et nationaliste qui influence également la petite et la moyenne bourgeoisie. Ce front commun des classes dirigeantes pour le maintien d'un *statu quo* politique et social qui leur est favorable explique la persistance jusqu'à la guerre, et au-delà, de structures traditionnelles dans un pays en pleine mutation économique.

La relative prudence politique des classes moyennes – professions libérales, artisanat, employés du secteur tertiaire et de la fonction publique, petite et moyenne paysannerie –, l'adhésion d'une partie au moins d'entre elles à l'idéologie dominante, la peur de la révolution sociale et l'attachement à l'Empereur et aux dynasties locales, facilitent d'ailleurs la tâche des catégories privilégiées. Quant au prolétariat urbain, dont les effectifs croissent à un rythme rapide avec l'essor de l'industrie allemande, il se caractérise au début de la période par une combativité assez faible. Les débuts de l'ère bismarckienne sont donc marqués par une domination à peu près totale des grands intérêts.

La vie politique et les grands problèmes intérieurs

Les partis politiques, traduction des conflits d'intérêts

Face à une opposition divisée, deux grands partis, le *Parti conservateur* et le *Parti national libéral*, dominent la vie politique allemande et servent de point d'appui à la politique de Bismarck.

Le *Parti conservateur* peut être considéré comme celui des hobereaux de l'Est. Il défend les intérêts du monde agricole est-allemand, particulièrement menacé par le bas prix des céréales russes et il est de ce fait un parti protectionniste. Politiquement, il est attaché à la domination du royaume de Prusse sur l'Empire, fidèle à une dynastie dont il entend conserver la toute-puissance politique. Il est enfin profondément respectueux de la religion protestante et entend lui garder dans l'État une place prééminente. On distingue deux groupes dans le parti. D'une part les *Deutsche Konservativen*, qui sont Prussiens avant d'être Allemands et hostiles dans leur ensemble à l'Unité, ce qui leur vaut d'être écartés du pouvoir par Bismarck jusqu'en 1878, et d'autre part le *Deutsche Reichspartei*, qui avec la même origine et les mêmes idées, a au contraire d'emblée accepté l'Empire.

Le Parti national-libéral est fondamentalement celui de la grande bourgeoisie commerçante et industrielle. Fidèles aux traditions de la bourgeoisie allemande, les nationaux-libéraux ont approuvé les efforts de Bismarck en faveur de l'Unité et, en dépit d'un désaccord sur les méthodes du chancelier, ont longtemps appuyé la politique de celui-ci. En échange ils ont réclamé de lui l'application du libre-échange, favorable à leurs intérêts économiques. Écartés du pouvoir après 1878, lorsque Bismarck opte pour le retour au protectionnisme et prend contre les socialistes des mesures coercitives, les nationaux-libéraux entrent dans l'opposition. Jusqu'à cette date, le chancelier a trouvé dans leur attitude anticléricale un levier pour sa politique anticatholique.

À la gauche des nationaux-libéraux, mais très proche d'eux, on peut placer le *Parti du progrès*. Héritier de l'ancien parti libéral prussien, à base rhénane, il s'adresse à la moyenne bourgeoisie et plus particulièrement à l'intelligentsia. Ses revendications, formulées de façon très virulente, portent sur l'établissement en Allemagne d'un véritable régime parlementaire. Nationaux-libéraux et progressistes, les uns timidement, les autres avec plus de hardiesse, ont au fond un idéal commun qui est celui d'une démocratie libérale et parlementaire. C'est ce qui fera leur importance au moment de l'effondrement du IIe Reich.

Il faut compléter le tableau des partis qui jouent le jeu du régime en citant le *Centre catholique* ou *Zentrum*. Fondé en 1870 en Prusse rhénane pour défendre les intérêts catholiques menacés par l'unification, dirigé par le hanovrien Windthorst jusqu'à sa mort en 1891, il lutte contre Bismarck au temps du *Kulturkampf*. Son recrutement est moins homogène que celui des conservateurs ou des nationaux-libéraux. On y trouve des aristocrates de Bavière ou de Silésie, des hommes d'affaires silésiens ou rhénans et même des ouvriers des provinces occidentales, attirés par la politique sociale des catholiques dont l'archevêque de Mayence, Mgr Ketteler, a donné l'exemple aux premiers temps du Reich. On y rencontre enfin des paysans conservateurs, comme en Bavière, ou plus démocrates, tels ceux du Wurtemberg. Aussi la ligne politique du Zentrum est-elle moins nette que celle des autres partis, sauf lorsque se pose le problème de la défense des intérêts catholiques. Après 1878 et la fin du *Kulturkampf*, ses représentants acceptent de soutenir Bismarck. Désormais, et jusqu'à la guerre, ils vont constituer l'axe de toute majorité.

Conservateurs, libéraux ou membres du Centre catholique sont en fait séparés par des nuances ou par des divergences de détail. Les uns souhaitent le maintien du *statu quo*, les autres une évolution plus ou moins rapide du régime. Mais ni les uns ni les autres ne le remettent en question. Il n'en est pas de même de la *Social-démocratie*, que les autres groupes tiennent à l'écart du pouvoir mais dont l'influence ne cesse de croître pendant toute la période.

Le mouvement ouvrier et l'essor de la social-démocratie

Le développement industriel de l'Allemagne s'est accompagné d'un accroissement numérique du prolétariat urbain. Les premiers syndicats, fondés avant 1848, ont disparu à l'occasion des troubles révolutionnaires. En 1861, la Saxe a été la première à lever l'interdit lancé contre les coalitions ouvrières. En 1871, l'autorisation est étendue à l'ensemble du Reich. Il se crée alors des « syndicats libres » qui nouent des liens étroits avec le parti socialiste. Aussi lorsqu'à partir de 1878 Bismarck engage la lutte contre les socialistes, les syndicats se trouvent à nouveau interdits. Il faut dire d'ailleurs que, pendant toute l'ère bismarckienne, l'attitude du mouvement syndicaliste est en somme assez peu combative. Il faut attendre 1889 pour que se déclenche dans les mines une première grève générale que Bismarck songe à réprimer par la force, ce qui sera l'une des causes de sa disgrâce.

Quant aux idées socialistes, elles s'introduisent en Allemagne plus lentement encore. C'est en 1862 que Ferdinand Lassalle, le fils de riches commerçants de Breslau d'origine israélite, prononce à Berlin un discours qui est publié par la suite sous le titre de *Arbeiter Programme*. En 1863, Lassalle fonde l'Association générale des travailleurs, premier groupement socialiste allemand. Reprenant les théories marxistes sur le déroulement de l'Histoire, Lassalle estime que l'instrument de la libération de la classe ouvrière n'est pas la révolution mais le suffrage universel qui permet, affirme-t-il, de faire pacifiquement la conquête de l'État. Celui-ci financera dès lors des coopératives ouvrières de production, seules capables d'assurer aux travailleurs des salaires décents. Cet idéal « évolutionniste » devait avoir une grosse influence sur le prolétariat allemand, mais Lassalle n'a guère le temps de compléter ses théories, car il est tué en duel en 1864.

En 1869 August Bebel et Wiehelm Liebknecht fondent à Eisenach un parti qui se réclame de la Ire Internationale, fondée à Londres en 1864. À la différence de l'association lassallienne, ce parti ouvrier social-démocrate d'Allemagne préconise la conquête du pouvoir politique par la force, la transformation révolutionnaire de la société et une action internationaliste des travailleurs.

L'existence de deux groupements rivaux s'adressant à la même clientèle constitue une cause d'affaiblissement pour le mouvement ouvrier allemand. Conscient de cette situation, W. Liebknecht pousse à l'unification des deux mouvements. Les lassalliens y consentent et en mai 1875 au congrès de Gotha s'opère la fusion des deux partis socialistes. La nouvelle formation prend officiellement le nom de Parti social-démocrate (SPD). Son programme est né d'un compromis entre les idées de Lassalle et celles de Liebknecht. Mais celui-ci a dû, malgré les protestations de Marx et d'Engels, faire de larges concessions aux lassalliens, beaucoup plus nombreux. Le programme de Gotha adopte la théorie lassallienne de la *loi d'airain des salaires* (la formation du capital implique des profits qui ne peuvent être réalisés que sur les salaires ouvriers), qui est un frein aux revendications ouvrières, fait le silence sur la prise de pouvoir révolutionnaire et la solidarité internationale des travailleurs.

La social-démocratie restera marquée par cette influence et jusqu'en 1933 les luttes de tendances s'y feront jour entre une majorité réformiste d'inspiration lassallienne et une minorité révolutionnaire se réclamant plus étroitement du marxisme. Mais – probablement à cause de ce programme – la social-démocratie va faire de très rapides progrès. De tous les partis socialistes européens il est le plus « national », ce qui est un atout en un temps où la vague nationaliste déborde très largement sur les classes populaires. Solidement organisé par Bebel et Liebknecht, il a à sa tête un directoire *(Vorstand)* de 5 membres élus (au départ 3 lassalliens et 2 eisenachiens) et 7 délégués à la surveillance. Il publie des journaux, tient un congrès annuel et, aux élections générales de 1877, obtient déjà 500 000 voix et 12 députés.

La politique centralisatrice de Bismarck

Soucieux d'unifier le pays et de renforcer les moyens d'action du pouvoir central, Bismarck commence par faire adopter d'importantes mesures économiques et financières. Il s'agit tout d'abord d'assurer à l'État fédéral des ressources suffisantes afin qu'il n'ait plus, selon le mot de Bismarck, à « mendier devant la porte des États ». Pour cela, le chancelier poursuit une politique d'augmentation des impôts indirects et de généralisation des monopoles d'État. Il n'obtiendra d'ailleurs qu'une satisfaction partielle, le Reichstag se bornant à voter des impôts sur le tabac, l'alcool et le café. Les droits de douane constituent une autre rentrée possible. Aussi Bismarck encourage-t-il les tendances protectionnistes de certains milieux économiques. Mais son souci d'unir en même temps les différentes fractions de la classe dirigeante le contraint à transiger. En effet, les industriels sont favorables à l'introduction de tarifs protecteurs sur les produits fabriqués, mais hostiles à des droits sur les grains qui ne peuvent que peser sur le prix de la main-d'œuvre. Les grands propriétaires de l'Est, producteurs de céréales, sont évidemment d'un avis contraire. Quant aux armateurs et aux négociants, ils souhaitent le maintien d'une politique libre-échangiste. La loi du 12 juillet 1879 cherche à établir une sorte d'équilibre entre ces intérêts divergents. Elle marque le retour au protectionnisme et fait porter les droits sur le bois, les céréales, les métaux et certains produits de consommation (alcool, tabac). En même temps, Bismarck impose à l'Empire une unité monétaire commune. En juillet 1873 le mark, défini par un poids d'or de 0,398 g, devient monnaie fédérale et en mars 1875 est créée la Reichsbank qui reçoit le monopole d'émission des billets pour l'ensemble du Reich.

D'autres mesures centralisatrices sont adoptées. Certaines visant essentiellement la Prusse comme la loi de 1872 qui retire aux Junkers leurs pouvoirs de justice et de police, et qui divise le pays en douze provinces dirigées par un Conseiller nommé, assisté d'une assemblée élue. D'autres ont un caractère plus général, telle la réforme judiciaire par laquelle Bismarck impose à tout l'Empire un Code civil commun. La même volonté d'unification apparaît encore dans la création en 1873 d'un Office des chemins de fer qui reçoit l'autorisation de construire des lignes dans tous les États et contrôle les constructions de lignes privées. Enfin, si la loi militaire d'avril 1871 maintient l'autonomie des armées de la Saxe, de la Bavière et du Wurtemberg, la Prusse, qui regroupe autour d'elle les armées de tous les autres États, impose ses règles à l'ensemble des contingents, placés en temps de guerre sous les ordres de l'Empereur.

La lutte contre les forces centrifuges

Pour Bismarck, trois éléments menacent l'unité du nouvel État : les minorités non allemandes, les catholiques et les socialistes. Aussi va-t-il chercher à les assimiler ou à briser leur résistance. À l'égard des minorités qui peuplent les zones marginales de l'Empire, le chancelier pratique une politique de germanisation qui est menée principalement en Alsace-Lorraine et en Pologne où le particularisme et le nationalisme anti-prussien s'appuient sur un clergé catholique très influent. Ce n'est pas le cas dans le Schleswig du Nord, pays protestant plus aisément assimilable.

Contre les catholiques, soutenus par le Zentrum de Windthorst, Bismarck va mener pendant plusieurs années le *Kulturkampf*, le « combat pour la civilisation ». Pour le chancelier en effet, les catholiques (15 millions contre 25 millions de protestants) constituent un élément hétérogène dans l'unité allemande. Tournés d'une certaine façon vers la Rome latine, ils peuvent éventuellement freiner l'épanouissement d'une culture proprement allemande. Mais Bismarck leur reproche surtout d'être hostiles à l'hégémonie prussienne et par conséquent de soutenir les droits des États et les minorités nationales. Prenant prétexte de l'affirmation du dogme de l'infaillibilité pontificale, proclamé en 1870 par le Concile et refusé par certains catholiques allemands (schisme des « vieux catholiques »), il fait voter de 1872 à 1875 par le Landtag prussien ou par le Reichstag une série de lois – les lois de mai – inspirées par le ministre des cultes Falk : limitation du nombre des couvents, expulsion des jésuites, obligation pour les futurs clercs d'étudier dans une université d'État, laïcisation de l'État civil, etc. L'opposition catholique est très vive. En 1875, huit évêchés sur douze sont vacants et le quart des paroisses n'a plus de titulaire. Aussi Bismarck, qui a besoin de l'appui du Zentrum pour imposer ses mesures protectionnistes, profite de l'élection au pontificat du pacifique Léon XIII pour faire la paix avec les catholiques. En 1880, la plupart des mesures sont suspendues et en 1887 un nouveau concordat est conclu par la Prusse.

Bismarck expose les origines du *Kulturkampf*

« Pour moi, la direction de notre politique n'était pas déterminée par un but confessionnel mais uniquement par la volonté de consolider, de la manière la plus durable possible, l'unité conquise sur les champs de bataille. De tout temps j'ai été, au point de vue religieux, tolérant jusqu'aux limites que fixe aux prétentions de chaque croyance particulière la nécessité de la vie commune des différentes confessions dans le même organisme politique... Mais le clergé catholique, s'il veut pleinement remplir sa mission théorique, doit sortir du terrain religieux et prétendre prendre sa part du pouvoir laïque. Il est, sous des formes religieuses, une institution politique, et il fait partager à tous ses membres sa conviction que sa *liberté* consiste dans la *domination*, et que, partout où l'Église ne *domine* pas, elle a le droit de se plaindre de persécutions dioclétiennes...
Quand j'engageai le *Kulturkampf*, j'y étais principalement déterminé par le côté polonais de la question..., les tableaux de statistiques ne permettaient plus de mettre en doute les progrès rapides du nationalisme polonais, aux dépens du germanisme... Dans le grand-duché de Posen et dans la Prusse occidentale, comme le démontraient les rapports officiels, des milliers d'Allemands et des villages entiers qui, dans la génération précédente, passaient officiellement pour allemands, avaient reçu, avec l'appui de la « division catholique », l'instruction en polonais et étaient officiellement désignés comme « Polonais »... La division catholique du ministère des Cultes avait été à l'origine instituée pour que les Prussiens catholiques pussent défendre les droits de leur État dans ses rapports avec Rome. Par le changement de ses membres elle était devenue peu à peu une autorité qui défendait contre la Prusse, au sein de l'administration prussienne, des intérêts romains et polonais. J'ai plus d'une fois expliqué au roi que cette division faisait plus de mal qu'un nonce du pape à Berlin... Je ne réussis pas à triompher de l'aversion que l'empereur montrait pour la nomination d'un nonce à Berlin... Mais il se convainquit du moins du danger qu'offrait la « division catholique », et il donna l'autorisation de la supprimer, malgré la résistance de l'impératrice. »

Bismarck, *Pensées et souvenirs*, Le Soudier, 1899, cité
par M. Laran et J. Willequet, *in Recueil de textes d'histoire*
Tome V, Dessain Ed., p. 108.

Le Programme de Gotha (1875)

« 1. Le travail est la source de toute richesse et de toute culture, et, comme en général le travail productif n'est possible que par la société, son produit intégral appartient à la société, c'est-à-dire à tous les membres de celle-ci, tous devant participer au travail, et cela en vertu d'un droit égal, chacun recevant selon ses besoins raisonnables.
Dans la société actuelle, les moyens de travail sont le monopole de la classe capitaliste ; l'état de dépendance qui en résulte pour la classe ouvrière est la cause de la misère et de la servitude sous toutes ses formes.
L'affranchissement du travail exige la transformation des instruments de travail en patrimoine commun de la société et la réglementation par la communauté

du travail collectif, avec affectation d'une partie du produit aux besoins généraux et partage équitable du reste.
L'affranchissement du travail doit être l'œuvre de la classe ouvrière, en face de laquelle toutes les autres ne forment qu'une masse réactionnaire.
2. Partant de ces principes, le Parti ouvrier socialiste d'Allemagne s'efforce, par tous les moyens légaux, de fonder l'État libre de la société socialiste, de briser la loi d'airain des salaires par la destruction du système de travail salarié, d'abolir l'exploitation sous toutes ses formes, d'éliminer toute inégalité sociale et politique.
Le Parti ouvrier socialiste d'Allemagne, bien qu'il agisse tout d'abord dans le cadre national, a conscience du caractère international du mouvement ouvrier, et il est résolu à remplir tous les devoirs qui s'imposent de ce fait aux travailleurs en vue de réaliser la fraternité de tous les hommes.
Le Parti ouvrier socialiste d'Allemagne réclame, pour préparer les voies à la solution de la question sociale, l'établissement de sociétés ouvrières de production avec l'aide de l'État, sous le contrôle démocratique du peuple travailleur. Les sociétés de production doivent être suscitées dans l'industrie et l'agriculture avec une telle ampleur que l'organisation socialiste du travail en résulte. »

Cité par J. Droz, *in Le socialisme démocratique, op. cit.*, p. 52.

Extraits de la loi de 1883 sur l'assurance-maladie

« *Art. premier.* – Les personnes qui sont occupées moyennant un traitement ou un salaire :
1. dans les mines, les salines, les établissements où l'on traite les minerais, les carrières et lieux d'extraction, dans les fabriques et les forges, dans l'exploitation des chemins de fer et la navigation à vapeur à l'intérieur, dans les chantiers et l'industrie des constructions;
2. dans les métiers manuels et autres emplois industriels à poste fixe;
3. dans les industries où il est fait usage de machines à vapeur ou de machines mues par des forces naturelles (vent, vapeur, gaz, air chaud, etc.), à moins que cet usage ne consiste exclusivement dans l'emploi momentané d'une machine n'appartenant pas à l'outillage normal, seront assurées contre les maladies conformément aux dispositions de la présente loi...
Art. 5. – Les secours à fournir aux malades comprendront :
1. à partir de la maladie, les soins gratuits du médecin, les médicaments, ainsi que les lunettes, bandages, et autres moyens curatifs;
2. en cas d'incapacité de travail, pour chaque journée de travail à partir du troisième jour qui suit celui où la maladie s'est déclarée, un secours en argent s'élevant à la moitié du salaire journalier que gagne, dans le lieu, un ouvrier ordinaire à la journée.
Les secours aux malades cessent au plus tard à la fin de la troisième semaine depuis le commencement de la maladie... »

Cité par Éd. Vermeil, *L'Allemagne contemporaine*, Aubier, T. I.

Contre les sociaux-démocrates, Bismarck tente d'abord d'employer la force. Prenant prétexte d'attentats commis contre l'Empereur, il fait voter en octobre 1878 une loi qui leur interdit toute propagande, toute manifestation publique, supprime leurs associations et leurs journaux et contraint leurs dirigeants à l'exil. Ces mesures s'avèrent vite inefficaces. Aux élections de 1890 le SPD recueillera 1,5 million de voix et 24 députés. En attendant, Bismarck adopte une autre tactique. Voulant se concilier les masses et désamorcer les revendications ouvrières, il adopte des mesures sociales audacieuses. Il encourage les coopératives ouvrières et surtout, met au point une législation sociale sans exemple en Europe à cette époque. En 1883 est votée la loi créant l'assurance-maladie obligatoire financée pour les 2/3 par les cotisations ouvrières et pour 1/3 par les versements patronaux. L'année suivante, la loi sur les accidents du travail met ceux-ci à la charge du patron. En 1889 enfin est adoptée la loi sur l'invalidité et la vieillesse. Elle s'applique aux travailleurs agricoles et industriels assurés depuis l'âge de 16 ans. Patrons et travailleurs cotisent à égalité, avec le cas échéant complément de l'État. La caisse ainsi créée accorde des prestations en cas d'incapacité de travail et assure une pension-retraite à partir de 65 ans.

Si dans l'ensemble ces réformes ont été bien accueillies par les ouvriers, le « socialisme d'État » inauguré par Bismarck n'a nullement affaibli l'audience de la social-démocratie. Aussi le chancelier s'apprête-t-il à engager une nouvelle épreuve de force contre le mouvement ouvrier. Mais le nouvel empereur Guillaume II est très opposé à l'aggravation des mesures répressives dirigées contre les socialistes. Soucieux de ne pas commencer son règne par un « bain de sang », l'Empereur annonce en 1890 sa volonté de poursuivre le socialisme d'État et envisage de convoquer une Conférence internationale pour la protection des travailleurs. Ce désaccord sur l'attitude à adopter à l'égard de la classe ouvrière et du mouvement socialiste est l'un des éléments du conflit qui oppose Guillaume II à Bismarck et qui aboutit en mars 1890 au départ du chancelier.

Chapitre 3

L'Allemagne de Guillaume II

Le tournant de 1890

La chute de Bismarck

Après la mort de Guillaume Ier et le très court règne de Frédéric III, Guillaume II devient empereur à 27 ans en juin 1888. Désireux d'assumer seul les responsabilités du pouvoir et en désaccord sur la plupart des points avec la politique de son vieux chancelier, il ne tarde pas à entrer en conflit avec lui.

On a beaucoup parlé des oppositions de caractère entre les deux hommes. En fait, si leurs tempéraments se heurtent effectivement, ce sont des oppositions plus profondes qui déclenchent le conflit et aboutissent à la chute du chancelier.

Sur le plan intérieur, Guillaume II reproche à Bismarck son échec dans la lutte entreprise contre les socialistes. Ni les mesures répressives, ni le « socialisme d'État » n'ont pu freiner les progrès de l'extrême-gauche et, en 1890, les socialistes ont obtenu un million et demi de voix aux élections. D'autre part, les organisations clandestines de gauche se sont maintenues et les syndicats, dissous depuis 1878, se sont reconstitués sous le nom d'associations de secours mutuel. Bismarck envisage dans ces conditions de frapper un grand coup et prépare une sorte de coup d'État devant aboutir à une modification de la constitution. Il escompte bien que les socialistes réagiront par des émeutes, ce qui lui permettrait, pense-t-il, d'écraser définitivement leurs organisations. Mais Guillaume II manifeste une vive hostilité à l'égard de cette vaste provocation. Il entend ne pas commencer son règne par des fusillades et contraint le chancelier à renoncer à son aventureux projet.

Dans le domaine de la politique extérieure, les idées des deux hommes s'opposent plus radicalement encore. Pour important que soit, aux yeux de Bismarck, le développement économique de l'Allemagne, le vieux chancelier poméranien demeure un « rural », un grand seigneur terrien pour qui l'essentiel de la puissance allemande réside toujours dans les provinces agricoles de l'Est, berceaux de l'Unité. Le système diplomatique qu'il a mis en place est donc strictement continental. C'est aussi un système d'« Ancien Régime », fondé sur le principe de l'union des souverains légitimes et de la solidarité des puissances conservatrices contre la France révolutionnaire, même si Bismarck n'est pas entièrement dupe de cette distinction.

Or, l'Allemagne de 1890 n'est plus celle de 1871. En 20 ans, le rapide essor industriel a profondément modifié les structures économiques et sociales du Reich. Les provinces agricoles de l'Est ont cessé d'être le centre de gravité de la puissance allemande. Celui-ci s'est déplacé vers l'Ouest pour se fixer autour de l'axe rhénan, dans les régions qui, de la Forêt Noire à la mer du Nord, possèdent, avec la plus belle voie fluviale d'Europe, les hommes, les ressources énergétiques et les matières premières nécessaires au développement d'industries puissantes. Aussi les dirigeants des entreprises industrielles et financières qui ont prospéré dans cette zone ont-ils tendance à peser de plus en plus fort sur les orientations de la politique allemande. Qu'il s'agisse de trouver des débouchés commerciaux extra-européens ou de désarmer l'hostilité des masses en les intégrant au système, il y a sans aucun doute chez les hommes d'affaires et chez les industriels allemands le sentiment qu'il est temps de rompre avec les conceptions trop strictement continentales de Bismarck et avec des méthodes répressives pouvant devenir dangereuses.

La bourgeoisie est d'autant plus incitée à retirer son appui au chancelier que le nouvel empereur semble proposer une solution de rechange, plus conforme à ses vœux et à ses intérêts. En refusant d'engager l'épreuve de force avec les organisations de la classe ouvrière, et en affirmant hautement sa volonté d'élargir à l'ensemble de la planète la politique étrangère de l'Allemagne, Guillaume II se fait, consciemment ou non, l'écho de ces nouvelles tendances. Bismarck, qui incarne au contraire les forces du passé, en irrémédiable déclin, ne peut que s'incliner et céder la place à l'Empereur lui-même et aux hommes du « nouveau cours ».

Le 15 mars 1890 Guillaume II, bien décidé à mettre fin à la « dictature » de son chancelier, met celui-ci en demeure de se soumettre. Outre la direction de la politique extérieure, qu'il entend assumer personnellement, il veut pouvoir communiquer directement avec les ministres prussiens sans passer par le chancelier, comme le prescrivait un règlement de 1852 qu'il se propose d'abolir. Invité à capituler sur les deux plans, Bismarck ne peut évidemment s'y résoudre. Mais la lettre de démission que Guillaume II et la coterie de Cour hostile au chancelier attendent avec impatience n'arrive qu'avec plusieurs jours de retard. Sous une forme respectueuse, Bismarck y décline avec hauteur le titre de duc de Lauenbourg que le souverain lui offrait « sans doute pour lui permettre de voyager incognito ». Il se retire dans ses terres où il mourra en 1898, sans s'être consolé d'avoir dû quitter le pouvoir.

Guillaume II

Le nouvel empereur a 29 ans au moment où il contraint Bismarck à la retraite. Physiquement, il a du panache et de la prestance mais souffre d'une atrophie congénitale du bras gauche. Certes, il s'efforce de dissimuler cette infirmité au prix d'un immense effort de volonté, mais il n'y parvient pas toujours. Excellent cavalier, il lui faut de l'aide pour monter à cheval et son caractère trahit un sentiment d'infériorité qui le pousse à chercher des compensations. Ainsi, ce prince intelligent et cultivé, remarquable par ses qualités de mémoire et par ses talents d'orateur, se laissera dominer par ses tendances tapageuses et fanfaronnes. Incapable de maîtriser ses impulsions, ni de soumettre son orgueil aux nécessités de la politique et de la diplomatie, il multiplie les discours théâtraux et accumule les imprudences. Nerveux et inquiet, il passe en quelques heures de l'exaltation au découragement, des témoignages d'amitié aux reproches virulents. Aussi son entourage veille-t-il à filtrer ses sources d'informations : coupures de presse, documents diplomatiques, etc., et à censurer à son insu ses écarts de langage. Sans parvenir toujours à limiter leurs effets ni à rendre plus cohérente une ligne politique souvent privée d'idées directrices.

Les transformations économiques du Reich

Les conditions sont dans l'ensemble très favorables

Aux ressources naturelles, et tout particulièrement à la richesse en charbon, base de la première révolution industrielle, s'ajoutent les atouts du dynamisme démographique. De 1870 à 1913, la population passe de 41 millions à plus de 67 millions d'habitants. Cette croissance est due au recul de la mortalité, qui caractérise au XIXe siècle tous les pays en cours d'industrialisation, et aussi, phénomène moins répandu, au maintien d'une forte natalité (36 ‰ à la fin du siècle). D'autre part, au fur et à mesure que le pays s'industrialise, le rythme de l'émigration se ralentit : 1 800 000 départs en 1880-1895, 400 000 seulement pour les 15 années suivantes. Bien entendu, l'accroissement s'accompagne d'un intense exode rural et d'une forte poussée d'urbanisation. De 36 % du total au moment de la fondation du Reich, la population des villes passe à 60 % en 1910, date à laquelle on compte 45 villes de plus de 100 000 habitants. Cette explosion démographique est un puissant facteur de développement économique. Elle est d'autant plus bénéfique pour l'industrie qu'elle ne s'accompagne pas, comme dans d'autres pays, d'une véritable poussée révolutionnaire. La classe ouvrière allemande, active et disciplinée, reste dans l'ensemble peu combative.

Protégée par de hautes barrières douanières, l'économie allemande bénéficie d'autre part du renversement de la conjoncture mondiale qui, faisant suite à la dépression des années 1873-1895, se traduit par une hausse rapide des prix et par un accroissement de la production que ralentissent à peine les crises cycliques de 1901-1902 et de 1907.

Les manifestations de l'essor économique

L'agriculture progresse en dépit des médiocres conditions naturelles et grâce à un emploi généralisé des engrais et des machines, ainsi qu'à la mise en culture de terres nouvelles. De 1880 à 1914 la production double et les rendements augmentent d'au moins 80 %. L'Allemagne est alors au 4e rang européen ce qui ne l'empêche pas, compte tenu de la forte augmentation de population, de devoir importer une part importante des céréales qu'elle consomme (2 millions de tonnes de blé, 3 millions de tonnes d'orge).

L'industrie connaît un essor beaucoup plus spectaculaire. En 1913 l'Allemagne, avec 260 millions de tonnes de charbon, se trouve au 3e rang mondial, après la Grande-Bretagne et les États-Unis, au second rang pour la fonte (16,7 millions de tonnes) et l'acier (17 millions de tonnes), après les États-Unis, mais avant l'Angleterre qu'elle a dépassée aux environs de 1900, au premier rang mondial enfin pour les industries électroniques et chimiques. Géographiquement, cette grande industrie se localise en quatre pôles bien déterminés : la Ruhr, qui vient très largement en tête et qui reste la grande forteresse industrielle, la Silésie dont le bassin houiller concentre, comme celui de la Ruhr, les industries de base, la Saxe et la région de Berlin où dominent au contraire les industries de transformation et les industries différenciées. Deux traits caractérisent l'industrie allemande et en font alors l'une des plus modernes du monde.

– En premier lieu, *le rôle des banques*. Les plus importantes d'entre elles ont vu leur capital doubler pour la seule période 1890-1900, comme en témoigne le tableau suivant, qui porte sur l'augmentation du capital des quatre principaux établissements de crédit (les « 4 D ») :

Banques	Capital (en millions de marks)		
	1890	**1900**	**1914**
Deutsche Bank	75	150	250
Diskonto Gesellschaft	60	115	300
Dresdner	48	110	200
Darmstaedter	60	105	160

Or ces établissements, qui détiennent près de la moitié du capital bancaire, ont une politique financière extrêmement dynamique et résolument tournée vers les investissements industriels. L'industrie obtient facilement de larges crédits qui permettent aux entreprises de renouveler leur matériel et de rationaliser leur production. En échange, les banques reçoivent une partie des actions de la grande industrie et leurs représentants siègent au conseil d'administration des établissements de crédit. Il s'opère ainsi, à un degré beaucoup plus grand que dans les autres nations industrielles d'Europe, une fusion, une interpénétration étroite entre le capital bancaire et le capital industriel. À titre d'exemple, on peut citer la *Diskonto* qui contrôle la plus grosse société charbonnière de la Ruhr, la *Gelsenkirchen.*

– L'industrie allemande se caractérise également par *sa très forte concentration.* Le mouvement, qui s'est trouvé accéléré par la dépression des années 1873-1895 et par les crises cycliques, s'achève au début du XXe siècle. Sur le plan vertical, il a abouti à la création de très vastes sociétés par actions, les *Konzerne,* formées d'entreprises d'une même branche liées par des participations financières. Les opérations les plus spectaculaires ont été réalisées dans ce domaine par les sidérurgistes : Krupp, qui emploie 70 000 ouvriers en 1913, Thyssen qui a acheté après 1900 des mines de fer en Lorraine, en Algérie et en Normandie, et surtout Ugo Stinnes, qui fournit l'exemple le plus remarquable de concentration verticale avec ses mines de charbon dans la Ruhr et de fer en Lorraine, ses industries métallurgiques, chimiques, ses fabriques de papier et ses affaires de presse, ainsi que le contrôle d'une compagnie de navigation sur le Rhin.

Sur le plan horizontal, la concentration revêt des caractères plus ou moins poussés. Elle peut prendre la forme de l'absorption des petites sociétés par les grosses. C'est le cas en particulier dans le domaine de la chimie ou de l'électricité. Des firmes comme la *Badische Anilin* (chimie) ou *Siemens* (industrie électrique) deviennent ainsi de véritables géants qui dominent le marché. Elle revêt au contraire l'aspect d'une association qui se partage le marché dans le domaine du charbon ou de l'acier, ce qui sauve les petites sociétés en les liant aux grosses affaires. On a alors un Cartel qui fixe les prix et réglemente la production. L'exemple type est celui du *Kohlensyndicat* (comptoir charbonnier) rhéno-westphalien, fondé en 1893 par Kirdorf. Il a pris la forme d'une société par actions dont les actionnaires sont les propriétaires des mines, chacun recevant un nombre d'actions proportionnel à la capacité de production de son entreprise. Le Syndicat achète toute la production de ses membres. Il se charge de la vendre, pratiquant tantôt le prix fort, tantôt le *dumping.* Il règle la production afin d'éviter l'engorgement du marché, impose des amendes pour dépassement du contingent fixé et répartit les bénéfices au prorata des actions. Tous les cinq ans l'accord est renouvelé et l'on procède à une nouvelle répartition des actions, en tenant compte des modifications de la capacité de production. En 1913, le *Kohlensyndicat* a 64 adhérents et fournit 53 % du charbon allemand. Sur son modèle se sont constitués des centaines de cartels, parmi lesquels celui de la potasse, *Kalisyndicat* et surtout celui de la sidérurgie, *Stahlwerksverband*, fondé en 1904.

Le commerce. Le rythme de l'expansion allemande se trouve conditionné par un outillage de plus en plus gigantesque et par la main-d'œuvre, non par les possibilités d'absorption du marché intérieur. Exporter devient donc une nécessité vitale pour l'industrie allemande. De fait, les ventes à l'étranger connaissent un essor considérable grâce aux prix de revient modérés des produits allemands, à l'agressivité et à la qualité des méthodes commerciales (*dumping*, facilités de paiement, activité inlassable des voyageurs de commerce) et aux nombreux investissements. Les Allemands s'implantent solidement sur les marchés chinois, sud-américain et surtout dans l'Empire ottoman où ils exercent une véritable hégémonie. En 1913, le commerce allemand est, avec une valeur de 22 milliards de marks, le second du monde après celui de la Grande-Bretagne.

Les conséquences sociales de l'industrialisation

Dans la classe dirigeante, où la distinction entre noblesse et grande bourgeoisie s'efface peu à peu, du fait des anoblissements et des mariages fréquents, l'aristocratie foncière a perdu une partie de son influence et de sa richesse avec l'évolution de l'économie. Elle conserve cependant un rôle important dans les campagnes et dans l'armée. La haute bourgeoisie d'affaires, d'industrie et de banque, grande bénéficiaire de la révolution industrielle, voit au contraire son prestige croître en même temps que sa puissance financière. Au total ce milieu dirigeant, qui est le plus sûr soutien politique du régime, ne groupe pas plus d'un demi-million de personnes.

La classe moyenne présente également un double visage. Une moyenne bourgeoisie d'industriels et de commerçants plus modestes, de hauts fonctionnaires et de membres des professions libérales, disposant d'un revenu supérieur à 3 000 marks, soit 2,5 millions de personnes. Une petite bourgeoisie de paysans propriétaires, d'artisans, de petits commerçants, de fonctionnaires, qui rassemble de 20 à 25 % de la population et se trouve en partie menacée par la prolétarisation.

Le prolétariat représente près de 70 % de la population, la moitié au moins étant constituée d'ouvriers d'usines. Le sort de ces derniers, misérable au lendemain de l'unité, s'est très nettement amélioré avec la politique sociale de Bismarck et l'action des organisations syndicales et politiques. Ce mieux-être explique d'ailleurs très largement la faiblesse de l'esprit révolutionnaire de la classe ouvrière allemande et le succès du « révisionnisme » de Bernstein.

Les problèmes politiques de l'Allemagne wilhelmienne

Les hommes du « nouveau cours »

Le départ de Bismarck marque le début d'une relative instabilité. Après Caprivi (1890-1894) et Hohenlohe (1894-1900), fidèles à l'Empereur mais très effacés, le poste de chancelier est assumé, de 1900 à 1909, par von Bülow, un homme d'ancienne noblesse qui essaie de renouer avec l'esprit et les méthodes de Bismarck. Mais il se heurte à Guillaume II dans l'affaire du *Daily Telegraph* (interview dans laquelle l'Empereur prétend avoir fourni aux Anglais le plan de la guerre contre les Boers). Ayant soutenu très mollement l'Empereur devant le Reichstag, il est disgracié en 1909 et remplacé par Bethmann-Hollweg (1909-1917), beaucoup plus docile aux initiatives du Kaiser.

Immobilisme et tensions politiques

Il se pose, de façon de plus en plus pressante, un problème des rapports entre l'exécutif et le Parlement. Les chanceliers s'efforcent de prendre appui sur des majorités de coalition (conservateurs + nationaux-libéraux + Zentrum, mais ce dernier parti passe parfois à l'opposition), sans que soit instauré un véritable régime parlementaire. L'Empereur en effet ne tient compte des votes du Reichstag que lorsqu'ils sont conformes à ses propres objectifs. Il en résulte à partir de 1909 un état de tension encore aggravé par la contradiction entre le mode d'élection au Reichstag (suffrage universel) et au Landtag prussien (vote par classes). À cette date se constitue un cartel anti-conservateur *(Hansabund)*, qui groupe les membres de la petite bourgeoisie (artisans, petits commerçants, fonctionnaires) et qui organise des manifestations. Aux élections de 1912, l'opposition (sociaux-démocrates, nationaux-libéraux et progressistes) triomphe du bloc gouvernemental (197 sièges contre 163). À eux seuls les socialistes ont près du tiers des députés. Conscient du danger Bethmann-Hollweg songe à promouvoir des réformes mais il se heurte à l'hostilité des conservateurs, en majorité au Landtag de Prusse et aux réticences de l'Empereur. L'Allemagne se trouve donc en 1914 à la veille d'une grave crise politique.

La poussée syndicaliste et social-démocrate

Elle reste, pour la classe dirigeante et pour l'équipe au pouvoir, le problème le plus préoccupant. Réorganisé par Bebel, le SPD remporte des succès électoraux de plus en plus éclatants, devenant en 1912 le premier parti du Reichstag, tandis que les syndicats se développent et s'organisent.

Séparés jusqu'alors, ils se fédèrent en 1892, sous l'autorité de Karl Legien. En 1913, les syndicats sociaux-démocrates, dits « syndicats libres », ont 2 millions et demi d'adhérents, alors qu'ils en avaient 300 000 en 1890. À côté de ces organisations, liées à la social-démocratie et groupées dans la *Confédération générale ouvrière*, il existe des syndicats chrétiens, créés en 1894, avec 750 000 membres, des syndicats « indépendants » (apolitiques) avec 300 000 membres, des syndicats « libéraux » (lassalliens) avec 100 000 membres, sans compter les syndicats « jaunes » mis sur pied par le patronat pour lutter contre les grévistes. Au total plus de 4 millions de syndiqués à la veille de la guerre, contre 1 million en France à la même date.

La social-démocratie et les syndicats libres pèsent d'un poids très lourd sur le mouvement ouvrier international en raison de leur puissance et du nombre de leurs adhérents. Legien réunit à Stuttgart en 1902 la première conférence syndicale internationale. En 1889, lorsque se fonde à Paris la IIe Internationale, l'influence de Bebel y est très forte. C'est vers l'Allemagne, qui possède le plus puissant parti socialiste d'Europe que se tournent, à la veille de la guerre, les regards de tous les socialistes européens.

Mais ce fort courant socialiste, s'il gagne en influence en Allemagne et en Europe, ne cesse de s'affaiblir sur le plan de la doctrine et c'est là, incontestablement, la rançon de son succès. L'élévation du niveau de vie des ouvriers, le nombre et l'importance des cotisations, le succès du mouvement coopératif, les victoires électorales, tout cela a profondément modifié la social-démocratie et les syndicats libres. Le SPD a en effet à la veille de la guerre 15 000 « militants appointés » qui sont en permanence à son service ; 100 000 adhérents du parti sont employés dans les services d'assurances sociales, les bureaux de placement, les coopératives ; 20 000 d'entre eux siègent dans les conseils municipaux. À la même date les coopératives ouvrières ont 1 620 000 adhérents et un chiffre d'affaires de 500 millions de marks. Dans ces conditions, l'une des préoccupations essentielles des dirigeants est de conserver les positions acquises ou de les développer, plutôt que de faire la révolution. Même ceux qui sont d'origine ouvrière, comme Ebert ou Noske, songent au Parti comme en une fin en soi, une machine puissante capable d'assurer l'élection de ses membres, de jouer un rôle notoire dans l'État. D'ailleurs, le recrutement change entre 1900 et 1913. La social-démocratie triomphante voit venir à elle des intellectuels, des universitaires, dont les compétences vont bientôt faire les hommes-clés du parti. À la veille de la guerre de 1914, les dirigeants sociaux-démocrates sont des administrateurs réalistes, plus préoccupés d'efficacité immédiate que de doctrine. Quant au groupe parlementaire du Reichstag, son chef, Philip Scheidemann, est très représentatif de cette mentalité. Il rêve de faire de la social-démocratie un parti respectable, intégré au régime impérial et à la société allemande.

Cette évolution dans le recrutement et dans la mentalité influe bien entendu sur la doctrine du mouvement ouvrier allemand. Karl Legien entre dès 1890 en conflit avec la direction du SPD Pour lui, les syndicats ne doivent pas se fixer des objectifs politiques, mais seulement lutter pour l'amélioration immédiate du sort de la classe ouvrière. Il ne s'agit donc pas de renverser le régime mais de l'amender, en faveur des ouvriers. C'est à une conclusion identique que parvient le théoricien Édouard Bernstein, qui va procéder à une révision fondamentale du marxisme : le « révisionnisme ».

Employé de banque, rédacteur du *Sozial-Demokrat* imprimé à Zurich, Bernstein a dû prendre en 1888 le chemin de l'exil. À Londres, il s'est lié à Marx et à Engels. En 1896, il publie un ouvrage doctrinal, *Problèmes du socialisme*, qui met en cause certains points de la doctrine marxiste. À la demande du congrès du SPD, il précise sa doctrine en 1899 dans *Prémisses du socialisme*. Pour Bernstein, le schéma marxiste de l'évolution des sociétés est infirmé par les faits. La diminution du nombre et de la gravité des crises après la grande dépression est la preuve que le capitalisme, loin de succomber à ses contradictions, a trouvé des moyens d'éviter ou de limiter les accidents graves. La hausse du niveau de vie des masses contredit la thèse de la paupérisation absolue de la classe ouvrière. La résistance des petites entreprises à la concentration capitaliste, la multiplication du nombre des actionnaires, s'inscrivent à l'inverse du processus de concentration des fortunes et du pouvoir économique entre les mains de quelques-uns. D'ailleurs, si la classe ouvrière n'est pas encore mûre pour assumer le pouvoir, la bourgeoisie allemande, composée d'esprits éclairés, est prête à satisfaire une partie des revendications ouvrières. « Les intérêts de classe reculent, l'intérêt général gagne en puissance », écrit Bernstein : autrement dit, la lutte des classes représente un stade dépassé.

Quelles sont les conséquences de cette critique de la théorie marxiste ? Il faut, pense Bernstein, abandonner l'objectif révolutionnaire, ainsi que les nationalisations qui risquent de perturber la vie économique. Ce qu'il faut, c'est développer la démocratie en utilisant le suffrage universel (cf. Lassalle dont Bernstein publie les œuvres et étudie les idées). Ainsi, par la voie légale, s'établira progressivement le socialisme. Quel socialisme ? Pour Bernstein, le socialisme, c'est la suppression des formes d'exploitation les plus brutales, l'amélioration des rapports entre individu et société : « La social-démocratie ne désire pas dissoudre cette société et en prolétariser tous les membres. Elle travaille bien plutôt sans relâche à faire accéder l'ouvrier encore placé dans la condition d'un prolétaire à celle d'un bourgeois. » Conception réformiste, lassallienne, de l'évolution des sociétés, qui permet l'alliance avec les partis bourgeois, en vue de réaliser l'émancipation de la classe ouvrière par la réforme.

Bernstein définit de nouveaux objectifs pour la social-démocratie

> « La conquête du pouvoir politique par la classe ouvrière, l'expropriation des capitalistes, ne sont pas des buts finaux, mais des moyens seulement pour la réalisation de certains efforts et de buts déterminés. Comme telles, elles font partie du programme de la social-démocratie et ne sont combattues par personne. On ne peut pas prédire, quant aux circonstances dans lesquelles se fera leur réalisation. Mais, pour pouvoir conquérir le pouvoir politique, il faut des droits politiques, et la plus importante des questions de tactique que la social-démocratie ait à résoudre actuellement, me paraît être celle du meilleur moyen d'élargir les droits politiques et économiques des ouvriers allemands. Et jusqu'à ce qu'une solution satisfaisante soit trouvée à cette question, l'accentuation des autres ne saurait être finalement que de la déclamation. »
>
> E. Bernstein, *Lettres au Congrès de Stuttgart*, 1898, cité *in* J. Droz, *Le Socialisme démocratique, 1864-1960*, Paris, Armand Colin, coll. « U », 1966, p. 54-55.

Sous la double pression de Legien et de Bernstein, les dirigeants du parti social-démocrate se trouvent peu à peu gagnés aux idées révisionnistes. Le rapprochement avec la bourgeoisie va d'ailleurs très loin. Bernstein approuve par exemple les tendances impérialistes de la bourgeoisie allemande, estimant qu'il est concevable qu'un pays hautement civilisé soumette des peuples dont le niveau de civilisation est moins élevé. Considérant d'autre part la situation en Europe, Bernstein et ses disciples estiment de la même façon que l'Allemagne doit tout faire pour éviter d'être submergée par la Russie, pays « barbare » qui menace le Reich sur ses frontières orientales.

Aussi ne faut-il pas s'étonner que lors des congrès de l'Internationale qui étudient la possibilité pour les socialistes de mettre fin à la guerre ou de l'utiliser à des fins révolutionnaires au cas où elle éclaterait, le SPD joue le rôle de frein.

– En 1907, au congrès de Stuttgart, le SPD s'oppose à l'idée d'une grève générale en cas de déclaration de guerre et se prononce seulement en faveur de la propagande pacifique et de l'action politique.

– En 1913, les députés sociaux-démocrates votent avec le Centre et les libéraux l'impôt sur l'accroissement des fortunes, premier impôt direct perçu pour le compte du pouvoir fédéral et qui va servir à accroître le potentiel militaire allemand.

À la veille de la guerre de 1914, le régime inauguré par Bismarck se trouve donc dans une véritable impasse. D'une part parce qu'il n'existe pas d'authentique solution de rechange révolutionnaire. La social-démocratie est hostile à la prise du pouvoir par la violence et à une restructuration fondamentale de la société. Elle est prête en majorité à miser sur l'alliance des partis bourgeois, à condition de voir le régime évoluer vers une plus grande démocratisation de la vie politique et elle estime, après son triomphe aux élections de 1912, que le moment est venu de mettre sur pied un véritable régime parlementaire. Or, et c'est l'autre aspect de cette situation critique, la classe dirigeante est loin d'être unanimement disposée à franchir cette étape. La bourgeoisie d'affaires est plus préoccupée d'accroître sa récente puissance économique que de méditer sur l'avenir politique de l'Allemagne. Quant à l'ancienne classe dirigeante, elle comprend mal l'évolution de la nouvelle Allemagne. S'appuyant sur les forces conservatrices traditionnelles, l'armée ou la haute administration, elle n'est pas prête à abdiquer son pouvoir et à laisser s'installer la démocratie, prélude à la révolution. On comprend qu'elle ait, dans ces conditions, largement soutenu les initiatives parfois dangereuses de Guillaume II en politique extérieure. En exaltant un nationalisme répandu dans toutes les classes de la société, en favorisant une propagande visant à démontrer aux masses qu'elles ont un intérêt majeur dans le maintien et dans le renforcement de la puissance allemande, elle prolonge son existence de classe dominante. Mais elle prépare en même temps, consciemment ou non, une guerre dont l'issue fatale va remettre en cause sa toute-puissance.

Le parti conservateur, vu par un député alsacien au Reichstag, l'abbé Wetterlé

Député d'Alsace-Lorraine au Parlement allemand, l'abbé Émile Wetterlé fonde en 1909 le *Nouvelliste d'Alsace-Lorraine* et adhère au *Landespartei*. Il se signale pendant et après la guerre de 1914 comme un ardent nationaliste français et sera député à la Chambre de 1919 à 1924. C'est en 1918 qu'il publie son ouvrage *Les coulisses du Reichstag* dont est extrait le texte suivant.

« Le conservateur prussien, le *Junker*, n'est nullement, comme on se l'imagine à l'étranger, un politicien souple, soumis et gouvernemental par destination. Les hobereaux de l'Elbe forment une caste très fermée, mais dont les traditions rigides ne s'accommodent d'aucune tutelle, même royale. Ils ont une doctrine étatique à laquelle, dans toutes les fluctuations de la vie publique, ils restent inébranlablement fidèles. Comme par ailleurs ils se font payer leur fidélité au trône par toutes sortes de privilèges, et qu'ils occupent toutes les avenues du pouvoir, ils ont désappris l'obéissance et parlent en maîtres dans un État qui est devenu leur propriété.

Les postes de ministres, de gouverneurs de provinces, de *Landraethe* (préfets), comme le haut commandement de l'armée, leur reviennent de droit. Quand Miquel et Demburg furent nommés l'un ministre prussien, l'autre secrétaire d'État de l'Empire, l'élévation de ces bourgeois à des dignités réservées à la caste, provoqua une explosion de fureur dans les milieux conservateurs. Dans les régiments de la garde, comme dans certains régiments de cavalerie, tous les officiers appartiennent à des familles de hobereaux. De là pour la caste une puissance effective, dont souvent elle abuse.

Les conservateurs savent, au besoin, se montrer les plus féroces des opposants au Landtag prussien et au Reichstag. Les chanceliers les redoutent et capitulent presque toujours devant leurs exigences. Le prince de Bülow fut leur victime,

M. de Bethmann-Hollweg fut constamment obligé d'acheter leur neutralité malveillante par des concessions de principe...

... Cette oligarchie a toujours empêché le grand royaume du Nord de démocratiser ses institutions étatiques. Que de fois les conseillers de la couronne prussienne n'ont-ils pas, au cours du siècle dernier, sous la pression des événements, promis des réformes que les Junkers ont toujours fait avorter ! De 1898 à 1905, l'étoile des conservateurs avait pâli au Reichstag. Elle devait reprendre tout son éclat durant les années qui suivirent, quand tous les partis du parlement, après l'affaire d'Algésiras, comprirent que la grande guerre, voulue par la droite et par le parti militaire, allait bientôt et infailliblement éclater. »

Abbé E. Wetterlé, *Les coulisses du Reichstag*, Paris, Bossard, 1918.

Chapitre 4

La politique extérieure de l'Allemagne impériale (1871-1914)

La politique continentale de Bismarck

Le traité de Francfort, qui met fin à la guerre franco-prussienne de 1870-1871, consacre sinon l'hégémonie, du moins la prépondérance allemande sur le continent. Bismarck, qui avait délibérément provoqué la guerre, parce qu'elle lui semblait nécessaire à l'achèvement de l'Unité allemande, et qui a été l'artisan du succès prussien, se montre dès lors satisfait et va, pendant vingt ans consacrer son indomptable énergie au maintien d'un *statu quo* favorable à son pays.

On a qualifié de « systèmes bismarckiens » les réseaux d'alliances que le chancelier s'est efforcé de mettre en place après 1871 dans le but essentiel d'isoler la France et de briser toute velléité de revanche de sa part. Ils sont en effet l'œuvre personnelle de Bismarck et ne survivront guère à sa disgrâce. Ils correspondent d'ailleurs à une conception « prussienne » et « terrienne » du rôle international de l'Allemagne, conception qui se trouve quelque peu dépassée en 1890.

Les objectifs de Bismarck

L'homme – ce hobereau des provinces orientales de la Prusse, né l'année du congrès de Vienne – explicite les objectifs de politique extérieure qu'il fixe au nouvel État.

Bismarck est en effet *un homme d'Ancien Régime* qui fonde ses options diplomatiques sur des notions traditionnelles :

– l'idée de concert des nations européennes, d'après laquelle les grandes puissances doivent s'efforcer de se mettre d'accord pour maintenir le *statu quo* établi par les traités de 1815 et qui constituent dans une large mesure un retour à l'ordre ancien, bouleversé par la Révolution et par les conquêtes napoléoniennes. Bien sûr Bismarck ne défend ce principe que lorsqu'il le sert. L'Unité allemande est à elle seule une atteinte profonde au *statu quo* et à l'équilibre de l'Europe. C'est donc surtout après 1871, une fois réalisée l'unité du Reich, que le chancelier allemand va se révéler un zélateur ardent de la notion d'équilibre et de concert européens (ainsi au congrès de Berlin en 1878 où il joue le rôle d'arbitre) ;

– l'idée d'autre part, que le remodelage de l'Europe doit se faire, quand on ne peut l'éviter, en fonction des intérêts des grands États et sans tenir compte du droit des peuples à disposer de leur sort. Bismarck ignore et méprise les nationalités (cf. son attitude à l'égard des Bulgares lors du congrès de Berlin) et pour lui, les intérêts des grandes puissances sont avant tout ceux des dynasties qui les gouvernent.

Bismarck est aussi un grand seigneur terrien pour qui, en dépit des récentes transformations économiques, l'essentiel de la puissance allemande réside toujours dans les provinces rurales et aristocratiques de l'Est. Le système diplomatique qu'il incarne est donc, au moins dans sa forme, un système d'Ancien Régime, fondé sur le principe de l'union des souverains légitimes et de la solidarité des puissances contre-révolutionnaires. Surtout, il est un *système continental*. Bismarck vise en effet à assurer l'hégémonie, ou du moins la prépondérance de l'Allemagne sur le continent. Il tourne le dos, de façon délibérée, à l'expansion coloniale qu'il accuse de détourner l'Allemagne de son véritable but. Il faudra qu'un puissant courant se dessine dans l'opinion publique allemande, notamment dans les milieux d'affaires de Brême et de Hambourg, pour que le chancelier se résigne à donner son accord à des initiatives, le plus souvent privées, et qui aboutiront à l'installation des Allemands dans le Sud-ouest africain en 1884, puis au Togo et au Cameroun. Mais c'est en général contre son gré et on le voit plus volontiers encourager les initiatives coloniales de ses adversaires virtuels, de la France par exemple, qu'il espère de cette façon détourner de l'idée de revanche.

Enfin, Bismarck est avant tout Prussien et soucieux de la grandeur *prussienne*. On a vu que sa conception même de l'Unité était, pour ce champion de l'autorité et de la réaction, fort éloignée du sentiment national, lequel est encore au XIXe siècle une idée libérale et révolutionnaire. Ce qui compte pour Bismarck, c'est moins de réunir dans une même nation les peuples de langue et de civilisation germaniques que d'assurer la puissance de la Prusse et la grandeur de sa dynastie. Autrement dit, il s'oppose aux pangermanistes qui prêchent au contraire un nationalisme conquérant et veulent réaliser l'unité du « peuple allemand ». Son « système » est donc essentiellement défensif et conservateur.

Ainsi, au lendemain de la victoire de 1871, Bismarck se montre satisfait. L'achèvement de l'Unité, la proclamation de l'Empire et l'annexion de l'Alsace-

Lorraine lui semblent des résultats suffisants et il ne manifeste aucun désir de pousser plus avant l'expansion du territoire de l'Allemagne. Mais, pour maintenir les choses telles qu'elles sont, il faut d'abord tenir la France isolée. Bismarck est en effet persuadé que celle-ci ne se résignera pas à la perte de ses provinces orientales et cherchera un jour ou l'autre à les récupérer. Pour réaliser cet objectif, le chancelier allemand va fonder un système d'alliances basé sur l'union des puissances « traditionnelles » et des souverains légitimes contre la France « révolutionnaire ». Il semble d'ailleurs n'avoir pas été dupe de cette idée qui avait surtout l'avantage de servir ses intérêts. Ainsi, lorsqu'en 1873 Thiers doit céder la place aux hommes de l'*Ordre moral*, Bismarck s'inquiète. Il craint qu'une restauration monarchique ne vienne remettre en question tout son échafaudage diplomatique, ce qui provoque une crise des relations franco-allemandes en 1875 et fait craindre un moment que l'Allemagne n'engage une action préventive contre la France.

Genèse et évolution du système bismarckien

Le premier « système » vise à grouper dans une même alliance les trois grandes puissances contre-révolutionnaires. Avec l'Autriche le rapprochement se fait sans difficulté. Bismarck recueille les fruits de sa politique modérée à l'égard de Vienne après la victoire de Sadowa. L'Autriche, abandonnant toute idée de revanche, regarde maintenant vers les Balkans et songe à tirer parti de la dissolution prévisible de l'Empire ottoman. Bismarck l'encourage tout en veillant à ce que ses ambitions ne heurtent pas trop celles de la Russie. Avec cette dernière, l'alliance semble en principe plus facile à réaliser puisqu'il n'existe pas de contentieux russo-allemand. Mais comment appuyer l'Autriche dans sa « poussée vers Salonique » et gagner en même temps les sympathies du tsar ? C'est ici qu'intervient le machiavélisme de Bismarck qui use précisément de l'argument – auquel il ne croit guère – de la solidarité monarchique en face de la France républicaine. Jugeant d'autre part inévitable le rapprochement austro-allemand, le tsar estime préférable de s'y associer. Ainsi se constitue *l'Entente des trois empereurs*. Guillaume Ier, François-Joseph et Alexandre II se rencontrent à Berlin en 1872 et jettent les bases de leur accord. Suit une série de conventions entre les trois puissances. Celle du 6 juin 1873, passée entre la Russie et l'Allemagne, établit qu'en cas d'attaque contre l'un des empires l'autre interviendra aussitôt avec 200 000 hommes. Le même jour, un accord austro-russe prévoit des consultations entre les deux pays en cas « d'agression d'une tierce puissance » ou en cas de divergences entre leurs intérêts. Le 22 octobre 1873, Guillaume Ier s'associe à cet accord. En 1874, l'Italie adhère à son tour à l'entente, si bien qu'à cette date l'isolement de la France sur le continent semble à peu près complet.

En réalité cet accord, dans lequel deux des partenaires se regardent avec méfiance du fait de leurs ambitions balkaniques, est loin d'être parfait. Dès 1875 la Russie, qui craint qu'une nouvelle guerre franco-allemande n'entraîne une véritable hégémonie de l'Allemagne, soutient la diplomatie française. Mais surtout, c'est la crise balkanique de 1875-1878 qui va provoquer l'effondrement du système. Le congrès de Berlin a fortement mécontenté le tsar qui reproche à Bismarck d'avoir favorisé l'Autriche-Hongrie. Au lendemain du Congrès, Alexandre II déclare caducs les accords de 1873 et morte l'Entente des trois empereurs. C'est, dira plus tard Bismarck, « la plus grande erreur de ma vie ».

Le second « système » de Bismarck. La crise orientale a montré l'impossibilité de faire coexister officiellement dans le même réseau d'alliances l'Empire russe et l'Autriche. Bismarck va devoir opter entre Vienne et Saint-Pétersbourg. Il choisit l'Autriche comme base de son nouveau système diplomatique, tout en parvenant d'ailleurs en 1881 à maintenir un lien avec la Russie et à attirer en 1882 l'Italie dans le camp des puissances centrales. Par tradition et par amitié pour le tsar, Guillaume Ier aurait préféré une alliance avec la Russie et Bismarck dut menacer de se retirer pour obtenir gain de cause. Finalement le 7 octobre 1879 le traité est signé avec Vienne. Il prévoit une alliance militaire au cas où l'une des deux puissances serait attaquée par la Russie, la simple neutralité dans le cas d'une attaque venant d'une autre puissance. Il donne donc satisfaction à l'Autriche, ce qui n'empêche pas Bismarck de tenter un nouveau rapprochement avec la Russie. Pour attirer celle-ci dans son camp, il feint d'abord de se rapprocher de la Grande-Bretagne alors en rivalité en Asie avec l'empire des tsars. Politique dangereuse mais qui réussit. En septembre 1879 le tsar, qui répugne encore à une alliance avec la France républicaine, fait les premières avances. L'Autriche n'est guère enthousiaste mais elle finit par céder et le 18 juin 1881 un nouveau « traité des trois empereurs » est signé qui porte sur deux points :

– neutralité bienveillante des deux autres puissances si la troisième se trouve en guerre avec un pays étranger à l'alliance ;

– Autriche-Hongrie et Russie s'engagent à ne pas modifier le *statu quo*.

Bismarck est satisfait. Il va s'efforcer de « faire marcher entre les éléphants apprivoisés, l'allemand et l'autrichien, l'impétueux éléphant russe ».

L'année suivante, le système s'élargit par l'adhésion de l'Italie où l'on a craint, pendant la période de l'Ordre moral, que soit rallumée la question romaine. Surtout, Bismarck a eu l'habileté de faire entrevoir aux Italiens la possibilité d'une installation définitive en Tunisie, tout en poussant les Français à intervenir dans la Régence. C'est chose faite en 1881. L'humiliation subie par l'Italie provoque dans la péninsule une vague d'hostilité contre la France. Aussi le gouvernement italien se tourne-t-il vers Berlin, à la recherche d'une alliance capable de lui épargner dans l'avenir un semblable camouflet. Bismarck se fait d'abord tirer l'oreille, se demandant ce que l'on peut faire de « ce petit roquet qui aboie aux jambes ». Finalement il accepte l'alliance italienne et le 20 mai 1882 est signé le traité de *Triple-Alliance*. Il représente, avec des fortunes diverses, l'élément le plus durable de la politique bismarckienne, puisqu'il devait, avec les modifications de détail, être renouvelé pendant plus de 30 ans.

Les aménagements et l'apogée du système bismarckien. La *Triplice* est renouvelable en 1887. La crise bulgare et la menace de guerre contre la France consécutive à l'affaire Schnaebelé donnent alors plus de prix à l'alliance italienne et le comte Robilant, ministre italien des Affaires étrangères, entend exploiter cette situation. Il pose comme condition au renouvellement du traité une garantie du *statu quo* en Méditerranée, dirigée contre une éventuelle expansion de la France en Tripolitaine et une promesse de compensation pour le cas où l'Autriche réaliserait de nouveaux gains dans les Balkans.

La Triplice ayant été ainsi révisée avec une pointe offensive dirigée contre la France et la crise franco-allemande s'étant apaisée, Bismarck juge bien lourds les engagements qu'il a dû prendre vis-à-vis de l'Italie. Il va donc s'efforcer de les partager avec une autre puissance et favorise pour cela des pourparlers anglo-italiens qui aboutissent à l'accord de février 1887 par lequel les deux pays affirment leur volonté de maintenir le *statu quo* en Méditerranée (mer Égée et mer Noire comprises). Ces accords sont donc autant dirigés contre la politique balkanique de la Russie que contre la France, l'Angleterre se trouvant indirectement associée à la politique de la Triple-Alliance.

Mais Bismarck juge son œuvre inachevée tant qu'il n'aura pas écarté le risque d'une alliance franco-russe. Il faut faire vite. L'Entente des trois empereurs expire en juin 1887 et le tsar, inquiet et mécontent des progrès autrichiens dans les Balkans, manifeste son intention de se retirer. Cela est d'autant plus grave que pour la première fois les avances françaises trouvent un écho en Russie. Cependant le ministre germanophile Giers parvient à écarter le chef du mouvement panslaviste favorable à la France, le journaliste Katkov, et reçoit carte blanche pour traiter avec l'Allemagne. En juin 1887 est signé le traité dit de « contre-assurance », qui assure l'Allemagne de la neutralité russe en cas de guerre contre la France. En échange, l'Allemagne promet son appui diplomatique dans la question bulgare et dans des Détroits, ce qui n'était guère compatible avec l'alliance austro-allemande.

La conclusion de ce traité marque l'apogée du système de Bismarck. Liée à l'Autriche-Hongrie et à l'Italie, en contact avec l'Angleterre et avec la Russie, l'Allemagne se trouve plus que jamais au centre de la vie internationale. À aucun moment la France n'a été plus isolée qu'à la fin de l'été 1887 quand triomphe la diplomatie du chancelier de fer.

La liquidation du système bismarckien

En fait, le système est moins solide qu'il ne paraît. Il est fondé sur le caractère secret du traité de contre-assurance et se trouve de ce fait à la merci d'une indiscrétion. Il importe en effet que ni l'Angleterre ni l'Autriche-Hongrie ne soient au courant des promesses relatives aux Détroits, promesses inconciliables avec les accords antérieurs. Bismarck a d'ailleurs conscience de ces faiblesses. Au début de 1889 il songe à remplacer l'entente avec le tsar par une alliance défensive avec l'Angleterre dirigée contre la France et la Russie sans que son fils Herbert parvienne cependant à convaincre Salisbury. Peut-être cherchait-il d'ailleurs seulement à inquiéter Saint-Pétersbourg. C'est vers celui-ci en tout cas qu'il se tourne à nouveau en octobre 1889. Le tsar qui ne se fait plus guère d'illusions sur la valeur de l'alliance allemande finit par accepter le principe de renouvellement, par crainte de voir Berlin appuyer sans réserve la politique balkanique de Vienne. Mais déjà Bismarck s'est heurté aux volontés du nouvel empereur Guillaume II.

Bismarck parti, son successeur Caprivi se laisse diriger dans le domaine extérieur par ses collaborateurs des affaires étrangères, parmi lesquels émerge bientôt la personnalité du baron Fritz von Holstein, pourvu du titre modeste de « conseiller référendaire » des Affaires étrangères, en fait véritable éminence grise de la *Wilhelmstrasse*. Il a été pendant longtemps l'un des collaborateurs les plus fidèles de Bismarck, mais il est de ceux qui ont préparé sa chute et il dirige aux Affaires étrangères une coterie de hauts fonctionnaires auxquels pesait la dictature du vieux chancelier et qui, par haine de celui-ci, vont soutenir une politique contraire à celle qu'il avait menée à l'égard de la Russie : Marshall, Kiderlen et le sous-secrétaire d'État Berchem. Ils sont d'accord avec Holstein quand il juge que le traité de contre-assurance est en contradiction avec l'esprit de la Triple-Alliance. C'est l'argument qu'ils développent auprès de l'empereur. Celui-ci, soucieux de préserver l'honneur de l'Allemagne et disposé à adopter à l'égard de ses alliés une politique « claire et loyale », décide de ne pas renouveler le traité de contre-assurance malgré l'insistance de Giers. En août 1890 la politique de contre-assurance est irrémédiablement abandonnée et, avec elle, c'est un pivot du système bismarckien qui disparaît.

La « Weltpolitik » (1890-1914)

L'essor de l'impérialisme allemand

Déjà, sous la pression des intérêts privés et de l'opinion publique, Bismarck avait dû, en dépit de ses répugnances personnelles, accepter de patronner les débuts de l'expansion en Afrique et dans le Pacifique. Les établissements du Sud-ouest africain, du Cameroun, du Togo, d'Afrique orientale et, dans le Pacifique, de Nouvelle-Guinée, des îles Salomon et Marshall, font participer l'Allemagne au partage du monde bien avant que la politique officielle de Guillaume II n'engage le Reich dans les voies d'un impérialisme conscient. Cependant, la chute du chancelier va accélérer le mouvement. C'est que l'impérialisme allemand a des causes qui échappent très largement à la volonté des dirigeants. Tout d'abord la pression démographique. L'Allemagne, qui avait 41 millions d'habitants en 1871, soit un peu plus que la France, en a 49 en 1890 et 67 en 1914. D'autre part, et surtout, le développement économique, qui lui fait une nécessité de se tourner vers les marchés extérieurs. Dès la fin du XIXe siècle l'Allemagne exporte plus de 30 % de sa production industrielle. Dès lors les banques allemandes se tournent vers le financement du commerce extérieur. Elles créent pour cela des établissements à l'étranger et surtout à Londres, New York et Anvers, plaques tournantes du grand commerce international. Elles investissent dans des entreprises étrangères dont elles s'assurent le contrôle, soit directement, soit indirectement par l'intermédiaire de banques avec lesquelles elles conservent des relations étroites (c'est le cas par exemple de la *Banque commerciale italienne* fondée en 1894 à Milan par des banquiers allemands). Des groupes allemands s'intéressent ainsi à l'Extrême-Orient (Chine, Inde, Japon), à l'Amérique latine, à l'Europe centrale (où les Allemands songent surtout aux zones pétrolières de Galicie autrichienne et de Roumanie) au Maroc, où la France contre leurs efforts, en Italie, en Russie et surtout dans l'Empire ottoman, vaste domaine ouvert à la colonisation européenne et dont les voies de communication restent à construire.

À ces causes profondes s'ajoute bientôt la mégalomanie de Guillaume II, qui va donner à l'impérialisme une caution officielle et favoriser le développement en Allemagne d'un vaste mouvement nationaliste et conquérant, le *pangermanisme.*

L'avènement de Guillaume II et l'éviction de Bismarck ouvrent en effet la voie d'une nouvelle politique qualifiée par l'Empereur de « politique mondiale », *Weltpolitik.* L'Allemagne, qui jusqu'en 1890 a assisté passivement au partage du monde, réclame, maintenant qu'elle est consciente de sa puissance démographique et économique, sa « place au soleil ». Pour cela l'Empereur dote le Reich des instruments nécessaires à une politique d'expansion et de prestige : l'armée, qui est renforcée et dont la place dans l'État demeure éminente, et surtout la flotte, indispensable à l'expansion outre-mer. La création d'une puissante marine de guerre est l'œuvre du sous-secrétaire d'État à la marine, von Tirpitz, qui avec l'aide de la grande industrie, directement intéressée à la construction navale, développe la flotte de guerre allemande : croiseurs et destroyers destinés à la protection des intérêts dans le monde, et aussi flotte de ligne (cuirassés et croiseurs de bataille) capable d'affronter celle de la Grande-Bretagne, ce qui doit inciter cette puissance estime Guillaume II à faire une place à l'Allemagne dans le partage du monde. En même temps est entrepris un vaste effort de propagande pour rendre le développement de la flotte et l'expansion outre-mer populaires dans l'opinion. Ce sont en particulier la fondation de la Ligue navale *(Flottenverein)*, des déclarations du style de celle de Guillaume II qui proclame « notre avenir est sur l'eau », ou encore des brochures comme celle de Stresemann (« Michel, écoute l'appel du vent de la mer. »)

Guillaume II vu par le chancelier von Bülow

Portrait de l'Empereur

« Le besoin de parler de Guillaume II, le besoin de s'épancher, de *sfogarsi*[1], pour employer l'expression pittoresque et exacte des Italiens, n'avait pas de limites. Il avait vraiment la maladie de la *Parlantina*, comme l'Italien, si bavard lui-même, appelle la loquacité exagérée ; jamais il n'a eu vraiment conscience du danger de propos irréfléchis...

L'exaltation de l'empereur était à son comble quand il envisageait une entrevue avec un autre souverain ou foulait un sol étranger; un sentiment fait d'impatience, d'attente joyeuse et d'une certaine nervosité l'agitait, celui d'une jeune fille entrant pour la première fois dans la salle de bal, un bouquet de roses à la main... En politique intérieure, les gaffes de l'empereur étaient aussi fréquentes que dans ses rapports diplomatiques avec nos voisins; mais elles étaient moins dangereuses; les vitres brisées à l'extérieur coûtaient plus cher que les dégâts à l'intérieur; une guerre malheureuse aurait eu pour conséquence immédiate une révolution; jusqu'à ma retraite, j'en fus profondément convaincu. Toutefois, Guillaume II devait éviter de heurter trop vivement les milieux intellectuels par ses allures autocratiques. Au fond ce n'était pas du tout un monarque à la Frédéric-Guillaume Ier ou à la Nicolas Ier. Il se donnait seulement l'apparence d'un autocrate. Il n'en avait ni la fermeté ni l'insensibilité, ni l'énergie, ni la constance. »

Von Bülow, *Mémoires*, Paris, Plon, 1931.

Le discours de Tanger

« J'envoyai par lettre à l'empereur le conseil de descendre à Tanger. Je lui recommandai en même temps de ne pas prononcer de discours pompeux, mais de dire le plus simplement possible, n'avoir eu aucune raison de ne pas rendre visite au Sultan du Maroc, souverain indépendant. Il exprimerait ensuite l'espoir de voir le Maroc s'en référer au traité et au droit international, s'appuyer sur eux et demeurer ouvert à la concurrence pacifique de toutes les nations. L'empereur se résolut à contrecœur à cette visite. Il ne s'agissait pas ici, il le sentit et le vit au ton de ma lettre, d'une promenade de touriste *(sight-seeing)*, mais d'un acte politique de grande importance. À cela s'ajouta, au moment où Sa Majesté suivait ma suggestion, une tempête, une mer démontée, le débarquement en chaloupe avec le risque de prendre un bain froid.

Ce 31 mars 1905, jour du débarquement à Tanger, l'empereur physiquement se portait bien, mais le risque de toute cette entreprise le surexcitait. De plus le

1. S'épancher, se défouler.

> Sultan lui avait envoyé au débarcadère un cheval ombrageux. L'empereur, après la crainte du bain froid dans la Méditerranée, avait eu à veiller à ne pas se laisser désarçonner sous les yeux de ces badauds de Maures et d'Arabes. Aussi les deux allocutions à l'oncle du Sultan venu pour le saluer et à la colonie allemande furent-elles plus véhémentes et plus énergiques qu'il ne l'avait voulu. »
>
> Von Bülow, *op. cit.*

Cette propagande en faveur de l'expansion allemande va au-devant des idées sur la supériorité de la « race allemande » dont se font l'écho les tenants du pangermanisme. C'est en 1891 qu'est fondée la Ligue pangermaniste *(Alldeutscher Verband)*, vaste mouvement qui groupe des représentants de toutes les catégories de la classe dirigeante allemande, qui manifeste ainsi son unanimité : amiraux et généraux, industriels, hommes d'affaires, professeurs d'Université, journalistes, hommes politiques. Sous la plume d'historiens comme Ranke, de géographes comme Ratzel, de sociologues comme Max Weber, les idées pangermanistes se présentent comme un corps de doctrines vagues, d'aspects multiples, avec cependant des points communs.

Se fondant sur Darwin et Malthus, les pangermanistes considèrent que les peuples luttent entre eux pour la vie et qu'il est normal que le plus apte l'emporte sur les moins doués. Or cette aptitude se manifeste de deux façons :

– par la civilisation : certains peuples ont une « mission civilisatrice », un haut degré de culture, d'autres au contraire, peuples « inférieurs », sont incapables de s'organiser. Il appartient aux premiers de soumettre les seconds ;

– par la guerre où se révèle le mieux l'aptitude d'un peuple à la survie.

Or de tous les peuples, les Allemands sont dans tous les domaines ceux qui ont la plus grande aptitude à la domination. Ces thèses, exprimées souvent de façon naïve et proclamées comme des vérités premières par les pangermanistes, trouvent une justification pseudo-scientifique dans deux ouvrages principaux : l'*Essai sur l'inégalité des races humaines*, du Français Gobineau, traduit en allemand en 1898 et les *Fondements du XIXe siècle* où l'Anglais Houston Stewart Chamberlain, devenu sujet allemand et gendre de Richard Wagner proclame que le fait majeur de la seconde moitié du XIXe siècle est le réveil des peuples germaniques qui doivent imposer leur loi aux peuples inférieurs. Renouant avec les vieux thèmes du romantisme et déformant les données de la biologie, les pangermanistes aboutissent à une véritable religion raciste, exaltation à la fois de l'instinct, de la force et de la supériorité des Aryens. En même temps qu'ils rêvent d'une *Grande Allemagne* qui regrouperait tous les peuples de civilisation germanique (Allemands de l'Empire autrichien, des Pays Baltes et de Russie, Suisses, etc.) et qu'ils affirment la vocation coloniale de l'Allemagne, ils songent avec Naumann et Reimer à une Mitteleuropa englobant l'Autriche et la France de l'Est, dominant les Balkans et l'Empire turc jusqu'au Golfe persique. Directement ou indirectement (théâtre, romans, musique de Wagner), ces thèmes finiront par trouver une audience, sinon dans les masses, au moins dans certains milieux dirigeants, dans l'armée et jusque dans l'entourage de l'Empereur, notamment auprès du Kronprinz.

Les résultats de la Weltpolitik

L'Allemagne a payé d'un prix très lourd – la fin de l'isolement de la France qui se lie à la Russie dès 1892 – l'élargissement de son horizon diplomatique. Avec quel profit ? Elle établit solidement son influence en Chine du Nord (intervention contre les *Boxers* en 1900), pénétrant à partir de la baie de Kiao-Tchéou qui lui a été concédée par la Chine dans la péninsule du Chantoung. Elle occupe des positions économiques et financières extrêmement fortes dans l'Empire ottoman, obtenant la concession du chemin de fer de Bagdad, soit un réseau de 300 km avec le droit d'exploiter les mines situées dans une zone de 20 km autour de la voie ferrée. Mais, tard venue dans le partage du monde, elle ne peut guère obtenir d'annexions territoriales qu'à la faveur d'une crise internationale sciemment déclenchée. Après une tentative malheureuse en 1905 (discours de Guillaume II à Tanger), celle d'Agadir en 1911 lui permet de recevoir une partie du Congo français en échange de la renonciation de l'Allemagne à ses « droits » sur le Maroc. Ceci sous la menace d'une guerre livrée à la France. En 1896 elle a de la même façon tenté de prendre pied dans l'une des « chasses gardées » de l'Angleterre, en soutenant les Boers dans leur résistance à la politique britannique mais la crainte d'un conflit contre la Grande-Bretagne a contraint Guillaume II à faire machine arrière. Enfin, elle ne cache pas ses intentions de recueillir éventuellement la succession des petits pays colonisateurs, Belgique ou Portugal (un traité secret de partage des colonies portugaises est signé avec l'Angleterre en 1898 et renouvelé en 1913).

Cette politique agressive a pour effet de dresser contre l'Empire allemand nombre de pays et de rapprocher les autres grandes puissances impérialistes, France, Grande-Bretagne et Russie qui, entre 1904 et 1907, constituent face au bloc de la Triplice celui de la Triple-Entente. La Triplice présente d'ailleurs quelques fissures. Rompant, après la défaite éthiopienne d'Adoua (1896) avec les ambitions africaines de Crispi, l'Italie se tourne vers les Balkans et songe à nouveau à récupérer ses provinces « irrédentes », Trentin et Trieste. Cette volte-face politique ne peut que l'opposer à l'Autriche et la rapprocher de la France, ce que concrétisent les accords Prinetti-Barrère de 1902, lesquels stipulent qu'en cas de guerre franco-allemande non directement provoquée par la France, l'Italie resterait neutre. Aussi, bien que la Triplice soit régulièrement renouvelée jusqu'en 1912, Berlin et Vienne ne se font-ils plus beaucoup d'illusions sur la fidélité de leur alliée latine. L'Allemagne, qui commence à se sentir menacée d'encerclement, politiquement et économiquement, n'en est que plus farouchement décidée à maintenir coûte que coûte son alliance avec l'Empire austro-hongrois. Ce qui va la conduire peu à peu à épouser les querelles de cette puissance, dont les ambitions balkaniques se heurtent aux ambitions rivales de la Russie, elle aussi soutenue de plus en plus fermement par la France. C'est dans ce contexte qu'éclate la crise de l'été 1914.

Le déclenchement de la guerre

L'Allemagne et l'Autriche décident en juillet 1914 d'utiliser délibérément l'assassinat de l'archiduc François-Ferdinand à Sarajevo pour en finir avec la Serbie, cheval de Troie de la Russie dans les Balkans et de mettre fin de cette façon aux risques d'éclatement de l'Autriche-Hongrie sous la pression des nationalités. À cette date en effet, seule l'alliance autrichienne permet à l'Allemagne de ne pas se trouver complètement isolée. Or Guillaume II a dû, lors des crises balkaniques de 1912 et 1913, freiner le gouvernement de Vienne. La « Duplice » résisterait-elle à une nouvelle dérobade allemande ? Le Kaiser ne le pense pas et c'est pourquoi il se montre résolu, au lendemain de l'attentat de Sarajevo, à soutenir la double monarchie. Il ne souhaite sans doute pas la guerre générale, mais il en accepte le risque s'il faut payer de ce prix la liquidation définitive du problème serbe.

La classe dirigeante allemande accepte d'autant plus facilement de suivre l'Empereur dans cette voie dangereuse – là encore, sans doute, sans volonté délibérée de déclencher un conflit généralisé – que l'Allemagne connaît à ce moment un certain nombre de difficultés : problèmes politiques avec l'opposition parlementaire qui pousse à une libéralisation du régime et se heurte de ce fait aux défenseurs d'un pouvoir impérial fort, avec d'autre part la reprise de l'agitation en Alsace-Lorraine, problème social avec les grèves de la Ruhr et les progrès de la social-démocratie, problème économique enfin. Il y a en 1914 un début de crise, provoqué par l'insuffisance des débouchés commerciaux. La guerre peut paraître à certains une solution possible. En fait, on l'accepte avec sérénité plus qu'on ne la désire vraiment et il n'y a pas de trace de pressions exercées par les milieux d'affaires pour entraîner le gouvernement dans l'aventure.

Pas de résistance non plus de la part de l'opinion publique qui va se rallier unanimement à l'Union sacrée. La seule opposition pouvait venir des socialistes, mais à Bruxelles, au bureau de l'Internationale, les Allemands s'opposent à toute grève générale qui livrerait l'Allemagne, pieds et poings liés, à la « barbarie russe ». Les socialistes allemands sont convaincus que c'est la Russie qui, en mobilisant, a provoqué la guerre, et que l'Allemagne, pays hautement civilisé, a fait preuve de pacifisme. Autrement dit, l'attitude russe sert d'alibi à la social-démocratie qui accepte une guerre pouvant aboutir à libérer la Russie de l'oppression tsariste. Le chancelier Bethmann-Hollweg est d'ailleurs sûr, en déclarant la guerre à la Russie, d'avoir le SPD avec lui. Ne rappelle-t-on pas au sein du parti que Marx lui-même n'écartait pas l'idée, en 1848, d'une guerre contre la Russie de Nicolas Ier ? Le 29 juillet, la direction du SPD assure le chancelier qu'elle n'entreprendra aucune action contre la mobilisation et le 2 août celle des syndicats annonce son intention d'aider le gouvernement. Le 4, la totalité des députés sociaux-démocrates vote les crédits de guerre, y compris la gauche du parti, conduite par Karl Liebknecht (un des fils de Wilhelm, cofondateur du SPD), qui avait toujours lutté au sein de la social-démocratie, pour une action énergique contre la guerre. Le parti s'engage donc dans *l'Union sacrée*, comme au même moment les socialistes français. À noter cependant qu'à la différence de ceux-ci, les socialistes allemands ne participent pas au gouvernement, la haine et la méfiance tenaces des classes dirigeantes à leur égard les tenant écartés du pouvoir en dépit de leur influence dans le pays.

C'est l'État-Major qui, pour des raisons techniques, exerce dans ces conditions les plus fortes pressions sur les dirigeants politiques du Reich. Si la guerre est inévitable – idée fréquemment énoncée par Guillaume II – il faut profiter d'une situation qui pour l'instant est favorable. Dans deux ans ou dans trois ans, les réformes militaires adoptées par la Russie, rendront beaucoup plus aléatoire une lutte engagée sur deux fronts. Une fois les premières mesures de mobilisation prises par les Russes, il s'agit d'appliquer le plus vite possible le plan offensif établi dès 1905 par le général Schlieffen. Dès lors, ce sont les décisions des militaires qui dominent le débat et qui aboutissent, entre le 1er et le 4 août 1914, au déclenchement de la Première Guerre mondiale.

Au moment où le Reich se lance dans la guerre, l'Allemagne demeure un État mal unifié, dominé par une Prusse qui lui a transmis ses traditions aristocratiques et militaires. Dans cet État dépourvu de toute tradition démocratique, la révolution industrielle a eu pour principal effet de faire apparaître au sein des classes dirigeantes, à côté de la haute aristocratie d'origine féodale, une classe de barons de l'industrie très liée à celle-ci. Certes, les transformations économiques ont fait naître en même temps un puissant mouvement ouvrier s'appuyant sur le plus fort parti socialiste d'Europe, mais les ambitions de la social-démocratie allemande se réduisent à la création d'une démocratie bourgeoise par l'évolution sans heurts brutaux du Reich impérial. Toutes les classes de la société sont d'ailleurs emportées par cette forme spécifiquement allemande de l'impérialisme qu'est le pangermanisme et l'Allemagne s'engage dans la guerre avec la volonté de réaliser plus ou moins complètement le programme pangermaniste.

Or le conflit qui s'ouvre va faire craquer les superstructures politiques du Reich, en précipitant la chute des dynasties, sans toutefois atteindre en profondeur les infrastructures sociales qui sous-tendaient l'Empire allemand.

Chapitre 5

La Première Guerre mondiale : remise en question de la réussite allemande

La victoire manquée (1914-1917)

Les échecs militaires

En s'engageant dans le conflit en août 1914, l'Allemagne escompte une victoire rapide. Spéculant sur la lenteur de la mobilisation russe, le plan Schlieffen prévoit un écrasement de la France en quelques semaines qui permettrait de se débarrasser de l'adversaire le plus redoutable, après quoi on se retournerait contre les armées du tsar dont on pourrait venir aisément à bout en jetant contre elles l'ensemble des forces libérées par la victoire à l'ouest. L'exécution du plan repose donc essentiellement sur la rapidité de la manœuvre ; c'est pour réaliser cet objectif prioritaire que le plan prévoit de tourner le dispositif défensif français par une invasion de la Belgique, neutre et par conséquent médiocrement préparée à faire face à une agression.

Au service de ses desseins, l'Allemagne peut compter sur des atouts non négligeables. Militaires d'abord : la dotation en matériel lourd des troupes du Kaiser est incontestablement supérieure à celle des armées françaises ; la tactique mise au point par les stratèges du Grand État-Major accorde à l'appui de l'artillerie une place essentielle, alors que les chefs militaires français, imbus des théories du colonel de Grandmaison, considèrent que le moral de la troupe est le facteur principal de la victoire et que tout doit être subordonné à l'action du fantassin dont l'aptitude à vaincre sera d'autant plus grande que son contact avec l'adversaire sera plus direct.

Moraux ensuite : l'entrée en guerre a réalisé l'unanimité des Allemands face à l'ennemi commun et les sociaux-démocrates eux-mêmes en dépit des réticences de leur aile gauche conduite par Karl Liebknecht ont voté les crédits de guerre; la mobilisation de la Russie, considérée par les socialistes comme le symbole même de l'obscurantisme en lutte contre la civilisation, lève les derniers scrupules et les syndicalistes affirment leur intention d'aider le gouvernement dans la guerre défensive qu'il conduit contre l'agresseur russe : aucune fausse note donc dans l'enthousiasme qui salue le début de la « guerre fraîche et joyeuse ».

Économiques enfin : certes la structure de l'économie allemande qui doit acheter à l'étranger 40% de ses matières grasses, une grande partie de ses céréales (dont 20% viennent de Russie), l'essentiel de son minerai de fer, la totalité de son pétrole, de son caoutchouc, de son coton, de ses métaux non-ferreux la rend en théorie vulnérable. Mais dès le début du conflit et sur les conseils de l'industriel Rathenau ont été créé des Offices chargés de dresser un bilan des ressources et de se procurer chez les neutres tous les produits nécessaires. À court terme, la supériorité de l'industrie lourde allemande lui assure la suprématie sur l'Entente; mais une guerre longue risquerait d'être catastrophique sur le plan économique. Une victoire rapide n'est donc pas seulement nécessaire en raison des choix stratégiques; elle constitue un impératif qui résulte de la situation économique du pays.

L'échec de la guerre de mouvement à l'Ouest. À partir d'août 1914, l'armée allemande a entrepris la réalisation du plan Schlieffen. Pendant que l'aile gauche contient les tentatives de percées françaises en Alsace, en Sarre et en Lorraine, l'aile droite commence un mouvement tournant autour de Verdun, bousculant les armées belges du roi Albert, puis l'armée britannique du maréchal French qui tente de s'opposer au franchissement de la Sambre. Fin août, les Allemands se dirigent vers Mantes (après avoir franchi la Somme), Paris, Château-Thierry, Épernay, Vitry-le-François. Pendant que le gouvernement français quitte la capitale, les troupes se replient vers le sud, poursuivies par les armées des généraux von Klück, von Bülow, von Hausen. Une initiative du général von Klück va remettre en cause le succès allemand. Désireux de couper la retraite du général Lanrezac qui commande l'aile gauche française et jugeant habile de couper de Paris le gros de l'armée alliée, il s'écarte des instructions initiales et infléchit sa marche vers le sud-est, franchissant l'Oise à Compiègne et se dirigeant vers Meaux en négligeant la capitale (voir carte *infra*). Cette initiative permet aux généraux français d'envisager d'attaquer von Klück, avec l'armée qu'ils ont constituée en toute hâte à Paris. À partir du 4 septembre, les troupes de Paris, commandées par le général Maunoury, se jettent sur le flanc droit de

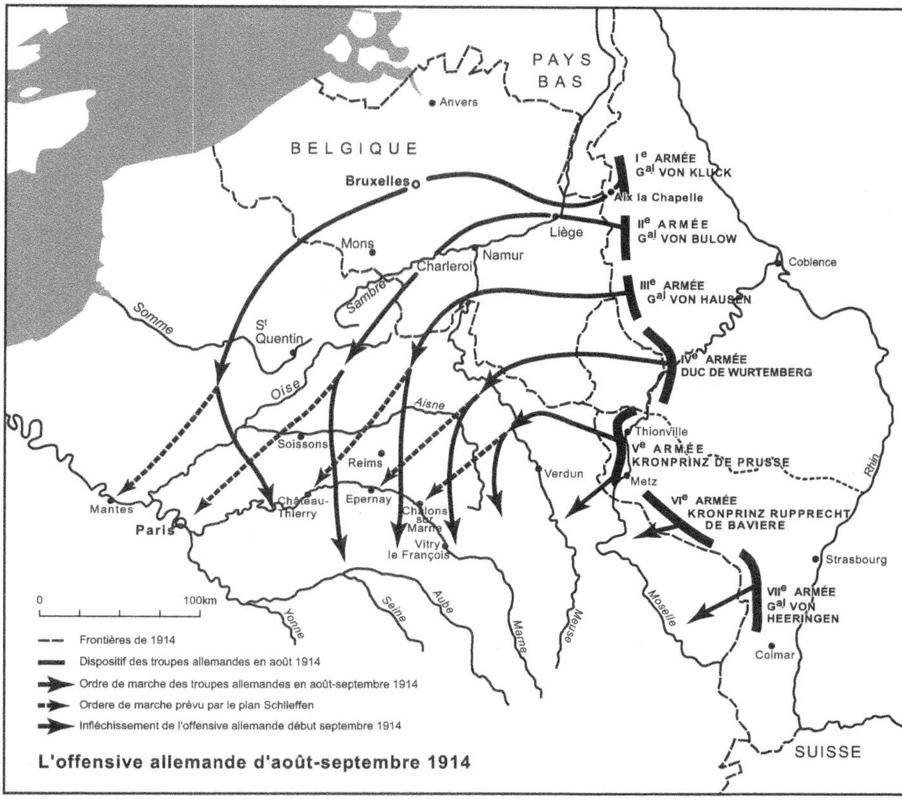

L'offensive allemande d'août-septembre 1914

l'armée allemande. Transformée en offensive générale de Verdun à Meaux, la contre-offensive française, que l'histoire retient sous le nom de bataille de la Marne (voir carte *infra*), se déroule du 6 au 13 septembre. Elle aboutit à rejeter les Allemands sur l'Aisne où ils se consolident durant les derniers jours du mois. Les ultimes tentatives des deux armées pour se déborder réciproquement conduisent aux affrontements de l'automne 1914 (batailles de la Somme, d'Arras, mêlée des Flandres) improprement baptisés « course à la mer », bien que celle-ci n'en soit pas le but. Fin 1914, le front est stabilisé à l'ouest depuis la mer du Nord jusqu'à la frontière suisse. La guerre rapide souhaitée par les Allemands a échoué.

De 1915 au début de 1918 commence alors à l'ouest une guerre de positions. Enterrés dans les tranchées, décidés à ne pas céder un pouce de terrain, les belligérants mettent toute leur énergie à résister aux offensives adverses. Celles-ci sont nombreuses cependant. Tentatives françaises de rupture du front en Artois et en Champagne pendant l'hiver 1914-1915, seconde bataille d'Artois au printemps 1915, nouvelle attaque en Champagne à l'automne 1915. Mais toutes sont éclipsées par le grand effort alle-

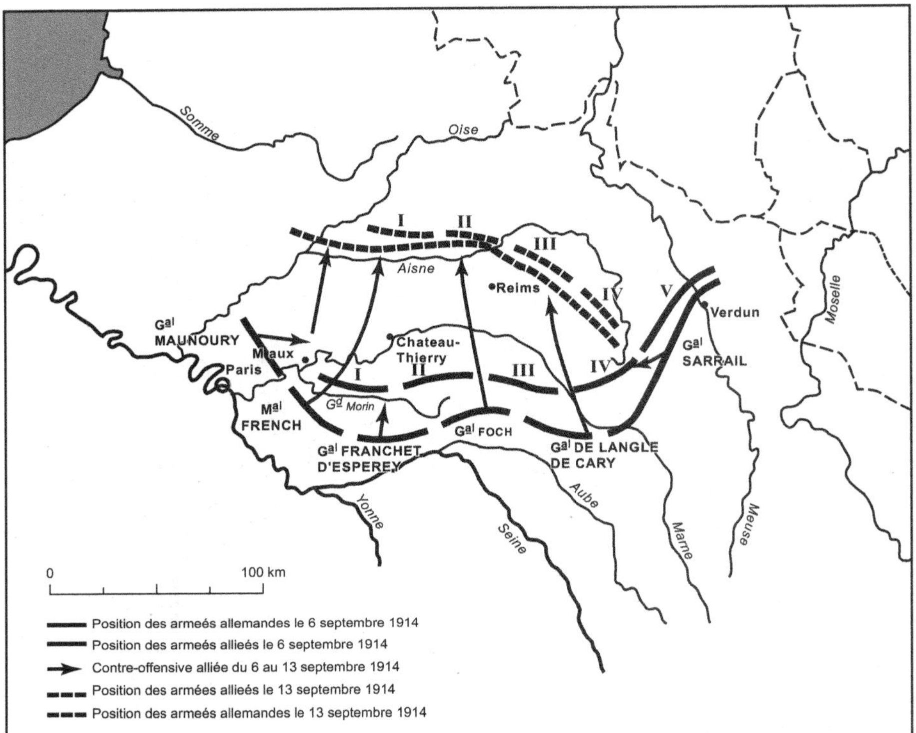

La bataille de la Marne

mand entrepris à Verdun de février à octobre 1916 et qui est suivi d'une nouvelle offensive française sur la Somme en juillet 1916. L'échec de celle-ci n'empêche nullement le général français Nivelle de tenter une nouvelle et vaine offensive en avril 1917 pour rompre le front. Mais ce dernier exemple mis à part, le sens des offensives a changé. Les États-majors, conscients de la vanité des tentatives de percée, lancent leurs attaques depuis 1915 moins pour rompre le front que pour « user l'adversaire », lui tuer le plus d'hommes possible afin de le contraindre à la paix. En fait les pertes sont considérables de part et d'autre, et le front ne bouge guère. Ce qui explique les mutations dans l'État-major allemand. Après l'échec de la Marne, le chef d'État-major von Moltke a été limogé et remplacé par le ministre de la guerre Falkenhayn; après Verdun celui-ci doit céder la place au feld-maréchal von Hindenburg qui, pour conserver son adjoint Ludendorff considéré comme la « tête pensante » de l'armée allemande, lui fait attribuer le titre de « quartier-maître général ». Mais l'échec de la guerre à l'ouest conduit l'Allemagne à une impasse et la pousse à porter toute son attention sur le front oriental.

La guerre à l'Est jusqu'en 1917. Dès la fin août 1914, à la demande des Français, les Russes ont attaqué la Prusse orientale. Mais le « rouleau compresseur » de la cavalerie cosaque est arrêté à Tannenberg en septembre 1914 par le maréchal Hindenburg qui apparaît dès lors comme le sauveur de l'Allemagne et acquiert un prestige immense qu'il conservera jusqu'à sa mort. Désormais, la situation se trouve retournée au profit de l'Allemagne et, à partir de 1915, les combats se déroulent pour l'essentiel en Pologne, puis aux frontières de la Russie. En dépit de quelques brusques contre-offensives russes en 1915, puis en 1916, les progrès ininterrompus des troupes allemandes les conduisent aux portes de Pétrograd début 1917. Et la situation présente d'autant plus d'intérêt pour le Reich que l'on constate à cette date que le régime est en pleine décomposition et que l'armée russe compte plus d'un million de déserteurs. D'où l'idée de chercher sur le front oriental une décision qui semble plus éloignée que jamais à cette même date sur le front occidental et que la gravité de la situation économique et sociale rend urgente.

L'économie de guerre et les problèmes sociaux

Le blocus. Dès août 1914, la France et la Grande-Bretagne ont décrété les côtes allemandes en état de blocus. Mesure largement formelle dans la perspective d'une guerre courte puisque les flottes de l'Entente ne peuvent véritablement bloquer la totalité des côtes allemandes et que le commerce des neutres permet à l'Allemagne de se procurer ce qui lui est nécessaire. Au demeurant, la constitution sous l'autorité de Rathenau le 15 août, de l'Office des Matières Premières de guerre, puis de l'Office de pommes de terre, de celui des céréales, le groupement des industriels en « unions de guerre », permettent de faire face aux difficultés immédiates. Mais lorsqu'à partir de la fin de l'année 1914, on s'oriente vers la perspective d'une guerre longue, l'intérêt du blocus compte tenu de la structure de l'économie allemande, apparaît évident aux yeux des puissances de l'Entente. À défaut de vaincre l'Allemagne sur le terrain, on peut envisager de l'asphyxier économiquement. Dès l'automne 1914, sont prises toute une série de mesures destinées à rendre le blocus effectif : contrôle étroit des navires par une définition extensive des marchandises dites de contrebande de guerre, droit de visite en mer des bateaux neutres, et surtout à partir de 1915, effort économique et financier pour interdire aux neutres de ravitailler l'Allemagne.

Conséquences sociales du blocus. C'est à partir du milieu 1916 que les effets du blocus se font sentir en Allemagne. Les importations ont pratiquement cessé pour les produits alimentaires fondamentaux (céréales, viande, produits laitiers, matières grasses) et pour les produits tropicaux (café, thé, cacao). De surcroît, la récolte de 1916 est catastrophique. Il manque à l'Allemagne 150 000 tonnes de céréales et l'Office du Ravitaillement de guerre propose pour faire la soudure de manger une partie des pommes de terre de semence. Il en résulte une forte hausse des prix et l'hiver 1916-1917 est, pour les Allemands, « l'hiver des rutabagas ». On les utilise pour la fabrication du pain, pour remplacer le café et les journaux publient des recettes pour les manger en soupes, en soufflés, en puddings ou en côtelettes ! Un rationnement sévère doit être établi. Même déficit en ce qui concerne les matières premières industrielles : les stocks constitués en 1914-1915 s'épuisent, les textiles deviennent rarissimes et on multiplie les produits de remplacement : étoffes fabriquées avec cheveux et orties, chaussures à semelles de bois, propagande en faveur de l'usage des espadrilles.

Hausses des prix et misère ont pour corollaire l'agitation sociale. En avril 1917 éclate une grève des ouvriers berlinois qui fait tache d'huile dans toute l'Allemagne et qui est conduite par les « Revolutionäre Obleute », les Délégués Révolutionnaires d'usines, qui s'insurgent contre la politique d'Union sacrée de la direction syndicale. La répression vient à bout du mouvement : le 19 avril les usines de munitions sont placées sous l'autorité d'un officier et les meneurs envoyés au front. Mais le mécontentement gronde dans l'armée et la population, comme en témoigne l'agitation qui sévit sur les navires de guerre durant toute l'année 1917.

L'opposition à la guerre

L'échec des grandes offensives et la misère croissante provoquent la montée des oppositions à une guerre qui, désormais, apparaît sans issue. L'opposition est d'abord celle des socialistes. Dès l'automne 1914 la gauche du parti, qui n'a accepté qu'à contrecœur le vote des crédits de guerre, s'organise. Autour de Liebknecht, un groupe dont les dirigeants sont Rosa Luxemburg, Clara Zetkin, Franz Mehring entame la lutte contre la politique d'Union sacrée de la majorité du SPD. Il s'exprime à partir de janvier 1916 dans des « Lettres Politiques » signées Spartacus (d'où le nom de Spartakistes donné à ce groupe). Sans accepter les positions de gauche, certains dirigeants du parti qui se rendent compte de l'impopularité de la guerre et souhaitent éviter l'éclatement du SPD constituent en 1916 un « groupe de travail » destiné à infléchir la politique d'Union sacrée. En font partie, aux côtés de l'ancien président du groupe parlementaire Haase, le révisionniste Bernstein et son ancien adversaire Kautsky. En janvier 1917, le SPD exclut en bloc tous les opposants qui constituent alors l'USPD, parti social-démocrate indépendant. Mais, autour de son principal dirigeant, Ebert, le Parti social-démocrate demeure, dans sa majorité, fidèle à la politique d'Union sacrée, tout en souhaitant que le gouvernement s'oriente vers une issue honorable d'un conflit jugé interminable.

Plus grave pour le gouvernement est la défection d'une partie des groupes bourgeois du Parlement qui ont jusqu'alors soutenu fidèlement la politique d'Union sacrée. Il en va ainsi des Progressistes, de certains Nationaux-Libéraux, et surtout du chef de l'aile gauche du Zentrum, Erzberger, qui, après avoir accepté de soutenir auprès des puissances catholiques (Espagne, Vatican) les buts de guerre du gouvernement, évolue à partir de 1917 sous l'influence de l'empereur Charles d'Autriche et du pape Benoît XV en faveur d'une paix de compromis. Après avoir approuvé (et peut-être participé à la rédaction) de l'appel à la paix du pape durant l'été 1917, il propose au Reichstag le 6 juillet 1917 une motion de paix « sans annexion ni indemnité ». La motion est votée, à la surprise générale, par une majorité comprenant le Zentrum, le SPD, les Progressistes et quelques Nationaux-Libéraux. La réaction des militaires à ce qu'ils considèrent comme une véritable trahison est brutale. Aidés par le Kronprinz, ils obtiennent la démission du chancelier Bethmann-Hollweg, jugé trop timide, et se font octroyer un véritable droit de regard sur la nomination des chanceliers. Mais la dégradation de la situation les conduit surtout à tenter d'obtenir à tout prix une victoire rapide.

Le tournant décisif (1917-1918)

La guerre sous-marine

L'épreuve décisive de la guerre est engagée depuis le 1er février 1917 avec la guerre sous-marine. Dans l'esprit des Allemands, il s'agit d'exercer à l'encontre de la Grande-Bretagne, qui ne peut se nourrir que grâce aux importations, un contre-blocus qui la contraindrait à demander la paix. Pour cela, dès la fin janvier 1917, le gouvernement du Reich déclare que tous les navires marchands faisant route dans une zone entourant les côtes de la France et de la Grande-Bretagne et comprenant toute la Méditerranée et une partie de l'Atlantique seront coulés par les sous-marins allemands. Le risque de l'opération est clairement perçu, c'est celui de l'entrée en guerre des États-Unis qui avaient déjà contraint l'Allemagne à renoncer en 1915 à une première tentative de ce genre. Mais l'espoir de l'amiral Holtzendorff, chef d'État-Major de la marine, est d'en finir avec la Grande-Bretagne avant que les États-Unis puissent lui apporter une aide efficace. Dès décembre 1916, il écrit à Guillaume II : « Le déclenchement de la guerre sous-marine sans restriction (qui réduira de 39 % le commerce maritime mondial) assez tôt pour amener la paix avant la moisson, c'est-à-dire avant le 1er août 1917, mérite que l'on courre le risque même de rompre avec l'Amérique, car il n'existe aucune autre alternative. C'est le bon moyen et le *seul* de terminer victorieusement la guerre. » L'Amirauté s'est fixée comme but de couler chaque mois 600 000 tonneaux de navires marchands ; en six mois la flotte britannique se trouverait réduite d'un tiers et la Grande-Bretagne, qui ne dispose de stocks de céréales que pour trois mois, contrainte à la paix. Les premiers résultats semblent répondre aux espoirs allemands. Le tonnage coulé est de 540 000 tonneaux en février, 578 000 en mars, 874 000 en avril, 596 000 en mai, 687 000 en juin, etc. Mais le pari allemand échoue. D'abord parce que l'entrée en guerre des États-Unis en avril 1917 apporte un appoint considérable à la flotte marchande de l'Entente ; dès le mois d'août la flotte de commerce alliée est supérieure à ce qu'elle était avant le début de la guerre sous-marine et, fin 1917, les Alliés disposent de 25 millions de tonneaux marchands. Ensuite parce que la défense contre la guerre sous-marine s'organise : pratique du convoi escorté de torpilleurs spécialement équipés pour la lutte contre les sous-marins, barrage du Pas-de-Calais par des filets d'acier, mouillage de mines en mer du Nord. Dès l'automne, les Allemands ont virtuellement perdu la guerre sous-marine : le tonnage marchand coulé décroît tandis qu'augmente le nombre de sous-marins détruits. Mais à cette date, les Allemands ont une autre carte à jouer.

Victoire à l'Est

Depuis février 1917, la Russie est en pleine révolution. Cependant, sous l'influence du ministre des Affaires étrangères Milioukov, le gouvernement provisoire se déclare résolu à continuer la guerre et il tente une reprise en mains de l'armée. En juin 1917, alors que le socialiste Kerensky est ministre de la Guerre, les troupes russes tentent même une contre-offensive en Galicie, qui échoue d'ailleurs. Dans ce contexte, l'Allemagne favorise le retour en Russie de Lénine, dont elle espère qu'il sapera l'effort de guerre russe, lui laissant la possibilité d'en finir avec le front de l'est et de reporter à l'ouest la totalité de ses forces. La victoire bolchevik de novembre 1917 remplit en partie ces espoirs.

Dès son arrivée au pouvoir, Lénine fait adopter par le Congrès des soviets un « Décret sur la paix », et des négociations s'ouvrent à Brest-Litowsk le 14 novembre, après promulgation d'un armistice. Elles ne s'achèvent qu'en mars 1918 par un « diktat » de l'Allemagne dont les troupes sont aux portes de Pétrograd et qui favorise un mouvement sécessionniste ukrainien. Les conditions sont sévères : les Allemands annexeront la Lituanie, la Courlande, la Livonie, l'Esthonie, la Pologne et même une partie de la Russie blanche. Les soviets devront reconnaître l'indépendance de la Finlande et de l'Ukraine, céder à la Turquie Kars et Batoum et verser une indemnité de guerre aux Puissances Centrales. Mais l'ampleur même de la victoire à l'est va interdire à l'Allemagne de rapatrier ses divisions vers l'ouest. Il lui faut en effet maintenir des troupes dans les pays baltes pour y soutenir les autorités locales favorables au Reich ; il lui faut lutter en Pologne contre l'agitation des partisans de l'indépendance ; il lui faut surtout occuper l'Ukraine en proie à la guerre civile, mais dont le blé, le bétail, les matières premières sont indispensables au Reich qui connaît un blocus de plus en plus rigoureux. En avril 1918, les troupes allemandes prennent en mains cette région et étendent leur occupation jusqu'à la Crimée et aux plaines du Don ; un corps expéditionnaire s'établit même à Tiflis en Géorgie : des provinces baltiques au Caucase, le quart du territoire russe se trouve aux mains de l'Allemagne.

L'ampleur de cette victoire dépasse tous les rêves du pangermanisme et ouvre au Reich des perspectives telles que, dès l'été 1918, les dirigeants allemands songent à une paix de compromis à l'ouest pour conserver leurs conquêtes de l'Est. L'évolution de la guerre à l'ouest va ruiner ces espoirs.

La défaite allemande

Profitant de leur victoire à l'Est, Hindenburg et Ludendorff vont tenter un suprême effort à l'Ouest pour en finir avant l'été 1918, date à laquelle l'équilibre des forces risque de se renverser au profit de l'Entente grâce à l'apport de renforts américains et à la fabrication en série des chars. Entre mars et juillet 1918, l'État-Major allemand lance ainsi 4 grandes offensives désespérées, les « coups de boutoir ». Toutes se soldent par d'appréciables succès, mais aucune n'a le caractère décisif souhaité par Hindenburg. Elles ont au contraire pour résultat de faire apparaître la fin de la supériorité numérique des Allemands. Dès juillet, la situation militaire se dégrade : l'offensive lancée le 15 contre Reims échoue et les Français, prévenus à temps, lancent une contre-offensive qui menace dangereusement les positions allemandes.

Le 8 août, enfin, c'est le « jour noir » de l'armée allemande : les alliés attaquent à Montdidier et le recul allemand commence. Désormais, la guerre est perdue à l'ouest et l'État-Major ne l'ignore pas. Ludendorff qui, jusqu'alors, s'était déclaré assuré de la victoire, doit à la mi-août avertir l'Empereur de la gravité de la situation. L'État-Major pousse dès lors le pouvoir civil à rechercher une paix, mais une paix favorable à l'Allemagne dont les armées ne sont pas vaincues à l'ouest et sont victorieuses à l'Est. La dégradation de la situation rend cette position intenable. En septembre 1918, l'effondrement de l'Autriche-Hongrie, celui de la Bulgarie, l'occupation de la Roumanie livrent les frontières sud du Reich à l'invasion. Pendant que se nouent des négociations avec Wilson qui amènent la constitution d'un ministère parlementaire dirigé par le prince Max de Bade, les militaires fuient leurs responsabilités en laissant aux civils le soin de conclure l'armistice. La révolution qui éclate dans les premiers jours de novembre 1918, l'abdication de Guillaume II le

9 novembre, précipitent les choses. Le 11 novembre, Matthias Erzberger signe au nom de l'Allemagne, dans la clairière de Rethondes, l'armistice qui met fin aux espoirs de victoire du Reich.

Le traité de Versailles

Négocié entre janvier et juin 1919 par les quatre grands vainqueurs de la guerre (France, Grande-Bretagne, États-Unis, Italie) qui mettent au point un compromis entre leurs conceptions respectives de la paix, il est en revanche imposé à l'Allemagne qui ne peut en discuter les clauses. La délégation allemande, conduite par le comte von Brockdorff-Rantzau, ministre des Affaires étrangères, n'a été convoquée à Versailles que le 30 avril. Le 7 mai, on lui communique le texte du traité avec la faculté de faire des observations. Le 20 mai, la délégation allemande soumet des contre-propositions qui rejettent à peu près sur tous les points les clauses alliées. À quelques nuances près, les quatre vainqueurs repoussent les vues allemandes et, en soumettant à Brockdorff-Rantzau la version définitive du traité, le 16 juin, ils l'assortissent d'un ultimatum donnant 5 jours à l'Allemagne pour l'accepter sous menace d'une reprise des opérations militaires. Dans ces conditions l'opinion allemande considérera toujours le traité de Versailles comme un « diktat » imposé par la force. Les clauses du traité peuvent se diviser en 3 grandes rubriques.

Clauses territoriales : les nouvelles frontières allemandes

À l'Ouest, on n'a résolu définitivement que deux cas : celui des cantons d'Eupen, Malmedy et Moresnet, au total 64 000 habitants et 1 000 km^2 qui, après un simulacre de plébiscite, reviennent à la Belgique en 1920 ; celui de l'Alsace-Lorraine, reprise par la France dès décembre 1918 sans qu'on juge même utile de procéder à un plébiscite.

Au Nord, le problème du Slesvig donne lieu à une solution complexe, à l'issue de laquelle le Nord-Slesvig redevient danois après un plébiscite (février 1920) pendant que le sud du pays demeure allemand en dépit des visées danoises sur Flensburg.

À l'Est, la question des frontières apparaît presque insoluble. Le président Wilson, en faisant connaître en janvier 1918 par les « Quatorze Points » la conception américaine de la paix, a expressément prévu la constitution d'une Pologne indépendante avec accès à la mer. La question des frontières polonaises va provoquer des débats interminables jusqu'en 1921. On distingue trois problèmes :

– celui de la *Posnanie* devenue prussienne en 1772 qui fait retour à la Pologne sans plébiscite ;

– celui de la *Prusse occidentale*, prussienne depuis 1792-1795, qui est également attribuée à la Pologne. Mais reste la question de la zone côtière de Prusse occidentale avec Danzig, où la majorité de la population est incontestablement allemande, mais qui priverait la Pologne de son accès à la mer si on la laissait au Reich. On décide que Danzig deviendra une ville libre contrôlée par la SDN, mais qu'une convention l'inclura dans les frontières douanières de la Pologne, ce qui laisse à celle-ci libre accès au port. Un « corridor » joindra la Pologne à Danzig, territoire appartenant à la Pologne et séparant par conséquent la Prusse orientale du reste du Reich ;

– le problème de la *Haute-Silésie*, où l'enchevêtrement des districts allemands et polonais rend insoluble le tracé des frontières, ne devait être définitivement réglé qu'en 1921 par un partage de cette région riche en fer, en charbon et en industries sidérurgiques.

La frontière orientale devait réserver à l'Allemagne deux autres déceptions : la région de Ulcin (3 300 km^2 ; 50 000 habitants) que les Tchèques obtiennent sans plébiscite dès 1919 ; le port allemand de Memel, situé dans un *hinterland* lithuanien dont la SDN finit par faire un État libre, mais dont la Lituanie s'emparera par un coup de force en 1923.

L'Allemagne ne devait jamais accepter les frontières orientales fixées par le traité de Versailles qui contrastaient si fort avec les espoirs soulevés au début de 1918 par la victoire allemande à l'Est. En les remettant en cause par la force en 1938-1939, Hitler répondait à de profondes aspirations du peuple allemand. Au total, la paix était très éloignée de ce qu'attendait une Allemagne qui avait espéré une paix blanche à l'ouest pour conserver ses conquêtes orientales et dont l'armée considérait qu'elle n'avait pas été vaincue : outre la perte de la totalité de ses colonies distribuées aux vainqueurs, elle cédait 67 000 km^2 (11 % de son territoire) et 6,5 millions d'habitants (11 % de sa population). Les pertes représentaient sur la base des chiffres de 1913, 10 à 15 % de sa production agricole (blé, seigle, pommes de terre, betteraves) et 10 % de sa production industrielle, surtout dans le domaine des matières premières (75 % des minerais de fer et de zinc), 30 % de la production de fonte, 25 % de celle de charbon et d'acier.

Les clauses économiques

Pour imposer au vaincu des réparations destinées à compenser les dommages causés aux populations civiles, Wilson, esprit juridique, entend faire reconnaître à l'Allemagne sa responsabilité financière. Tel est l'objet de l'article 231 du traité : « L'Allemagne reconnaît qu'elle est responsable, pour les avoir causés, de tous les dommages subis par les gouvernements alliés et associés et par leurs nationaux, par suite de la guerre qui leur a été imposée par son agression. » Si la délégation allemande fait peu d'objec-

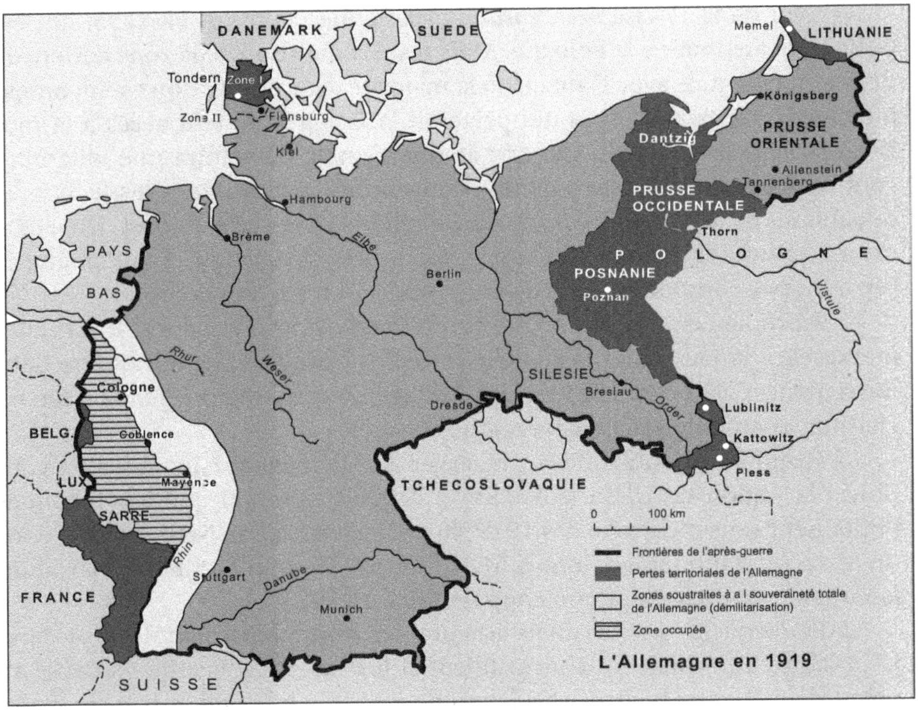

tions au principe même des Réparations, elle se refuse à accepter le dernier membre de phrase qui apparaît à l'opinion publique allemande et au gouvernement comme une déclaration de responsabilité morale dans le déclenchement de la guerre. L'article 231 permettra aux nationalistes de considérer comme des traîtres les signataires du traité, bien que l'Assemblée de Weimar, en le ratifiant, ait expressément rejeté toute reconnaissance de la responsabilité morale de l'Allemagne dans la guerre. Enfin, sur demande des Britanniques qui n'ont subi aucune perte sur leur territoire, il est décidé que les futures Réparations couvriront également les pensions versées aux veuves et invalides de guerre. En fait les autres clauses économiques (étudiées au chapitre 7) s'inspirent essentiellement du droit du plus fort.

Les clauses limitatives de souveraineté

Elles concernent des domaines très différents, mais ont en commun de faire de l'Allemagne un État juridiquement mineur, soumis à la tutelle de ses vainqueurs.

Aspects territoriaux. La Rhénanie, revendiquée par la France, demeure allemande, mais les droits de l'Allemagne sur ce territoire sont considérablement réduits. D'abord, et de manière permanente, la rive gauche du Rhin et une bande de 50 km sur la rive droite doivent être démilitarisées. Ensuite, et de manière temporaire, les armées alliées occupent sur la rive gauche trois têtes de pont (Cologne, Coblence et Mayence) qui seront évacuées progressivement en 1925, 1930, 1935 si l'Allemagne exécute convenablement les clauses du traité.

– *La Sarre*, également revendiquée par la France, est détachée du territoire du Reich pour 15 ans. En attendant, la propriété des mines de charbon est donnée à la France et une union douanière franco-sarroise établie. À l'issue de la période, un plébiscite devait décider du sort du territoire qui aurait le choix entre trois formules : maintien du régime international, rattachement à l'Allemagne ou annexion à la France.

– Enfin, l'article 80 du traité de Versailles interdit l'*Anschluss*, c'est-à-dire le rattachement de l'Autriche, désormais amputée de tous ses territoires slaves, au Reich allemand. De fortes tendances favorables à cette union, d'ailleurs conforme au principe des nationalités mis en avant par Wilson, s'étaient manifestées en Autriche dès 1919, mais la France et l'Italie, peu désireuses d'avoir à leurs frontières un puissant État germanique, s'y étaient opposées.

Aspects militaires. L'article 8 du traité de Versailles présente le désarmement allemand comme le prélude d'un désarmement général qu'une Conférence du désarmement devra ultérieurement mettre en œuvre. Pour effacer le passé on demande d'abord au Reich vaincu de livrer tout son matériel militaire, de dissoudre le Grand État-Major, et d'interdire le service militaire obligatoire. Pour l'avenir, l'armée allemande sera réduite à 100 000 hommes, dont 4 000 officiers, tous volontaires et recrutés pour 12 ans. Cette armée est conçue comme une simple force de police, chargée de maintenir l'ordre intérieur. Aussi cette « Reichswehr » connaît-elle toute une série de limitations : il lui est interdit d'avoir du matériel lourd, des tanks et des avions ; elle ne peut fabriquer de matériel de guerre ni préparer de plans de mobilisation ; elle n'a pas le droit d'ouvrir d'écoles militaires.

En matière maritime, les Anglais exigent la livraison de la flotte allemande aux vainqueurs, mais celle-ci se saborde à Scapa Flow le 21 juin 1919. Pour l'avenir, la flotte ne doit jouer qu'un rôle de garde-côtes : aussi ne peut-elle posséder de sous-marins et doit-elle être réduite à 36 navires de moins de 10 000 tonnes et à un personnel de 16 550 hommes. Toutes les fortifications côtières doivent être détruites, Kiel devient un port ouvert et son canal est internationalisé.

Enfin, *toute une série de commissions* installées sur le territoire allemand doivent servir de tuteurs tout-puissants à cet État mineur : commission des Réparations, commission de contrôle du désarmement, commission interalliée des régions occupées, commission de plébiscite, commissions de navigation sur le Rhin, l'Elbe, l'Oder, commissions de gouvernement de la Sarre ou de Memel.

Aucun État dans l'histoire contemporaine n'a connu cette situation d'État mineur, surveillé dans ses propres frontières, frappé d'un certain nombre d'incapacités de souveraineté, pas même la France vaincue et réduite à merci de 1815 et de 1870.

Cette situation bien propre à exalter le nationalisme allemand et humiliant un État qui ne se considérait pas comme vaincu, va imprimer une tache irrémédiable sur le régime né de la défaite et condamner l'expérience de démocratie libérale de la République de Weimar. Remettant en question la réussite de l'unité allemande, il va faire de la lutte contre le diktat le thème majeur de la politique extérieure allemande jusqu'en 1939.

Chapitre 6

La révolution allemande de 1918-1919 et la fondation de la République de Weimar

Une révolution complexe

La chute du pouvoir impérial

L'abdication de Guillaume II, le 9 novembre 1918, est l'aboutissement d'une évolution qui a commencé en 1917. Après l'échec de la guerre sous-marine, devant l'agitation sociale qui se développe et la campagne pacifiste, le chancelier Bethmann-Hollweg a démissionné. Dès lors, la réalité du pouvoir est passée aux mains des chefs de l'armée, Hindenburg et Ludendorff. L'Empereur, réduit au rôle de marionnette, ne désigne plus que des chanceliers ayant la confiance des militaires.

Or, à partir d'août 1918, les premiers revers sur le front contraignent l'État-Major à envisager l'éventualité d'une paix qui sauverait l'armée et ménagerait les intérêts allemands. Sur le conseil de l'armée, c'est vers le président Wilson dont les quatorze points laissent espérer une paix modérée que se tourne le gouvernement. Mais le président des États-Unis n'entend pas négocier avec les maîtres militaires et autocratiques du Reich. Dans ces conditions, on assiste en trois étapes à l'effacement des dirigeants qui ont conduit l'Allemagne à la guerre :

La première conduit l'Allemagne au régime parlementaire. Le chancelier Hertling démissionne et est remplacé le 4 octobre 1918 par le prince Max de Bade, membre de la famille impériale, mais qui a une réputation de libéralisme. Il constitue un ministère appuyé sur la majorité qui s'est dessinée au Reichstag pour approuver en juillet 1917 la motion de paix blanche

(Progressistes, Zentrum, SPD). Ainsi se trouve formé un gouvernement parlementaire susceptible de satisfaire les exigences de Wilson, levant ainsi l'obstacle qui s'opposait à l'ouverture de négociations. Contre toute attente, l'État-Major ne s'est pas opposé à l'entrée des socialistes au gouvernement; il l'a même exigée avec le double espoir que ceux-ci sauront faire accepter au peuple la défaite et qu'ils seront capables d'obtenir des vainqueurs de meilleures conditions. En tout état de cause, pour Hindenburg, il appartient aux « défaitistes » d'endosser la responsabilité d'une paix qu'ils ont appelée de leurs vœux.

La seconde phase marque l'effacement du pouvoir militaire. Ludendorff saisit, fin octobre, un prétexte mineur pour démissionner et fuir ainsi ses responsabilités. Avec l'accord de Hindenburg, le nouveau quartier-maître général Gröner déclare que l'armée restera à l'écart des négociations d'armistice. C'est aux civils qu'il incombe de tirer les conséquences de la défaite.

La troisième étape est la crise de régime ouverte le 23 octobre par le refus de Wilson de discuter avec Guillaume II. Le 31 octobre, les membres catholiques et socialistes du cabinet demandent au Kaiser d'abdiquer. Celui-ci se réfugie à Spa auprès de l'État-Major qui, encore une fois, est maître du jeu. Le 3 octobre, la révolution commence à Kiel; pour l'armée, la paix devient une nécessité. Et c'est sans hésitation que les militaires sacrifient le 9 novembre l'empereur Guillaume qui doit abdiquer sous la pression des ministres et du Chancelier. Le pouvoir devient vacant au moment même où la révolution gagne tout le pays. Et c'est précisément parce qu'il est convaincu que seuls les socialistes du SPD, dont l'audience est considérable dans la population, sont en mesure de préserver l'Allemagne du bolchevisme que Max de Bade en démissionnant nomme, avec l'accord de tous les ministres, le socialiste Ebert chancelier du Reich. Au niveau national, cette transmission du pouvoir revêt toutes les apparences de la continuité : « Je vous confie le destin de l'Allemagne », aurait déclaré Max de Bade à Ebert et celui-ci, en prenant ses fonctions, demande à tous les ministres de conserver leurs postes. Mais, politiquement, le centre de gravité du pouvoir s'est déplacé vers la gauche. Dans la journée du 9 novembre, après des négociations serrées avec l'USPD, Ebert crée pour exercer la direction du pouvoir exécutif un « Conseil des Commissaires du Peuple », composé de six membres, trois SPD majoritaires et trois USPD Liebknecht, leader du groupe spartakiste, sollicité pour faire partie du Conseil, se dérobe en posant des conditions inacceptables. Tout se passe donc comme si une Allemagne inchangée était passée de la direction impériale à une direction socialiste. Mais les nouveaux gouvernants doivent affronter les mouvements révolutionnaires.

Les mouvements révolutionnaires

La révolution a éclaté à Kiel le 3 novembre 1918 sous forme d'une mutinerie de la flotte, appuyée par les ouvriers des chantiers navals. Un Conseil d'ouvriers et de marins a été constitué sur le modèle des soviets russes. Dans les jours qui suivent, l'insurrection gagne les grands ports de la mer du Nord, Brême, Lübeck et Hambourg. À ce stade, le mouvement n'est guère politisé : il s'agit avant tout d'un réflexe d'autodéfense de marins qui redoutent que les officiers ne tentent une « sortie pour l'honneur » afin de couler pavillon haut plutôt que de capituler. Et il est caractéristique que les conseils élus n'ont comme revendications que la libération des marins emprisonnés, une meilleure nourriture, l'engagement que la sortie-suicide de la flotte n'aura pas lieu et qu'aucune sanction ne sera prise contre les mutins. D'ailleurs, le député SPD Noske, envoyé à Kiel par le gouvernement pour canaliser le mouvement, est accueilli avec enthousiasme et porté à la présidence du Conseil d'ouvriers et de marins.

En gagnant les autres régions allemandes, le mouvement prend un caractère plus nettement politique. À Stuttgart, le 4 novembre, un Conseil ouvrier, constitué à l'issue d'une grève générale, se déclare prêt à signer la paix au nom du Wurtemberg et réclame l'abdication du roi Guillaume. À Munich, le 8 novembre un Conseil d'ouvriers, de paysans et de soldats proclame la « République socialiste de Bavière » qui porte à sa tête l'USPD Kurt Eisner pendant que s'enfuient les membres de la dynastie Wittelsbach. Le même jour, Dresde et Leipzig se soulèvent et la famille royale de Saxe est chassée à son tour. Cologne, Hanovre et Brunswick passent de leur côté aux mains de révolutionnaires.

À mesure que la révolution s'étend, elle prend donc un caractère plus politique, nettement dirigé contre les dynasties régnantes. Mais ses forces d'encadrement apparaissent très variables. Ce sont les leaders locaux les plus populaires qui la prennent en mains : souvent les SPD, quelquefois les USPD ou les Spartakistes qui font montre d'un dynamisme remarquable.

L'insurrection de Berlin (9 novembre 1918) illustre l'ambiguïté du mouvement. Depuis 1917, le monde ouvrier berlinois est sous pression. Les éléments révolutionnaires y sont groupés en un « Comité d'Action » qui comprend les délégués révolutionnaires d'usines, des spartakistes et des Indépendants. Ce Comité prépare un mouvement insurrectionnel qui éclate le 9 novembre lorsque le gouverneur militaire, le général von Linsingen, fait arrêter un des membres du Comité qui porte sur lui les plans de l'insurrection. Des colonnes d'ouvriers convergent vers le centre de la capitale et occupent les bâtiments publics. L'armée fraternise avec les insurgés. À 4 heures de l'après-midi, Liebknecht fait hisser le drapeau rouge au balcon du château royal de Prusse et proclame la « République Socialiste Libre » ; deux heures plus tôt le ministre SPD Scheidemann qui comprend la nécessité de prendre la tête de la révolution pour ne pas être débordé par elle, a proclamé lui aussi la République du balcon du Reichstag, à la grande indignation d'Ebert, épouvanté de ce crime légal.

En ce 9 novembre, la République allemande est donc née. Mais il reste à savoir ce qu'elle sera. Issue d'une conjonction de mécontentements, la Révolution est à prendre. Elle appartiendra au plus audacieux ou au plus habile.

Les forces d'encadrement de la révolution

Les socialistes et leurs divisions. Maître du pouvoir d'État, le socialisme semble être la force directrice de la Révolution. Il est toutefois affaibli par ses divisions en 3 groupes qui s'opposent :

– Le SPD *(Sozialdemokratische Partei Deutschlands)*, le vieux parti socialiste marxiste en théorie, réformiste en pratique, est dirigé par Friedrich Ebert et Philip Scheidemann. Rallié en 1914 à l'Union sacrée, il a exclu en janvier 1917 ceux de ses membres qui refusent de voter les crédits de guerre. Hostile à la révolution de novembre, son leader Ebert (qui aurait déclaré à Max de Bade « Je ne veux pas de la révolution, je la hais à l'égal du péché ») s'y est rallié, mais avec la volonté d'interdire tout dérapage vers un mouvement de type bolchevique. Gérant du pouvoir, le SPD entend l'exercer avec réalisme en s'appuyant sur le peuple allemand qui devra démocratiquement décider de la forme du régime en élisant au suffrage universel une assemblée constituante.

– L'USPD *(Unabhängige Sozialdemokratische Partei Deutschlands)* rassemble les minoritaires du SPD, exclus en 1917. Leur seul élément de cohésion est donc leur opposition à la politique d'Union sacrée. Mais, au-delà de ce ciment, on trouve dans l'USPD à la fois des hommes qui, sur le plan doctrinal et pratique, partagent les vues du SPD, et l'aile gauche et internationaliste du socialisme allemand. Haase, ancien chef de la fraction parlementaire SPD, le théoricien marxiste révisionniste, Édouard Bernstein, son adversaire orthodoxe Karl Kautsky y siègent aux côtés des dirigeants du groupe Spartakiste.

– Les Spartakistes enfin constituent une tendance organisée au sein de l'USPD. Dirigés par Karl Liebknecht et Rosa Luxemburg, ils sont pacifistes, antimilitaristes et internationalistes. Admirateurs de la révolution bolchevique qu'ils souhaitent imiter, ils expriment leurs exigences dans leur journal, *Die Rote Fahne*, exigences qui les opposent sur tous les points au SPD : ils veulent aboutir à l'établissement de la dictature du prolétariat dont l'instrument sera les Conseils d'ouvriers et de soldats (les soviets) élus par le « peuple travailleur ». Le nouveau pouvoir populaire établira la paix immédiate, étendra la révolution en Europe avec l'aide des Russes et des autres partis socialistes, démantèlera l'appareil répressif de l'Empire et substituera aux cadres d'Ancien Régime des cadres nouveaux issus des Conseils. Les Spartakistes rejettent donc toute idée de Constituante élue au suffrage universel.

Par sa popularité dans l'opinion qui voit en lui le représentant du monde ouvrier, par la puissance de son appareil, l'habileté de ses leaders, Ebert, Scheidemann, le parti socialiste majoritaire possède incontestablement la prépondérance. Aux yeux du peuple, Indépendants et Spartakistes sont des scissionnistes.

L'isolement des Spartakistes. En refusant la participation au pouvoir offerte par les Majoritaires, les Spartakistes accroissent leur isolement. Les Indépendants acceptent en effet d'entrer au cabinet qui est constitué sur une base paritaire, 3 SPD (Ebert, Scheidemann, Landsberg), 3 USPD (Haase, Dittmann et Barth). Un Comité exécutif révolutionnaire nommé par les Conseils d'ouvriers et de soldats de Berlin doit coiffer par ailleurs les forces révolutionnaires. Entre le cabinet et ce comité, une dualité des pouvoirs va-t-elle s'instaurer ?

En fait les premières mesures du cabinet d'inspiration libérale plus que socialiste vont avoir pour effet d'accroître sa popularité : abolition de l'état de siège et de la censure, libertés d'association, de réunion, d'opinion, de culte, amnistie des délits politiques, suffrage universel étendu à la Prusse, annonce de l'élection d'une Constituante, rallient la plus grande partie de l'opinion.

Les atouts de la social-démocratie. En outre, les alliances conclues par le SPD lui assurent l'appui de l'Entente et des classes dirigeantes.

– Dédaignant les offres de blé de Lénine, Scheidemann demande des vivres aux États-Unis et prend l'engagement qu'aucun bouleversement révolutionnaire n'aura lieu en Allemagne. Le ministre Erzberger, qui négocie l'armistice agite l'épouvantail bolchevique pour obtenir des conditions plus favorables, et ses interlocuteurs sont prêts à aider Ebert à réprimer ce « péril pire que la guerre » selon le mot de Foch.

– Depuis le 9 novembre, Gröner a promis au nom de Hindenburg l'appui de l'armée à Ebert pour lutter contre le Spartakisme. Une ligne téléphonique directe relie désormais le bureau du Chancelier à l'État-Major de l'armée. En échange, Ebert donne comme mission aux conseils de soldats d'empêcher toute mutinerie et toute désobéissance.

– Enfin, le 15 novembre, les dirigeants syndicaux liés à la social-démocratie ont conclu avec les patrons (Stinnes pour la sidérurgie, Hugenberg, directeur des usines Krupp, les trusts de l'électricité Siemens et Rathenau) une convention qui, pour éloigner le danger d'une socialisation des moyens de production, accorde aux ouvriers d'incontestables avantages : journée de 8 heures, commissions paritaires pour régler les conflits du travail, conventions collectives par branches d'industrie, reconnaissance des syndicats comme représentants qualifiés des ouvriers et même création d'une

« Commission de socialisation » présidée, il est vrai, par Rathenau. Dans la lutte qui va s'ouvrir entre SPD, partisans d'une République sociale, et Spartakistes, tenants d'une révolution socialiste, les atouts sont sans conteste aux mains des premiers.

L'échec de la révolution allemande (décembre 1918-avril 1919)

L'échec légal de la révolution

Au lendemain du 9 novembre, le destin de la révolution repose sur l'interprétation qui s'imposera quant à la nature du pouvoir en Allemagne. Pour le cabinet, légalement investi par le dernier ministère impérial, mais aussi pour les Conseils berlinois réunis le 10 novembre, la question ne saurait être discutée : c'est à lui qu'appartiennent tous les pouvoirs.

Pour les Spartakistes et les Indépendants de gauche qui les suivent, c'est la formule léniniste « tout le pouvoir aux soviets » qui doit l'emporter ; c'est-à-dire qu'à Berlin le cabinet doit être subordonné au Comité exécutif des conseils berlinois et que dans le pays un Congrès national des Conseils ouvriers doit être réuni, qui déciderait souverainement. Or à Berlin, comme dans le reste de l'Allemagne, si la minorité de gauche joue un rôle actif dans les conseils, les sociaux-démocrates entraînent souvent la majorité sur leurs positions.

C'est ainsi que les Spartakistes vont se trouver désavoués par ceux-là mêmes à qui ils veulent donner le pouvoir. Le gouvernement obtient successivement du Comité exécutif des Conseils berlinois qu'il conseille aux Conseils provinciaux de se subordonner aux autorités locales, qu'il renonce à créer une « Garde rouge » et enfin qu'il admette que ses compétences se réduisent au contrôle des actes du cabinet auquel appartient la réalité du pouvoir exécutif.

Le 16 décembre se réunit à Berlin le Congrès national des Conseils d'ouvriers et de soldats, seul pouvoir légitime aux yeux des Spartakistes. Le SPD y dispose d'une confortable majorité et le Congrès décide qu'il ne lui appartient pas de décider du sort futur de l'Allemagne, mais qu'il faut laisser ce soin à une Assemblée constituante élue au suffrage universel. Les Conseils refusent donc d'être l'instrument d'une révolution de type bolchevique et se rangent derrière les thèses légalistes d'Ebert. Pour décider du sort de la révolution reste l'affrontement armé.

Vers l'affrontement armé

Le mois de décembre 1918 voit se préparer la lutte ouverte qui s'annonce depuis novembre. Ne pouvant compter sur l'armée travaillée par la propagande révolutionnaire, l'État-Major approuve une initiative du général Maercker, qu'il généralise, et qui consiste à recruter dans les unités en cours de démobilisation des officiers sûrs et des soldats qui se portent volontaires pour constituer des « Corps Francs », fer de lance contre-révolutionnaire.

À Berlin, les escarmouches se multiplient. À la demande du gouvernement l'armée dissout après une ébauche de combat la « Division de marine » formée de 3 000 marins venus de Kiel qui déclarent ne vouloir obéir qu'au Comité exécutif et constituent une force armée révolutionnaire.

Politiquement, enfin, les positions se durcissent. Après l'affaire de la Division de marine, les membres USPD du cabinet, soumis aux critiques véhémentes de l'aile gauche du parti donnent leur démission. Ebert les remplace par les SPD Wissel et Noske. D'autre part, on assiste à l'éclatement de l'USPD ; la gauche spartakiste qui lui reproche sa mollesse s'en détache pour constituer le *Parti communiste allemand* (le KPD, Kommunistische Partei Deutschlands), parti révolutionnaire qui refuse de participer aux élections et entend transformer l'Allemagne en une République de Conseils.

L'écrasement de la révolution

À Berlin. Le 4 janvier, le gouvernement destitue le préfet de police Eichhorn, un Indépendant de gauche. USPD, KPD et délégués révolutionnaires d'usine appellent le peuple à manifester. Le 5 se forme un Comité révolutionnaire, le 6 éclate la grève générale. Pendant que les ouvriers occupent les bâtiments du centre de la ville, Noske fait encercler Berlin par les 4 000 hommes des Corps Francs du général Maercker. Du 6 au 13 janvier se déroule la « Semaine Sanglante » de Berlin ; les Corps Francs reprennent méthodiquement la ville et se livrent au massacre des insurgés. Liebknecht et Rosa Luxemburg arrêtés sont assassinés « au cours d'une tentative d'évasion ».

Pendant trois mois, la répression va bon train dans toute l'Allemagne. Elle provoque en mars dans la capitale une grève générale à laquelle le gouvernement répond en proclamant l'état de siège. Du 9 au 13 mars, l'armée intervient avec chars, canons et avions ; on compte près de 1 200 morts ; le mouvement révolutionnaire berlinois semble définitivement écrasé.

En Bavière, la révolution a eu un destin tout différent. Kurt Eisner s'appuie largement sur les conseils ouvriers, mais il rencontre l'hostilité du SPD et des partis bourgeois qui détiennent ensemble la majorité au Landtag local élu le 12 janvier. Mis en minorité en février 1919, Eisner est abattu par un officier le jour où il va présenter sa démission. Pendant que le SPD Hoffmann constitue un gouvernement socialiste homogène, le Comité central des Conseils bavarois déclenche une grève générale. En avril 1919, la situation se détériore : les partis de gauche appuyés sur les Conseils proclament le 7 avril une « République des Conseils » qui est dotée d'un gouvernement installé à Munich. Mais Hoffmann réfugié à Bamberg refuse de s'incliner ; il rallie les campagnes qui n'approvisionnent plus la capitale, reçoit l'appui de Ebert et des Corps Francs qui se grossissent d'étudiants et d'officiers démobilisés (dont Himmler et Rudolf Hess). Le 23 avril commence l'assaut contre Munich, qui s'achève début mai par des massacres et l'écrasement de l'éphémère « République des Conseils ».

Dans le reste de l'Allemagne. Entre janvier et mai 1919, les Corps Francs de Maercker ou l'armée sont intervenus à plusieurs reprises à la demande de Noske pour réprimer les tentatives révolutionnaires : en février pour écraser la « République socialiste » de Brême, entre janvier et mars dans la Ruhr pour démanteler le mouvement ouvrier, en avril contre la République des Conseils de Magdebourg, en mai pour chasser le gouvernement USPD de Saxe. La pacification qui s'accompagne partout de la levée d'une Garde Nationale encadrée par d'anciens officiers, les *Einwohnerwehren* s'achève en juillet.

Le SPD a donc réussi à écraser en Allemagne la tentative de révolution de type soviétique. Ce faisant, il a joué le rôle d'une force d'ordre se substituant aux anciens cadres discrédités par la défaite. Mais il n'a pu obtenir ce résultat qu'en se liant à ceux-ci et tout particulièrement à l'armée dont il a fait l'arbitre de la situation. La République qui naît début 1919 connaît donc la lourde hypothèque que constitue la puissance inentamée des forces conservatrices maintenues par la social-démocratie. L'avenir révélera que celle-ci n'a été qu'un instrument au service de ces forces qu'elle avait cru utiliser.

Le compromis de Weimar

Les élections à l'Assemblée constituante (voir tableau dans le chapitre 7) qui se déroulent le 19 janvier 1919 (quelques jours après la semaine sanglante) voient le triomphe des trois partis qui appuient le nouveau régime : *Zentrum, SPD* et *Démocrates* (la « Coalition de Weimar »), groupant 76 % des suffrages. Ils disposent de 331 sièges sur 421. Au sein de cette majorité, le SPD détient une écrasante prépondérance en remportant 40 % des sièges. Cette victoire atteste que la majorité de la population a voté pour ceux qui, après la défaite inattendue de novembre, proposaient un régime de démocratie libérale inspiré de celui des vainqueurs : c'est la chance offerte à la nouvelle République. Mais elle montre aussi qu'une importante partie de la bourgeoisie, effrayée par la tentative spartakiste, a fait confiance au SPD qui a prouvé sa volonté de maintenir l'ordre. Enfin, les communistes ne participent pas aux élections, les Indépendants recueillent moins de 8 % des suffrages : la coalition n'a d'ennemis qu'à droite (DNVP et DVP). La nouvelle majorité met d'abord en place les pouvoirs publics : Ebert est élu le 11 février président de la République, la confiance est votée le 21 février au gouvernement constitué par Scheidemann et qui comprend 6 SPD, 3 membres du Zentrum dont Erzberger, 3 démocrates du DDP dont Hugo Preuss (Intérieur). Entre février et juillet 1919, l'Assemblée discute de la Constitution dont Preuss est le principal rédacteur. Celle-ci apparaît sur tous les plans comme un compromis entre tenants de la tradition et partisans du renouveau.

Nature de l'État allemand

Pour les Constituants, l'Allemagne reste le *Reich*, mais l'article 1er précise qu'il est une République, que la souveraineté émane du peuple. De même si la nouvelle Allemagne prend le drapeau noir-rouge-or de 1848, le pavillon commercial conserve les couleurs prussiennes (noir-blanc-rouge).

Compromis également lorsqu'il s'agit de savoir si le Reich sera un État unifié comme le souhaitait Preuss ou bien si les Lander conserveront une large autonomie ce qui reviendrait à assurer la prépondérance prussienne. On décide finalement de donner à l'État une structure fédérale avec 17 Lander dont les pouvoirs portent uniquement sur la police, les cultes, la culture et l'instruction et qui possèdent chacun des Assemblées et un gouvernement. Mais le pouvoir fédéral est renforcé par rapport à ce qu'il était au temps de l'Empire : il a compétence en matière diplomatique, militaire, économique et financière, il perçoit la plupart des impôts (impôts sur le revenu et le chiffre d'affaires, droits de cession, patentes) et l'article 13 prévoit que le droit du Reich l'emporte sur celui des États.

La constitution du gouvernement du Reich (9 novembre 1918)

Article de Die Rote Fahn *(9/11/1918)*

Le drapeau rouge flotte sur Berlin. Cette fois-ci ce ne sont pas les ouvriers de Berlin qui ont déclenché les premiers la révolution. Mais ils font la promesse d'aller jusqu'au bout dans la réalisation du programme communiste révolutionnaire. L'abdication d'un ou deux Hohenzollern ne signifie rien. Et la présence de deux ou trois socialistes gouvernementaux à la tête signifie moins que rien. Le prolétariat révolutionnaire de Berlin, en cotte bleue ou en uniforme feldgrau, proclame sa volonté indomptable de lutter pour les revendications suivantes :

1. Paix immédiate.
2. Abrogation de l'état de siège.
3. Ouverture des prisons.
4. Désarmement de toute la police, de tous les officiers et des soldats qui n'acceptent pas ce programme.

5. Prise en charge de tous les pouvoirs civils et militaires par des hommes de confiance du Conseil d'ouvriers et de soldats.
6. Remise aux délégués des Conseils d'ouvriers et de soldats de tous les bâtiments militaires et des usines d'armement.
7. Remise également de tous les moyens de transport, des usines et des banques.
8. Abolition des tribunaux militaires.
9. Dissolution du *Reichstag* et de toutes les Diètes.
10. Mise à pied du Chancelier, de tous les ministres et secrétaires d'État ainsi que de tous les fonctionnaires qui ne se mettent pas au service du peuple socialiste. Leur remplacement par des représentants des ouvriers.
11. Abolition de toutes les dynasties et des privilèges de caste.
12. Élection dans toute l'Allemagne de Conseils d'ouvriers et de soldats sur lesquels reposera exclusivement le pouvoir législatif, exécutif, l'administration de toutes les installations sociales, des banques et tous autres biens publics. À l'élection de ces conseils prend part tout le peuple travailleur adulte, à la ville comme à la campagne sans distinction de sexe.
13. Prise de contact immédiate avec les partis frères socialistes des autres pays.
14. Retour immédiat de l'ambassadeur russe à Berlin. [...]

Réponse de la SPD aux conditions posées par l'USPD pour sa participation au gouvernement

Vous posez les conditions suivantes :
1. L'Allemagne doit être une République sociale. Cette revendication constitue le but de notre propre politique; toutefois c'est au peuple de se prononcer par le truchement de l'Assemblée Constituante.
2. Dans cette République, la totalité du pouvoir exécutif, législatif et juridictionnel doit reposer exclusivement entre les mains de délégués élus de l'ensemble de la population laborieuse et des soldats. Si cette exigence signifie la dictature d'une fraction d'une classe qui n'aurait pas derrière elle la majorité du peuple nous sommes contraints de la repousser, car elle contredit nos principes démocratiques.
3. Élimination du gouvernement de tous les ministres bourgeois. Nous ne pouvons que rejeter cette condition, car sa réalisation compromettrait dangereusement, voire rendrait impossible le ravitaillement de la population.
4. La participation des indépendants est limitée à trois jours : uniquement le temps de mettre sur pied un gouvernement susceptible de conclure l'armistice. Nous tenons pour indispensable une collaboration des diverses tendances socialistes au minimum jusqu'à la réunion de la Constituante.
5. Les ministres ne seront considérés que comme des techniciens au service du véritable cabinet qui aura pouvoir de décision. Nous sommes d'accord avec vous sur ce point.
6. Égalité de droit des deux chefs du gouvernement (Ebert et Haase). Nous sommes partisans de droits égaux pour tous les membres du cabinet; toutefois sur ce point, la décision appartiendra à l'Assemblée Constituante.

Cité in G. Badia, *Les Spartakistes*, Paris, Julliard, coll. « Archives, », 1966.

1. Nature des documents

Le premier texte émane du journal *Die Rote Fahne (Le Drapeau Rouge)*, fondé le jour même et qui exprime les opinions de la fraction extrémiste des socialistes allemands, les Spartakistes. Le second est la réponse du parti socialiste majoritaire (SPD) aux conditions posées par le parti dissident des Indépendants (USPD) à sa participation au gouvernement.

2. Les protagonistes

Les documents mettent en scène les trois fractions du socialisme allemand.

- Le SPD, le vieux parti socialiste, marxiste en théorie, réformiste en pratique, dirigé par Friedrich Ebert et qui, au cours de la guerre, s'est rallié à l'Union sacrée. Il a accepté en octobre 1918 de participer au gouvernement parlementaire constitué par le prince Max de Bade.
- L'USPD qui, sur le plan doctrinal et pratique, partage les vues du SPD, mais dont les membres ont, au cours du conflit, refusé de cautionner la politique d'Union sacrée et de ce fait, se sont trouvés exclus du SPD Ce groupe très hétérogène, dirigé par Haase, ancien chef de la fraction parlementaire SPD comprend, à côté des Spartakistes, le théoricien révisionniste Bernstein, son ancien adversaire Kautsky, des syndicalistes de gauche, etc. Son seul ciment est l'opposition à la guerre.
- Les Spartakistes enfin, membres de l'USPD en 1919. Dirigés par Karl Liebknecht et Rosa Luxemburg, ils sont pacifistes, antimilitaristes et internationalistes. Admirateurs de la révolution bolchevique qu'ils souhaitent imiter, ils mènent une opposition radicale sur tous les plans au SPD. Mal à l'aise au sein de l'USPD, ils s'en détacheront en décembre 1918 pour constituer le parti communiste allemand.

3. Les circonstances

Le 9 novembre 1918, sous la pression conjuguée des généraux et du prince Max de Bade, Guillaume II a abdiqué parce que Wilson n'acceptait de discuter des conditions de paix qu'avec un gouvernement démocratique et non avec « les maîtres militaires et les autocrates monarchiques de l'Allemagne ».

Le prince Max de Bade a jugé que, dans ces conditions, son maintien au pouvoir était impossible et il a démissionné en donnant le pouvoir au chef SPD, Ebert (« Je vous confie le destin de l'Allemagne. ») Ebert a demandé à tous les ministres de rester en place, pour assurer la continuité. Puis, pour constituer le nouveau gouvernement, il s'est tourné vers les autres socialistes afin de leur demander leur participation. Les bases de celle-ci constituent l'objet des deux documents.

- le 9 au matin, l'article de *Die Rote Fahne* fait connaître la position des Spartakistes (texte 1) ;
- dans la journée, sous la pression de Liebknecht, les dirigeants Indépendants font connaître leurs conditions sous une forme atténuée par un mémorandum en 6 points ;
- le soir, à 20 h 30, les Majoritaires répondent (texte 2).

4. Les enseignements du texte

Les documents fournissent trois catégories de renseignements :

Comment les partis en présence envisagent-ils la formation du gouvernement ? Le texte spartakiste n'aborde guère le problème car, pour lui, l'exercice du pouvoir sous forme d'héritage de l'Empire n'a aucun intérêt. Les Indépendants ont une attitude plus nuancée : quelque chose des vues spartakistes est passé dans leur mémorandum (points 2 et 3). Mais les conditions qu'ils posent sont surtout politiques et les points 5 et 6 prouvent qu'ils en sont à examiner les formes de leur présence au gouvernement. Quant aux socialistes majoritaires, ils ont déjà franchi le pas. Gérants du pouvoir, ils offrent aux autres tendances socialistes la participation mais avec des préoccupations qui sont celles d'un parti de gouvernement, de gestion, dont la charge est d'administrer et non de rêver.

Quelle est, pour eux, la conception du futur régime allemand? C'est sur ce point que le texte spartakiste est le plus net. Il expose de la manière la plus claire dans le point 12 sa solution : la dictature du prolétariat dont l'instrument sera les Conseils d'ouvriers et de soldats (des soviets) élus par « le peuple travailleur » ce qui exclut toute idée de suffrage universel. Sans aller aussi loin, les Indépendants exposent dans le point 2 du second texte une conception relativement proche des vues spartakistes, sans toutefois donner aux futurs conseils de pouvoirs sociaux. Le refus du SPD est dépourvu d'équivoque. La deuxième phrase du point 2 rejette toute idée de dictature du prolétariat au profit du suffrage universel : c'est, face à la conception léniniste, celle du socialisme démocratique. Et dans leur réponse aux points 1, 4 et 6, ils affirment à trois reprises que tous les pouvoirs doivent être donnés à une Constituante élue au suffrage universel.

Cette opposition fondamentale éclaire celle qui se fait jour quant aux problèmes politiques immédiats.

Quelle politique devra mener le gouvernement futur? Indépendants et Spartakistes sont sur ce point d'accord. En dehors de la signature de l'armistice et de la vague affirmation d'une République sociale (et non socialiste), le second texte ne fournit, lui, aucune précision. Attitude logique qui consiste à expédier les affaires courantes puisqu'il appartiendra à la Constituante de définir la politique future. De manière tout aussi logique, les Spartakistes qui veulent faire la Révolution définissent avec soin leur programme d'action : en politique extérieure, la paix immédiate (point 1), revendication qui fut à la base du succès de Lénine en Russie et l'extension de la révolution (points 13 et 14) grâce à l'aide des Russes et des autres partis socialistes; en politique intérieure, le démantèlement de l'appareil répressif du régime impérial (points 2, 3, 8 et 4) et la substitution aux cadres de l'Ancien Régime des cadres nouveaux issus des conseils d'ouvriers et de soldats (points 5, 6, 7). C'est le schéma de la révolution russe adapté à l'Allemagne.

Ces documents éclairent donc le caractère incompatible des positions de ceux qui vont avoir à conduire la révolution allemande et annoncent le drame sanglant qui va en marquer la naissance.

Nature de la démocratie allemande

Le problème posé était de savoir si la reconnaissance de la souveraineté populaire allait donner à l'Allemagne un régime parlementaire, ou bien si les forces traditionnelles l'emportant, le Reichspresident aurait les pouvoirs de l'ex-empereur. La réponse est un compromis ambigu.

L'article 54 faisait du Reich une démocratie parlementaire en obligeant le gouvernement à se retirer devant un vote de méfiance du Reichstag. Deux assemblées aux pouvoirs inégaux constituaient le législatif :

– Le Reichstag, élu pour 4 ans au suffrage universel (les femmes votent). Les députés sont élus dans 35 circonscriptions, par listes, à la proportionnelle. Ils votent les lois fédérales et le budget et peuvent renverser le gouvernement. Mais le président du Reich peut dissoudre le Reichstag.

– Le *Reichsrat* comprend des représentants des *Länder* en nombre proportionnel à leur population. Toutefois, aucun *Land* ne peut disposer de plus de 2/5 des sièges, ceci afin d'éviter la prépondérance prussienne. Au demeurant, ce n'est là qu'un Conseil de réflexion car il n'a qu'un pouvoir suspensif, celui de différer pendant 4 ans l'application d'une loi votée par le Reichstag, sauf si elle a obtenu une majorité des 2/3.

Enfin le caractère démocratique est garanti par la possibilité du référendum populaire (à l'initiative d'1/10 du corps électoral).

Mais les pouvoirs du Reichspresident peuvent transformer le régime en République présidentielle. Élu pour 7 ans au suffrage universel, il ne doit aucun compte au Reichstag qu'il peut dissoudre. Il nomme et révoque les fonctionnaires et les ministres, dispose sur les lois d'un veto suspensif de 2 ans, est le chef suprême de l'armée. Sans doute l'obligation du contreseing d'un ministre sur tous ses actes le soumet-il indirectement au contrôle du Parlement, mais deux dispositions de la Constitution lui permettent de bénéficier de pouvoirs énormes : l'article 48 l'autorise, en cas de nécessité, à proclamer l'état d'urgence, à suspendre la Constitution d'un Land et à faire appel à l'armée pour rétablir l'ordre ; l'article 73 lui permet de soumettre au référendum toute loi votée par le Reichstag.

La Constituante s'est donc contentée de juxtaposer les deux possibilités d'un régime parlementaire et d'un régime présidentiel, laissant à la pratique constitutionnelle le soin de choisir.

Dispositions religieuses, scolaires et sociales

L'influence du Zentrum sur la coalition se marque par l'article 137 qui, décrétant qu'il n'existe pas d'Église d'État, fait perdre son statut officiel à la confession luthérienne. Les diverses religions sont donc placées sur un pied d'égalité, sans qu'il y ait réellement séparation de l'Église et de l'État. Le statut scolaire en fait foi, qui prévoit trois types d'écoles : confessionnelles, où l'enseignement religieux est donné dans le cadre d'une seule confession ; mixtes, dans lesquelles interviennent les membres des deux clergés ; laïques enfin, sans instruction religieuse.

Le SPD a exigé de ses partenaires une « politique socialiste », définie dans les articles 151 à 165. Après avoir affirmé l'intangibilité du droit de propriété, la Constitution prévoit toute une série de Conseils ouvriers (au niveau de l'usine-Conseil d'exploitation – du district, du Reich). Mais leurs compétences seront définies par une loi votée par le Reichstag.

Telle qu'elle naît ainsi durant l'été 1919, la nouvelle République apparaît bien fragile. Elle a dû, pour survivre, écraser les partisans d'une révolution radicale et s'allier avec les forces conservatrices qui sont ses pires ennemies ; sa Constitution, qui ne tranche aucun des problèmes fondamentaux qui se posent au pays, apparaît comme une œuvre de circonstance destinée à faire admettre l'Allemagne dans le concert des nations démocratiques, comme une œuvre de compromis reflétant les tendances des modérés de la coalition de Weimar qui n'ont pas osé vraiment rompre les amarres avec le passé impérial et s'engager résolument dans des voies nouvelles.

Chapitre 7

Les années troubles de la République de Weimar (1919-1924)

Les forces politiques en 1919-1924

Les partis de la coalition de Weimar

La social-démocratie (cf. chapitre précédent pour son programme et ses chefs).

Le Zentrum, le vieux parti du Centre catholique, très hétérogène par son recrutement social puisque le seul ciment de ses membres est l'appartenance confessionnelle. Son aile droite représente les grands agrariens de Bavière ou de Silésie, son aile gauche animée par Matthias Erzberger et Joseph Wirth s'appuie sur les ouvriers catholiques de Rhénanie ou les petits paysans d'Allemagne du sud. Sous l'influence de Erzberger, le Zentrum a pris l'initiative de la motion de paix du Reichstag en 1917 et accepte la République.

Le Parti démocrate (Deutsche Demokratische Partei, DDP, qui prend le nom de Parti d'État, Deutsche Staatspartei, à partir de 1930) est sans doute le plus représentatif des conceptions démocrates-libérales du nouveau régime. Constitué de l'aile gauche des Nationaux-Libéraux et des Progressistes, c'est un parti de petite bourgeoisie libérale qui accepte la République, le régime parlementaire, les conceptions wilsoniennes en politique étrangère. Si on ajoute que, partisan du libéralisme économique, il admet cependant la socialisation des monopoles, on aboutit à une formation très proche du parti radical français. Comme ce dernier, c'est avant tout un parti de personnalités aux leaders nombreux et marquants : le pasteur Friedrich Naumann, son fondateur, qui meurt en 1919, le juriste Hugo Preuss, père de la Constitution de Weimar, le sociologue Max Weber, l'historien Troeltsch, et surtout Walter Rathenau, président du trust de l'électricité AEG, mais aussi écrivain, poète, musicien, philosophe qui préconise une planification de l'économie par l'État.

Les adversaires de gauche de la coalition

Le parti socialiste indépendant (Unabhängige Sozialdemokratische Partei Deutschlands, USPD) (Pour sa fondation et son attitude jusqu'en 1918 voir chapitre précédent). Après l'assassinat de son dirigeant Haase, le parti éclate en octobre 1920 sur l'adhésion à la IIIe Internationale. La majorité rejoint le parti communiste ; la minorité finit en 1922, après quelques hésitations, par rallier le SPD.

Le parti communiste (Kommunistische Partei Deutschlands, KPD). Issu de la ligue spartakiste en décembre 1918, le Parti communiste conteste radicalement le régime, ce qui le conduit à ne pas participer aux élections à la constituante. Jusqu'en 1925, il est perpétuellement divisé entre « droitiers » et « gauchistes » partisans de l'action insurrectionnelle (c'est essentiellement contre eux que Lénine écrira en 1920 « La maladie infantile du communisme »). À diverses reprises, des purges écartent les gauchistes du parti (octobre 1919, février 1920, octobre 1923).

Les adversaires de droite de la République

Le parti populiste (Deutsche Volkspartei, DVP). Parti des grands milieux d'affaires, il regroupe l'aile droite des Nationaux-Libéraux qui a refusé de se joindre au DDP, sous la direction de Gustav Stresemann et Ugo Stinnes. Resté monarchiste de cœur, hostile à la nouvelle République, dont il redoute les velléités sociales et dirigistes, le DDP ne peut cependant rester totalement en marge du régime sans léser les intérêts des groupes qu'il représente. Ce qui explique que sous l'influence de Stresemann, il opère un ralliement tactique et qu'à partir de 1920, il participe régulièrement aux combinaisons gouvernementales.

Le parti National-Allemand (Deutschnationale Volkspartei, DNVP) regroupe les deux tendances du conservatisme d'avant-guerre, le parti conservateur et le parti du Reich. Parti des *Junkers* et de certains milieux d'affaires ultra-conservateurs, il adopte sous la direction du comte Westarp une attitude violemment hostile à la République, qu'il juge non conforme aux traditions allemandes *(undeutsch)*, et violemment antisémite. Il souhaite ouvertement une restauration monarchique. Toutefois le glissement à droite de la République atténue son opposition et à partir de 1925 on le voit participer à des gouvernements.

Le parti nazi (NSDAP) rejette aussi formellement la République que le DNVP, mais en faveur d'un régime non pas aristocratique comme le souhaitent les Nationaux-Allemands, mais dictatorial, exercé par un homme providentiel issu du peuple et conduisant celui-ci vers un avenir glorieux.

L'audience des forces politiques

Les deux élections de 1920 et mai 1924 illustrent les difficultés et les mécomptes des partis fondateurs de la République. On constate en effet que la coalition de Weimar (en y incluant le Centre Bavarois, Bayerische Volkspartei, BVP, qui se sépare du Zentrum en 1920 et qui en constitue une fraction particulariste et franchement réactionnaire) voit ses positions s'effriter. En 1920, elle n'a que 2 voix de majorité, 226 contre 224 aux divers opposants. Il sera nécessaire d'élargir la coalition vers la droite, jusqu'au DVP Mais ce ralliement sera néfaste à celui-ci qui subira en mai 1924 un sensible tassement, conséquence du discrédit qui atteint tous les partis du régime. L'échec le plus caractéristique est celui du DDP qui, de janvier 1919 à mai 1924, perd 4 millions de voix, preuve que les classes moyennes se détournent du régime. En revanche, les deux élections attestent une poussée spectaculaire de l'extrême-gauche (alors que le KPD est illégal jusqu'en février 1924) et surtout de l'extrême-droite où les Nationaux-Allemands atteignent près de 20 % des suffrages et où les nazis font leur entrée au Parlement. Au total 40 % des électeurs de mai 1924 contestent formellement le régime. Le présent chapitre tentera de dégager les raisons de cette profonde crise.

Les Élections au temps de la République de Weimar
(Nombre de sièges, nombre de voix et pourcentage des votants)

	NSDAP (Nationaux Socialistes)	DNVP (Nationaux Allemands)	DVP (Populistes)	BVP (Centre bavarois)	Zentrum (Centre catholique)	DDP (Démocrates)	SPD (Sociaux démocrates)	USPD (Indépendants)	KPD (Communistes)
19/1/1919 Assemblée Constituante		44 sièges 3 121 000 (10,3 %)	19 sièges 1 346 000 (4,4 %)		91 sièges 5 930 000 (19,7 %)	75 sièges 5 642 000 (18,6 %)	165 sièges 11 509 000 (37,9 %)	22 sièges 2 317 000 (7,8 %)	
6/6/1920 Reichstag		71 sièges 4 249 000 (14,9 %)	65 sièges 3 919 000 (13,9 %)	21 sièges 1 239 000 (13,6 %)	64 sièges 3 845 000 (13,6 %)	39 sièges 2 334 000 (8,3 %)	102 sièges 6 104 000 (21,6 %)	84 sièges 5 047 000 (17,9 %)	4 sièges 589 000 (21 %)
4/5/1924 Reichstag	32 sièges 1 918 000 (6,6 %)	95 sièges 5 696 000 (19,5 %)	45 sièges 2 694 000 (9,2 %)	16 sièges 947 000 (3,2 %)	65 sièges 3 914 000 (13,4 %)	28 sièges 1 665 000 (5,7 %)	100 sièges 6 009 000 (20,5 %)	235 000 (0,8 %)	62 sièges 3 693 000 (12,6 %)
7/12/1924 Reichstag	14 sièges 903 000 (3 %)	103 sièges 6 209 000 (20,5 %)	51 sièges 3 051 000 (10,1 %)	19 sièges 1 135 000 (3,7 %)	69 sièges 4 121 000 (13,6 %)	32 sièges 1 921 000 (6,3 %)	131 sièges 7 886 000 (26 %)		45 sièges 2 712 000 (9 %)
20/5/1928 Reichstag	12 sièges 810 000 (2,6 %)	73 sièges 4 382 000 (14,2 %)	45 sièges 2 680 000 (8,7 %)	16 sièges 946 000 (3 %)	62 sièges 3 712 000 (12,1 %)	20 sièges 1 322 000 (3,8 %)	153 sièges 9 153 000 (29,8 %)		54 sièges 3 265 000 (10,6 %)
14/9/1930 Reichstag	107 sièges 6 407 000 (18,3 %)	41 sièges 2 458 000 (7 %)	30 sièges 1 577 000 (4,5 %)	10 sièges 1 059 000 (3 %)	68 sièges 4 127 000 (11,8 %)	20 sièges 1 322 000 (3,8 %)	143 sièges 8 576 000 (21,6 %)		77 sièges 4 590 000 (13,1 %)
31/7/1932 Reichstag	230 sièges 13 779 000 (37,3 %)	37 sièges 2 187 000 (5,9 %)	7 sièges 436 000 (1,2 %)	22 sièges 1 203 000 (3,5 %)	75 sièges 4 589 000 (12,4 %)	4 sièges 373 000 (1 %)	133 sièges 7 960 000 (21,4 %)		89 sièges 5 370 000 (14,3 %)
6/11/1932 Reichstag	196 sièges 11 737 000 (33,1 %)	52 sièges 2 187 000 (8,8 %)	11 sièges 661 000 (1,9 %)	20 sièges 1 097 000 (3,1 %)	70 sièges 4 230 000 (11,9 %)	2 sièges 339 000 (1 %)	121 sièges 7 251 000 (20,4 %)		100 sièges 5 980 000 (16,9 %)

Les troubles intérieurs

Les crises de 1919-1921

L'agitation de droite se nourrit essentiellement de la signature du traité de Versailles. Elle est favorisée par les maladresses d'Ebert et Scheidemann qui, en insistant sur le fait que l'Allemagne n'a pas été vaincue militairement, laissent l'État-Major accréditer l'idée du « coup de poignard dans le dos » porté à l'armée par les Rouges et les Juifs. D'autre part, la démission de Scheidemann le 20 juin 1919, qui préfère se retirer plutôt que signer le traité, soin qu'il laisse à son collègue de parti Bauer, renforce l'idée que le traité est inacceptable. Il en résulte une très vive agitation nationaliste conduite par le DVP et le DNVP qui trouvent un appui dans l'armée en pleine reconstitution. En mars 1919, une loi organise la « Reichswehr » provisoire de 100 000 hommes, confiée au général von Seeckt qui va s'appliquer à y maintenir l'esprit de l'ancienne armée, c'est-à-dire en faire un véritable État dans l'État, indépendant du pouvoir politique. Certes, von Seeckt s'est engagé à ne pas tenter de putsch, mais il existe parallèlement à la Reichswehr d'autres troupes qui ne lui obéissent guère : garde civique des Einwohnerwehren, Corps-Francs qui se maintiennent dans les États baltes jusqu'en septembre 1919 et sociétés secrètes constituées avec les hommes des Corps-Francs lorsque les alliés obtiennent leur dissolution. À l'actif de ces dernières toute une série d'assassinats, le député SPD Gareis et le leader USPD Haase en 1920, le ministre Erzberger (août 1920), Rathenau en 1922.

Ce sont ces éléments en rapports étroits avec la Reichswehr, mais non contrôlés par elle, qui vont pousser un haut fonctionnaire prussien, Kapp, à tenter un coup de force en mars 1920. En accord avec le Commandant en chef des armées du nord, von Lüttwitz, avec Ludendorff qui rêve de reprendre les choses en mains et avec le chef d'un Corps-Franc de 6 000 hommes retour de la Baltique, le capitaine Erhard, il s'empare de Berlin le 13 mars pendant que le gouvernement s'enfuit à Dresde, puis à Stuttgart. Noske, qui a réuni les généraux pour leur demander leur aide, s'est attiré cette réponse de von Seeckt : « La Reichswehr ne tire pas sur la Reichswehr. » Une grève générale déclenchée par les partis de gauche et le refus de la Reichsbank d'avancer de l'argent à Kapp font échouer le putsch, mais le régime a montré sa fragilité.

L'agitation de gauche. La crise économique qui sévit en 1919-1921, la haine portée à l'armée et aux dirigeants SPD par l'extrême-gauche après la répression de janvier-mars 1919 expliquent les troubles permanents et spontanés venus du monde ouvrier :

– En décembre 1919 et janvier 1920, soulèvements à Berlin lorsqu'on apprend que le Reichstag s'apprête à voter une loi cantonnant les « Conseils d'exploitation » dans les œuvres sociales et leur ôtant toute compétence économique.

– En mars 1920, à l'annonce du putsch Kapp, insurrections ouvrières dans la Ruhr dont les principales villes tombent entre les mains de Conseils dirigés par les communistes. Début avril, l'armée réoccupe la Ruhr et se livre à une sanglante répression.

– En mars-avril 1920, combats sporadiques dans la région de Halle et Mansfeld entre ouvriers armés conduits par le gauchiste Hoelz (exclu du KPD) et la police.

La persistance de l'agitation provoque un glissement à droite aux élections de 1920 (voir tableau) : le centriste *Fehrenbach* devient chancelier d'un gouvernement comprenant DDP, Zentrum et Populistes du DVP, soutenu au Parlement par le SPD qui ne participe pas (juin 1920).

La crise de 1923

Les composantes de la crise. Elles sont à la fois économiques (c'est le moment où l'inflation atteint son point maximum) et politiques (la résistance allemande au paiement des réparations a entraîné la constitution d'un cabinet dirigé par le chancelier Cuno et axé très à droite, puisqu'il obtient l'appui du DNVP au Reichstag). Les tentatives allemandes pour obtenir un moratoire aux réparations provoquent en janvier 1923 l'occupation de la Ruhr par les Français et les Belges. Pour faire face à la situation, le gouvernement donne l'ordre de résistance passive. Pendant que l'économie s'effondre, que le sentiment national humilié réagit avec vivacité, l'autorité de l'État s'évanouit partout. Lorsque, pour sauver le pays, le Reichstag vote en octobre les pleins pouvoirs à Gustav Stresemann, chancelier depuis le 12 août, l'Allemagne est en pleine décomposition.

L'agitation nationaliste et séparatiste. En *Rhénanie occupée,* les troupes françaises protègent un mouvement séparatiste sans grandes racines dans la population. Alimenté par les fonds du 2e bureau, il est le fait de quelques intellectuels et de certains hommes d'affaires. Il aboutira en octobre 1923 à la proclamation d'une République rhénane qui s'effondrera d'elle-même dès le départ des Français.

Plus sérieux est *l'autonomisme bavarois.* Depuis l'échec de la République des Conseils, la Bavière est devenue le refuge de l'extrême-droite nationaliste. Elle abrite les sociétés secrètes issues des Corps-Francs et toute une série de groupuscules, dont le parti nazi d'Hitler qui compte en 1923 environ 50 000 membres. La plupart ont en commun l'espoir d'une dictature nationale dans un Reich uni et se réclament de Ludendorff réfugié à Munich. Mais d'accord avec eux sur l'antiparlementarisme, l'antisémitisme, et la nécessité d'une dictature nationale, existe dans cette extrême-droite une tendance autonomiste, monarchiste, restée fidèle à la dynastie des Wittelsbach, et qui se trouve au pouvoir avec von Kahr, chef du gouvernement local.

À l'automne 1923, profitant des troubles qui condamnent le gouvernement à l'impuissance, von Kahr décide de rompre avec Berlin et s'octroie le titre de Commissaire Général de l'État ; une division envoyée par le gouvernement Stresemann et conduite par von Lossow se met au service de von Kahr. Mais sur la route de la sécession se dresse von Seeckt qui, le 4 novembre, désavoue les Bavarois, fauteurs de guerre civile. Pendant que von Kahr hésite à se dresser contre le chef de la Reichswehr, il est débordé par ses alliés de la veille, les nationalistes unitaires qui tentent de lui forcer la main. Le 8 novembre 1923 Hitler et ses partisans envahissent une brasserie de Munich dans laquelle les dirigeants bavarois tiennent un meeting et contraignent ceux-ci à constituer un gouvernement dont Hitler fait partie. Ludendorff reçoit le commandement des troupes qui doivent marcher sur Berlin pour en chasser le gouvernement « rouge » (le SPD en fait partie) et établir la dictature nationale. Stresemann décide de faire front ; sur son conseil, Ebert confie tous les pouvoirs à von Seeckt. Dans ces conditions, von Kahr se ravise ; il mobilise l'armée et la police bavaroises qui, le 9 novembre au matin, tirent sur Hitler et les manifestants qu'il entraîne avec lui pour tenter de déborder von Kahr. Il y a 14 morts, Ludendorff et Hitler sont arrêtés. Le premier sera acquitté, le second condamné à une peine de forteresse. Une fois de plus, l'armée apparaît comme la seule force véritable en Allemagne.

La répression des mouvements de gauche. Pendant que l'extrême-droite manifeste ainsi sa vitalité, la crise économique favorise les progrès du parti communiste, renforcé par la majorité de l'USPD depuis 1920. Mais les communistes hésitent sur la tactique à suivre. Les dirigeants du parti, Brandler et Thalheimer préconisent une prise de pouvoir légale en jouant le jeu parlementaire. C'est cette conception qui aboutit en octobre 1923 à la constitution en Saxe et en Thuringe de gouvernements ouvriers, appuyés sur la majorité dont disposent communistes et SPD dans ces deux Lander. Mais Ebert, en vertu de l'article 48 de la Constitution, décide de déposer les deux gouvernements et la Reichswehr exécute la décision sans se heurter à la moindre résistance. Cet échec renforce les thèses de la tendance gauchiste du parti, qui trouve un appui dans les milieux syndicaux. Son principal représentant à cette date, Thaelmann, a préconisé en vain une insurrection en Saxe pour résister à l'action de la Reichswehr. Il tente de la réaliser à Hambourg : le 22 octobre, à l'issue d'une grève générale, les communistes s'emparent des postes de police et dressent des barricades. Désavouée par les dirigeants communistes, l'insurrection de Hambourg ne s'étend pas en Allemagne et police et Reichswehr en viennent aisément à bout.

Comme en 1919, le régime a donc réussi à faire face à la très grave crise qui le menace. Mais il est clair que son existence dépend plus que jamais de la Reichswehr, corps de plus en plus autonome. L'agitation révolutionnaire s'explique d'ailleurs par une situation économique catastrophique et par ses conséquences sociales.

Inflation et déséquilibres sociaux

Conséquences économiques de la guerre

Le bilan de la guerre est très lourd pour l'Allemagne. Les pertes humaines s'élèvent à 2 millions d'hommes tués au combat ou morts des suites de leurs blessures. Il s'y ajoute 740 000 décès civils en plus de la mortalité normale et un déficit de naissances évalué à 3 millions, soit au total une perte démographique de l'ordre de 6 millions d'hommes, d'autant plus sensible à l'économie qu'elle porte surtout sur des individus jeunes.

Sur le plan matériel, l'Allemagne n'a pas connu la guerre sur son territoire, mais elle subit le poids du non-renouvellement du matériel qui a travaillé pendant plus de quatre ans et du déficit de production dû à la fois à l'usure du matériel et à l'insuffisance de la main-d'œuvre. En 1919, la production de charbon est de 108 millions de tonnes contre 190 en 1913, celle d'acier de 7 millions de tonnes contre 17 millions, celles de blé et de pommes de terre sont inférieures de moitié aux chiffres d'avant-guerre.

Les pertes financières sont lourdes. Pour financer le conflit, l'État fédéral a dû dépenser 140 milliards de marks-or. Comme il ne dispose jusqu'en 1913 que de ressources assez faibles (droits de succession depuis 1906 et impôt extraordinaire sur l'accroissement des fortunes voté en 1913), il a dû pour y faire face s'endetter considérablement. L'emprunt consiste pour une part en bons du trésor à 4 ou 4,5 % à échéance de quelques mois dont l'ensemble constitue en 1919 une dette flottante de 49 milliards de marks (contre 0,5 en 1914), et d'autre part en bons à long terme à 5 % qui forment une dette consolidée de 96 milliards de marks en 1919 (contre 5 en 1914). Ce prodigieux endettement de l'État n'a cependant permis de couvrir les dépenses de guerre qu'à 60 % ; pour solder le déficit, le gouvernement a donc dû recourir à l'impression de nouveaux billets non gagés, c'est-à-dire à l'inflation. Or, celle-ci est d'autant plus grave que la Reichsbank a dû se dessaisir d'une partie de son stock d'or pour solder le déficit de sa balance commerciale auprès des neutres (Hollande, Suisse, Danemark, Suède) qui lui procurent à prix très élevés matières premières et denrées alimentaires que le blocus allié ne lui permet pas d'importer à son gré. Il en résulte une dépréciation du mark sur les marchés des pays neutres et, en 1918, on échange un dollar contre 8 marks (1 dollar pour 4,2 marks en 1913).

En 1919, au prix de la guerre s'ajoute celui de la paix. Pertes de territoires de haute valeur économique : l'Alsace-Lorraine (fer, potasse, houille, sidérurgie et textile), le bassin houiller sarrois, les mines de zinc de la région Eupen-Malmédy, la région houillère, ferrifère et sidérurgique de Silésie, les colonies...

Livraisons en nature aux vainqueurs : 24 millions de tonnes de charbon à la Belgique et à l'Italie, 5 000 locomotives, 15 000 wagons, tous ses navires de plus de 1 600 tonneaux, la moitié de ses navires de 1 000 à 1 600 tonneaux, le 1/4 de sa flotte de pêche, le 1/5 de sa flotte fluviale.

Avantages économiques accordés aux alliés : internationalisation de l'Elbe, de l'Oder et du canal de Kiel; cession de tous les brevets allemands; octroi aux vainqueurs du traitement de la nation la plus favorisée en matière douanière. L'Allemagne doit admettre en franchise pendant 3 ans les marchandises venues de Posnanie et pendant 5 ans celles venues d'Alsace-Lorraine.

Paiements en espèces aux vainqueurs. Non seulement l'Allemagne perd tous ses avoirs à l'étranger, mais elle devra payer les Réparations.

Les réparations et l'effondrement du mark

La fixation des Réparations. Tirant argument de la dépréciation du mark qui s'accélère en raison de la fuite des capitaux, Erzberger, puis Rathenau s'efforcent d'obtenir des alliés un aménagement des Réparations et leur paiement partiel en nature. Sous la pression des industriels qui redoutent la concurrence allemande, la France refuse cette solution. Finalement, en mai 1921, la conférence de Londres fixe le montant des Réparations à 132 milliards de marks-or, portant 6 % d'intérêts annuels, et payables sous forme d'annuités fixes de 2 milliards de marks-or, à quoi s'ajoute une somme variable représentant annuellement 26 % des exportations allemandes. Le 5 mai un ultimatum donne six jours à l'Allemagne pour accepter cette solution, sous menace d'occupation de la Ruhr.

Entre mai 1921 et l'automne 1923, *le mark* qui n'avait cessé de se déprécier, *connaît une chute catastrophique* :

mai 1921 :	1 $ =	60 marks	juillet 1923 :	1 $ =	353 000 marks
janvier 1922 :	1 $ =	192 marks	août 1923 :	1 $ =	4 600 000 marks
juin 1922 :	1 $ =	493 marks	octobre 1923 :	1 $ =	23 milliards de marks
octobre 1922 :	1 $ =	4 000 marks	23 oct. 1923 :	1 $ =	42 milliards de marks
janvier 1923 :	1 $ =	18 000 marks			

Pendant que l'Allemagne rend les Réparations et l'occupation de la Ruhr responsables de cette situation (mais elle n'a versé fin 1922 que 5,4 milliards de marks), la France accuse le gouvernement du Reich de mettre volontairement l'État en faillite pour justifier le refus de paiement. Si effectivement durant les premiers mois de la République, l'État a vécu au-dessus de ses moyens, il faut observer que, depuis 1919, Erzberger, ministre des Finances du cabinet Bauer, puis le chancelier Wirth (mai 1921-nov. 22), Stresemann enfin, ont fait de réels efforts pour redresser la situation. L'explication de la dépréciation réside dans les manœuvres spéculatives des industriels allemands qui jouent à la baisse du mark. Empruntant aux banques des sommes énormes, des hommes comme Thyssen ou Otto Wolf placent des capitaux à l'étranger, puis profitant de la chute du mark achètent à crédit des usines mais aussi des hôtels, des agences de voyage, etc. Les liens établis entre capital industriel et bancaire leur offrent évidemment de larges facilités, mais il faut remarquer que la Reichsbank a joué le jeu de l'inflation en maintenant jusqu'en août 1923 son taux d'escompte à 5 %. Ce n'est qu'avec l'arrivée au pouvoir de Stresemann dont la politique contraste avec celle de Cuno, homme des grandes sociétés (c'est le président de la Hamburg-Amerika Linie) que le taux d'escompte sera relevé à 30 %, puis à 90 % en septembre 1923.

Les conséquences sociales de l'inflation. Dans l'ensemble, les milieux d'affaires ont largement profité de la période de l'inflation. Garantis contre la dépréciation du mark par le placement de capitaux à l'étranger, ils ont également pu faire de gros bénéfices grâce au stimulant que représente pour les exportations la chute de la monnaie. Ils se font indemniser par le gouvernement des pertes subies du fait du traité de Versailles, des marchandises versées au titre des Réparations, des conséquences de la résistance passive sur la production. Pour eux, la période de crise est une période d'euphorie ainsi d'ailleurs que pour les Américains et les Britanniques qui peuvent acheter à vil prix des actions d'entreprises allemandes (fin 1923, elles ne sont plus cotées sur les bourses étrangères qu'à 2,5 % de leur valeur d'avant-guerre).

En revanche, les salariés paient durement le prix de l'inflation. Sans doute les salaires augmentent durant la crise et, en octobre 1923, on paie même les ouvriers deux fois par jour. Mais comme les vendeurs de produits de consommation courante devancent sans cesse la chute du mark en augmentant leurs prix, les salaires réels baissent (de 30 % à 75 % selon les estimations). On constate d'ailleurs que ce sont les salaires les plus élevés (cadres de l'industrie, moyens fonctionnaires) qui ont comparativement le plus baissé. Comme au même moment les détenteurs de revenus fixes (rentiers, retraités, créanciers de l'État qui ont placé leurs économies en bons du Trésor, petits porteurs d'actions dont les dividendes sont calculés à l'année) sont les principales victimes de l'inflation, on peut dire que la petite et moyenne bourgeoisie sort ruinée de la crise. Elle va constituer un groupe de déclassés et d'aigris, adversaires irréconciliables d'une République qu'ils identifient à leur ruine.

Le relèvement de l'économie allemande

Ce n'est pas le moindre paradoxe des années 1919-1923 que la crise financière s'accompagne d'une remarquable expansion de l'économie. Affrontés au problème de la reconversion, les industriels bénéficient de deux facteurs favorables :

– *l'abondance des crédits :* prêts de l'État, crédits étrangers venus des États-Unis et de la Grande-Bretagne, crédits privés (durant la guerre, du fait de la raréfaction des biens de consommation, les dépôts des banques ont triplé, ceux des caisses d'épargne ont été multipliés par 7), crédits bancaires enfin. L'inflation et la dépréciation du mark sont un encouragement à emprunter puisque les remboursements s'opèrent en monnaie dépréciée ;

– *l'abondance de la main-d'œuvre,* qui permet de maintenir de bas salaires. En dépit des pertes démographiques dues à la guerre et au traité de Versailles, le retour en Allemagne de réfugiés venus des territoires perdus et des colonies permet de maintenir stables les chiffres de la main-d'œuvre industrielle (7 millions en 1919, contre 7,5 millions en 1913).

Dans ces conditions, on assiste à un très rapide relèvement de la production (les chiffres de 1913 sont retrouvés pour le charbon dès 1922, dépassés pour le lignite, cependant que la production d'acier atteint 64 % de celle de 1913 malgré la perte de la Lorraine et de la Haute-Silésie). Parallèlement, le mouvement de concentration amorcé durant la guerre s'accélère, à la fois parce que l'État encourage les grands Konzerne qui semblent les mieux armés pour redresser l'économie et parce que c'est à eux que les banques prêtent le plus volontiers. Thyssen, Krupp, Stinnes connaissent pendant la crise financière une période d'intense prospérité et discutent d'égal à égal avec un gouvernement qui a besoin d'eux.

En revanche, l'agriculture subit un marasme permanent dû à l'usure des machines durant la guerre et à l'abandon du protectionnisme exigé par le traité de Versailles. Il est particulièrement sensible dans les grands domaines de l'est de l'Elbe, désertés par les ouvriers agricoles qui connaissent un statut proche du servage : des millions d'hectares y restent incultes. En août 1919, le Reichstag vote une réforme agraire qui prévoit un morcellement des grands domaines non cultivés (2 millions d'hectares) en moyennes propriétés. Réforme qui ne va pas sans arrière-pensée politique : démanteler le bastion des Junkers conservateurs, détourner les ouvriers agricoles de la misère et de la tentation du communisme en les rendant propriétaires. Mais la résistance des grands propriétaires, aussi bien que la baisse des prix agricoles feront échouer la réforme. En 1931, 500 000 hectares seulement seront distribués (4 900 exploitations sont ainsi créées).

La crise de 1919-1923 a donc profondément ébranlé la République, cependant qu'elle permettait le renforcement de la grande industrie et que les Agrariens de l'Est résistaient victorieusement aux projets de réforme.

Alors que l'État va s'affaiblissant, les cadres traditionnels du Reich impérial épargnés par la guerre et la révolution briguent, dès 1923, la succession de la République. Ils sont favorisés dans ce dessein par la crise que connaît celle-ci sur le plan de sa politique extérieure.

La lutte contre le Diktat

1919-1920 : la résistance à l'application du traité de Versailles

Le 22 juin 1919, après des débats difficiles, l'Assemblée de Weimar vote par 237 voix contre 138 l'acceptation du traité de Versailles en l'accompagnant toutefois de deux restrictions : elle rejette l'article 231 qui déclarait l'Allemagne responsable du conflit ; elle refuse de livrer aux alliés les responsables de la guerre (ainsi en février 1920, le gouvernement refuse d'extrader comme le réclamait l'Entente Hindenburg, Ludendorff, von Tirpitz, Bethmann-Hollweg, le Kronprinz).

Mais, sur le terrain, l'armée avec l'appui de la population et souvent l'accord tacite du gouvernement tente de remettre en cause le nouveau tracé des frontières.

À l'ouest, la présence de l'armée française fait tourner court toute tentative. Ainsi, au début de 1920, une grève de fonctionnaires dans la Sarre est rapidement réprimée par les Français. Et lorsqu'à la suite du putsch Kapp, la Reichswehr pénètre dans la zone démilitarisée pour y rétablir l'ordre, l'armée française occupe Francfort et Darmstadt.

À l'est en revanche, l'armée allemande est une armée victorieuse et la crainte qu'inspire à l'Entente la révolution bolchevique lui a permis de se maintenir dans les États baltiques et en Pologne. En février 1919, il faut un ultimatum de Foch pour que le gouvernement de Scheidemann donne l'ordre aux troupes d'arrêter la reconquête de la part allemande de Pologne entreprise sur ordre de l'État-Major. Jusqu'en décembre 1919 se poursuit l'équipée des Corps-Francs du Baltikum qui vise à préserver les conquêtes de Brest-Litwosk. Enfin en Haute Silésie, les Corps-Francs soutenus par l'armée luttent jusqu'en 1921 contre les tentatives d'annexion polonaises et obtiennent de la SDN un partage de la région contestée qui en laisse les 2/3 à l'Allemagne.

1921-1922 : la renaissance de la diplomatie allemande

Dans les conférences internationales de 1920 destinées à fixer le montant et les modalités du paiement des Réparations (San Remo, Boulogne, Bruxelles, Spa), les diplomates allemands ont tenté de limiter les paiements allemands et de jouer des désaccords entre alliés à ce sujet. Mais la décision du Dr Simons en mars 1921 de déclarer l'Allemagne hors d'état de payer a provoqué l'occupation par l'Entente de Dusseldorf, Ruhrort, Duisbourg; quelque temps plus tard, l'ultimatum de mai 1921 a montré les limites du jeu allemand.

Sous l'influence de Rathenau, ministre des Affaires Étrangères du cabinet Wirth, commence alors une politique plus habile : d'une part l'Allemagne déclare vouloir pratiquer l'*Erfüllungspolitik* (politique d'exécution du traité) afin de faire la preuve de sa bonne volonté (ainsi Rathenau signe en 1921 avec les Français l'accord de Wiesbaden, qui prévoit des livraisons en nature) ; d'autre part, ayant ainsi désarmé les méfiances, elle va tenter d'obtenir un aménagement des conditions qui lui sont faites. Cette politique semble réussir lorsque, en janvier 1922 à la conférence de Cannes, Lloyd George poussé par Rathenau propose au président du Conseil français Briand le plan suivant : en échange d'un adoucissement des Réparations, la Grande-Bretagne offre à la France la garantie militaire de ses frontières. Puis, la détente étant obtenue, une Conférence internationale à laquelle l'Allemagne et l'URSS seraient conviées sur un pied d'égalité envisagerait la reconstruction économique de l'Europe. Le plan échoue car Briand, désavoué par le président de la République Millerand et la majorité des députés, doit démissionner et il est remplacé par l'intransigeant Poincaré. Dans ces conditions, la Conférence Économique de Gênes présente peu d'intérêt pour les Allemands, mais elle va avoir une conséquence imprévue : le 16 avril, Rathenau signe avec le ministre soviétique des Affaires étrangères Tchitcherine un accord par lequel les deux pays rétablissent leurs relations diplomatiques, renoncent réciproquement à toute réparation de guerre et engagent des négociations économiques.

Les Occidentaux, qui redoutent de voir l'Allemagne basculer dans le camp soviétique, sont épouvantés. En fait, pour Rathenau, l'accord a des objectifs plus limités : il permet d'abord à l'Allemagne d'affirmer face à ses tuteurs alliés son autonomie diplomatique; il constitue un moyen de pression sur eux et particulièrement sur l'Angleterre pour les amener à plus de souplesse dans la question des Réparations en leur prouvant que l'Allemagne dispose de cartes de rechange. Si pour Rathenau et les dirigeants de Weimar le traité de Rapallo est « un arbre qui ne porte pas de fruit, mais qu'on voit de loin », il faut cependant indiquer qu'il existe à la Wilhelmstrasse une tendance « national-bolchevique » pour qui l'Allemagne doit chercher une alliance avec la Russie, brimée elle aussi par l'Occident, étant entendu que la puissante Allemagne industrielle ne saurait manquer dans ce cas de prendre sous sa coupe le pays des soviets. En application de ces idées, von Seeckt signe en 1921 avec l'URSS des accords militaires secrets. Mais l'occupation de la Ruhr va compromettre l'autonomie diplomatique retrouvée.

L'occupation de la Ruhr

En juillet 1922, le chancelier Cuno réclame un moratoire pour les Réparations. Poincaré refuse et menace d'occuper la Ruhr pour obliger l'Allemagne à payer. L'idée de la saisie du « gage productif » fait son chemin et, en janvier 1923, prenant prétexte de la non-livraison de poteaux de mine et de bois, le président du Conseil français, après avoir fait constater le manquement par la Commission des Réparations, ordonne l'occupation. Si le but français est relativement clair, on peut se demander pourquoi le gouvernement allemand a laissé s'opérer une action prévisible depuis 6 mois. Le chancelier Cuno n'a-t-il pas voulu pratiquer la « politique du pire » en déclenchant l'épreuve de force pour approfondir le fossé qui se creuse entre la France et la Grande-Bretagne ? De même l'ordre de résistance passive qui va aggraver la situation financière du Reich n'a-t-elle pas pour objet de convaincre les Britanniques que les solidarités économiques de l'après-guerre sont plus puissantes que les alliances de guerre ? Quels sont les résultats de cette politique ?

– *En apparence l'échec pour le Reich est complet.* Si les exportations textiles britanniques baissent de moitié, si la Grande-Bretagne se voit privée des importations de coke de la Ruhr nécessaires à son industrie chimique et si les sidérurgistes anglais manifestent leur inquiétude devant le surcroît de puissance qui résulte de la situation pour leurs concurrents belges et français, la réaction de Londres ne dépasse pas le stade des protestations verbales. Pendant ce temps, le Reich dépense 3,5 milliards de marks pour couvrir la résistance passive, l'inflation galopante atteint les sommets décrits plus hauts, les industries de transformation privées de matières premières et de charbon s'arrêtent, les ouvriers sont condamnés au chômage et l'Allemagne est en proie à une véritable décomposition politique. Tirant les conséquences de cet échec, Stresemann décide le 26 septembre 1923 de suspendre la résistance passive.

– *Mais les résultats à longue échéance transforment en victoire cette apparente défaite.* Poincaré, vainqueur, accepte de négocier avec Stresemann, et même sur suggestion anglaise, de déterminer la capacité de l'Allemagne en matière de Réparations, alors qu'il est bien évident que cette enquête va aboutir à une réduction de celles-ci, solution dont il ne voulait à aucun prix. Ce revirement inattendu peut s'expliquer par des raisons de politique intérieure (la proximité des élections de 1924), par des raisons diplomatiques (la crainte de briser les alliances de guerre) mais surtout par des raisons économiques (au moment où le franc est menacé par la spéculation internationale, Poincaré a besoin de l'aide des banques anglaises et américaines et ne peut par conséquent poursuivre en Allemagne une politique qui leur est dommageable). Quoi qu'il en soit, pour la première fois depuis 1918, la France, principal adversaire de l'Allemagne, responsable du diktat de Versailles, qui a brisé par la force toutes les tentatives du Reich pour s'en affranchir, est contrainte de reculer parce qu'elle n'a plus les moyens de mener une politique de contrainte. Cet échec ouvre à la diplomatie allemande des perspectives nouvelles que Stresemann saura exploiter. Fin 1923, sur le plan intérieur, sur le plan financier, sur le plan diplomatique s'achève le temps des troubles.

Chapitre 8

Stabilisation et prospérité (1924-1929)

Stabilisation des finances et prospérité de l'économie

Le redressement monétaire

Entrepris sous l'égide des Populistes arrivés au pouvoir avec Stresemann, il est l'œuvre de trois hommes : le banquier Karl Helfferich, homme des Nationaux-Allemands, secrétaire au Trésor, le Dr Luther, Populiste, ministre des Finances de Stresemann, puis de Marx, le Dr Schacht enfin, proche des Populistes, d'abord directeur de la Darmstaedter Bank, nommé Commissaire à la monnaie, puis en 1923, directeur de la Reichsbank. Utilisant les pleins pouvoirs votés à Stresemann en octobre 1923, puis obtenus à nouveau par son successeur Marx, Luther et Schacht vont tenter une audacieuse opération.

Le Rentenmark part de l'idée qu'il existe un paradoxe entre la situation catastrophique de la monnaie et la prospérité de l'économie. D'où l'idée de créer un nouveau mark, gagé non sur l'or, mais sur la totalité de l'économie allemande et dont le rôle ne serait que provisoire. Il ne se substituerait pas au mark déprécié, mais existerait parallèlement et dans un rapport constant avec lui, ce qui aurait pour effet, puisque le nouveau mark était gagé sur des richesses réelles, de stabiliser la monnaie et de résorber l'inflation. Le but est de rétablir la confiance, après quoi on pourrait supprimer cette béquille du mark et remettre en circulation une monnaie gagée sur l'or. C'est ainsi qu'est émis le 15 novembre 1923 le Rentenmark, qui vaut 1 000 milliards de marks. Il est émis par un Institut privé, indépendant de l'État, la Rentenbank, au capital de 3 milliards 200 millions de Rentenmarks, gagés par des hypothèques sur l'équipement agricole et industriel de l'Allemagne. Il n'a pas cours forcé, mais l'État l'accepte dans toutes ses caisses comme une monnaie officielle. Très vite cette nouvelle monnaie qui inspire confiance fait prime sur le marché et Luther décide de passer à une seconde phase en s'attaquant aux causes mêmes de l'inflation.

Résolu à mettre fin à l'inflation, Luther emploie les grands moyens.

– Pour faire pièce aux spéculateurs qui, jouant sur la dépréciation accélérée du mark avaient acheté des dollars à raison de 1 pour 12 trillions de marks-papier, il fixe le taux du dollar à 1 pour 4,2 trillions de marks-papier, leur faisant ainsi enregistrer une lourde perte.

– Pour éponger la monnaie en circulation, il mène une sévère politique déflationniste : suppression des subventions aux postes et aux chemins de fer, diminution du nombre des fonctionnaires, réduction de l'allocation-chômage, augmentation générale des impôts, restriction du crédit.

– Enfin, il se débarrasse de la dette intérieure par une véritable banqueroute : les porteurs d'anciens titres d'emprunt exprimés en marks dépréciés voient le remboursement de leurs titres réévalués seulement de 2,5 à 10 % selon la date d'émission, ce qui est ridicule compte tenu de la dépréciation de la monnaie en 1923. À telle enseigne que le Reich n'utilise que 180 millions de Rentenmarks du prêt de 300 millions que lui a consenti la Reichsbank pour opérer ce remboursement.

L'État sans déficit, la monnaie stabilisée, la situation économique assainie, on voit remonter les réserves d'or de la Reichsbank et il est possible de sortir de la phase transitoire pour *créer une nouvelle monnaie.* C'est en août 1924 qu'une loi donne à la Reichsbank le privilège de l'émission d'une monnaie gagée sur l'or, le Reichsmark (d'une valeur de 358 mg d'or fin), sensiblement équivalent au Rentenmark puisque sa parité avec le dollar s'établit à 4,2 RM pour 1 dollar (on échange 1 RM pour 1 trillion de marks 1923).

Cette stabilisation s'insère dans un plan plus vaste de remise en ordre de l'économie européenne ; elle est en effet liée au plan qui doit harmoniser les Réparations avec les facultés de paiement de l'Allemagne.

Le règlement des réparations

En acceptant de négocier sur les bases proposées par les Britanniques, la France abandonnait la position juridique qui était la sienne, et selon laquelle les Réparations devaient compenser les dommages subis, pour accepter la thèse anglo-allemande pour qui elles devaient être liées aux facultés de paiement de l'Allemagne. En diverses étapes, on aboutit ainsi à un amenuisement des Réparations.

L'étape de 1924 et le plan Dawes. Préparé par un comité d'experts internationaux, présidé par le banquier américain Dawes, c'est un plan provisoire, prévu pour cinq ans, qui ne préjuge nullement du montant total des Réparations, mais part du principe que l'Allemagne doit effectuer des versements provisoires tout en relevant son économie. Il préconise donc l'évacuation de la Ruhr, la création d'une banque nationale, indépendante de l'État et contrôlée par des commissaires étrangers. Les paiements seront progressifs, de 1 milliard de marks-or la première année à 2,5 milliards la 5e année, mais l'Allemagne recevra dans l'immédiat un prêt de 800 millions de marks-or pour se relever. Le plan prévoit les ressources sur lesquelles seront fondés les paiements : prélèvement sur les impôts indirects (pesant sur l'alcool, le tabac, la bière, le sucre et les produits des douanes), produit d'une taxe sur les transports, hypothèque mise sur les chemins de fer du Reich (ceux-ci sont réunis en une Compagnie des chemins de fer allemands administrée par une Commission germano-alliée qui doit émettre pour 26 milliards d'actions et d'obligations, représentant la valeur des chemins de fer ; 11 milliards d'obligations sont remises à la Commission des Réparations qui, à partir de la 4e année, perçoit un intérêt de 6 % versé par les Compagnies), enfin hypothèque sur la grande industrie (toutes les entreprises ayant un capital supérieur à 50 000 marks-or doivent souscrire des obligations d'un montant total de 5 milliards de marks-or et verser à partir de la 4e année un intérêt de 6 % à la Commission des Réparations).

Pour gérer toutes ces opérations, on nomme un « Agent Général des Réparations » installé à Berlin. Ce poste de « vice-roi de l'économie allemande » sera détenu par deux Américains, d'abord durant quelques semaines par le président de la General Electric, Owen Young, puis plus durablement par Parker Gilbert. Approuvé par la conférence de Londres, le plan est voté par le Reichstag en août 1924. Il permettra jusqu'en 1929, le versement de 7 milliards de marks-or. Si le gouvernement allemand a consenti les abandons de souveraineté qu'il supposait et l'hypothèque placée sur son économie, c'est qu'il y voit le meilleur moyen de rétablir la confiance de l'étranger et de permettre ainsi la reprise des investissements américains en Allemagne.

L'étape de 1929 et le plan Young. En 1929, dans le climat de détente qui prévaut alors, un comité d'experts présidé par Owen Young se réunit afin de mettre au point un plan définitif remplaçant la dette politique de l'Allemagne par une dette commercialisable. Le plan prévoit des remboursements échelonnés sur 59 annuités jusqu'en 1988. Les sommes versées varieront de 1,6 à 2,4 milliards de marks-or, mais en cas de difficultés économiques l'Allemagne pourra obtenir un moratoire de deux ans. Tous les contrôles exercés sur l'économie allemande sont levés, le poste d'Agent Général des Réparations supprimé. Les transferts s'effectueront par l'intermédiaire d'une « Banque des Règlements Internationaux » créée pour la circonstance. Le plan entre en application le 17 mai 1930. Il sera suspendu en raison de la grande crise en juillet 1931 par le moratoire Hoover. Au total, l'Allemagne n'a versé au titre des Réparations que 21,2 milliards de marks-or. Mais il faut remarquer que pendant la période 1924-1929 durant laquelle les versements ont été de 7 milliards, l'Allemagne a reçu en investissements américains, anglais, néerlandais, une somme d'au moins 23 milliards de marks-or. L'Allemagne redistribue donc en Europe une partie des investissements étrangers qu'elle reçoit. Ce sont eux, et surtout ceux qui viennent des États-Unis, qui sont à la base de la prospérité que connaît l'Europe jusqu'en 1929, prospérité dont l'Allemagne offre le meilleur exemple.

La prospérité économique allemande

Causes et conditions. La cause fondamentale de la prospérité tient évidemment aux investissements massifs de capitaux étrangers qui se substituent à partir de 1924 à l'épargne disparue au cours de la crise. Mais la permanence de ces investissements s'explique par le climat de confiance entretenu par la stabilité politique et sociale : la période, on le verra, est celle des gouvernements de droite et lorsqu'en 1928, le SPD revient au pouvoir, c'est avec un programme de pause sociale. Les grèves sont rares, bien que le patronat pratique une politique de bas salaires et d'allongement de la semaine de travail, car les ouvriers se montrent sensibles à la stabilité de l'emploi et à la diminution relative du chômage (il y a néanmoins 650 000 chômeurs en août 1928). Les syndicats et le SPD répudient officiellement toute attitude révolutionnaire : les premiers à leur congrès de Breslau en 1925 abandonnent le principe de la lutte des classes et celui de la dictature du prolétariat pour se tourner vers une politique contractuelle, fort bien vue des milieux d'affaires ; quant à la social-démocratie elle adopte les idées de son spécialiste des questions économiques, Hilferding, sur le « capitalisme organisé » : à l'ère des ententes et des cartels, le capitalisme n'est plus mû par la simple loi du profit conduisant à l'anarchie de la libre-concurrence, il s'est organisé scientifiquement, rationalise sa production, admet l'intervention de l'État ; il prend ainsi une allure socialiste et il suffit que le SPD conquière l'État par le suffrage universel pour le pousser plus loin encore dans cette voie.

Développement de la production et du commerce. En matière agricole, les gouvernements de droite s'orientent vers une politique de soutien systématique aux grands domaines : adoption en 1927 d'un tarif protectionniste ; création en 1929 de l'*Ost Hilfe* qui permet aux agriculteurs de l'est de recevoir des prêts à faible intérêt ; protection contre les liquidations judiciaires pour dettes ; dégrèvements d'impôts ; rachat des stocks par l'État à des prix garantis. L'agriculture peut ainsi se développer mais dans des conditions anti-économiques et en pratiquant des prix très supérieurs aux prix mondiaux.

Dans le domaine de l'industrie, on assiste à un boom remarquable qui permet de dépasser de 15 % en 1928 les chiffres de production de 1913 ; dès 1927, l'Allemagne est la première puissance mondiale pour certains secteurs de pointe de l'économie : électrotechnique, chimie, optique, industries mécaniques.

Enfin le *commerce* allemand retrouve en 1925 ses chiffres d'exportation de 1913 (10 milliards de RM et 13,5 en 1929). C'est en Europe centrale et orientale qu'elle trouve ses principaux clients ; c'est aussi en Autriche, en Roumanie, en Silésie ou dans les marges bohémiennes qu'elle réinvestit une partie des capitaux qu'elle reçoit (10 milliards de RM de 1924 à 1931).

Les transformations de l'industrie sont marquées par trois traits essentiels :

– *La rationalisation.* Le maître mot de l'industrie après 1923 est celui de productivité. Pour l'atteindre on perfectionne le matériel, on introduit le travail à la chaîne, on utilise l'énergie électrique. Les résultats sont spectaculaires : un mineur qui fournissait 950 kg/par jour en 1920 en fournit 1 350 en 1930 ; les nouveaux hauts-fourneaux ont une capacité de 850 tonnes contre 160, etc.

– *La concentration* est largement nécessitée par les frais de renouvellement du matériel. Les Konzerne hétérogènes nés durant les années 1921-1923 ne résistent guère à la stabilisation : Wolf s'effondre en 1924, Stinnes est en demi-faillite en 1925. Les Konzerne familiaux eux-mêmes se fondent dans des entreprises plus vastes, à forme de sociétés anonymes : ainsi font Thyssen en 1926, Haniel en 1927. Surtout, on voit se constituer des ententes à tendance monopoliste dont les principales sont les « Vereinigte Stahlwerke » qui groupent les quatre plus grands producteurs d'acier (à l'exception de Krupp) et fournissent 22 % du charbon et 40 % de l'acier allemand, et l'IG Farbenindustrie (Interessen Gemeinschaft der deutschen Farbenindustrie) qui regroupe les trois plus grandes entreprises chimiques : Badische Anilin, Bayer et Hoechst, et domine la production allemande.

– *Les recherches scientifiques et techniques* destinées à développer la productivité sont financées à la fois par l'État et les grands Konzerne. Les instituts de recherche se multiplient, équipés à grands frais par un patronat qui considère que les frais engagés sont amortis si un savant fait une découverte au bout de cinq ans de travail. Dans ces conditions, les résultats obtenus en Allemagne par la science appliquée sont spectaculaires : extraction de l'azote pour les engrais, fabrication d'essence synthétique à partir du lignite, découverte de la rayonne, du cinéma parlant, développement de la TSF, etc.

Ce gigantesque développement économique, les succès techniques, le rapide relèvement du pays font régner entre 1924 et 1928 un climat d'euphorie. L'Allemagne est entraînée dans un véritable vertige économique, l'épargne se reconstitue. Seuls quelques spécialistes, un Schacht, un Stresemann s'inquiètent. Ce dernier déclare en 1928 : « Ces dernières années, l'Allemagne a vécu de l'argent emprunté. Si une crise se produit et que les Américains retirent leurs crédits à court terme, c'est la faillite. » En attendant, le relèvement économique donne sa chance à l'expérience républicaine.

La stabilisation de la République

Une stabilisation qui s'opère au profit des conservateurs

En novembre 1923, la *grande coalition* constituée par Stresemann éclate en raison de la désaffection de son aile droite nationale-allemande et de son aile gauche SPD Le nouveau chancelier, Marx, chef de la fraction conservatrice du Zentrum constitue alors un ministère « bourgeois » : Populistes, Zentrum, Démocrates. Mais il ne peut espérer gouverner sans l'appui du SPD qui désapprouve sa politique déflationniste et autoritaire, ou des nationaux Allemands hostiles à la détente pratiquée par Stresemann au ministère des Affaires étrangères. C'est pour trouver une majorité que Marx dissout le Reichstag et provoque de nouvelles élections en mai 1924. Or celles-ci (voir tableau dans le chapitre 7) sont encore des élections de temps de crise et, pendant que les partis de Weimar voient leur majorité s'effriter, l'opposition au régime progresse nettement. Ce renforcement des extrêmes oblige Marx à reconduire son gouvernement de coalition qui demeure minoritaire et se heurte aux mêmes problèmes qu'avant les élections. Ce qui explique la nouvelle dissolution et les élections de décembre 1924.

Celles-ci se déroulent dans un climat très différent : le gouvernement tire bénéfice du redressement monétaire, de la signature du plan Dawes, de la reprise économique. Les voix qui, en mai, avaient fui vers les extrêmes refluent vers le centre et les partis gouvernementaux retrouvent voix et sièges perdus. Aux extrêmes, si la chute des communistes et des nazis est sensible, les traditionalistes du DNVP continuent cependant leur progression. Aussi devant l'opposition du Centre Bavarois à toute alliance avec les Socialistes voit-on en janvier 1925 le Dr Luther constituer un gouvernement dans lequel entrent pour la première fois les Nationaux-Allemands. Les élections et la constitution du cabinet conduisent donc à la conclusion que la République est consolidée, mais que c'est au profit de la droite conservatrice que s'opère cette consolidation. Il en résulte d'ailleurs une grave crise au sein du Zentrum : le chef de son aile gauche, Wirth, quitte le parti avec éclat pendant que, derrière Marx, l'aile conservatrice appuyée par le Bayerische Volkspartei soutient le gouvernement.

1925-1928 : le triomphe de la droite

La renaissance de la droite. À partir de 1925, encouragée par les résultats électoraux, la droite conservatrice connaît une véritable renaissance. Elle trouve un chef d'orchestre en Hugenberg, ancien directeur de Krupp. Subventionné par la grande industrie, il achète de très nombreux journaux, dont près de la moitié de la presse de province, des agences d'information, des entreprises cinématographiques. Il réunit les anciens des Corps-Francs dans une formation paramilitaire, le Casque d'Acier *(Stahlhelm)* qui atteindra 400 000 hommes en 1927. Il anime une active propagande contre le plan Dawes et entame une campagne de diffamation contre les fondateurs du nouveau régime, en particulier le SPD Ebert est personnellement accusé d'être responsable du « coup de poignard dans le dos » pour avoir soutenu en janvier 1918 la grève des ouvriers des usines de munitions et il doit intenter près de 150 poursuites pour se disculper.

Face à ces vives attaques, la gauche apparaît divisée et impuissante. Elle a certes constitué des groupes d'autodéfense, la Bannière du Reich *(Reichsbanner)* socialiste, le Front Rouge des Combattants *(Rotkampferbund)* communiste. Mais elle souffre du discrédit qui atteint les socialistes au pouvoir en Prusse, compromis dans de nombreux scandales politico-financiers, accusés par les communistes d'être des « social-traîtres », et des divisions persistantes de ceux-ci (en 1925, Thaelmann, qui a l'appui de l'Internationale, devient chef du parti et en exclut Brandler et Thalheimer accusés d'être des « droitiers »).

L'élection présidentielle de 1925 provoquée par la mort d'Ebert va accentuer la poussée à droite. Celle-ci présente à la succession d'Ebert un candidat unique, le populiste Jarres, bourgmestre rhénan expulsé par les Français en 1923, ce qui lui vaut l'appui des Nationaux-Allemands. La gauche et les partis de Weimar présentent chacun leur candidat. Le premier tour des élections donne ainsi l'impression d'une victoire écrasante de la droite alors que l'addition des voix des candidats qui se réclament de la coalition de Weimar révèle que celle-ci aurait pu l'emporter. Lorsqu'au second tour, le SPD, conscient du danger, décide de se désister pour le catholique Marx, devenu candidat de la coalition de Weimar, la droite a l'habileté de retirer son candidat en faveur du vieux maréchal Hindenburg qui présente sa candidature sous le signe de l'apolitisme. En fait celui-ci n'a accepté de se présenter qu'après qu'on l'eût convaincu qu'il devait livrer une « nouvelle bataille pour le Reich » contre les défaitistes et après avoir obtenu l'autorisation du Kaiser. Autour de lui la droite et l'extrême-droite constituent le « Reichsblok ». La victoire du maréchal va être assurée par la décision du Centre Bavarois de donner ses voix, non à Marx, cependant chef du Zentrum, mais à Hindenburg, et par le maintien du communiste Thaelmann, fidèle à la tactique du « tout ou rien ».

Élection présidentielle de 1925

Premier tour 29 mars 1925	Deuxième tour 27 avril 1925
Jarres (Popul) = 10,4 M (38,7%)	Hindenburg = 14,6 M (48,3%)
Braun (SPD) = 7,8 M (29%)	Marx = 13,7 M (45,3%)
Marx (Z) = 3,8 M (14%)	Thaelmann = 1,9 M (6,3%)
Thaelmann (KPD) = 1,8 M (6,9%)	
Hellpach (DDP) = 1,6 M (6%)	
Hell (BVP) = 0,99 M (4%)	
Ludendorff (NSDAP) = 0,21 M (1,4%)	

Le retour à la réaction. Désormais, la droite conservatrice va pousser le vieux maréchal monarchiste à infléchir le régime dans le sens du retour au Reich de Guillaume II. Si les Nationaux-Allemands échouent en octobre 1925 lorsqu'ils ouvrent délibérément une crise ministérielle pour pousser le Président à mettre au rancart le Parlement et à gouverner en s'appuyant sur l'article 48, ils réussissent à deux reprises à contraindre Hindenburg à afficher ses opinions réactionnaires : en 1926, il oblige Luther à déposer un projet de loi selon lequel ambassades et consulats hisseraient à côté du drapeau de la République le pavillon impérial noir-blanc-rouge ; la même année, il intervient pour soutenir un projet qui prévoit l'indemnisation des princes allemands dont les biens ont été mis sous séquestre en 1918 et pour faire échouer un référendum hostile à ce projet proposé par Communiste et Socialiste.

Surtout, à partir de 1926, poussé par son conseiller, l'ambitieux colonel von Schleicher, le Président prend l'armée en mains. Depuis 1919, celle-ci est patiemment reconstituée par von Seeckt avec le concours de l'inamovible ministre de la Reichswehr, Gessler. Il en a fait un corps autonome qui dispose de 10 % du budget de l'État (dont l'emploi n'est pas contrôlé) ; il lui a donné un esprit offensif et a fait fabriquer à l'étranger des prototypes d'armes modernes. Mais il est resté relativement fidèle à la République et a écarté les officiers les plus réactionnaires. En 1926, Hindenburg sous un prétexte mineur renvoie le général ; deux ans plus tard, lorsque Gessler, compromis par un scandale financier, doit démissionner, le Président, de sa propre autorité et sans en référer à Marx, alors chancelier, nomme au ministère de la Reichswehr son ancien adjoint Gröner.

Les élections de 1928 et le retour au pouvoir des socialistes

Les élections de 1928 (voir tableau dans le chapitre 7) permettent de mettre en relief un double phénomène :

– *le recul de la droite :* les Nationaux-Allemands paient le prix de l'obstruction systématique qu'ils pratiquent depuis 1925 et perdent deux millions de voix et 30 sièges. Les partis bourgeois de la coalition de Weimar connaissent un léger recul ;

– *la victoire de la gauche,* qui a fait campagne sur le double thème de la journée de 8 heures et de l'hostilité au projet de construction d'un cuirassé. Pendant que les communistes retrouvent presque leurs voix de 1924, le SPD remporte un véritable triomphe.

Globalement, l'électorat s'est prononcé pour la République, mais une République orientée plus à gauche qu'en 1924. Le régime semble s'acheminer vers une alternance au pouvoir de la gauche et de la droite qui constitueraient tour à tour la majorité et l'opposition. Hindenburg confie au socialiste Hermann Müller le poste de chancelier et celui-ci constitue avec le DDP, le Zentrum, le Centre Bavarois et les Populistes une « grande coalition ».

Maintien de la République conservatrice. En réalité, l'arrivée au pouvoir du SPD ne modifie en rien la politique poursuivie et l'état des forces dans la République. Contraint de manœuvrer pour empêcher l'éclatement de sa majorité déchirée entre les tendances contradictoires des populistes et des socialistes, Hermann Müller finit par reprendre à son compte la politique de ses prédécesseurs. C'est ainsi que, malgré l'opposition de son propre parti, il fait voter par le Reichstag les crédits nécessaires à la construction d'un cuirassé ; c'est ainsi qu'il se trouve amené à réprimer brutalement les troubles sociaux nés de la hausse des prix, d'autant que ceux-ci sont largement exploités par le parti communiste (en mai 1929, le préfet de police socialiste de Berlin interdit le défilé du 1er mai et la police berlinoise réprime durant trois jours l'émeute qui suit la manifestation).

Pendant ce temps, on assiste à l'extrême-droite à un reclassement qui suit l'échec électoral du Parti national-allemand. Bien des milieux d'extrême-droite considèrent qu'avec leur programme anachronique de restauration monarchique et leurs divisions internes, les Nationaux-Allemands sont désormais mal qualifiés pour mener le combat contre la République. Ainsi s'explique le rapprochement de certains industriels, tels Thyssen et Kirdorf, avec les nazis qui remportent dès 1929 des succès électoraux locaux (l'un d'eux, le Dr Frick, devient ministre de l'Intérieur de Thuringe). En même temps le DNVP se radicalise : l'extrémiste Hugenberg accède à la présidence du parti ; quelques mois plus tard, une vingtaine de députés préfèrent le quitter pour constituer le Parti Populaire Conservateur *(Konservative Volkspartei).* C'est que Hugenberg n'hésite pas à mobiliser contre le gouvernement toutes les forces de droite et à s'allier à Hitler dont il finance une campagne de meetings. La cause de cette mobilisation ? La politique étrangère du gouvernement.

La politique extérieure de Stresemann : remise en cause du traité de Versailles

De son arrivée au pouvoir en août 1923 à sa mort le 3 octobre 1929, Stresemann a été l'inamovible ministre des Affaires étrangères du Reich. L'imagerie d'Épinal a fait de lui un idéaliste pacifiste attaché à ranger l'Allemagne dans le camp des démocraties ; pour d'autres, c'est un nationaliste allemand qui a su dissimuler ses vues pour tromper le naïf Briand. Les deux points de vue semblent également faux. Homme d'État réaliste, il a fait part dans une lettre au Kronprinz du 7 septembre 1925 des buts véritables de sa politique : évacuation des territoires rhénans ; intervention diplomatique en faveur des minorités allemandes à l'étranger ; rectification de la frontière polonaise par la disparition du Corridor et l'annexion de celui-ci, de Danzig et de la Haute-Silésie ; à plus long terme réalisation de l'Anschluss. Mais, pour obtenir ce résultat qu'il se garde bien de proclamer, il reprend la méthode inaugurée jadis par Rathenau : créer un climat de confiance en consentant des sacrifices aux alliés et exiger d'eux, en échange, des concessions progressives, quitte à faire preuve de fermeté s'ils font la sourde oreille.

1924-1926 : la politique de conciliation

Le plan Dawes. En mettant fin à la résistance passive et en acceptant comme base de négociations les suggestions du Comité des Experts qui proposaient de financer les Réparations par des prélèvements sur l'économie allemande, Stresemann indique dans un discours la portée du sacrifice consenti : « Les questions politiques sont à mon avis d'un ordre plus élevé que les questions économiques. Bien misérable serait le gouvernement qui ne ferait pas n'importe quel sacrifice pour libérer le Rhin et la Ruhr et qui ne chercherait pas à réunir les conditions d'une évolution telle que finalement nous puissions de nouveau être capables d'action politique. » C'est en 1925 qu'il trouve l'occasion de cette action.

Locarno. En octobre 1925, Stresemann accepte une suggestion de l'ambassadeur britannique à Berlin, qui préconisait une Conférence européenne permettant une réconciliation franco-allemande. La rencontre de Locarno aboutit le 16 octobre 1925 à la signature d'une série de traités entre l'Allemagne, la France (Briand), la Grande-Bretagne (Austen Chamberlain), la Belgique (Vandervelde), l'Italie (Mussolini). Le plus important est le Pacte rhénan par lequel les cinq États garantissent les frontières occidentales de l'Allemagne, telles qu'elles ont été fixées à Versailles : le Reich reconnaît donc volontairement et non pas sous la contrainte, comme dans le « diktat », la perte de l'Alsace-Lorraine. En échange, la France, la Belgique et l'Allemagne renoncent à utiliser la force pour régler d'éventuels différends.

Quelle est la portée de l'accord ? Stresemann, dans sa lettre au Kronprinz, fait remarquer que les sacrifices allemands n'ont qu'une portée morale puisque l'état de l'armée allemande ne permet pas, en tout état de cause, d'engager une guerre de revanche à l'ouest ou à l'est. Par contre, l'Allemagne obtient d'appréciables avantages : elle se met à l'abri d'une nouvelle intervention militaire française; elle empêche la France et la Grande-Bretagne de signer contre elle un traité de garantie; elle obtient en novembre 1925 la promesse de l'évacuation de la zone de Cologne, d'un siège permanent au Conseil de la SDN (qui lui permettra de bloquer par un veto toute décision qui lui serait défavorable) dès son adhésion. Toutefois Locarno n'inaugure pas vraiment la politique de détente recherchée. Comme Stresemann a refusé de reconnaître les frontières orientales de l'Allemagne, la France a signé un traité d'alliance avec la Tchécoslovaquie et renforcé celui qu'elle avait déjà avec la Pologne.

Le traité de Berlin avec l'URSS (1926). Cette persistance des méfiances françaises et les retards subis par l'admission de l'Allemagne à la SDN en raison de l'hostilité du Brésil vont conduire Stresemann, comme jadis Rathenau, à montrer qu'il dispose de cartes de rechange. Le 24 avril 1926 est signé un accord politique avec l'URSS qui confirme Rapallo : les deux parties se promettent mutuelle neutralité, décident de faire échec à tout projet de boycottage économique ou financier dirigé contre l'autre, et l'Allemagne s'engage si elle devient membre permanent du Conseil de la SDN à empêcher toute agression contre l'URSS. Encore une fois on peut s'interroger : simple moyen de pression sur ses partenaires pour Stresemann, le traité ne constitue-t-il pas pour le courant « national-bolchevik » appuyé par le comte von Brockdorff-Rantzau, ambassadeur à Moscou, un utile contrepoids à la politique trop occidentale de Locarno ?

1926-1929 : les succès de Stresemann

C'est la période durant laquelle Stresemann commence à recueillir les fruits de la conciliation.

L'admission de l'Allemagne à la SDN se produit le 10 septembre 1926 au milieu d'un enthousiasme considérable. Briand prononce le discours de bienvenue qui s'achève par la célèbre péroraison : « Arrière, les fusils, les mitrailleuses, les canons, les voiles de deuil ! Place à la conciliation, à l'arbitrage, à la paix ! » Plus réaliste, Stresemann réclame pour son pays, désormais réadmis dans le concert des nations, « l'égalité des droits », c'est-à-dire la levée des clauses restrictives de souveraineté du traité de Versailles, en particulier en matière militaire. Il n'obtient sur le moment que la suppression du Contrôle militaire allié.

Le plan Young et l'évacuation de la Rhénanie. Désormais Stresemann ne manque pas une occasion de réclamer pour son pays la fin des contraintes de Versailles. Venu à Paris en août 1928 signer le pacte Briand-Kellog qui met la guerre hors-la-loi, il propose à Briand et Poincaré un règlement définitif des Réparations en échange d'une évacuation anticipée de la Rhénanie. La conférence de La Haye réunie en août 1929 adopte le plan Young qui diminue la dette allemande de 17 % et rend à l'Allemagne son autonomie financière ; elle prévoit aussi l'évacuation des deux zones encore occupées de Rhénanie qui doit s'achever en juin 1930, soit cinq ans avant la date prévue. C'est là le dernier succès de Stresemann. Il meurt en octobre 1929 ; sa fin est assombrie par la campagne forcenée que nazis et Nationaux-Allemands mènent dans le pays contre le plan Young et qui trouve de larges échos dans l'opinion nationaliste.

La fin des réparations et l'égalité des droits

Après la mort de Stresemann ses successeurs continuent sa politique, mais dans un climat très différent marqué par la grande crise et l'audience croissante des ultra-nationalistes. Pendant que Briand dénonce à la SDN les « cris de haine » qui montent de l'Allemagne, les dirigeants de la République obtiennent de nouvelles concessions des vainqueurs de 1918, inquiets de la surenchère nationaliste et désireux de sauver le régime de Weimar.

La fin des Réparations. En juin 1931, devant la crise économique, le président Hoover fait décider un moratoire général d'un an des paiements internationaux ; du coup, les Réparations se trouvent suspendues. La crise persistant, la conférence de Lausanne de juin 1932 décide que l'Allemagne sera libérée de toute dette au titre des Réparations après paiement d'un solde de 3 milliards de RM, plus des prestations en nature.

L'égalité des droits. Lorsque s'ouvre en février 1932 la Conférence du désarmement prévue par le traité de Versailles, le chancelier von Papen fait valoir qu'il risque d'être débordé par les nazis s'il n'obtient pas comme préalable à toute discussion la proclamation du principe de l'égalité des droits qui permettrait à l'Allemagne de réarmer si aucun plan de désarmement n'était accepté. La France s'y refusant obstinément, l'Allemagne retire sa délégation en septembre 1932. Grande-Bretagne, États-Unis, Italie font alors pression sur la France qui accepte à contrecœur le 11 décembre 1932 une formule qui donne à l'Allemagne « l'égalité des droits dans un système qui assurerait la sécurité de toutes les nations ». En fait la restriction devait être oubliée et lorsque Hitler parvient au pouvoir un mois plus tard, il peut considérer qu'il n'existe plus d'obstacle légal au réarmement allemand.

La tentative d'Anschluss de 1931. Enfin, dernier trait qui prouve que la politique définie par Stresemann est poursuivie : en 1931, au plus fort de la crise économique, on apprend que l'Allemagne et l'Autriche ont signé un projet d'union douanière. Pour les Français, il ne fait aucun doute que, comme le Zollverein a été le prélude de l'unité allemande, l'union douanière est l'annonce d'un Anschluss politique. L'opposition française contraint les deux États à renoncer à leur projet. En dépit de ses succès, l'Allemagne reste donc une puissance dont l'autonomie en matière internationale reste limitée par les conséquences de la défaite.

Cependant fin 1932, les premières étapes du programme de Stresemann sont réalisées : il n'y a plus en Allemagne de troupes d'occupation, l'Allemagne se trouve déchargée du fardeau des Réparations et elle a acquis l'égalité des droits. La route est libre pour Adolf Hitler.

La social-démocratie en 1927, vue par un journaliste français

L'expérience de la révolution d'une part, de l'autre l'intransigeance et la maladresse des communistes ont eu pour résultat d'incliner les sociaux-démocrates un peu plus à droite. En causant avec quelques-uns de leurs chefs, à Berlin et ailleurs, j'ai été frappé de leur modération et de leur largeur de vues ; je ne parle pas de leur patriotisme qui m'était connu. On demeure fidèle aux doctrines ; mais quelle prudence, quel sage opportunisme dans l'application ! Où est le temps où, à l'Assemblée Nationale, le Ministre-Président Bauer annonçait l'intention du gouvernement « de socialiser dans toute la mesure du possible, les forces de production et de ne souffrir qu'aucun obstacle vint rendre plus difficile pour l'avenir une socialisation plus complète ! »...

De cette terrible crise (l'inflation), la production capitaliste est sortie décimée, mais fortifiée et moralement grandie ; elle a eu la sagesse de ne point abuser de sa victoire et d'en faire bénéficier assez largement le monde du travail. L'ouvrier allemand est devenu très sage, me déclarait le docteur Breitscheid, député social-démocrate au Reichstag. Il sait qu'il n'a rien à attendre d'une révolution, mais qu'il peut tout espérer de l'action méthodique de ses syndicats...

D'une manière générale, j'ai trouvé les socialistes allemands très assagis, très raisonnables, et moins préoccupés de combattre les partis bourgeois que de tenir les communistes en respect. Un démocrate, ancien ministre, à qui je demandais s'il ne craignait pas que l'Allemagne souffrît longtemps de l'impuissance où la crise financière avait réduit la bourgeoisie, me répondit : « Non, l'Allemagne aura bientôt une bourgeoisie de rechange : la social-démocratie. » Je crois qu'il n'exagérait qu'un peu.

M. Pernot, *L'Allemagne d'aujourd'hui*, Paris, Librairie Hachette, 1927.

Les gouvernements du Reich de 1919 à 1933

	NSDAP (Nationaux Socialistes)	**DNVP (Nationaux Allemands)**	DVP (Populistes)	BVP (Centre bavarois)	Zentrum (Centre catholique)	DDP (Démocrates)	SPD (Sociaux démocrates)	USPD (Indépendants)	KPD (Communistes)
19/1/1919 Assemblée Constituante		44 sièges 3 121 000 (10,3 %)	19 sièges 1 346 000 (4,4 %)		91 sièges 5 930 000 (19,7 %)	75 sièges 5 642 000 (18,6 %)	165 sièges 11 509 000 (37,9 %)	22 sièges 2 317 000 (7,8 %)	
6/6/1920 Reichstag		71 sièges 4 249 000 (14,9 %)	65 sièges 3 919 000 (13,9 %)	21 sièges 1 239 000 (13,6 %)	64 sièges 3 845 000 (13,6 %)	39 sièges 2 334 000 (8,3 %)	102 sièges 6 104 000 (21,6 %)	84 sièges 5 047 000 (17,9 %)	4 sièges 589 000 (21 %)
4/5/1924 Reichstag	32 sièges 1 918 000 (6,6 %)	95 sièges 5 696 000 (19,5 %)	45 sièges 2 694 000 (9,2 %)	16 sièges 947 000 (3,2 %)	65 sièges 3 914 000 (13,4 %)	28 sièges 1 665 000 (5,7 %)	100 sièges 6 009 000 (20,5 %)	235 000 (0,8 %)	62 sièges 3 693 000 (12,6 %)
7/12/1924 Reichstag	14 sièges 903 000 (3 %)	103 sièges 6 209 000 (20,5 %)	51 sièges 3 051 000 (10,1 %)	19 sièges 1 135 000 (3,7 %)	69 sièges 4 121 000 (13,6 %)	32 sièges 1 921 000 (6,3 %)	131 sièges 7 886 000 (26 %)		45 sièges 2 712 000 (9 %)
20/5/1928 Reichstag	12 sièges 810 000 (2,6 %)	73 sièges 4 382 000 (14,2 %)	45 sièges 2 680 000 (8,7 %)	16 sièges 946 000 (3 %)	62 sièges 3 712 000 (12,1 %)	20 sièges 1 322 000 (3,8 %)	153 sièges 9 153 000 (29,8 %)		54 sièges 3 265 000 (10,6 %)
14/9/1930 Reichstag	107 sièges 6 407 000 (18,3 %)	41 sièges 2 458 000 (7 %)	30 sièges 1 577 000 (4,5 %)	10 sièges 1 059 000 (3 %)	68 sièges 4 127 000 (11,8 %)	20 sièges 1 322 000 (3,8 %)	143 sièges 8 576 000 (21,6 %)		77 sièges 4 590 000 (13,1 %)
31/7/1932 Reichstag	230 sièges 13 779 000 (37,3 %)	37 sièges 2 187 000 (5,9 %)	7 sièges 436 000 (1,2 %)	22 sièges 1 203 000 (3,5 %)	75 sièges 4 589 000 (12,4 %)	4 sièges 373 000 (1 %)	133 sièges 7 960 000 (21,4 %)		89 sièges 5 370 000 (14,3 %)
6/11/1932 Reichstag	196 sièges 11 737 000 (33,1 %)	52 sièges 2 187 000 (8,8 %)	11 sièges 661 000 (1,9 %)	20 sièges 1 097 000 (3,1 %)	70 sièges 4 230 000 (11,9 %)	2 sièges 339 000 (1 %)	121 sièges 7 251 000 (20,4 %)		100 sièges 5 980 000 (16,9 %)

Chapitre 9

Hitler et le parti nazi jusqu'en 1930

Né, comme la République, de la défaite allemande, le nazisme se développe en position antagoniste avec elle puisqu'il symbolise le refus de cette défaite et de l'alignement sur les conceptions démocratiques libérales qui en a été la conséquence. Aussi son histoire se développe-t-elle en contrepoint de celle du régime de Weimar, les périodes de crise de la République étant des périodes fastes pour le parti, la période de stabilisation correspondant au contraire au creux de la vague pour le nazisme. Mais il n'est pas possible d'assimiler Adolf Hitler à son parti et parallèlement à l'histoire du NSDAP se déroule celle des rapports d'Hitler et du parti nazi.

1919-1933 : naissance et développement du parti nazi

Adolf Hitler en 1919

Le 12 septembre 1919 se tient dans une brasserie de Munich la réunion d'un petit parti, fondé par le serrurier Drexler, le « parti ouvrier allemand ». Il s'agit d'un groupuscule nationaliste comme il en fourmille à Munich, mais qui a l'originalité de recruter des éléments ouvriers. Parmi les quelque vingt-cinq assistants, Adolf Hitler, envoyé là par le département de l'armée en Bavière pour se renseigner sur ce parti dont on craint qu'il ne soit communiste ou socialiste. Mais, rendu furieux par les arguments d'un orateur qui réclame la rupture de la Bavière catholique avec le Reich, Hitler intervient avec une telle véhémence que Drexler lui glisse une de ses brochures et invite l'inconnu à entrer au comité du parti ouvrier allemand. Qui est Hitler à cette date ?

Un déclassé social. Né en Autriche en 1889, dans une famille modeste mais non misérable comme il voudra le faire croire ensuite, il fait très vite preuve d'une grande instabilité. Après de médiocres études, il quitte sans certificat de fin d'études l'école secondaire de Linz. Il se croit une vocation artistique et tente sans succès d'entrer à l'Académie des Beaux-Arts de Vienne. De 1909 à 1913, il mène à Vienne une existence de clochard, mangeant à la soupe populaire, couchant dans des asiles de nuit, subsistant misérablement grâce à la vente de petits tableaux.

Un nationaliste allemand. C'est pendant ces années de Vienne qu'Hitler, dépourvu de sens critique, adhère aux idées qui ont cours chez les nationalistes et les pangermanistes et qu'il considère aussitôt comme des vérités établies : idée que la vie est un combat dans lequel les plus doués l'emportent, hostilité à la démocratie et surtout au socialisme niveleur qui empêchent le triomphe des meilleurs, antisémitisme, latent dans les milieux viennois et qui deviendra chez Hitler la clé de son explication du monde, et surtout exaltation de la nation allemande, par essence supérieure aux autres, qui se mue chez les nationalistes viennois en une accusation de trahison contre les Habsbourg qui n'ont cessé au cours du XIXe siècle de faire des concessions aux peuples non allemands de leur empire. Ce dernier point conduit tout naturellement à l'idée que l'Autriche allemande doit se joindre au Reich. Ce nationalisme conduit Hitler, qui vit à Munich depuis 1913, à s'engager lorsque se déclenche le conflit dans l'armée bavaroise ; il y gagne le grade de caporal, est gazé en octobre 1918 et apprend à l'hôpital la défaite allemande. De retour à Munich en janvier 1919, il accepte d'enthousiasme, après l'écrasement de la Révolution des Conseils, l'emploi que lui propose l'armée dans son département politique.

Un théoricien de l'action politique. En même temps qu'il acquiert à Vienne son mince bagage politique, il tire un certain nombre d'enseignements de l'observation de la vie politique viennoise. S'il déteste la social-démocratie, il est fasciné par son aptitude à mobiliser les masses. Le parti nationaliste avec son programme pangermaniste et antisémite l'enchante, mais il se rend compte que son action est limitée parce qu'il s'adresse uniquement aux classes moyennes. Réticent à l'égard du Parti chrétien-social du bourgmestre Lueger en raison de sa fidélité aux Habsbourg et de la modération de son programme nationaliste et antisémite, il admire cependant l'habileté de son chef qui a su se créer une clientèle dans les classes menacées par l'évolution économique, petits commerçants, artisans, petits fonctionnaires. De ces trois conceptions, Hitler retiendra son idéal du parti politique : un programme nationaliste, pangermaniste et antisémite, une tactique qui permette de prendre appui sur les classes menacées, une propagande qui atteigne les masses populaires.

La fondation du parti nazi

Du petit groupuscule auquel il adhère comme 55e membre et 7e membre du comité, Hitler va faire dans les années 1920-1923 un élément important du jeu politique bavarois. Ceci par quatre moyens.

La propagande. Chargé par Drexler de la propagande du parti, Hitler organise des réunions publiques qui obtiennent un net succès. Surtout, il dote le parti ouvrier d'un programme spectaculaire en 25 points (voir encadré *infra*), lui donne un nom nouveau qui contient les deux vocables susceptibles de galvaniser les masses, national et socialiste (Parti national-socialiste des ouvriers allemands, Nationalsozialistiche Deutsche Arbeiter Partei, NSDAP), lui fournit un emblème frappant, le drapeau rouge frappé en son centre d'un cercle blanc portant un svastika noir (on allie ainsi les trois couleurs de l'Allemagne impériale, noir-blanc-rouge avec le symbole qu'Hitler considère comme caractéristique des peuples aryens mais qui, à une époque récente, avait été adopté par des organisations antisémites viennoises et par la brigade Erhard lors du putsch Kapp). Œuvre de propagande encore que la fondation en décembre 1920 d'un hebdomadaire du parti, le *Völkischer Beobachter* (l'Observateur raciste) et celle en août 1921 de la « Société de Gymnastique sportive » qui deviendra bientôt les S.A. *Sturm Abteilung*, lesquels apparaissent plus comme un moyen d'intimider les adversaires que comme un instrument de prise du pouvoir.

Le programme. Il réside pour l'essentiel dans les vingt-cinq points rédigés par Hitler avec la collaboration de Drexler, Feder et Dietrich Eckart (voir encadré *infra*). Trois idées fondamentales dominent ce programme.

Les 25 Points du parti nazi

... Le programme du parti ouvrier allemand est un programme à terme. Lorsque les objectifs fixés seront atteints, les dirigeants n'en détermineront pas d'autres dans le seul but de permettre par un maintien artificiel de l'insatisfaction des masses, la permanence du parti.

1. Nous demandons la constitution d'une Grande Allemagne, réunissant tous les Allemands sur la base du droit des peuples à disposer d'eux-mêmes.
2. Nous demandons l'égalité des droits du peuple allemand au regard des autres nations, l'abrogation des traités de Versailles et de Saint-Germain.
3. Nous demandons de la terre et des colonies pour nourrir notre peuple et résorber notre surpopulation.
4. Seuls les citoyens bénéficient des droits civiques. Pour être citoyen il faut être de sang allemand, la confession importe peu. Aucun Juif ne peut donc être citoyen.
5. Les non-citoyens ne peuvent vivre en Allemagne que comme hôtes et doivent se soumettre à la juridiction sur les étrangers.
6. Le droit de fixer la direction et les lois de l'État est réservé aux seuls citoyens. Nous demandons donc que toute fonction publique, quelle qu'en soit la nature,

ne puisse être tenue par des non-citoyens. Nous combattons la pratique parlementaire, génératrice de corruption d'attribution des postes par relations de Parti sans se soucier du caractère et des capacités.
7. Nous demandons que l'État s'engage à procurer à tous les citoyens des moyens d'existence. Si ce pays ne peut nourrir toute sa population, les non-citoyens devront être expulsés du Reich.
8. Il faut empêcher toute nouvelle immigration des non-Allemands. Nous demandons que tous les non-Allemands établis en Allemagne depuis le 2 août 1914 soient immédiatement contraints de quitter le Reich.
9. Tous les citoyens ont les mêmes droits et les mêmes devoirs.
10. Le premier devoir de tout citoyen est de travailler physiquement ou intellectuellement. L'activité de l'individu ne doit pas nuire aux intérêts de la collectivité, mais s'inscrire dans le cadre de celle-ci et pour le bien de tous. C'est pourquoi nous demandons :
11. La suppression du revenu des oisifs et de ceux qui ont la vie facile, la suppression de l'esclavage de l'intérêt.
12. Considérant les énormes sacrifices de sang et d'argent que toute guerre exige du peuple, l'enrichissement personnel par la guerre doit être stigmatisé comme un crime contre le peuple. Nous demandons donc la confiscation de tous les bénéfices de guerre, sans exception.
13. Nous demandons la nationalisation de toutes les entreprises appartenant aujourd'hui à des trusts.
14. Nous demandons une participation aux bénéfices de grandes entreprises.
15. Nous demandons une augmentation substantielle des pensions des retraités.
16. Nous demandons la création et la protection d'une classe moyenne saine, la remise immédiate des grands magasins à l'administration communale et leur location à bas prix aux petits commerçants. La priorité doit être accordée aux petits commerçants et industriels pour toutes les livraisons à l'État, aux Länder ou aux communes.
17. Nous demandons une réforme agraire adaptée à nos besoins nationaux, la promulgation d'une loi permettant l'expropriation sans indemnité de terrains à des fins d'utilité publique – la suppression de l'imposition sur les terrains et l'arrêt de toute spéculation foncière.
18. Nous demandons une lutte sans merci contre ceux qui, par leurs activités nuisent à l'intérêt public. Criminels de droit commun, trafiquants, usuriers, etc., doivent être punis de mort, sans considération de confession ou de race.
19. Nous demandons qu'un droit public allemand soit substitué au droit romain, serviteur d'une conception matérialiste du monde.
20. L'extension de notre infrastructure scolaire doit permettre à tous les Allemands bien doués et travailleurs l'accès à une éducation supérieure et par là, à des postes de direction. Les programmes de tous les établissements d'enseignement doivent être adaptés aux exigences de la vie pratique. L'esprit national doit être inculqué à l'école dès l'âge de raison (cours d'instruction civique). Nous demandons que l'État couvre les frais d'instruction supérieure des enfants particulièrement doués de parents pauvres, quelle que soit la classe sociale ou la profession de ceux-ci.

21. L'État doit se préoccuper d'améliorer la santé publique par la protection de la mère et de l'enfant, l'interdiction du travail de l'enfant, l'introduction des moyens propres à développer les aptitudes physiques par l'obligation légale de pratiquer le sport et la gymnastique, et par un puissant soutien de toutes les associations s'occupant de l'éducation physique de la jeunesse.
22. Nous demandons la suppression de l'armée de mercenaires et la création d'une armée nationale.
23. Nous demandons la lutte légale contre le mensonge politique conscient et sa propagation par la presse. Pour permettre la création d'une presse allemande, nous demandons que :
a) tous les directeurs et collaborateurs de journaux paraissant en langue allemande soient des citoyens allemands ;
b) la diffusion des journaux non allemands soit soumise à une autorisation expresse. Ces journaux ne peuvent être imprimés en langue allemande ;
c) soit interdite par la loi toute participation financière ou toute influence de non-allemands dans des journaux allemands. Nous demandons que toute infraction à ces mesures soit sanctionnée par la fermeture des entreprises de presse coupables, ainsi que par l'expulsion immédiate hors du Reich des non-Allemands responsables.
Les journaux qui vont à l'encontre de l'intérêt public doivent être interdits. Nous demandons que la loi combatte un enseignement littéraire et artistique générateur d'une désagrégation de notre vie nationale, et la fermeture des organisations contrevenant aux mesures ci-dessus.
24. Nous demandons la liberté au sein de l'État de toutes les confessions religieuses, dans la mesure où elles ne mettent pas en danger son existence ou n'offensent pas le sentiment moral de la race germanique. Le Parti en tant que tel défend le point de vue d'un christianisme constructif, sans toutefois se lier à une confession précise. Il combat l'esprit judéo-matérialiste à l'intérieur et à l'extérieur, et est convaincu qu'un rétablissement durable de notre peuple ne peut réussir que de l'intérieur, sur la base du principe : l'intérêt général passe avant l'intérêt particulier.
25. Pour mener tout cela à bien, nous demandons la création d'un pouvoir central puissant, l'autorité absolue du Comité politique sur l'ensemble du Reich et de ses organisations, ainsi que la création de Chambres professionnelles et de bureaux municipaux chargés de la réalisation, dans les différents Länder, des lois-cadres promulguées par le Reich.

Les dirigeants du Parti promettent de tout mettre en œuvre pour la réalisation des points ci-dessus énumérés, en sacrifiant leur propre vie si besoin est. »

Munich, le 24 février 1920. D'après W. Hofer, *Le National-Socialisme par les textes*, Paris, Plon, 1963.

– *La définition de la nationalité allemande.* Elle est incluse dans le point 4 : c'est une définition biologique (le « sang allemand ») et non juridique ; elle exclut donc naturellement les Juifs. Elle entraîne toute une série de conséquences.

D'abord pour les « non-Allemands ». Sur le plan juridique, le point 19 préconise la création d'un droit allemand à substituer au droit romain; il faut entendre par là un droit raciste, respectant le principe aristocratique de la nature et par conséquent jugeant inégalement « Allemands » et « non-Allemands ». Le point 5 précise d'ailleurs que les Juifs ne sauraient en bénéficier. Les conséquences sont aussi politiques. Le point 6 prévoit que les « non-Allemands » seront écartés des fonctions publiques et le point 23 leur interdit les activités de presse. Il s'agit là de mesures frappantes, compte tenu du rôle que jouent les Juifs dans la politique allemande en 1920 (rôle passé de Kurt Eisner et Rosa Luxemburg; rôle présent de Rathenau) et du fait que les principaux journaux allemands de l'époque (la « Vossische Zeitung », le « Berliner Tageblatt », la « Frankfurter Zeitung ») appartiennent à des Juifs ou sont dirigés par eux. Enfin cette définition porte des conséquences matérielles. Le point 8 sur le contrôle de l'immigration et la seconde partie du point 7 qui prévoit l'expulsion des Juifs en cas de crise donnent une idée du support social de l'antisémitisme nazi : haine de déclassés pour les Juifs supposés riches.

En ce qui concerne les « Allemands », l'État protège, développe, encourage la race allemande. Voir le point 21 (protection de la mère et de l'enfant); le début du point 20 (un développement intellectuel qui doit réserver aux « Allemands » les emplois de cadres); la fin du point 21 (développement de la culture physique avec une perspective sans doute militaire).

– *Organisation et buts de la nation allemande.* La structure de la nation allemande est définie au point 25 : un État centralisé dirigé par le pouvoir dictatorial du « Comité Politique ». Cette expression du *Führerprinzip* est surprenante dans la Bavière particulariste et même chez les groupes nationalistes, traditionalistes et attachés aux « Staaten ».

En ce qui concerne les limites de l'État allemand, le point 1 invoque très habilement le principe wilsonien du droit des peuples à disposer d'eux-mêmes, ce qui doit conduire à une « Grande Allemagne » comprenant nécessairement les minorités allemandes vivant au-delà des frontières. Le confirment les points 2 et 3 qui réclament l'abrogation des traités de 1919 (et pourquoi abroger le traité de Saint-Germain, sinon pour réaliser l'Anschluss) et laissent prévoir des annexions pour réaliser le « Lebensraum » (l'espace vital).

Le point 2 affirme enfin que cet État allemand doit jouir de l'égalité des droits, autrement dit qu'il est nécessaire de mettre fin au statut inégalitaire né du traité de Versailles.

Comment est organisé l'État tel que le voit Hitler ?

Le point 6 (3e phrase) éclaire l'hostilité nazie à la démocratie, contraire au principe aristocratique de la nature et on a déjà vu quel régime prévoit le point 25. Le point 9 précise l'égalité des citoyens tels qu'ils ont été définis au point 4. Les droits et devoirs de ceux-ci sont précisés au point 7 (le droit au travail, réservé aux citoyens frappés par la crise d'après-guerre) et au point 22 (suppression de l'armée de mercenaires prévue par le traité de Versailles et remplacement par une armée de conscrits qui permettra aux Allemands d'exercer leurs droits militaires).

L'un des aspects les plus originaux de ce programme concerne la mise en condition de la nation allemande.

Le point 20 précise que, par le biais de l'instruction civique, la mise en condition doit commencer dès l'âge scolaire. Sur le plan intellectuel le dernier paragraphe du point 23 montre que le futur État totalitaire entend contrôler la presse, mais aussi l'art et la littérature. Il est difficile de ne pas voir ici une attaque contre l'art allemand des années 1920, l'expressionnisme, proche du dadaïsme et du surréalisme français (art désagrégateur) auquel Hitler veut substituer un art réaliste (n'oublions pas sa vocation artistique !).

Enfin le point 24 donne une curieuse définition de la liberté religieuse en posant deux conditions : elle ne doit pas mettre en danger l'existence de l'État (c'est au nom de ce principe que Bismarck a lancé le *Kulturkampf*) ; elle ne doit pas offenser le sentiment moral de la race germanique (c'est-à-dire qu'elle doit admettre le racisme, précisément inacceptable pour les Églises chrétiennes). Aussi le christianisme constructif proposé, débarrassé des germes « judéo-matérialistes », est-il lourd de menaces pour les Églises, malgré la liberté promise.

– *Contenu social du programme nazi (rédigé par Drexler et Feder)*. Les points 15 et 16 précisent que le parti s'adresse aux classes moyennes menacées par le développement du capitalisme (retraités, petits commerçants, petits industriels). L'idéal nazi est exprimé au point 10 : chacun doit travailler concrètement. Que propose le programme nazi sur le plan social ?

En premier lieu, une expropriation des riches. L'expropriation des bénéfices de guerre réalisés par les grandes sociétés (point 12 ; voir chapitre 6) et surtout la grande idée de Feder, la suppression de l'esclavage de l'intérêt (point 11), c'est-à-dire l'attaque du principe de base du capitalisme, le profit par le revenu des capitaux, suggèrent qu'on se trouve en face d'un réflexe primaire de déclassés sociaux contre les riches. Il n'y a pas ici comme on le dit trop souvent un programme socialiste qui supposerait une organisation sociale sur une base collective, mais un simple réflexe anticapitaliste à courte vue. Idée confirmée par la structure de la propriété dans l'organisation proposée.

En ce qui concerne la *propriété industrielle*, les points 13 et 14 distinguent les trusts (sans doute les sociétés anonymes), qui doivent être nationalisés, des grandes entreprises (Konzerne à structure familiale, dirigés par les patrons qui par conséquent « travaillent ») auxquelles il sera seulement demandé une participation aux bénéfices pour les salariés. Il appartiendra à l'État de favoriser par ses commandes les petits industriels (point 16).

Pour la *propriété commerciale*. Le point 16 prévoit de même une intervention de la puissance publique contre les grands magasins et au bénéfice des petits commerçants.

Enfin, la *propriété agricole* est évoquée au point 17 : une réforme agraire par expropriation sans indemnité des grands domaines.

Donc un programme social nettement antilibéral (intervention de l'État et des communes), anticapitaliste (opposé à l'esclavage de l'intérêt, aux grandes concentrations), mais incontestablement réactionnaire puisqu'il a pour but de freiner l'évolution naturelle de l'économie et de protéger des formes économiques dépassées.

La prise en mains du parti. L'activité de Hitler suscite vite les réserves des anciens dirigeants, inquiets de la désinvolture dont il fait preuve à l'égard des thèmes anticapitalistes du programme. Durant l'été 1921, ceux-ci tentent de l'éliminer. Mais la crise tourne à l'avantage de Hitler, qui impose ses conditions et devient président du parti avec des pouvoirs illimités. Le principe du chef *(Führerprinzip)* triomphe dans le NSDAP. Hitler groupe autour de lui les hommes qui vont l'aider à conquérir le pouvoir.

Les hommes. Leur personnalité éclaire assez bien les catégories attirées par le nazisme. Deux grands groupes se discernent :

– *les intellectuels ratés*. Leur chef de file est Dietrich Eckart, membre du parti ouvrier avant Hitler. Journaliste, poète et dramaturge, il est aussi alcoolique et morphinomane, ce qui lui vaudra une mort prématurée en 1923. À ses côtés, Rudolf Hess, étudiant à l'université de Munich après la guerre, intelligence médiocre, mais d'un dévouement sans bornes envers Hitler ; Alfred Rosenberg, né en Estonie, diplômé d'architecture, qui saura impressionner Hitler par l'aspect pseudo-scientifique de son antisémitisme ; Gottfried Feder, illuminé fanatique qui prêche l'abolition de l'intérêt et sera le rédacteur économique des 25 Points ; Julius Streicher enfin, instituteur révoqué pour mauvaises mœurs, qui se fera une spécialité d'un antisémitisme grossier et pornographique ;

– *les militaires aigris* ont pour prototype Ernst Röhm. Membre du parti avant Hitler, ce soldat de métier, capitaine à l'État-Major de la région de Munich, qui déteste la République, assurera au parti la protection de l'armée et lui fournira les cadres des S.A. avec les vétérans des Corps-Francs. À ses côtés, Hermann Goering, l'un des as de l'aviation allemande durant la guerre ; incapable de s'adapter à la paix, il adhère au parti nazi en 1922 alors qu'il fait des études en dilettante à l'université de Munich. Époux d'une riche suédoise, il apporte au parti son prestige et sa fortune.

À côté de ces deux groupes qui vont constituer les premiers cadres du parti, Hitler noue, souvent grâce à eux, des relations avec de riches munichois qui vont financer le parti naissant : des fabricants de pianos, les Bechstein, le fils de l'éditeur Hanfstaengl, la baronne von Seidlitz.

Le putsch de la brasserie

Les années 1921-1923 voient le parti nazi mêlé à tous les complots contre la République qui s'ébauchent en Bavière. Grâce à l'impunité dont ils jouissent du fait du ministre de la Justice de l'État, le Dr Gürtner et d'un haut fonctionnaire de la police, le Dr Frick, ils peuvent pratiquement agir au grand jour et constituent avec les autres ligues nationalistes le *Deutscher Kampfbund* (union allemande de combat) dirigé par un triumvirat dont fait partie Hitler et qui a l'appui de Ludendorff. C'est à la tête de ce groupe qu'Hitler tente le putsch de la brasserie (voir chapitre 7), non pour prendre le pouvoir mais pour jeter les autorités bavaroises à l'assaut de la République. Quelles en sont les conséquences ?

– *Sur le plan de la prise de pouvoir,* c'est un échec qui ne surprend pas Hitler, lequel croit moins au putsch qu'à l'investissement des pouvoirs établis.

– *Sur le plan de son parti,* Hitler peut calmer les impatiences des S.A. en montrant qu'il n'hésite pas à agir, mais qu'il faut lui laisser le choix du moment. Habile propagandiste, il fait du fiasco du 9 novembre 1923 une date historique pour le parti nazi.

– *Sur le plan de l'action politique* enfin, son procès permet à Hitler de se faire connaître, de poser au patriote intègre, victime de la pusillanimité des autorités bavaroises et de faire de son parti une force importante sur l'échiquier bavarois. Mais la stabilisation qui commence alors est néfaste à un groupe qui tire sa force des crises qui agitent le régime.

1924-1930 : le creux de la vague

La crise de croissance du parti nazi

Les querelles de personnes. Hitler emprisonné a nommé à la tête du parti Alfred Rosenberg. Le « philosophe » se montre vite un chef incompétent et est en butte aux attaques de Streicher qui bloque toutes ses décisions et l'accuse de vouloir supplanter Hitler, pendant que les autres dirigeants, suivant un pharmacien bavarois, Gregor Strasser, devenu chef du parti en Basse-Bavière, s'efforcent de faire jouer au NSDAP un rôle politique malgré l'emprisonnement de son chef. Sollicité d'arbitrer le conflit, Hitler s'y refuse, préférant voir le NSDAP se disloquer plutôt que de courir le risque de la mise en place d'un groupe dirigeant puissant qui pourrait s'opposer à lui.

Problème du rôle du parti dans la vie politique. Citoyen autrichien et ne pouvant de ce fait solliciter un mandat électif, Hitler a toujours professé que le parti devait se tenir à l'écart des luttes électorales. En dépit de son opposition, Rosenberg, Strasser et Ludendorff décident de participer aux élections de mai 1924. Mais le nazisme est interdit depuis le putsch de la brasserie, le *Völkischer Beobachter* régulièrement saisi ; pour tourner l'obstacle, les dirigeants nazis s'unissent aux groupes antisémites et nationalistes du nord pour constituer le « Mouvement allemand national-socialiste pour la liberté ». Ce bloc *Völkisch* devient le second groupe du Landtag bavarois et remporte 2 millions de voix et 32 sièges. Parmi les élus, Strasser, Röhm, Ludendorff, Feder, Frick.

Pour Hitler le danger est triple : crainte de voir se révéler au Reichstag un nouveau leader nazi (Strasser ?) ; crainte de voir le nazisme se dissoudre dans l'union créée à l'occasion des élections (c'est le vœu de Strasser) et lui échapper ; crainte que cette union se réalise au bénéfice de Ludendorff.

Il va œuvrer pour éviter ce triple danger : il laisse se développer les querelles au sein du parti, si bien que celui-ci perd un million de voix aux élections de décembre 1924 et devient une force négligeable sur le plan parlementaire ; il encourage Streicher à attaquer les dirigeants des groupes *Völkisch* du nord, au point de provoquer en février 1925 la dissolution du « Mouvement allemand national-socialiste pour la liberté » ; enfin, en se ralliant à Hindenburg au second tour des élections présidentielles de 1925, il blesse Ludendorff qui rompt avec lui.

Problème de la place des groupes paramilitaires dans le parti. Le problème de la S.A. n'a cessé de troubler le nazisme naissant. Pour Hitler, elle devait être une milice politique subordonnée au parti ; Röhm au contraire, qui la porte à 30 000 hommes en 1924, exige une totale indépendance par rapport à la direction politique. La crise éclate dès 1925 et conduit Röhm à donner sa démission du parti et à quitter l'Allemagne. En 1926, Hitler reconstitue la S.A. et lui donne pour chef le capitaine Pfeffer von Salomon qui manifeste les mêmes prétentions à l'indépendance que Röhm. Hitler doit s'incliner, pour conserver les anciens membres des Corps-Francs qui tiennent à leur autonomie. Mais l'indiscipline de la S.A. ne cesse de causer des difficultés jusqu'au jour de septembre 1930 où une mutinerie de la S.A. de la capitale aboutit au sac du Quartier-Général du parti à Berlin. Hitler limoge alors Pfeffer von Salomon, se proclame lui-même Chef Suprême des S.A. et demande à Röhm, alors officier de l'armée bolivienne, de reprendre la situation en mains avec le titre de chef d'État-Major de la S.A. Mais en même temps, Hitler cherche une autre solution au problème. En 1928, il demande à Heinrich Himmler, ancien assistant de Gregor Strasser, de réorganiser sa « garde d'honneur », la S.S., qui comprend alors 200 hommes.

Les problèmes politiques. Depuis son emprisonnement, Hitler voit avec inquiétude monter l'étoile de Gregor Strasser. Celui-ci a engagé le parti dans des voies politiques que désavoue Hitler, et il ne se prive d'ailleurs pas de critiquer le chef du NSDAP. Après sa libération, Hitler tente de se le concilier en lui offrant la direction du parti en Allemagne du Nord. Aidé de son frère Otto et de son secrétaire Joseph Goebbels, Strasser constitue bientôt à Berlin une branche très vigoureuse du parti avec un journal, le *Berliner Arbeitszeitung* et un périodique, les *National Sozialistische Briefe*, qui réclament la nationalisation de l'industrie lourde et des grands domaines et se montrent attachés au caractère fédéral de l'État. En novembre 1925, Strasser réunit à Hanovre un Congrès des dirigeants du nord qui propose (comme les Socialistes et les Communistes) l'expropriation sans indemnité des anciennes familles régnantes. Feder, envoyé par Hitler, tente de s'opposer à ce programme ; son intervention provoque une vive réaction de Goebbels qui propose d'expulser Hitler du parti et suggère que le programme de Strasser remplace les 25 Points. Pour dompter la révolte, Hitler convoque à Bamberg en Allemagne du Sud un Congrès du parti (février 1926). Il prend soin de choisir un jour de semaine pour éviter la venue des dirigeants du Nord qui exercent des professions salariées alors que ceux du Sud sont fonctionnaires du parti. Goebbels, circonvenu, trahit Strasser, qui doit s'incliner devant la majorité.

Hitler impose alors trois décisions : le président du parti, après son élection, nommera les autres dirigeants : les 25 Points deviennent programme intangible du parti (!) ; un tribunal chargé de régler les différents est créé. C'est l'*Uschla* (Comité d'enquête et d'arbitrage) dont les membres sont nommés par Hitler.

Enfin, Goebbels, devenu dirigeant du parti à Berlin, crée un journal, *Der Angriff* (le Combattant) dans lequel il attaque les Strasser.

Mein Kampf et l'idéologie du parti nazi

Hitler a consacré ses quelques mois de prison à écrire ce livre afin de donner au Parti nazi une doctrine plus précise que les 25 Points, ouvrage de circonstance. Que peut-on retenir de ce volume confus et touffu ?
D'abord *une lacune : il n'est guère question de problèmes économiques*. Peut-être parce qu'ils n'intéressent pas Hitler ou que la stabilisation les rend peu actuels. Plus probablement parce que Hitler, qui a dû à l'aide de certains capitalistes de pouvoir développer son parti, ne se soucie guère de se les aliéner en rappelant le programme anticapitaliste des 25 Points. On peut de ce point de vue méditer la définition assez particulière qu'il donne alors du terme socialiste : « Quiconque est prêt à faire sienne la cause nationale assez pour ignorer un idéal plus élevé que l'intérêt de son pays ; quiconque a compris que notre grand hymne *Deutschland über alles* signifie que rien dans ce vaste monde ne surpasse à ses yeux cette Allemagne, avec son peuple et son sol, celui-là est un socialiste. »

Le fondement du système est la *théorie raciste*, qu'Hitler identifie à sa conception du monde, sa *Weltanschauung*. Pour lui, la vie est un combat, le monde une jungle où les hommes luttent pour leur survie et où le plus fort l'emporte. À cette idée empruntée à Darwin, il ajoute celle du Français Gobineau sur l'inégalité des races qui luttent pour dominer le monde, la race supérieure étant la race blanche et dans la race blanche, le noyau aryen, représenté par les hommes grands, blonds et dolichocéphales, particulièrement nombreux en Allemagne de l'Ouest. Enfin, il adhère d'enthousiasme aux idées de Houston Stewart Chamberlain, qui voit dans la race juive le principe corrupteur de l'humanité. De ce fatras découlent les conceptions hitlériennes en matière politique.

La politique extérieure. L'homme allemand, supérieur aux autres, doit devenir un jour le maître de la terre, une fois qu'il se sera affranchi des liens qui pèsent sur lui. Par quel moyen ? Par la guerre, seule modalité permettant au peuple supérieur de s'imposer dans la lutte pour la vie. À qui faire la guerre ? D'abord à la France « inexorable et mortelle ennemie du peuple allemand », responsable de son asservissement à Versailles. Ensuite, il faut non seulement reconquérir les frontières de 1913, mais encore donner au peuple allemand des terres nouvelles aux dépens de la Russie, livrée aux juifs et aux bolcheviques : « De la sorte, nous autres, Nationaux-Socialistes, nous reprenons la tâche là où elle a été laissée il y a six cents ans. Nous arrêtons l'interminable exode allemand vers le sud et l'ouest et nous tournons nos regards vers les terres de l'est. Si nous parlons du sol de l'Europe d'aujourd'hui, nous ne pouvons penser en tout premier lieu qu'à la Russie et à ses États vassaux limitrophes. »

L'État raciste. Comme de nombreux Allemands, Hitler puise chez Hegel la conception d'un État considéré comme une entité supérieure aux individus qui le composent. Mais pour lui l'État doit être fondé sur le principe de l'inégalité des races, respecter le « principe aristocratique de la nature ». Son rôle premier doit être d'assurer la domination de la race supérieure en préservant sa pureté et en lui subordonnant les races inférieures : le mariage, la maternité ne peuvent avoir d'autre but que de maintenir la pureté de la race.

L'État ainsi conçu ne peut s'accommoder de la démocratie, notion purement quantitative, à laquelle il convient de substituer l'idée qualitative du *Führerprinzip.* En application de ce même principe, les droits souverains des Länder doivent disparaître au profit d'un Reich unifié.

Origines et fondements du National-Socialisme (extraits de *Mein Kampf*)

Le maniement des masses

« L'âme de la masse n'est accessible qu'à tout ce qui est entier et fort.

De même que la femme est peu touchée par des raisonnements abstraits, qu'elle éprouve une indéfinissable aspiration sentimentale pour une attitude entière et qu'elle se soumet au fort tandis qu'elle domine le faible, la masse préfère le maître au suppliant, et se sent plus rassurée par une doctrine qui n'en admet aucune autre près d'elle, que par une libérale tolérance. La tolérance lui donne un sentiment d'abandon ; elle n'en a que faire. Qu'on exerce sur elle un impudent terrorisme intellectuel, qu'on dispose de sa liberté humaine : cela lui échappe complètement, et elle ne pressent rien de toute l'erreur de la doctrine...

... Je compris l'importance de la terreur corporelle que l'individu a de la masse...

... Tandis que dans les rangs des partisans, la victoire obtenue vaudra comme le triomphe du bon droit de leur cause, le plus souvent l'adversaire vaincu désespérera du succès de toute résistance future...

... La faculté d'assimilation de la grande masse n'est que très restreinte, son entendement petit, par contre son manque de mémoire est grand. Donc toute propagande efficace doit se limiter à des points fort peu nombreux, et les faire valoir à coup de formules stéréotypées aussi longtemps qu'il le faudra, pour que le dernier des auditeurs soit à même de saisir l'idée...

... La grande masse d'un peuple ne se compose ni de professeurs ni de diplomates. Elle est peu accessible aux idées abstraites. Par contre, on l'empoignera plus facilement dans le domaine des sentiments et c'est là que se trouvent les ressorts secrets de ses réactions, soit positives, soit négatives...

... Fonder quelque chose sur les sentiments de la foule exige aussi qu'ils soient extraordinairement stables. La foi est plus difficile à ébranler que la science, l'amour est moins changeant que l'estime, la haine est plus durable que l'antipathie. Dans tous les temps, la force qui a mis en mouvement sur cette terre les révolutions les plus violentes, a résidé bien moins dans la proclamation d'une idée scientifique qui s'emparait des foules que dans un fanatisme animateur et dans une véritable hystérie qui les emballait follement.

Quiconque veut gagner la masse, doit connaître la clef qui ouvre la porte de son cœur. Ici l'objectivité est de la faiblesse, la volonté est de la force... »

La défaite allemande vue par Hitler

« Misérables ! Dépravés ! Criminels !

Plus je tâchais d'y voir clair dans ces affreux événements, plus le rouge de la honte me montait au front en face de cette ignominie. Qu'était la douleur dont avaient souffert mes yeux en comparaison de cette détresse ?

D'affreuses journées et des nuits pires encore suivirent ; je savais que tout était perdu. Seuls, de complets insensés ou des menteurs et des criminels pouvaient en arriver à espérer en la clémence de l'ennemi. Dans ces nuits naquit en moi la haine, la haine contre les auteurs de cet événement.

Dans les jours qui suivirent, je devais aussi être fixé sur mon sort. Je devais maintenant rire en pensant à mon propre avenir qui, encore peu de temps auparavant, m'avait causé de si amères inquiétudes. N'était-ce pas ridicule de vouloir bâtir des maisons sur un tel terrain ? Enfin je vis clairement que maintenant était arrivé ce que j'avais si souvent appréhendé, mais n'avais jamais pu croire de sang-froid.

L'empereur Guillaume II était le premier empereur d'Allemagne qui avait tendu la main pour la réconciliation aux chefs du marxisme, sans se douter que les

fourbes n'avaient point d'honneur. Tandis qu'ils tenaient encore la main de l'empereur dans la leur, l'autre cherchait le poignard.
Avec le Juif, il n'y a point à pactiser, mais seulement à décider : tout ou rien !
Quant à moi, je décidai de faire de la politique. »

La conception raciste

« Le péché contre le sang et la race est le péché originel de ce monde et marque la fin d'une humanité qui s'y adonne...

... Au contraire, la conception raciste fait place à la valeur des diverses races primitives de l'humanité. En principe, elle ne voit dans l'État qu'un but qui est le maintien de l'existence des races humaines. Elle ne croit nullement à leur égalité, mais reconnaît au contraire et leur diversité, et leur valeur plus ou moins élevée. Cette connaissance lui confère l'obligation, suivant la volonté éternelle qui gouverne ce monde, de favoriser la victoire du meilleur et du plus fort, d'exiger la subordination des mauvais et des faibles. Elle rend ainsi hommage au principe aristocratique de la nature et croit en la valeur de cette loi jusqu'au dernier degré de l'échelle des êtres. Elle voit non seulement la différence de valeurs des races, mais aussi la diversité de valeurs des individus. De la masse se dévoile pour elle la valeur de la personne, et par cela elle agit comme une puissance organisatrice en présence du marxisme destructeur. Elle croit nécessaire de donner un idéal à l'humanité, car cela lui paraît constituer la condition première pour l'existence de cette humanité. Mais elle ne peut reconnaître le droit d'existence à une éthique quelconque, quand celle-ci présente un danger pour la survie de la race qui défend une éthique plus haute ; car, dans un monde métissé et envahi par la descendance de nègres, toutes les conceptions humaines de beauté et de noblesse, de même que toutes les espérances en un avenir idéal de notre humanité, seraient perdues à jamais.

La culture et la civilisation humaines sont sur ce continent indissolublement liées à l'existence de l'Aryen. Sa disparition ou son amoindrissement feraient descendre sur cette terre les voiles sombres d'une époque de barbarie...

Cité *in* W. Hofer, *Le National-Socialisme par les textes, op. cit.*

La réorganisation du parti nazi

À sa sortie de prison en 1925, Hitler trouve un parti interdit, réduit à 27 000 membres cotisants, désorganisé. Il obtient la levée de l'interdiction et se consacre à la réorganisation du parti selon un principe qu'il exposera en 1936 : « Nous avons compris qu'il ne suffit pas de renverser le vieil État, mais qu'il faut auparavant avoir mis sur pied un nouvel État que l'on aura pour ainsi dire, sous la main... En 1933, il ne s'agissait plus de renverser un gouvernement par un coup de force ; on avait cependant édifié le nouvel État et il ne restait plus qu'à détruire les derniers vestiges de l'ancien État... » C'est donc à l'édification d'un Parti-État et d'un Parti-Société qu'entend se consacrer Hitler.

Un Parti-État. Le territoire du Reich a été divisé en 34 *gaue* correspondant approximativement aux 34 secteurs électoraux du Reichstag, à quoi s'ajoutent 7 autres *gaue* pour l'Autriche, Danzig, les Sudètes... À la tête de chacun d'eux, un *gauleiter.* Chaque gau est divisé en *Kreise,* dirigé par un *Kreisleter*; au-dessous, l'*Ortsgruppe,* groupe local qui peut encore en ville se subdiviser en groupes de rues ou d'immeubles.

L'ensemble de l'organisation est dirigé par deux organes principaux :

– le P.O. I (Organisation politique n° I) dirigé par Gregor Strasser, qui a pour mission d'attaquer et de saper le gouvernement;

– le P.O. II, véritable « shadow cabinet » avec des sections spécialisées pour les Affaires étrangères (Nieland), la presse (Otto Dietrich), l'agriculture (Darré), la technique (Feder), les Affaires juridiques (Hans Frank);

– un service de propagande, dirigé par Goebbels, est directement rattaché à Hitler.

Celui-ci est un véritable chef d'État en puissance, avec le titre de Chef Suprême du Parti et des S.A., Président de « l'organisation nationale-socialiste des travailleurs allemands ». Il est assisté d'un « Directorat du Reich » *(Reichsleitung)* constitué de ses principaux conseillers et de fonctionnaires importants du Parti (comme le « trésorier du Reich »).

Un Parti-Société. Entre 1925 et 1929, Hitler multiplie les organismes nazis destinés à attirer au parti les diverses classes d'âge (Jeunesses hitlériennes pour les jeunes de 15 à 18 ans, Ligue des Écoliers nazis), les différents sexes (Ligue des Jeunes Filles Allemandes, Ligue des Femmes Allemandes), les groupes socioprofessionnels (Ligue des Étudiants, groupements d'avocats, de juristes, de médecins, de professeurs, de fonctionnaires et même un « nazi kulturbund » pour les intellectuels et les artistes).

Recrutement et effectifs. Une étude comparative de la composition sociale du parti nazi par rapport à la société allemande permet de voir quels sont, vers 1929, les groupes influencés par le nazisme :

	NSDAP	Société allemande
Ouvriers industrie	28,1 % des inscrits	45,9 %
Employés	25,6 % des inscrits	12 %
Professions libérales et indépendantes	20,7 %	9 %
Fonctionnaires	8,3 %	5 %
Paysans	14 %	10,6 %

On constate donc au sein du parti une sous-représentation des ouvriers et une surreprésentation des classes moyennes et des paysans. C'est de ce dernier groupe que le nazisme tire sa force. Toutefois, en 1929, son audience n'est en cote inertre que bavaroise pour l'essentiel et il ne dépasse guère 178 000 cotisants. Les cadres créés par Hitler sont encore vides à ce moment ; la crise les remplira bientôt.

Les « années creuses » 1925-1929 ont donc permis à Hitler de s'assurer la direction exclusive du mouvement, de lui donner une idéologie plus proche de ses volontés que les 25 Points, de le réorganiser enfin pour en faire un « État dans l'État », instrument de la conquête du pouvoir.

Chapitre 10

La grande crise et la fin de la République de Weimar

La crise économique

Causes de la crise allemande

Ce n'est qu'en décembre 1930 que la crise économique mondiale née aux États-Unis en octobre 1929 atteint l'Allemagne. Quelles sont les causes spécifiques de la crise en Allemagne ?

La conjoncture mondiale. La baisse générale des prix, la surproduction mondiale sont évidemment des causes essentielles. Elles atteignent l'agriculture dès 1928 et s'étendent ensuite à toutes les branches économiques. Le rapatriement des capitaux investis par les Américains joue un rôle fondamental pour les raisons qui suivent :

Le surinvestissement. Sur les 25 milliards de marks-or investis en Allemagne depuis 1924, la plupart en provenance des États-Unis, 10 sont des prêts à court terme (environ 3 mois). Or, les banques allemandes, confiantes dans une expansion continue, les ont souvent investis dans l'industrie, soit en crédits à long et moyen terme, soit en obligations. Il leur est donc impossible de les mobiliser immédiatement et, en cas de remboursement rapide exigé par les créanciers américains, elles ne peuvent compter que sur les réserves de la Reichsbank et sur leurs créances extérieures soit au total sur 5 milliards de marks-or, ce qui laisse à découvert 5 autres milliards.

La structure des banques allemandes. Il n'existe guère en Allemagne de séparation nette entre banques d'affaires et banques de dépôts. Depuis 1923, les banques ont pris l'habitude d'investir avec l'argent des épargnants qui représente 95 % de leur capital et elles ont réduit leur couverture qui permet de faire face aux remboursements urgents à 5 ou 6 % de ce capital.

Ajoutons que la concentration bancaire rend très étroits les liens existant entre les cinq grandes banques et ce fait va jouer un rôle d'amplificateur de la crise.

La conjoncture politique. Les progrès spectaculaires aux élections des nazis et des communistes qui les uns et les autres se proclament anticapitalistes (voir tableau chapitre 9) provoquent en Allemagne un affaiblissement de la confiance et une fuite des capitaux.

Les manifestations de la crise

Une crise bancaire. C'est à partir du 1er semestre 1931 que les capitaux, étrangers d'abord, allemands ensuite, commencent à fuir le Reich. L'encaisse de la Reichsbank qui, en avril 1931, était encore de 2,6 milliards de RM tombe en juin à 1,8 milliard de RM. À partir de mai 1931, la faillite de la Kredit-Anstalt de Vienne précipite les difficultés des banques allemandes : en juin-juillet, les retraits dans les banques et caisses d'épargne atteignent 2 milliards de RM ; le 12 juillet, la Darmstaedter Bank annonce qu'elle suspend ses paiements. C'est aussitôt la ruée vers les guichets des banques : la banqueroute semble proche.

Une crise économique. Puissamment rationalisée et équipée pour la production de masse, l'industrie allemande ne peut fonctionner que grâce aux exportations. Or, dans un monde en crise où les cours s'effondrent, il y a saturation de produits industriels. Les barrières douanières élevées aux États-Unis gênent les exportations allemandes ; la dévaluation du sterling en septembre 1931 a pour effet de surévaluer les prix allemands. Dans ces conditions, les exportations s'effondrent (leur valeur n'est plus en 1932 que de 5,7 milliards de RM contre 13,4 en 1929). Pour éviter un déficit de la balance commerciale, le gouvernement décide alors de réduire les importations, ce qui compromet l'approvisionnement en matières premières de l'industrie. Chute des exportations et restriction volontaire des importations aboutissent à une baisse spectaculaire de la production (la production de charbon tombe à 105 millions de tonnes en 1932 contre 163 en 1929, celle d'acier à 5,8 millions de tonnes contre 16, celle d'automobiles à 52 000 véhicules contre 100 000). Elle conduit également les entreprises, privées de crédits bancaires, à de grosses difficultés (les compagnies de navigation Hapag et Norddeutscher Lloyd sont au bord de l'effondrement) ou à la faillite (celles des Konzerne du coton, de la bière, du Comptoir lainier du Nord et de près de 10 000 entreprises).

Conséquences de la crise économique. Faillites et diminution de la production ont pour première conséquence le chômage. Le nombre des chômeurs qui était de 600 000 en 1928, passe à 3 700 000 fin 1930, à 6 millions en décembre 1931. Il s'agit là de chômeurs totaux auxquels il faut ajouter les

8 millions de chômeurs partiels qui ne touchent plus que des salaires réduits de moitié. Au total, 50 à 60 % de la population allemande sont touchés. Parmi eux, plus particulièrement les milieux ouvriers et les jeunes (1,5 million de sans-travail parmi les moins de 25 ans en 1931), mais aussi les cadres.

Au même moment, la crise se traduit pour l'État par une brutale diminution de ses recettes alors que les charges ont tendance à augmenter en raison de l'accroissement rapide de l'allocation-chômage (dont l'État comble le déficit) et des subventions versées aux banques et entreprises en difficulté. Dans ces conditions, le déficit budgétaire qui atteignait déjà 600 millions de marks fin 1929 ne cesse de s'accroître.

La lutte contre la crise

La politique d'austérité. Le chancelier Brüning, au pouvoir depuis mars 1930, est résolu à ne pas dévaluer le mark. Aussi pour lutter contre la crise pratique-t-il une politique de sévère déflation :

– *dans le domaine des échanges extérieurs,* il maintient une balance commerciale excédentaire par une baisse autoritaire des importations obtenue par un système de contingentements et de droits de douanes prohibitifs ;

– *sur le marché intérieur,* la même politique aboutit à des baisses autoritaires des traitements des fonctionnaires (juillet 1930-décembre 1931), à une réduction des prestations de l'allocation-chômage et à une augmentation générale des impôts indirects. En 1932, le « plan de septembre » de von Papen aggrave cette politique en diminuant les prestations sociales et en annulant toutes les conventions collectives et tous les accords de salaires conclus entre patronat et syndicats.

L'intervention de l'État dans l'économie. En même temps que, par sa politique, le gouvernement fait retomber le poids de la crise sur le monde ouvrier et sur la classe moyenne, il met de côté le dogme du libéralisme économique pour voler au secours des entreprises en difficulté.

– Il accorde aux grandes entreprises des réductions d'impôts (AEG se voit ainsi déduire 1 700 000 RM), des subventions (7 millions de RM aux mines de cuivre de Mansfeld ou au Konzern Otto Wolf).

– Il intervient plus directement encore dans le domaine financier. D'abord en établissant le contrôle des changes, nécessaire pour mener à terme la politique de déflation, réduire les importations et freiner la fuite des capitaux. Ensuite en donnant sa garantie à la Darmstaedter Bank, puis en rachetant 300 millions d'actions de la Dresdner Bank, elle aussi en difficulté. En septembre 1931, le gouvernement, qui a dû consentir des prêts à la plupart des banques et qui de ce fait contrôle les 3/5 du capital bancaire, crée pour institutionnaliser son intervention dans le domaine bancaire une société par actions, l'*Akzept*. Par son intermédiaire, l'État a la tutelle des banques et, dans un pays où capital bancaire et capital industriel sont étroitement liés, la main sur la plus grande partie de l'industrie.

– Il a d'ailleurs dû intervenir pour racheter directement certaines entreprises menacées, par exemple la Gelsenkirchen.

L'une des conséquences de la crise – et non des moindres – est donc de faire passer l'Allemagne d'un système d'économie libérale à un système d'économie dirigée qui voit l'État contrôler le système bancaire et la production, la consommation (en pesant sur les salaires), les échanges extérieurs (contrôle des changes et licences d'exportation). Mais, en 1933, il n'y a encore, selon l'expression célèbre, que « socialisation des pertes » ; toutefois, le monde économique peut à bon droit redouter que cet État qui tient les leviers de l'économie ne tombe entre des mains qui perpétuent cette situation en socialisant celle-ci, d'où l'extrême attention que les milieux d'affaires portent à la crise politique qui secoue la République de Weimar et dot l'issue est capitale pour leurs intérêts.

La crise politique de la République de Weimar

La fin du régime parlementaire

La chute d'Hermann Müller. Le gouvernement constitué par le SPD Müller en 1928 avait pu se maintenir au pouvoir avec l'appui des milieux d'affaires en raison de sa politique très modérée. Mais trois événements vont sceller sa condamnation :

– la mort de Stresemann le 3 octobre 1929 le prive de l'appui des Populistes, qui, leur chef disparu, se rapprochent des Nationaux-Allemands ;

– la signature du plan Young en fait la cible de l'opposition d'extrême-droite qui déclenche durant l'été une campagne contre lui ;

– le début de la grande crise rend indésirable pour la grande industrie le maintien des Socialistes au pouvoir, à l'heure où il s'agit de pratiquer une politique d'austérité. Caractéristique à cet égard est l'évolution de Schacht, qui, après avoir été un des négociateurs du plan Young, le désavoue et démissionne avec éclat de la présidence de la Reichsbank en mars 1930.

Les milieux ultra-conservateurs de l'entourage de Hindenburg, en particulier son fils Oskar, les généraux Gröner et von Schleicher imaginent alors une solution de rechange : le remplacement de Müller par un homme fort qui gouvernerait grâce à l'appui du Président, en vertu de l'article 48, et qui mettrait sous le boisseau le régime parlementaire. Pour ce rôle, la camarilla présidentielle songe à Heinrich Brüning, chef de la fraction parlementaire du

Zentrum. Le 27 mars 1930, Hindenburg saisit un prétexte pour contraindre Müller à la démission et nommer Brüning chancelier.

Les élections de septembre 1930. Le gouvernement que constitue le nouveau Chancelier est fortement orienté à droite, bien que Hugenberg lui ait refusé la participation des Nationaux-Allemands. Mais, dès juillet 1930, il est mis en minorité au Reichstag sur son programme d'austérité économique par une coalition comprenant Socialistes, Communistes et Nationaux-Allemands. Il fait promulguer par Hindenburg en vertu de l'article 48 les mesures rejetées et décider la dissolution du Reichstag. Brüning espère que des élections sortira une majorité prête à l'appuyer ; mais en provoquant imprudemment une consultation alors que la crise gagne l'Allemagne, il a joué les apprentis-sorciers. Les grands vainqueurs des élections sont les partis hostiles à la République, les nazis (6,5 millions de voix et 107 sièges) les communistes (4,5 millions de voix et 77 sièges). Il n'y a plus d'espoir de former une majorité de droite et la crise de régime est ouverte.

Brüning en sursis. Le Chancelier va se maintenir cependant jusqu'en octobre 1931. Ceci essentiellement grâce au SPD qui, pour éviter une aggravation de la crise et un glissement vers le régime présidentiel, soutient de ses votes une politique qu'il désapprouve et un chancelier qui le tient à l'écart, afin de maintenir la fiction du régime parlementaire. Vue théorique au demeurant puisque Brüning est prêt à gouverner en s'appuyant sur le Président et l'article 48 et que, depuis février 1931, nazis et communistes ont quitté le Parlement, transportant le combat dans la rue.

La république présidentielle (octobre 1931-décembre 1932)

Le front de Harzburg. Brüning se trouve en butte aux attaques de la droite qui lui reproche de maintenir la façade parlementaire, de continuer la politique extérieure de Stresemann, de ménager le SPD et de mener une politique économique trop sévère. Pour l'obliger à céder la place, les Populistes quittent le gouvernement en octobre 1931. Mais Hindenburg le reconduit dans ses fonctions et négocie lui-même la formation d'un gouvernement qui a pour principaux membres le général Gröner, homme de confiance du Président qui cumule les portefeuilles de la Reichswehr et de l'Intérieur et le dirigeant de l'IG Farben, Warmbold, ministre des Finances. Contre ce cabinet présidentiel qu'il considère comme un défi, Hugenberg réunit à Harzburg fin 1931 toute l'opposition antirépublicaine. Autour des députés nationaux-allemands, on trouve les hommes du Stahlhelm dirigés par le pharmacien Seldte et son adjoint Düsterberg, Hitler et ses S.A., les gros agrariens du Reichslandbund, des associations patriotiques avec à leur tête une brochette d'amiraux et de généraux (von Seeckt, von der Goltz, von Lüttwitz), deux des fils de Guillaume II dont le Kronprinz, des hommes d'affaires groupés autour de Schacht et de Thyssen. Cette opposition formule un « Programme de Harzburg » qui exige de nouvelles élections, le renvoi de Brüning et celui du SPD Braun, Président du Conseil en Prusse.

La lutte contre le front de Harzburg. La première tâche de Brüning est d'obtenir la réélection de Hindenburg qui arrive au terme de son mandat. Pour éviter au Président qui a 85 ans les fatigues et les risques d'une campagne électorale, Brüning tente d'obtenir du Reichstag la prorogation de ses pouvoirs. Mais il s'agit là d'une modification constitutionnelle qui exigerait les 2/3 des voix, c'est-à-dire l'accord des nazis. Ceux-ci n'y consentant point, la campagne s'ouvre en mars 1932. Hindenburg, derrière qui se regroupent tous les partis attachés à la République (y compris le SPD), doit affronter le communiste Thaelmann et deux candidats d'extrême-droite, Hitler et le dirigeant du Stahlhelm, Düsterberg. Le vieux maréchal ne l'emporte qu'au second tour. Mais le principal enseignement des élections est la révélation de la poussée nazie, puisque Hitler a regroupé le 10 avril 13,4 millions de voix (36,8 %), doublant les suffrages obtenus par son parti en 1930. Écrasant la droite traditionnelle, le nazisme se pose désormais en héritier de la République.

Pour briser la menace que les formations paramilitaires du nazisme font peser sur le régime, Brüning et Gröner décident le 13 avril 1932 la dissolution de la S.A. et des S.S. La mesure provoque une levée de boucliers à l'extrême-droite, mais aussi dans la Reichswehr qui voit dans les S.A. un élément camouflé de l'armée allemande. Sous la pression de celle-ci et en particulier de von Schleicher qui a la confiance du Président, Gröner doit abandonner le ministère de la Reichswehr. Après ce sensible échec, Brüning va enregistrer d'autres difficultés dans sa lutte contre l'extrême-droite. Les élections aux Landtage d'avril 1932 voient les nazis arriver partout en tête, sauf en Bavière. Les milieux d'affaires abandonnent un gouvernement faible qui paraît condamné et Warmbold donne sa démission en mai 1932. Ayant largement échoué dans sa politique, Brüning ne se maintient en place que grâce à Hindenburg. Le jour où il prétend remettre de l'ordre dans l'Ost Hilfe dont les fonds sont dilapidés pour le plus grand profit des agrariens, ceux-ci obtiennent sa tête. Par la voix de Oskar von Hindenburg, ils dénoncent les projets de « bolchevisme agraire » du Chancelier (partage des grands domaines hypothéqués dont l'exploitation est déficitaire) et obtiennent du Président le renvoi du Chancelier (30 mai 1932).

La camarilla au pouvoir. Ayant écarté Brüning, chef d'un important parti politique, Hindenburg en est réduit à gouverner avec des membres de son entourage. Les deux derniers chanceliers de la République seront von Papen et le général von Schleicher. Aristocrates, liés aux agrariens et aux milieux industriels, possédant des relations dans la Reichswehr, ce sont cependant des hommes de trop peu de poids pour représenter vraiment les forces conservatrices dont ils se réclament et ils ne sauront pas débarrasser le régime de l'hypothèque nazie.

Le premier projet de von Papen, qui constitue en juin 1932 le « cabinet des barons » (von Neurath aux Affaires étrangères, von Schleicher à la Reichswehr, von Gayl à l'Intérieur, Warmbold à l'Économie et au Travail), est d'ailleurs d'intégrer au *Reichsblock* constitué autour de Hindenburg les hommes du Front de Harzburg. Pour cela, il multiplie les gages donnés à l'extrême-droite : dissolution du Reichstag, levée de l'interdiction des S.A., annonce d'une réduction des prestations sociales et d'un plan de lutte contre la crise favorable à la grande industrie, fin des Réparations obtenue à Lausanne, déposition avec l'aide de l'armée du gouvernement SPD de Prusse. En vain. Non seulement les élections du 31 juillet 1932 voient se maintenir (le SPD) ou progresser (Communistes, Zentrum et BVP) les partis qui s'opposent à lui pendant que la droite classique sur laquelle il compte s'effondre au profit des nazis (voir tableau dans le chapitre 7), mais encore Hitler refuse d'entrer dans tout gouvernement dont il ne serait pas chancelier. La situation devient intenable pour Papen. Le pays, soumis à la terreur des S.A., est au bord de la guerre civile ; les grèves se multiplient ; au Reichstag, dont le nazi Goering a été élu président, le chancelier ne peut disposer que d'une quarantaine de voix. Pour sortir de l'impasse, Papen tente la chance d'une nouvelle dissolution.

Pour briser la poussée nazie, Papen compte sur la lassitude des électeurs ; son calcul n'est pas totalement faux. Il y a, en novembre 1932, 1 million d'électeurs de moins qu'en juillet et les nazis perdent 2 millions de voix et une quarantaine de sièges ; mais la droite classique qui appuie Papen ne gagne qu'une vingtaine de sièges, pendant que le Zentrum se maintient et que les communistes progressent nettement. Papen n'a donc réussi ni à domestiquer les nazis, ni à les briser. Le 1er décembre 1932, il propose à Hindenburg de modifier la Constitution pour créer un État fort. Mais Schleicher avertit le Président que la Reichswehr ne pourrait assurer l'ordre au cas où nazis et Communistes réagiraient par la force. Von Papen démissionnaire, Hindenburg confie le pouvoir à Schleicher. L'expérience Schleicher, qui dure deux mois, va achopper sur un échec et une maladresse.

– *L'échec*, c'est la tentative de Schleicher de dissocier au sein du parti nazi les politiques des trublions. Il tente de gagner à ses vues l'aile gauche du NSDAP et semble un moment devoir réussir. Le 8 décembre 1932, Gregor Strasser, l'homme le plus populaire du parti après Hitler, en démissionne avec fracas ; le nazisme semble menacé d'éclatement, puis tout rentre dans l'ordre et Strasser reste isolé. La scission souhaitée par Schleicher a échoué.

– *La maladresse,* ce sont les allures sociales qu'affecte Schleicher. Il espère gagner, par une politique favorable aux victimes de la crise, les socialistes, les syndicats et l'aile gauche du NSDAP. Aussi annule-t-il les réductions de salaires décidées par Papen, autorise-t-il à nouveau les conventions collectives ; de plus il affecte 300 000 ha de grandes propriétés en faillite dans l'est à la colonisation agricole et il annonce l'élaboration de plans pour combattre le chômage.

Mais il ne réussit pas à gagner les sympathies de la gauche, cependant qu'il s'attire la haine de Hitler, l'hostilité des milieux d'affaires et des agrariens, et qu'il lui faut compter avec la vindicte de Papen qui ne lui pardonne pas de l'avoir évincé. La voie est libre pour Hitler qui depuis 1930 prépare méthodiquement sa venue au pouvoir.

L'arrivée au pouvoir de Hitler

Le renversement de la conjoncture politique (1929-1930)

On a vu que, jusqu'en 1929, le parti nazi reste un parti de second ordre à l'audience presque exclusivement bavaroise. Deux faits vont bouleverser la situation à son profit.

L'agitation nationaliste contre le plan Young (été 1929). Organisée par Hugenberg, elle devait aboutir au vote d'un référendum populaire rejetant le traité. Pour cela, il fallait toucher les masses et c'est la raison pour laquelle Hugenberg finance une tournée de discours d'Hitler dans toute l'Allemagne. Le référendum sera un échec, mais l'opération permet à Hitler d'apparaître comme un leader de dimension nationale et non plus seulement bavaroise et de gagner l'appui de certains hommes d'affaires (Kirdorf, président du Cartel charbonnier de la Ruhr), hostiles au plan Young et intéressés par les talents d'agitateur du chef nazi.

La crise économique attire au parti nazi les électeurs des classes moyennes qui redoutent la prolétarisation. Abandonnant les partis traditionnels (voir à partir de 1930 la chute du DDP, des Populistes et des Nationaux-Allemands), ils se tournent vers le parti qui leur offre une explication simpliste de la crise (elle est due aux étrangers, aux juifs, aux socialistes) et une alternative au socialisme marxiste, le « socialisme national ». Mais les victoires électorales de 1930 et de 1932, si elles font du NSDAP le premier parti du Reichstag, ne lui donnent pas pour autant le pouvoir. Or, depuis 1923 et le putsch de la brasserie, Hitler est convaincu qu'on ne peut diriger l'Allemagne qu'avec l'appui des forces profondes que sont l'armée et les milieux d'affaires.

Hitler et les forces profondes du régime de Weimar

L'armée. S'il existe entre les nazis et la Reichswehr une identité de buts : déchirer le diktat, refaire de l'Allemagne une grande puissance militaire, lui permettre de retrouver ses frontières de 1914, il subsiste un profond désaccord quant aux méthodes. L'armée, réorganisée par von Seeckt, est dirigée par des aristocrates formés aux traditions de l'Allemagne wilhelmienne, qui se méfient des trublions et des démagogues. Ils sont d'autant plus hostiles au nazisme que celui-ci a été tenté de noyauter l'armée pour parvenir au pouvoir et il est interdit aux officiers d'adhérer au parti nazi. En 1930, Hitler va lever cette difficulté. À l'occasion du procès de trois lieutenants d'Ulm accusés d'avoir voulu constituer des groupes nazis dans leurs unités, il se présente au procès comme témoin. Il y désavoue formellement l'action des trois officiers et rend un hommage solennel à la Reichswehr. Or au moment où cette attitude lui vaut la sympathie d'une partie des officiers jusqu'alors méfiants, les dirigeants de l'armée s'intéressent à la S.A., force disciplinée et bien entraînée, réservoir dans lequel pourrait un jour puiser la Reichswehr. Ceci explique leur hostilité à la dissolution de 1932 et le rapprochement qui s'opère entre eux et le nazisme. En janvier 1933, alors que von Schleicher s'imagine tenir en mains la Reichswehr, le général von Blomberg qui commande la région militaire de Prusse-Orientale promet son concours à Hitler si celui-ci devient chancelier.

Les milieux d'affaires. Les points 13, 14 et 17 du programme nazi de 1920 étaient franchement anticapitalistes. Si l'aile gauche du parti autour des frères Strasser y reste fidèle, Hitler prend, dès 1926-1927, ses distances avec cet aspect des 25 Points. Il accepte la propriété privée, Feder rend hommage aux « grands créateurs » de l'industrie allemande et les nazis déclarent ne vouloir s'attaquer qu'aux « entreprises anonymes et sans personnalité » appartenant à des Juifs. Avec la crise, Hitler donne de nouveaux gages à la grande industrie : Otto Strasser, qui avait soutenu une grève de mineurs, est exclu du parti ; les députés nazis au Reichstag et dans les Länder s'opposent à toute mesure qui ferait retomber le poids de la crise sur la grande industrie. Mais deux hommes surtout vont permettre à Hitler de gagner la confiance des milieux d'affaires :

– *le banquier von Schroeder,* qui prend en mains le programme économique du parti. En janvier 1932, il réussit à organiser à Düsseldorf une rencontre entre les principaux dirigeants de la grande industrie et Hitler ; celui-ci donne des assurances sur ses projets économiques et fait la promesse, s'il arrive au pouvoir, de relancer l'économie allemande par une politique de réarmement. Les industriels sont conquis ;

– *Schacht,* qui prend en novembre 1932 l'initiative d'une adresse à Hindenburg pour lui conseiller d'appeler Hitler au pouvoir. Il la fait contresigner par tous les grands noms de l'industrie allemande : Krupp, Cuno, Reusch, Haniel, Siemens, Thyssen, Bosch, etc.

Le pouvoir

Le pouvoir est le résultat d'une intrigue conduite par von Papen. Le 4 janvier 1933, il rencontre Hitler dans la villa de von Schroeder à Cologne et met au point avec lui un projet de gouvernement dans lequel le chef nazi serait chancelier et lui-même vice-chancelier. Dans les jours qui suivent, il gagne à cette formule Hugenberg et les hommes du Casque d'Acier. Il peut alors se prévaloir auprès de Hindenburg d'une solution qui permet de « domestiquer les nazis », de donner au nouveau gouvernement une majorité au Reichstag, qui a l'appui de la Reichswehr (Blomberg devenant ministre de la Reichswehr). Le 28, le Président demande à Schleicher sa démission ; le 30 janvier 1933 le gouvernement Hitler-Papen prête serment. La période hitlérienne commence.

Chapitre 11

La fondation de l'État nazi

Le 30 janvier 1933, Hitler est arrivé au pouvoir dans les formes légales telles qu'elles sont pratiquées depuis 1930, c'est-à-dire investi par le président du Reich. Il lui a fallu pour cela l'appui des forces traditionnelles : extrême-droite classique (Hugenberg et Seldte), entourage présidentiel, armée, milieux d'affaires dont il peut apparaître comme le prisonnier. Il va lui falloir à peine plus d'un an (janvier 1933-août 1934) pour transformer en dictature totalitaire l'exercice légal du pouvoir.

Janvier-mars 1933 : du pouvoir légal à la dictature légale

C'est la période durant laquelle Hitler ménage ses associés pour obtenir par des moyens légaux la dictature qu'il souhaite.

Le ministère Hitler et le mythe du « redressement national »

Dans le ministère constitué le 30 janvier, les nazis sont en minorité. Outre Hitler chancelier, on trouve en effet le Dr Frick au ministère de l'Intérieur (poste assez peu important compte tenu du fait que les pouvoirs de police sont exercés par les ministres de l'Intérieur des Länder) et Goering au ministère de l'Air. Toutefois, Hitler a obtenu pour ce dernier un poste-clé, le ministère de l'Intérieur de Prusse ; Papen a alors pris la précaution de se faire nommer Haut-Commissaire en Prusse (c'est-à-dire qu'il exerce au nom du Reich le pouvoir dans cet État où, depuis l'année précédente, il n'y a plus de gouvernement légal). En revanche, la droite classique s'est taillé la part du lion : outre Papen vice-Chancelier, on trouve des rescapés du cabinet des « barons » : von Neurath aux Affaires étrangères, von Schwerin-Krosigk aux Finances, Gürtner à la Justice. Hugenberg est ministre de l'Économie, Seldte, chef du Stahlhelm, ministre du Travail ; enfin, comme prévu, von Blomberg est ministre de la Reichswehr.

C'est cette situation qui inspire à la droite l'illusion qu'elle va se servir d'Hitler pour pratiquer enfin sa politique : après quatorze années de honte durant lesquelles l'Allemagne a accepté le régime des vainqueurs, elle va enfin revenir à ses traditions nationalistes et autoritaires. Tel est le sens des multiples discours prononcés en février 1933 par Hindenburg (qui retrouve, pour paraître en public, son uniforme de feld-maréchal) et par Papen. Or non seulement Hitler ne fait rien pour dissiper ces illusions, mais il les confirme. Il donne le ton dans un discours du 1er février en plaçant son gouvernement sous le signe du « Redressement National » et se présente comme l'homme qui va réconcilier le passé historique du temps de l'Empire avec le dynamisme de la jeune Allemagne qu'il incarne. Aux déclarations patriotiques, il mêle les professions de foi chrétienne (« Le christianisme, principe fondamental du gouvernement d'Adolf Hitler » titre le *Völkischer Beobachter*).

Enfin le 21 mars, jour de l'inauguration du nouveau Reichstag, il fait célébrer la « Journée du redressement national » : dans l'église de la garnison de Potsdam, haut lieu du militarisme prussien où se trouve le tombeau de Frédéric le Grand, Hitler en jaquette s'incline solennellement devant Hindenburg en grand uniforme, après avoir prononcé un discours dans lequel il remercie le Maréchal d'avoir permis l'union « entre les symboles de notre ancienne grandeur et de notre nouvelle puissance ». Assistent à la cérémonie tous les généraux en grande tenue, les ministres, les députés nazis en chemise brune, les Nationaux-Allemands et les députés du Zentrum. Un fauteuil vide a été réservé au Kaiser, mais le Kronprinz le représente à la cérémonie.

Pendant qu'il berce ainsi ses alliés d'illusions, Hitler entreprend une action très concrète pour parvenir à la dictature.

La préparation des élections de mars 1933 et l'incendie du Reichstag

La dissolution du Reichstag. Hindenburg n'a accepté la proposition d'un gouvernement Hitler que sur la promesse de Papen que le nouveau cabinet obtiendrait une majorité au Reichstag. Pour cela, les 70 voix du Zentrum sont indispensables. Hitler entre donc en négociations avec son président Mgr Kaas et saisit le premier prétexte pour rompre les pourparlers en déclarant les exigences du Centre inacceptables. Il obtient alors de Hindenburg la décision souhaitée : la dissolution du Reichstag.

La préparation des élections. Apprenant la dissolution, Goebbels s'écrie : « Maintenant ce sera facile de mener le combat, car nous pouvons faire appel à toutes les ressources de l'État. La radio et la presse sont à notre disposition. Nous allons organiser un chef-d'œuvre de propagande. Et, cette fois, naturellement, l'argent ne manquera pas. » Effectivement tous les atouts sont dans les mains des nazis.

– *L'argent* est fourni par la grande industrie. Schacht a pris le 20 février l'initiative de proposer aux grands industriels de financer la campagne électorale des nazis. Il est vrai que Goering a affirmé qu'il s'agissait des dernières élections avant 10 ans, et peut-être avant 100 ans. Il recueille d'emblée 3 millions de RM.

– *La propagande* orchestrée par Goebbels mobilise la radio d'État qui retransmet inlassablement et jusque dans les rues les discours des chefs nazis. Le NSDAP multiplie les réunions de masse pendant que les S.A. tiennent la rue.

– *L'intimidation* est la spécialité de Goering. Ministre de l'Intérieur de Prusse, il a destitué, malgré les protestations de Papen, tous les fonctionnaires hostiles au nazisme et a placé à la tête de la police des officiers S.A. et S.S. Cette police reçoit l'ordre d'éviter tout heurt avec les nazis, mais de ne pas hésiter à se servir de ses armes contre les marxistes. Le 22 février, il recrute en Prusse une force de police auxiliaire de 50 000 hommes (essentiellement S.A. et S.S.) pour combattre les adversaires politiques des nazis. Il est impossible de tenir en Prusse la moindre réunion non nazie et les hommes du Zentrum ne sont pas mieux traités que SPD et Communistes.

L'incendie du Reichstag est à ranger parmi les mesures d'intimidation. Dans la nuit du 27 février, le Reichstag flambe. On arrête sur les lieux un jeune Hollandais, Van der Lubbe, qui se déclare communiste, mais est surtout à demi-idiot. Goering déclare aussitôt que les communistes sont responsables et fait arrêter la plupart des dirigeants du parti, 4 000 permanents et le bulgare Dimitrov, leader du Komintern. Leur procès, qui aura lieu à Leipzig après les élections, leur permettra de prouver sans peine leur innocence et les recherches entreprises depuis ne laissent guère subsister de doute : l'incendie du Reichstag est l'œuvre des nazis eux-mêmes. Il leur a d'ailleurs profité : sous le coup de l'émotion provoquée par l'événement, Hindenburg accepte de prendre, à la demande de Hitler, Frick et Gürtner, le décret « Pour la protection du peuple et de l'État » (28-2-33) qui devient la première base légale de la dictature hitlérienne. L'article 1er suspend les libertés individuelles données par la Constitution de Weimar ; l'article 2 autorise le gouvernement du Reich à exercer les pleins pouvoirs dans les Länder en cas de nécessité ; l'article 3 punit de la peine de mort la haute trahison, le sabotage, l'empoisonnement et prévoit la mort ou les travaux forcés en cas d'atteinte à l'ordre public. L'incendie du Reichstag procure donc à Hitler le pouvoir d'éliminer ses ennemis ; dans l'immédiat, il permet de donner quelque crédibilité aux propos de Goebbels sur le complot communiste qui menace le Reich. Propagande fructueuse à la veille des élections.

Les élections du 5 mars 1933 et la loi sur les pleins pouvoirs

Les élections du 5 mars 1933 sont un succès pour les nazis qui recueillent 17 277 000 voix (44 % des suffrages) et 288 sièges, mais non la majorité absolue qu'ils espéraient. Avec les Nationaux-Allemands qui ont 52 députés (3 136 000 voix), ils atteignent la majorité simple, mais non la majorité des 2/3, nécessaire pour changer la Constitution. En effet, les autres grands partis ne s'effondrent pas comme l'espérait Hitler. Si démocrates (5 sièges) et Populistes (2) ne comptent plus guère, le Zentrum et les Bavarois progressent de 200 000 voix par rapport à novembre 1932 et ont 92 députés, le SPD se maintient à 120 députés, et le parti communiste lui-même, en dépit de la terreur dont il a été victime, a eu 12,3 % des voix et 81 élus. Le problème pour Hitler est de parvenir à une majorité des 2/3 qui pourrait lui voter les pleins pouvoirs.

Les 81 députés communistes ne pouvant siéger, puisqu'en vertu du décret du 28 février ils sont arrêtés ou pourchassés, Hitler va s'efforcer d'agir sur le Zentrum. Non sans moyens : Hitler a fait des promesses sur le maintien des libertés religieuses ; une partie des catholiques est attirée par le nationalisme nazi ; des pourparlers s'engagent entre Hitler et le Vatican pour la signature d'un Concordat. Finalement, Frick s'engage auprès des dirigeants catholiques à suspendre le décret du 28 février si leur parti vote les pleins pouvoirs. Moyennant cette promesse, qui ne sera jamais tenue, les députés du Zentrum mêlent leurs voix à celles des nazis et nationaux-allemands pour le vote de l'Acte d'Habilitation du 23 mars 1933. 441 députés l'acceptent donc, contre 94 voix hostiles, celles de députés SPD Seul Otto Wels, chef du groupe parlementaire socialiste a eu le courage de protester, malgré les vociférations hostiles des députés nazis et les hurlements des S.A. dans les couloirs : « Nous, sociaux-démocrates allemands, faisons le vœu solennel, en cette heure historique, de défendre les principes d'humanité et de justice, de la liberté et du socialisme. Aucun acte d'habilitation ne peut vous donner le pouvoir de détruire des idées qui sont éternelles et indestructibles. »

En attendant, les 5 articles de l'Acte donnent au gouvernement le droit de légiférer pendant quatre ans sans collaboration du Reichstag, prévoient que les lois prises par le gouvernement peuvent s'écarter de la Constitution et précisent que les lois doivent être rédigées par Hitler lui-même. Investi du pouvoir exécutif comme chancelier depuis le 30 janvier, il reçoit par la loi d'Habilitation le pouvoir législatif pour quatre ans, sans contrôle du Reichstag. Le décret du 28 février lui a donné d'exorbitants pouvoirs de police. Dès mars 1933, Hitler a conquis le pouvoir de l'intérieur : il est légalement dictateur. C'est alors que commence la « révolution nationale-socialiste », la *Gleichschaltung*.

La révolution nationale-socialiste (mars 1933-juin 1934)

La *Gleichschaltung* (la « coordination » ou mieux la « mise au pas ») s'inspire de la célèbre formule : « Ein Volk, Ein Reich, Ein Führer. »

L'action sur les structures de l'État : l'unification du Reich

L'application du Führerprinzip à l'État supposait la fin des structures fédérales du Reich. Mais il fallait d'abord se débarrasser des gouvernements locaux.

Le cas de la Bavière, où l'autonomisme demeure vivace, est le plus urgent. Début mars 1933, le général von Epp, sur ordre de Frick et Hitler, chasse le gouvernement centriste du Dr Held. Nommé Commissaire d'État en Bavière, le général forme un gouvernement nazi : Röhm est son adjoint, Himmler est chef de la police. Dans les jours qui suivent, des Commissaires d'État nazis sont nommés dans la plupart des Länder (Bade, Wurtemberg, Saxe, etc.) et, au bout de quelques jours, ils se débarrassent des gouvernements locaux.

En Prusse, où Papen est Commissaire d'État, l'opération est délicate ; elle interviendra sur un plan plus général qui vise l'ensemble des États.

– Le 31 mars 1933, tous les Landtage sont dissous. Hitler décide leur reconstitution sur la base d'une désignation des députés proportionnellement aux voix obtenues par les divers partis dans chaque Land lors des élections de mars. En général on aboutit à des majorités nazis-DNVP.

– Le 7 avril 1933 est nommé dans chaque land un Reichstatthalter (le Commissaire d'État ou le gauleiter local) qui a pouvoir de nommer et déposer les gouvernements locaux, de dissoudre les Diètes, de nommer et congédier juges et fonctionnaires. Comprenant qu'il est joué, Papen donne sa démission de Commissaire d'État en Prusse et est remplacé par Goering.

La loi sur la reconstitution du Reich du 30 janvier 1934 consacre l'évolution : les diètes des États sont supprimées, les pouvoirs souverains des Länder transférés au Reich, les gouverneurs et gouvernements locaux soumis au gouvernement du Reich. L'unité totale est réalisée et consacrée le 14 février 1934 par la dissolution du Reichsrat.

Fin des partis, des syndicats et des groupements

La suppression des partis est déjà fort avancée. Depuis le 28 février 1933, le Parti communiste est virtuellement interdit ; en mai 1933 ses biens et propriétés sont confisqués.

Le SPD est divisé. Une partie de ses chefs, conduits par Otto Wels et Kurt Schumacher, a gagné Prague où est publié le journal antinazi *Neuer*

Vorwärts; d'autres, tels Noske ou Karl Severing, ancien ministre de l'Intérieur de Prusse, choisissent la retraite politique et la passivité. Un certain nombre de parlementaires dirigés par Loebe tentent de sauver le parti en pratiquant la politique de présence et en faisant au régime des concessions : le SPD quitte la IIe Internationale, désavoue toute attaque contre Hitler, demande leur démission aux membres israélites du Comité Directeur. Peine perdue. Le 22 juin 1933, le SPD est déclaré par Frick ennemi du peuple et de l'État et frappé de dissolution.

Malgré les protestations de Hugenberg, les bureaux du *Parti national-allemand* sont occupés par les nazis dans la plupart des villes. Un appel à Hindenburg étant demeuré sans réponse, les Nationaux-Allemands se résignent à sauver la face et annoncent le 27 juin 1933 la dissolution du parti.

Démocrates et Populistes qui n'ont plus guère d'audience ne tentent aucune résistance et se sabordent le 28 juin et le 4 juillet.

Les 4 et 5 juillet disparaissent le *Centre Bavarois* et le *Zentrum*, vraisemblablement sur ordre du Vatican, transmis par Mgr Kaas : c'est le prix payé par le Saint-Siège pour la signature du Concordat qu'il est en train de négocier avec l'Allemagne nazie.

Il n'y a plus de parti politique en Allemagne en dehors du NSDAP : une loi du 14 juillet 1933 fait du parti nazi le seul parti autorisé et rend passible de sanction la reconstitution des partis dissous.

Les Syndicats ont tenté eux aussi la politique de présence. Le 10 mars 1933, ils décident de ne pas prendre position sur les questions politiques. Le 1er mai 1933, ils prêtent leur concours à la « Fête du Travail » organisée par Hitler. Le lendemain, S.A. et S.S. occupent les bureaux des syndicats, arrêtent leurs dirigeants. Tous les syndicats (y compris les syndicats chrétiens) sont alors fondus dans un nouvel organisme, le *Front du Travail.*

Enfin, les *organisations paramilitaires* rivales de celles du NSDAP sont interdites ou absorbées. Interdits, la « Bannière du Reich » et le « Front rouge des combattants ». En ce qui concerne le Stahlhelm, Seldte accepte pour conserver son ministère de limoger Düsterberg et d'adhérer au parti nazi. En dépit de résistances locales, le Stahlhelm est définitivement incorporé à la S.A. le 1er février 1934, après qu'un certain nombre de ses chefs ont été arrêtés.

L'action du parti dans l'État : installation du totalitarisme

Les obstacles écartés, il restait à réaliser la partie positive du programme nazi, la prise en mains du peuple et de l'État : ce devait être l'œuvre du NSDAP. Elle commence dès avril 1933, après les élections.

Dans la fonction publique, la loi du 7 avril 1933 sur la « revalorisation de la fonction publique » permet de remplacer par des nazis tous les fonctionnaires suspects de tiédeur envers le régime.

La prise en mains de la culture est l'œuvre de Goebbels, ministre de la Propagande depuis le 11 mars 1933. Dès mai commencent les autodafés de livres d'auteurs socialistes, libéraux, pacifistes, israélites. En septembre 1933 est fondée, sous les auspices de Goebbels, la Chambre culturelle du Reich qui, avec ses 7 filiales, contrôle toutes les sphères de la vie culturelle et dont il faut nécessairement faire partie pour exercer une profession culturelle. Elle impose des formes d'art naturalistes. Plus étroitement encore, Goebbels contrôle presse, radio et cinéma. La loi sur la presse du 4 octobre 1933 précise que pour être rédacteur en chef il faut être politiquement et racialement insoupçonnable.

Dès février 1933, Bernhard Rust, ancien instituteur, destitué en 1930 par les autorités de Hanovre pour instabilité mentale, est nommé ministre de la Science, de l'Enseignement et des Arts. Il annonce son intention de « liquider l'école en tant qu'institution d'acrobatie intellectuelle » et procède à la nazification de l'enseignement. Les enseignants qui doivent faire partie de la Ligue nationale-socialiste de l'enseignement accomplissent obligatoirement des stages dans des écoles spéciales où on leur enseigne l'idéologie nationale-socialiste.

De la même manière, les Ligues nazies constituées dans tous les ordres de métier deviennent de véritables chambres professionnelles avec pouvoirs de direction.

La loi du 1er décembre 1933 sur la « Sauvegarde de l'unité du parti et de l'État » *institutionnalise le rôle du parti nazi comme instrument de la domination hitlérienne*. Elle déclare que le NSDAP est le « dépositaire de la notion allemande de l'État » ; en vertu de cette loi, les chefs du parti prennent rang de ministres : Rudolf Hess, chef de l'organisation civile, et Röhm, chef de l'organisation militaire, entrent au cabinet.

Cette politique de prise en mains a-t-elle réussi ? On peut considérer que fin 1933, alors que les rigueurs policières ne touchent encore que la classe politique et les Juifs, la masse du peuple allemand adhère à une conception de l'État qui le présente comme le « sel de la terre ». À preuve les élections et le plébiscite de novembre 1933 qui suivent le départ allemand de la SDN : 96 % des électeurs inscrits participent au double vote ; 95 % des votants approuvent la décision de quitter la SDN ; 92 % votent pour la liste unique au Reichstag présentée par les nazis.

À cette date, les deux premiers points du programme nazi « Ein Reich, Ein Volk » sont réalisés. Mais au printemps 1934 des obstacles apparaissent quant à l'exécution du troisième volet du triptyque : « Ein Führer ».

La fin des oppositions et le triomphe de Hitler (janvier-juin 1934)

Röhm et la « seconde révolution »

Les premières oppositions viennent du camp des vainqueurs. La victoire obtenue, reparaissent les vieilles divergences entre Röhm et Hitler sur le rôle de la S.A. Röhm voit dans sa formation le noyau de la future armée allemande, ce qui suppose qu'on balaie les structures traditionnelles de la Reichswehr. Les généraux, on s'en doute, s'inquiètent de ces ambitions et ne cessent de faire pression sur Hitler, qui a besoin d'eux, pour qu'il lève l'équivoque. Mais ce désaccord se double vite d'un problème social : authentique mouvement de masse, la S.A. a compris de tout temps des déclassés sociaux, des chômeurs, des pauvres ; après le 30 janvier 1933, elle s'est gonflée d'une masse considérable d'hommes (plus de 3 millions !) attirés dans ses rangs par l'espoir de voir la révolution nazie leur donner une promotion sociale. Dans les premières semaines du nouveau régime, ils se répandent dans les rues, arrêtent leurs adversaires, pillent les boutiques juives, lèvent des tributs sur les chefs d'entreprise soupçonnés de tiédeur envers le nazisme, ou exigent des emplois bien rémunérés, obligent les administrations à chasser leurs fonctionnaires pour les remplacer par des nazis. C'est à cette vaste dépossession des places et des fortunes qui s'adresse à tous les gens en place, capitalistes, junkers, politiciens, fonctionnaires, officiers, que Röhm donne le nom de « Seconde Révolution » et qu'il place sous le signe du « socialisme ».

Cette résurgence de l'hérésie de Strasser gêne Hitler non seulement parce qu'il redoute d'être débordé sur sa gauche par la S.A., mais encore parce qu'elle risque de lui aliéner cette « Reaktion » que combattent ses lieutenants et qui représente les forces sur lesquelles il s'est appuyé pour parvenir au pouvoir : Hindenburg et l'aristocratie, l'armée, les milieux d'affaires. Mais, d'autre part, peut-il sacrifier la S.A. dont l'action subversive reste pour lui une arme essentielle ? Aussi pratique-t-il de juin 1933 à juin 1934 une politique d'atermoiements et de demi-mesures. D'une part, il condamne sans équivoque la « Seconde Révolution », évince les nazis qui avaient pris la tête de certaines grandes entreprises, redonne tout pouvoir aux dirigeants de la grande industrie, met fin à l'action des petits boutiquiers nazis qui luttaient contre des grands magasins et place à la tête du ministère de l'Économie le directeur de la plus grande compagnie d'assurances allemande, Schmitt. Mais, par ailleurs, il fait entrer Röhm au gouvernement, lui adresse pour le 1er janvier 1934 une lettre publique particulièrement chaleureuse pour lui et les S.A. qu'il qualifie de fer de lance de la révolution nazie, et enfin, en février 1934, accorde des pensions et des allocations d'État aux membres du parti blessés ou atteints de maladie au cours des luttes politiques.

La naissance d'une opposition politique

Il serait plus exact de parler de malaise que d'opposition, à la fois parce qu'il s'agit d'une juxtaposition de réactions partielles et parce que la matérialité des faits eux-mêmes est difficile à établir. De toute manière, ce malaise se greffe sur l'agitation entretenue autour du thème de la « Seconde Révolution ».

Il provient d'abord de politiciens qui songent à s'appuyer sur Röhm pour évincer Hitler et parvenir au pouvoir. C'est, semble-t-il, le cas de Gregor Strasser et de von Schleicher. Si les contacts entre eux sont établis, les rapports avec Röhm sont beaucoup plus douteux. Quant au contenu du « complot » tel qu'il est révélé fin juin par Goering et Himmler (imposer à Hitler un remaniement ministériel), il semble n'avoir existé que dans l'imagination des adversaires de Röhm. Toujours est-il qu'il y a là au moins une virtualité d'opposition de gauche au régime.

Plus sérieuse est *l'opposition conservatrice.* Elle se définit par opposition au thème de la « Seconde Révolution », s'appuie sur le malaise de l'armée et tourne autour de Hindenburg. Perspective redoutable pour Hitler qu'un désaveu venu du Président, qui ne manquerait pas d'entraîner derrière lui les forces armées dont il est constitutionnellement le chef. Or, dès juin 1933, Hindenburg avait convoqué Hitler pour lui faire part de son mécontentement devant la latitude laissée à Röhm et aux S.A. et devant les persécutions dont les Protestants étaient l'objet de la part de la secte pro-nazie des Chrétiens-Allemands. Surtout, en juin 1934, Papen qui reste le porte-parole d'Hindenburg prononce à Marburg un discours retentissant : il y prend vigoureusement position contre l'évolution du régime, ses abus présents et la menace de « Seconde Révolution ». Pris entre les exigences de la S.A. et celles des milieux conservateurs, Hitler peut d'autant moins continuer à éluder le choix que la proximité de la mort du Président pose pour lui le problème fondamental de la succession de Hindenburg qui implique la haute main sur la Reichswehr.

La crise de 1934

Extrait des « Mémoires » de von Papen (Paris, Flammarion éd., 1953)

En mai 1934, le Président quitta Berlin pour se reposer dans sa propriété de Neudeck. Sa santé était déjà très éprouvée. Ce fut la dernière fois que je le vis vivant. Je tins à l'accompagner jusqu'à son train. Aujourd'hui encore, je me souviens de sa dernière phrase, prononcée de sa voix profonde et impressionnante : « Les choses vont très mal, Papen. Faites de votre mieux pour redresser la situation. »

De fait, les choses allaient de mal en pis. Les extrémistes intensifiaient encore leur action révolutionnaire. Probablement, ils sentaient l'inquiétude croissante dans le peuple et essayaient d'étouffer les critiques encore chuchotées par des mesures de plus en plus draconiennes. Peut-être craignaient-ils aussi que les éléments conservateurs ne perdissent patience et n'insistassent auprès du Président pour obtenir l'intervention de l'armée, l'unique soutien encore intact du pouvoir. Intervention qui aurait certainement mis fin au règne des louches intrigants et de la Gestapo.

Manifestement, les chefs nazis s'interrogeaient anxieusement sur l'attitude de l'armée. Il y avait eu une période pendant laquelle Schleicher avait activement appuyé l'idée d'un système de milice qui aurait renforcé l'armée ; d'ailleurs, tant qu'il était resté en fonction, il avait eu le soutien total de Röhm, chef d'état-major des Chemises brunes. À présent, Röhm harcelait Hitler pour obtenir l'adoption de ce système de milice dans le cadre d'un plan de réarmement, donc en violation des termes du traité de Versailles. Mesure qui aurait donné un statut militaire aux Chemises brunes et aurait probablement valu à Röhm sa nomination au poste de commandant suprême de la milice. Alors, Hitler aurait pu compter entièrement sur la loyauté de l'armée. Au cours des mois de mai et de juin, Hitler jouait sans doute constamment avec cette idée. Il savait que la majorité des généraux étaient résolument opposés à ce projet. Même Schleicher n'eût jamais accepté que son plan original fût modifié de manière à faire de l'armée un instrument docile aux mains du parti. Quant à Blomberg, il garantissait la loyauté de l'armée, à la condition expresse que cette mesure ne fût pas prise.

Chaque fois que j'attirais l'attention de Hitler sur les conséquences dangereuses qu'aurait toute concession faite à Röhm, il ridiculisait les exigences du chef des Chemises brunes et les traitait d'aberrations sans importance. Sa décision finale de rompre avec l'aile extrémiste du parti n'était certainement pas motivée, comme on pourrait le croire, par le désir de gagner l'appui des conservateurs, des industriels ou des généraux. La grande « purge » du 30 juin n'impliquait aucunement un retour à la modération. Opportuniste cynique, Hitler choisit tout simplement le moyen le plus facile de s'assurer la loyauté de l'armée, et de consolider son pouvoir absolu.

Au mois de juin, j'étais arrivé à la conclusion qu'il fallait dresser le bilan de la situation. Mes discussions lors des réunions de cabinet, mes arguments, mes insistances directes auprès de Hitler s'étaient révélés absolument vains. Je résolus de faire publiquement appel à la conscience de Hitler.

Or, on m'avait justement demandé de prendre la parole dans le grand amphithéâtre de la vieille Université de Marburg, à l'occasion d'une cérémonie fixée au 17 juin. Sachant que les premières personnalités du monde intellectuel assisteraient à cette manifestation, je préparais mon discours, esquissé dans ses grandes lignes par E. Jung, avec un soin tout particulier. C'était, pensais-je, le meilleur moyen d'atteindre la nation tout entière. Un défi lancé devant un tel auditoire ne pouvait avoir que deux conséquences. Ou bien, je persuaderais Hitler à la dernière minute de renverser la vapeur, ou bien, si cette ultime tentative échouait, je serais forcé de démissionner. De toute façon, je ne voulais plus endosser la responsabilité d'un état de choses que je désapprouvais totalement.

« Il paraît, commençais-je devant l'amphithéâtre bondé, que mon rôle dans les événements de Prusse et dans la formation du gouvernement actuel ait été extrêmement important. Si important par ses effets sur l'évolution de la situation en Allemagne qu'il m'oblige de juger cette situation plus sévèrement, avec un sens critique plus aigu, que la plupart de nos compatriotes. Convaincu de la nécessité d'une régénération de la vie publique, je faillirais à mon double devoir de citoyen et d'homme d'État en taisant les choses qu'à présent il faut dire... Puisque les autres organes de l'opinion publique observent une attitude trop prudente pour être conforme à leur tâche, il incombe à l'homme d'État d'appeler les choses par leur nom... Le ministre de la Propagande semble enchanté par l'uniformité et la docilité de la presse. Il oublie qu'une presse digne de ce nom doit justement signaler les injustices, les erreurs, les abus. »

Après cette introduction, je fis le point de la situation telle que je l'avais trouvée en 1932, et décrivis les étapes de la prise du pouvoir par les nazis. Avènement qui s'était accompli suivant les méthodes démocratiques, puisque le cabinet de coalition avait été formé d'après des principes conservateurs afin de remplacer le système ingouvernable des partis politiques par un État corporatif. Nous avions eu l'intention de résoudre le problème social et de rétablir l'équilibre, moral comme matériel, dans les affaires intérieures du pays. Nous *n'avions certainement pas prévu que la disparition* des partis aboutirait à une dictature totale, à la révolution contre la Loi, les droits de l'individu et l'Église, à l'oppression de tous ceux qui, opposés à ces procédés, étaient traités ouvertement de « réactionnaires ». Nous avions voulu, *avec l'assistance du mouvement national-socialiste*, substituer une structure efficace à un système paralysé. *Mais nous n'avions certainement pas l'intention d'installer un régime totalitaire.*

À présent, le pays se trouvait à la croisée des chemins : fallait-il baser son existence corporative sur les grands principes chrétiens, assises de la nation depuis des siècles, ou fallait-il accepter la destruction de ces principes, destruction prêchée par les nazis ? Pour ma part, j'étais persuadé que les méthodes nazies ne pouvaient aboutir qu'à la catastrophe. Autrefois, les nazis avaient affirmé que, pour être membre du parti, tout individu devait prouver sa valeur personnelle. À présent, la situation avait singulièrement changé : les « intellectuels » du parti contestaient à des savants de réputation internationale le droit d'exercer leur profession, sous prétexte qu'ils n'étaient pas membres du parti. Le mouvement cherchait à saper le sens de la hiérarchie des valeurs, en supprimant la sécurité et la liberté individuelles. Les nazis voulaient ravaler la Loi au rang d'un instrument docile de leurs doctrines, et ils considéraient l'indépendance du pouvoir judiciaire comme une conception démodée. La suppression de la pensée individuelle indiquait une confusion alarmante de la vitalité et de la brutalité ; le respect de la force que révélait cette mentalité était un danger pour la nation.

Je terminais mon discours par un appel à Hitler. Je lui demandais de rompre définitivement et immédiatement avec tous ceux qui, au sein du parti, déformaient ses idées. Un homme d'État digne de ce nom et qui s'apprêtait à jouer un rôle décisif dans l'Histoire de son peuple avait le devoir de contenir les forces révolutionnaires qui l'avaient porté au pouvoir. « Un dynamisme permanent ne saurait permettre la construction de fondations solides. L'Allemagne ne peut vivre dans une atmosphère d'inquiétude constante, une agitation dont on ne voit même pas la fin. »

La purge du 30 juin 1934 et le triomphe de Hitler

Aux mois d'avril et mai 1934, Hitler sonde les chefs de l'armée pour savoir si celle-ci accepterait qu'il succède à Hindenburg. Généraux et amiraux répondent par l'affirmative, à la condition que Hitler garantisse les droits exclusifs de l'armée et diminue les effectifs de la S.A. qui serait détournée de ses prétentions. Or à ce moment Röhm, appuyé par Goebbels, intensifie la propagande en faveur de la Seconde Révolution. Une visite de Hitler à Hindenburg malade, le 21 juin, est décisive : Blomberg présent fait savoir au Chancelier que les paroles de Papen à Marbourg traduisent effectivement les vues de Hindenburg. Hitler se décide alors à l'action pour se débarrasser de toutes les hypothèques qui pèsent sur son pouvoir.

Après avoir mis la S.A. en congé durant les mois de juin et juillet, il profite d'une réunion de tous les chefs S.A. à Wissee, où Röhm est en séjour, pour ordonner leur arrestation. La plupart sont abattus le jour même par les S.S. sur place ou à Munich : Röhm est du nombre. À Berlin, Goering et Himmler dirigent la répression : au total, on compte 150 à 200 victimes. En même temps sont frappés les membres du « complot de gauche » : Schleicher et Strasser sont assassinés chez eux en même temps que von Bredow, adjoint de Schleicher. La répression touche également des hommes de l'opposition conservatrice. Durant la « Nuit des longs couteaux » sont assassinés le chef de l'Action Catholique Klausener, von Kahr, ancien Commissaire d'État en Bavière, et pendant que Papen est gardé à vue dans sa maison et que son bureau est pillé, ses deux plus proches collaborateurs, Bose son secrétaire et le journaliste Jung, rédacteur du discours de Marburg, sont abattus.

Ce très large règlement de comptes permet à Hitler d'éliminer, outre les tenants de la « Seconde Révolution », tous ceux qui sont susceptibles de conduire une quelconque opposition. Or, les résultats sont surprenants. Satisfaits de la disparition du danger S.A., les Conservateurs et l'armée veulent ignorer les autres aspects de la « Nuit des longs couteaux » : le 2 juillet, Hindenburg félicite Hitler et Goering de leur esprit de décision et Blomberg exprime sa satisfaction dans un ordre du jour à l'armée.

Lorsque meurt Hindenburg, le 2 août 1934, on apprend que le cabinet a décidé la veille (1er août) que les fonctions de Président et de Chancelier seraient désormais confondues entre les mains de Hitler, qui devient naturellement chef des forces armées. Les membres conservateurs du cabinet contresignent ce coup d'État constitutionnel, qui est par ailleurs approuvé par l'armée, dont les membres prêtent désormais un serment personnel au Reichsführer Hitler, et par 90 % des électeurs qui votent « oui » le 19 août 1934 au plébiscite par lequel Hitler fait ratifier sa dictature. En un an et demi, Hitler, qui pouvait apparaître en janvier 1933 comme le prisonnier des Conservateurs qui ont permis son accession au pouvoir, a réussi à établir sur l'Allemagne le régime de dictature personnelle le plus rigide que l'histoire ait connu.

Le processus d'établissement de cette dictature mérite d'être noté : en ce qu'il s'appuie sur des bases légales (pouvoir constitutionnel, plébiscites, accord du Chancelier et du Président) ; en ce que Hitler ne perd jamais de vue la nécessité de l'alliance avec les institutions établies et les classes dominantes ; mais aussi en ce qu'il emploie comme élément moteur de l'action politique, soit en la faisant accepter par les institutions légales, soit en intimidant celles-ci, la violence physique, la contrainte morale, la mise en condition du peuple. Instruments de conquête du pouvoir, la violence et la subversion sont aussi pour Hitler moyens de gouvernement. Les traits de la dictature nazie tels qu'ils sont fixés en 1934 ne se modifieront plus jusqu'en 1945. Ils auront seulement tendance à s'accentuer.

Les caractères de l'État nazi

L'État dont les fondations sont jetées entre janvier 1933 et août 1934 repose sur une double base. D'une part, le nazisme, après avoir éliminé les opposants notoires, semble vouloir s'appuyer sur la classe dirigeante traditionnelle dont les cadres demeurent en place, à la tête de l'armée, des finances, de l'économie, de l'administration. D'autre part, s'affirmant résolument nouveau et désireux de manifester son dynamisme, l'État nazi entend privilégier une nouvelle élite issue des couches profondes de la nation, élite rassemblée au sein du parti nazi. Durant les premières années du régime, cette dualité est, tant bien que mal, maintenue. Mais, à partir de 1937-1938, le régime ayant choisi l'expansion extérieure (chapitre 13), met fin au compromis passé avec les classes dirigeantes traditionnelles et fait prévaloir, dans tous les domaines, les conceptions et les hommes du nazisme. C'est alors que le Dr Schacht perd le ministère de l'Économie (1937), puis la présidence de la Reichsbank (1939), que les deux principaux dirigeants de l'armée von Blomberg et von Fritsch sont éliminés en 1938, que le parti impose définitivement ses vues à l'administration. À l'horizon se profile l'État-S.S. qui se mettra en place durant la guerre. Mais dès 1937-1938 se dessinent les véritables caractères de l'État nazi.

Führerprinzip ou polycratie ?

Le *Führerprinzip* qu'Hitler fait triompher dans tous les domaines à partir de 1933 découle directement de sa conception inégalitaire de l'homme et de la nature. Pour lui seuls doivent gouverner les « meilleurs ». Comme aucun critère ne permet de déterminer avec certitude la manière de distinguer les hommes racialement purs destinés à gouverner les autres, dans la pratique on considère que ceux qui ont réussi à être les chefs sont tout naturellement les meilleurs, ce qui, dès lors, leur permet de recevoir des pouvoirs dictatoriaux sur tous ceux qui relèvent de leur autorité. Le principe s'applique en premier lieu à Hitler lui-même à la fois président du Reich, Chancelier, chef du parti. Dans la pratique, il jouit comme *Führer* de pouvoirs charismatiques qui font qu'un lien mystérieux le rattache directement au peuple et qu'aucune loi, aucune administration, aucune tradition, aucun droit acquis ne peut s'opposer à sa volonté. De cette primauté absolue résulte le droit dont il dispose de nommer ou de révoquer à son gré qui bon lui semble et celui de créer une multiplicité d'administrations parallèles qui dépendent directement de lui et doublent celles de l'État : Direction du Service du Travail, Jeunesses Hitlériennes, Administration du Plan de Quatre Ans, et par-dessus tout, parti nazi. De surcroît, en vertu du Führerprinzip, Hitler délègue ses pouvoirs considérables, mais vagues et extensifs, à une masse de Führer au petit pied, chefs de service, dirigeants locaux du parti, industriels dans leur entreprise, paysans dans leurs exploitations, dirigeants des Chambres culturelles de la presse, de la radio, de la vie artistique.

Le résultat de cette pratique est la désintégration progressive de l'État allemand au profit d'une pyramide hiérarchique de personnages tout-puissants, dépendant du Führer, aux compétences mal définies, n'ayant à répondre de leurs actes que devant leur supérieur au sein de ces structures parallèles. Le Führerprinzip a ainsi fait naître en Allemagne une multiplicité de centres de décision secondaires, omnipotents et mal coordonnés entre eux, qui aboutissent à instaurer une extraordinaire anarchie derrière le paravent de la formidable unité d'inspiration que constitue la volonté de Hitler.

Ces deux caractères nettement contradictoires de l'État hitlérien ont donné lieu à deux modèles d'interprétation du régime nazi chez les historiens allemands. Pour l'école intentionnaliste (Klaus Hildebrand, Andreas Hillgruber, Karl Dietrich Bracher...) toute la politique hitlérienne s'expliquerait par l'inspiration de Hitler qui aurait, de longue date, conçu méthodiquement des plans précis qu'il aurait ensuite réalisés point par point sans se soucier des obstacles. Pour eux, c'est donc l'unité imprimée par Hitler à la politique allemande qui est le fait déterminant et elle serait particulièrement nette dans le domaine de la politique raciale et de la politique extérieure. Au contraire, pour l'école fonctionnaliste (Martin Broszat, Hans Mommsen), c'est l'aspect polycratique du fonctionnement du régime qui serait fondamental, chaque centre de décision prenant en ordre dispersé des décisions en fonction d'une conjoncture accidentelle, le rôle de Hitler se bornant à en donner une présentation cohérente, conforme à la doctrine nazie et fournissant les apparences de plans mûrement réfléchis. Le régime nazi évoluerait ainsi de façon anarchique, sans réflexion préalable sérieuse, sa forte homogénéité n'existant qu'au niveau du discours.

L'État totalitaire

Monocratique ou polycratique, l'État nazi peut se définir comme un État totalitaire, négateur de tous les principes de l'État de droit, des lois, des normes, des institutions. Il s'agit de soumettre, dans tous les actes de leur existence, les individus à la doctrine, de les transformer, de créer un « Homme nouveau » conforme aux principes du nazisme, une nouvelle élite dont les nazis constituent le modèle.

Les nazis procèdent d'abord à l'instauration d'un nouveau droit. Proclamant dépassées les conceptions juridiques traditionnelles, ils affirment, avec Goering que « la loi et la volonté du Führer ne sont qu'un ». Nommé commissaire à la Justice et chef du Droit Allemand, Hans Frank déclare aux juristes en 1936 : « L'idéologie nationale-socialiste est le fondement de toutes les lois fondamentales, notamment telle qu'elle est exposée dans le programme du parti et dans les discours du Führer. » Nantis de tels principes, les juristes voient leurs rangs épurés de tous les juifs ou de tous ceux qui sont d'une loyauté douteuse au nazisme ; ceux qui restent sont contraints d'adhérer à la *Ligue des juristes nationaux-socialistes allemands.* Frank révise le code en aggravant la sévérité des peines, en diminuant les garanties données aux accusés et en créant, pour diminuer les pouvoirs de la Cour Suprême d'Allemagne le *Tribunal du Peuple* qui, sur 7 juges ne contient que deux juristes, les cinq autres étant membres du parti, des S.S. et des forces armées, cependant que les crimes politiques sont retirés aux tribunaux ordinaires pour être confiés aux *Tribunaux spéciaux.* En fait, la justice en Allemagne est devenue, en vertu du Führerprinzip, la chose d'Hitler et des nazis.

L'État nazi se dote d'un redoutable système répressif qui est l'instrument de l'État totalitaire. Ministre de l'Intérieur de Prusse, le plus grand Land d'Allemagne, Hermann Goering montre la voie en 1933 en concentrant entre ses mains les pouvoirs de police du Land et en faisant de la S.A. une force de police supplétive, à quoi il ajoute la création d'une police politique, la Gestapo (abréviation de *Geheime Staatspolizei,* Police secrète d'État), d'abord confiée à un fonctionnaire prussien, Rudolf Diels. Mais, dès avril 1934, les pouvoirs de police passent entre les mains d'Heinrich Himmler, chef de la S.S. depuis 1929. Chef de la police de Munich, puis de toute la police politique de Bavière, il soumet à son autorité toutes les polices politiques des Länder qui se trouvent, de fait, soumises à la S.S. En 1936, une nouvelle étape est franchie, Himmler devenant chef de toute la police allemande sous l'autorité nominale de Frick, ministre de l'Intérieur du Reich. En septembre 1939, il réorganise l'ensemble des services de police placés sous sa direction pour en faire le R.S.H.A. *(Reichssischerheitshauptamt)*, la Gestapo devenant l'Amt IV de cette nouvelle structure. À cette puissance policière s'ajoute l'efficacité des services de renseignement (le S.D.), créés par son lieutenant Reinhard Heydrich. La domination de ce redoutable appareil répressif fait de la S.S. et de son chef, Himmler, la puissance dominante de l'Allemagne nazie. À la tête de cette nouvelle élite qui recrute parmi les anciens des Corps-Francs, des intellectuels, des militaires et bientôt des aristocrates et qui ne dépasse pas 250 000 hommes ayant leur propre organisation, leurs tribunaux, leur code, Himmler en fait un véritable « État dans l'État » ayant des allures d'ordre militaire imprégné de la doctrine nazie. La guerre va porter la puissance de ce groupe à son comble et faire parler « d'État-S.S. ».

C'est la S.S. qui est chargée à partir de 1937 de la gestion de l'univers concentrationnaire, manifestation la plus significative de l'État totalitaire nazi. D'abord conçus pour rééduquer les opposants, les camps de concentration ne comprennent jusqu'en 1938 que trois sites, Sachsenhausen, Dachau et Buchenwald. À partir de 1938, l'arrivée d'opposants venus des territoires annexés par le Reich (Autriche et Tchécoslovaquie) nécessite l'ouverture de nouveaux camps dans lesquels commencent à arriver les juifs. À la veille de la guerre, le système concentrationnaire est bien en place avec sa direction par les S.S., ses règlements avec leurs tarifs de punition prévoyant la mort pour tout détenu qui se révolte ou pratique des actes de sabotage, sa hiérarchie d'exécutants choisis parmi les condamnés de droit commun et ses profits tirés du travail forcé de la population des camps.

La création de « l'homme nouveau » demeure cependant le but fondamental du totalitarisme nazi. Le système répressif interdisant l'expression de toute pensée hétérodoxe, les nazis possèdent depuis 1933, par leur mainmise sur la culture et l'école, les instruments d'action qui leur sont nécessaires. Pendant qu'écrivains, artistes qui refusent de s'incliner prennent le chemin de l'exil (comme Thomas Mann) ou se réfugient dans le silence (comme l'écrivain nationaliste Ernst Jünger), qu'on interdit les œuvres des musiciens juifs Mendelssohn et Mahler, que les maisons d'édition et les académies sont épurées, le régime exalte un style néoclassique lourd et figé, s'efforce de lancer une musique *völkisch* et des écrivains qui chantent les vieux mythes germaniques. La stérilité de cette culture importe d'ailleurs peu aux nazis qui la jugent secondaire.

L'essentiel est ailleurs, dans l'effort de propagande et la mainmise sur la jeunesse. Placée sous l'autorité de Goebbels, la propagande a pour instruments essentiels la presse et la radio. Depuis la réorganisation de 1933, un collaborateur de Goebbels, Max Amann, directeur de la maison d'édition Eher, constitue un véritable empire de presse, en particulier par l'expropriation des entreprises juives. Des ordonnances de 1935 édictent de nouvelles conditions de propriété et de financement des journaux qui condamnent à mort de nombreuses feuilles. Vers 1936 ne subsistent plus en dehors des journaux nazis que quelques rares organes indépendants, tenus à l'autocensure pour survivre, l'essentiel de la presse étant aux mains des nazis. Pour tous, Goebbels organise chaque jour des conférences au cours desquelles il indique aux directeurs des quotidiens ses consignes et l'orientation de leurs articles. Instrument plus efficace encore, la radio est entièrement aux mains du régime et son écoute prend l'aspect d'un devoir civique. Elle sera l'instrument fondamental de la propagande nazie, dont Goebbels se servira avec une redoutable efficacité.

La clé de l'avenir demeure le façonnement d'une jeunesse éduquée selon les principes du nouveau régime. Son creuset est la *Jeunesse hitlérienne*, fondée en 1926 et placée en 1931 sous la direction de Baldur von Schirach. Après avoir végété durant la République de Weimar, ne dépassant pas 100 000 adhérents en 1932, elle bénéficie, après l'arrivée au pouvoir des nazis, de la dissolution des autres organisations de jeunesse : le 1er décembre 1936, un décret met hors la loi toutes les associations non nazies et oblige tous les jeunes Allemands à entrer dans la Jeunesse hitlérienne. Fin 1938, elle compte 7 700 000 membres, entraînés sportivement et soigneusement endoctrinés, les éléments les plus doués étant recrutés comme cadres par le parti.

La mise au pas de l'école s'avère plus difficile, les disciplines scolaires ne se prêtant pas toujours aisément aux vues proclamées par les nazis et l'incompétence de Rust comme les excès des « savants » nazis ayant parfois des effets contraires aux buts recherchés. Si bien qu'assez rapidement, le régime se contente d'exclure du corps enseignant les juifs et les démocrates, de mettre à l'index les ouvrages soupçonnés de répandre des vues hostiles au régime et de s'appuyer sur les professeurs et étudiants favorables au nazisme en se contentant d'exiger des autres une adhésion de pure forme, cependant que les Universités doivent adopter le Führerprinzip et reçoivent des recteurs et des doyens désignés par le pouvoir et souvent choisis parmi ses zélateurs. Pour former ses futurs dirigeants, ce n'est pas sur le système scolaire et universitaire d'État que compte le nazisme, mais sur des écoles spéciales, réservées à l'élite en formation, les *Nationalpolitische Erziehunganstalten* (ou Napola) où sont recrutés les futurs officiers de l'armée et les Führer de la S.A., puis de la S.S., les *Adolf Hitler Schulen*, qui forment les fonctionnaires, enfin les *Ordensburgen* réservés aux futurs dirigeants civils et militaires afin de parfaire leur éducation et leur endoctrinement. C'est là que se constitue l'élite nazie, prototype de « l'homme nouveau », fer de lance de la transformation à grande échelle de l'Allemagne, là que se forment les hommes appelés à remplacer, dans les fonctions de direction de l'État, les vieilles classes dirigeantes dont la mise à l'écart commence en 1937-1938 et qui s'accélérera pendant la guerre, à mesure que se met en place l'État-S.S.

L'État totalitaire ainsi mis en place doit avoir pour qualité première de ne comprendre que des citoyens racialement purs, ce qui suppose l'élimination de ceux qui pourraient entacher cette pureté raciale, au premier rang desquels les juifs. L'État totalitaire est aussi un État raciste.

L'État raciste

S'il est un but que l'État nazi a poursuivi de bout en bout et qui apparaît comme l'obsession fondamentale de Hitler et de son régime, c'est bien l'élimination des juifs pour maintenir la pureté de la race. À l'arrivée de Hitler au pouvoir, il y a environ 500 000 juifs en Allemagne, généralement bien intégrés à la société et dont le rôle est important dans le commerce, la banque, la presse, la vie intellectuelle. Inquiète de l'antisémitisme nazi qu'elle combat, cette communauté pense généralement que les nazis au pouvoir, placés au contact des réalités, ne sauraient appliquer les doctrines simplistes qu'ils professent. Ils ne tardent guère à être détrompés. Toutefois, la persécution qui s'abat sur eux va connaître une gradation constante jusqu'à la guerre.

Dès l'arrivée au pouvoir de Hitler, des actions isolées, généralement dues aux S.A., se multiplient contre les juifs, attaques de personnes ou mesures de dissuasion contre les achats dans les magasins juifs. Ces actions précèdent de peu les mesures de persécution mises en œuvre par le parti nazi qui décide le 1er avril 1933 le boycottage généralisé des magasins juifs. Cette première tentative fera long feu. La réprobation qu'elle entraîne à l'étranger et dans une grande partie de la population allemande, la difficulté de définir avec précision ce qu'est un magasin juif conduisent à la rapporter. En revanche, la loi du 7 avril 1933, qui permet d'écarter les juifs de la fonction publique dans le cadre de la « revalorisation » de celle-ci, est relativement aisée à appliquer. Elle est suivie de textes qui interdisent aux juifs l'exercice des professions libérales, les carrières universitaires, les métiers de la presse, du théâtre, de la radio, du cinéma. Le but semble être alors de pousser les juifs à quitter l'Allemagne en commençant par les cadres et les intellectuels. En fait, le nombre des émigrants juifs reste relativement restreint (un peu plus de 150 000) et la plupart des Juifs allemands restent profondément attachés à leur patrie.

Une nouvelle étape est franchie en 1935 avec les lois de Nuremberg qui isolent les juifs du reste de la société allemande, en interdisant les mariages entre juifs et aryens, ainsi que les relations extraconjugales entre ces deux groupes. L'objet est de réaliser la « séparation biologique » souhaitée par Hitler.

Cette politique antisémite connaît une certaine accalmie en raison de la tenue des Jeux Olympiques de 1936 et de la crainte d'un boycottage au cas où la persécution des juifs serait trop ostensible, mais elle reprend en 1937 avec « l'aryanisation forcée » de l'économie allemande, c'est-à-dire la spoliation des biens juifs, qui prépare la mort économique de la communauté. Une preuve spectaculaire des intentions nazies est fournie par la « Nuit de cristal », gigantesque pogrom, organisé durant la nuit du 9 au 10 novembre 1938 par Heydrich, sur décision de Hitler et avec l'orchestration de la propagande de Goebbels, afin de venger la mort du conseiller d'ambassade von Rath, tué à Paris par un jeune juif de dix-sept ans, Grynszpan. Des milliers de magasins et d'appartements juifs sont pillés, la plupart des synagogues incendiées ou démolies pendant que 20 000 juifs sont arrêtés et que 91 perdent la vie du fait des brutalités qu'ils subissent. Sur quoi, les juifs seront imposés de 1,25 milliard de Reichsmarks pour payer les dégâts ! Exclus de la nation allemande, dépouillés de leurs biens, soumis à toutes les brimades organisées par l'État, totalement exclus des secteurs de la vie économique où ils avaient pu se maintenir, distingués du reste de la population par l'obligation de porter l'« étoile jaune », les 375 000 juifs qui restent en Allemagne voient ainsi se mettre en place un « ghetto sans murs » qui fait d'eux un groupe de suspects promis à l'élimination. Le 4 juillet 1939, ils sont officiellement constitués en communauté « placée sous la protection de la police », *l'Union des juifs d'Allemagne.* Tout est prêt pour la « Solution finale » que la guerre va permettre de mettre en œuvre.

L'État raciste

Ordonnance du 28 mars 1933 émanant de la Direction du Parti NSDAP

« 1. Dans tous les groupes locaux et toutes les sections organisées du NSDAP, il faut immédiatement créer des comités d'action chargés de l'exécution pratique et systématique du boycottage des magasins juifs. Les comités d'action veilleront à ce que le boycottage ne frappe aucun innocent mais frappe d'autant plus durement les coupables.

2. Les comités d'action sont responsables de la sécurité et de la protection de tous les étrangers, sans distinction de religion, d'origine ou de race. Le boycottage constitue une mesure purement défensive dirigée exclusivement contre les Juifs allemands.

3. Les comités d'action doivent immédiatement diffuser le boycottage, par la propagande et l'instruction. Le principe est le suivant : aucun Allemand n'achète dorénavant quoi que ce soit à un juif et n'admet qu'une marchandise soit offerte par lui ou par ses sous-ordres. Le boycottage doit s'étendre à tout le territoire. La nation tout entière doit y participer et atteindre ainsi la Juiverie à l'endroit le plus sensible.

4. Dans les cas douteux, il faut s'abstenir de boycotter les magasins qui font l'objet du litige jusqu'à l'avis contraire du Comité Central à Munich, placé sous la présidence de Streicher.
5. Les comités d'action doivent surveiller de très près les journaux pour vérifier dans quelle mesure ils participent à la campagne d'information contre la campagne que mènent les juifs à l'étranger contre nous en nous attribuant des atrocités. Il faut veiller à ce que les journaux qui s'en abstiennent ou qui ne participent que tièdement à cette campagne disparaissent instantanément de toute maison habitée par des Allemands.
Aucun Allemand, aucune entreprise allemande ne doit plus faire insérer d'annonces dans de tels journaux. Ils doivent être proposés à l'opprobre public. Ils sont rédigés pour les compagnons de race juive, non pour le peuple allemand.
6. De concert avec les organisations de cellules dans les entreprises, les comités d'action doivent porter jusque dans l'usine la propagande d'information sur les répercussions de l'action juive dans la production allemande, et partant, sur l'ouvrier allemand : ils doivent instruire les ouvriers de la nécessité du boycottage national en tant que mesure défensive prise pour protéger la production allemande.
7. Les comités d'action doivent pénétrer jusque dans les moindres villages pour y contrecarrer l'activité des marchands juifs, notamment dans les plaines. Par principe, il faut insister sur le fait qu'il s'agit d'une mesure défensive qui nous a été imposée.
8. Le boycottage ne doit pas débuter de façon sporadique mais d'un coup ; les préparatifs en ce sens doivent donc être entrepris immédiatement. Des ordres sont donnés aux S.A. et aux S.S. pour qu'ils mettent en garde la population contre l'entrée dans des magasins juifs dès l'ouverture du boycottage. Le boycottage sera rendu public par l'affichage, la distribution de tracts, la presse, etc. Le boycottage commencera d'un coup le samedi 1er avril à 10 heures précises. Il sera maintenu jusqu'à avis contraire émanant de la direction du Parti.
9. Les comités d'action organisent immédiatement des rassemblements, jusque dans les plus petits villages, pour réclamer l'adoption d'un pourcentage de Juifs dans toutes les professions, proportionnel au nombre de Juifs résidant en Allemagne. Pour intensifier la portée de cette action, les réclamations devront d'abord se limiter aux domaines suivants : a) enseignement dans les écoles secondaires et les lycées ; b) profession médicale ; c) profession d'avocat.
10. Les comités d'action sont, en outre, chargés de veiller à ce que tout Allemand ayant des relations à l'étranger en profite pour répandre la vérité par des lettres, des télégrammes, des conversations téléphoniques disant que l'ordre et le calme règnent en Allemagne, que le peuple allemand ne demande rien d'autre que de vivre en paix avec le reste du monde et que sa lutte est purement défensive.
11. Les comités d'action sont responsables du maintien du calme et de la discipline au cours de cette lutte. Continuez à ne pas toucher à un seul cheveu de la tête d'un Juif ! Nous arriverons à réduire cette campagne d'agitation dirigée contre nous simplement par la force des mesures mentionnées. Plus que jamais, le Parti tout entier doit seconder ses dirigeants et les suivre comme un

seul homme dans une obéissance aveugle. Nationaux-socialistes, vous avez accompli le miracle d'abattre d'un coup l'« État de Novembre ». Vous saurez aussi accomplir cette nouvelle mission. Que la Juiverie mondiale et internationale se le tienne pour dit : le gouvernement de la Révolution nationale n'est pas du vent; il représente en fait le peuple des travailleurs allemands. Celui qui l'attaque attaque l'Allemagne ! Celui qui le calomnie calomnie la nation ! Celui qui le combat jette un défi à 65 millions d'Allemands ! Nous sommes venus à bout des agitateurs marxistes en Allemagne; ils ne nous feront pas fléchir le genou, même s'ils poursuivent à l'étranger leurs trahisons et leurs crimes contre la nation. Nationaux-socialistes, samedi, à 10 heures, la Juiverie saura qui elle a provoqué au combat ! »

Rapport du Chef de la Sûreté Heydrich au Premier Ministre de Prusse, Goering, du 11 novembre 1938

« ... Les rapports reçus jusqu'ici des services de la police de l'État ont donné, jusqu'au 11 novembre 1938, le tableau suivant : il y a eu des pillages de magasins et de maisons de commerce juifs dans plusieurs villes. Des mesures sévères ont été prises pour éviter que ne se produisent des incidents semblables. Au total, 174 personnes ont été arrêtées pour pillage.

On ne peut encore chiffrer l'ensemble des dégâts causés aux magasins et aux logements juifs. Les chiffres donnés dans les rapports : 815 grands magasins incendiés ou détruits par d'autres moyens, 171 maisons d'habitation incendiées ou détruites, ne donnent qu'une idée lorsqu'il ne s'agit pas d'incendies, des dommages effectivement causés. En raison du délai très court imparti pour la remise des comptes rendus, les rapports remis jusqu'ici se contentent d'indiquer des données générales comme « nombreux » ou « destruction de la plupart des magasins ». Il faudrait donc augmenter le chiffre donné par ces estimations.

191 synagogues ont été incendiées, 76 autres entièrement démolies. En outre, onze locaux communautaires, chapelles de cimetière et autres, ont été incendiés et trois autres entièrement démolis.

20 000 Juifs environ, ainsi que sept Aryens et trois étrangers ont été appréhendés. Ces derniers sont détenus pour que leur propre sécurité soit assurée.

36 morts et 36 blessés graves ont été déclarés. Les morts et les blessés sont des Juifs. On signale la disparition d'un Juif. Parmi les Juifs tués : un ressortissant polonais; parmi les blessés : deux.

Heydrich

L'exclusion des Juifs de la nation allemande

a) Ordonnance de Goering, chargé du plan quadriennal, concernant une contribution expiatoire des Juifs ressortissants allemands

« L'attitude hostile du peuple juif envers le peuple et le Reich allemands, qui ne recule même pas devant de lâches assassinats, demande une défense énergique et une dure expiation. C'est pourquoi, me basant sur l'ordonnance pour l'application du plan quadriennal du 18 octobre 1938 (*Journal Officiel du Reich*, I, page 887) j'ordonne ce qui suit :

Art. 1. Le versement d'une contribution de RM 1 000 000 000 au Reich allemand est imposé à la communauté des Juifs de nationalité allemande... »

b) Ordonnance du même pour exclure les Juifs de la vie économique allemande

Art. 1. – 1. Avec effet du 1er janvier 1939, il est interdit aux Juifs d'exploiter des magasins de vente de détail, des entreprises d'expédition ou des comptoirs recevant des commandes, ainsi que l'exercice d'un métier à leur compte.

2. Avec effet du même jour, il leur est également interdit d'offrir des marchandises ou des services artisanaux sur les marchés, dans les foires ou les expositions, quels qu'ils soient, de faire de la publicité ou d'accepter des commandes pour des marchandises.

3. Les entreprises juives exploitées à l'encontre de cette interdiction seront fermées par la police.

Art. 2. – 1. Avec effet au 1er janvier 1939, un juif ne peut plus diriger une entreprise, au sens de la loi régissant la main-d'œuvre du 20 janvier 1934.

2. Si un juif occupe un poste responsable dans une entreprise à but lucratif, on peut lui signifier son congé avec préavis de six semaines. Au terme de ce délai, tous les droits découlant du contrat résilié sont annulés, y compris les droits à l'indemnisation et à la retraite.

Art. 3. – 1. Il est interdit aux juifs d'être membres d'une société coopérative.

2. Les membres juifs des coopératives doivent les quitter avant le 31 décembre 1938. Il n'est pas nécessaire de leur donner expressément congé...

c) Ordonnance du même pour la remise en état de l'aspect des rues par les entreprises artisanales juives

« ... Art. 1. Tous les dégâts d'entreprises commerciales et de logements juifs causés par l'indignation populaire due à la propagande venimeuse de la Juiverie internationale contre l'Allemagne national-socialiste les 8, 9 et 10 novembre 1938 doivent être immédiatement réparés par la propriétaire juive ou le négociant juif.

Art. 2. – 1. Les frais des réparations sont à la charge du propriétaire des entreprises ou des logements endommagés.

2. Les dédommagements des assurances auxquels auraient droit les Juifs ressortissants allemands sont confisqués en faveur du Reich. »

d) Ordonnance du Président de la Chambre Culturelle, Goebbels

« ... L'État national-socialiste ayant depuis plus de 50 ans donné aux Juifs la possibilité de créer et de cultiver leur propre vie culturelle au sein d'organisations spécifiquement juives, il n'est plus loisible de les laisser participer aux manifestations de la culture allemande. L'assistance à ces manifestations et surtout aux représentations théâtrales, cinématographiques, aux concerts, conférences, spectacles artistiques (variétés, cabarets, cirques, etc.), de danse et aux expositions de nature culturelle ne doit donc plus être permise aux Juifs, avec effet immédiat... »

Chapitre 12

La politique économique et sociale du nazisme

Il est malaisé de connaître la doctrine économique des nazis au moment de leur arrivée au pouvoir. Depuis longtemps, on l'a vu, le programme anticapitaliste des 25 Points avait été abandonné. À les en croire, leur but était de soumettre l'intérêt privé à l'intérêt général et, par conséquent, les objectifs purement économiques à leurs desseins politiques. Compte tenu de cette affirmation, on peut dire que, eu égard aux problèmes économiques posés, la tâche était double :

– elle supposait d'abord la fin de la crise économique qui revêtait un double aspect : paralysie du marché intérieur par manque de capitaux circulants et paralysie du marché extérieur par diminution de l'encaisse-devises. Il fallait donc remettre en route l'économie et résorber le chômage ;

– elle supposait ensuite que l'économie remise en route soit placée au service de la politique nazie.

Mais la réalisation de ce double but supposait au préalable la fixation du cadre dans lequel devait s'opérer la politique économique du nazisme, c'est-à-dire des structures de l'économie allemande.

L'évolution des structures de l'économie allemande sous le nazisme

Il faut rappeler qu'au moment de l'arrivée au pouvoir de Hitler, le libéralisme allemand est moribond et que l'État tient en mains les rênes de l'économie. Profitant de cette situation, le nazisme a-t-il tenté d'appliquer un programme socialiste ? L'étude des divers secteurs économiques permet de s'en rendre compte.

Banques et compagnies d'assurances

Dès décembre 1933, le ministre de l'économie Schmitt se propose de « reprivatiser » les parts du capital bancaire que détient l'État. Dès 1937, il a liquidé toutes ses participations aux grandes banques privées. Mais en même temps, la loi du 4 décembre 1934 institue auprès de la Reichsbank un Office de Contrôle qui comprend plusieurs ministres et qui possède un organe exécutif, le Curateur aux banques. D'autre part, si la Reichsbank reste privée, son président est nommé par l'État. Reprivatisé, le système bancaire allemand est donc soumis au contrôle de l'État. Quel est le résultat de ce contrôle ?

– *Pour rendre confiance aux épargnants,* le Curateur aux banques contrôle leur bilan, l'emploi des fonds, le montant des liquidités. Il impose un rapport de 1 à 5 entre capital et réserves propres d'une part, engagements de l'autre.

– *Pour protéger les établissements bancaires contre la concurrence,* il surveille les modifications de capital, les fusions, les créations de succursales, etc. Il interdit la création de nouvelles banques, la prolifération des succursales, la concurrence faite aux banques par les caisses d'épargne.

– Enfin, *l'État se réserve une part importante des disponibilités bancaires.* Banques et caisses d'épargne doivent acheter des titres d'État et les actionnaires de toutes les sociétés doivent consacrer à l'achat de fonds d'État la part de leurs dividendes qui dépasse 6 ou 8 %. En revanche l'État accepte les intérêts souvent fort élevés demandés par les banques pour souscrire aux emprunts. Il en résulte que la dette publique qui atteignait en 1933, 11, 6 milliards de RM atteint 37,34 milliards de RM en 1939 et est détenue à 92 % par les banques.

La situation de 1933 est donc renversée. Alors qu'à ce moment, l'État soutenait financièrement un système bancaire, au bord de l'effondrement, en 1939 la puissance financière de celui-ci est reconstituée. Les banques traitent d'égal à égal avec l'État et sont en mesure de défendre leurs intérêts face à lui.

Les structures industrielles

Suppression du syndicalisme ouvrier (voir chapitre précédent). L'objectif du Front du Travail est double :

– encadrer les ouvriers, membres obligatoires du Front, contrôlés jusque dans leurs loisirs par une filiale du Front, « La force par la joie », qui absorbe tous les organismes culturels et organise croisières, vacances, etc. ;

– assurer selon le *Führerprinzip* la domination du patron sur la grande entreprise. La loi du 20 janvier 1934 le nomme *Führer* de son entreprise. La grève est interdite ; lorsque surgit un conflit entre patrons et ouvriers, celui-ci doit être réglé par le *Conseil de Confiance* (militants nazis élus par les ouvriers de l'entreprise sur une liste dressée par le patron en accord avec le secrétaire de la cellule nazie). Si le désaccord subsiste, il appartient au *Commissaire du Travail*, qui est un fonctionnaire gouvernemental, de trancher.

Aux relations habituelles entre chefs d'entreprise et syndicats ouvriers, le régime nazi a substitué un dialogue entre État et patrons.

Accélération de la concentration. Comme dans le domaine bancaire se sont opérées dans les années 1936-1937 un certain nombre de reprivatisations (Vereinigte Stahlwerke, chantiers navals Deschimag, etc.). Mais si l'industrie évolue dans un cadre privé, l'État possède sur elle bien des moyens de pression par le biais de la répartition des matières premières, des contingentements de devises, du crédit, etc. Comment les a-t-il employés ?

– *Faveur aux cartels.* La loi du 15 juillet 1933 sur la *cartellisation obligatoire* donne à l'État le droit de réunir toutes les entreprises d'une branche donnée dans un Cartel. Comme ceux-ci servent d'office de répartition des matières premières et sont dirigés par les patrons des konzerne, la loi assure la domination du marché par ces derniers.

– *Faveur aux Konzerne.* De 1933 à 1937, le nombre des entreprises a diminué de 9 %, mais le capital moyen des sociétés anonymes n'a cessé de croître, passant de 2,3 millions de marks en 1933 à 3,8 en 1937. D'autre part, des dispositions légales permettent de favoriser la grande industrie : *la loi du 5 juillet 1934* interdit la création de sociétés anonymes d'un capital inférieur à 500 000 marks et impose pour la valeur des actions un minimum de 1 000 marks ; *le décret du 4 mars 1939* décide que les artisans employés à un travail inopportun ou « non conforme » à leurs capacités pourront être obligés d'en exécuter d'autres ; *le décret du 7 mars 1939* décide la suppression pure et simple des petites entreprises qui n'atteignent pas un chiffre d'affaires minimum, et donne jusqu'au 1er avril 1939 aux industriels, commerçants ou artisans qui ont perdu leur gagne-pain pour s'engager dans la grande industrie.

Au sein même de l'entreprise le Führerprinzip aboutit à accroître les pouvoirs des Conseils d'administration au détriment de l'assemblée générale des actionnaires qui perd en octobre 1937 le droit de contrôler la marche de l'entreprise et la répartition des dividendes.

Le nazisme a donc abouti à faire dominer l'économie allemande par quelques gigantesques entreprises fortement centralisées et dirigeant les Cartels : I.G. Farbenindustrie pour la chimie, Vereinigte Stahlwerke pour l'acier, Siemens pour l'électricité, etc.

L'organisation économique. En février 1934, une loi organise les *Groupes Économiques* qui sont des associations patronales. Au nombre de sept (Industrie, Commerce, Banque, Sécurité, Énergie, Transports, Assurances) ils sont dirigés chacun par un Führer, nommé par le ministre de l'Économie. Leur rôle est quadruple : faire pénétrer dans les entreprises l'esprit national-socialiste ; transmettre les décisions du pouvoir et les vœux des membres ;

contrôler et orienter la production en vue de la réalisation des plans; analyser le marché et les besoins en matières premières.

Sur le plan régional, toutes les entreprises d'un même *gau* entrent dans une *Chambre Économique* dirigée par un *Curateur du Travail* et qui a compétence pour les problèmes sociaux locaux et les questions régionales.

L'attitude du gouvernement nazi envers le grand capital, qu'il soit bancaire ou industriel, peut donc se définir comme celle d'une faveur systématique accordée aux grandes entreprises au détriment du monde ouvrier ou des entreprises de petite taille, en échange d'une alliance obligatoire, assurée d'ailleurs par un étroit contrôle.

Les structures agricoles

Là, politique très différente. L'effort principal porte sur la consolidation de la moyenne propriété au moyen du système des *Erbhofe*. La loi s'applique aux exploitations inférieures à 125 ha en faire-valoir direct. Le paysan qui accepte de transformer son exploitation en Erbhof reçoit le titre honorifique de *Bauer*. Führer de son exploitation, il peut désigner son successeur et fixer le contrat de travail de ses salariés. Le domaine ne peut être ni hypothéqué, ni vendu, ni partagé. L'État subventionne les défrichements et les amendements, fournit les engrais à un prix avantageux, garantit la vente des produits. Mais, en revanche, il contrôle la gestion de l'Erbhof et peut adjoindre au Bauer un Conseil de tutelle, s'il l'estime insuffisante. Cette politique maintient ainsi en vie une forme d'activité non rentable économiquement, pour diverses raisons : volonté de maintenir intact un bastion du conservatisme social; idée que la paysannerie fournit la base des armées; croyance en la forte natalité du monde paysan.

Au total, l'étude des structures de l'économie allemande permet d'affirmer qu'en dépit de son programme initial le nazisme n'est nullement révolutionnaire. Conservateur, il s'appuie sur les cadres en place, favorise les structures préexistantes, même si elles ne sont pas économiquement rentables. Il reste à voir quelle a été son action économique et sociale.

La lutte contre la crise (1933-1936)

Elle est mise en œuvre par le premier plan de quatre ans dont l'auteur est le Dr Schacht.

Ouverture par l'État de nouveaux débouchés intérieurs

Devant une économie paralysée, incapable de trouver dans ses propres forces l'impulsion nécessaire à la remise en route de la production, il appartenait à l'État d'effectuer celle-ci pour relancer l'économie.

L'initiative d'État s'exerce d'abord dans le domaine des *grands travaux* (construction de routes et d'autostrades, aménagement de ponts et de canaux, renouvellement du matériel de chemin de fer) confiés à un organisme spécial, *l'Arbeitschaffung,* qui reçoit des sommes considérables, variant de 3,5 milliards de RM en 1933 à 11 milliards en 1935.

Les commandes d'armementt constituent le second poste de la reprise économique. La réalisation du programme d'armements est facilitée par le fait que jusqu'en 1933 le Reich est pratiquement désarmé, mais aussi parce que l'État-Major allemand a, de longue date, construit des prototypes et préparé les cadres nécessaires dans les usines étrangères. Enfin l'appareil de production disposait d'une énorme réserve de puissance disponible puisque, en raison de la crise, il ne tournait qu'à 30 % de sa capacité. Sous l'impulsion des commandes d'État on voit reprendre très rapidement la production de fonte et d'acier.

	Fonte (millions de tonnes)	Acier (millions de tonnes)
1932	3,9	5,8
1933	5,2	7,5
1934	8,7	11,8
1935	12,5	16

Enfin, le gouvernement nazi pratique dès 1933 une politique *d'orientation des prix.* En matière agricole, il fixe des prix plus rémunérateurs qui sont en hausse moyenne de 20 % par rapport à 1932. En revanche, dans le domaine industriel où existe une forte conjoncture à la hausse, il s'efforce de stabiliser les prix. Mais il faut d'ores et déjà noter qu'il est un moyen de reprise économique que le nazisme a délibérément écarté, c'est l'augmentation du pouvoir d'achat des masses. En matière de salaires, la stabilisation est totale. Les chiffres suivants éclairent le problème (on prend pour base l'indice 100 en 1936) : 1929 : 129,5 ; 1933 : 94,5 ; 1936 : 100. En 1936, les salaires bruts horaires ne sont que les 3/4 de ceux de 1929.

Le financement de la politique économique

Résolu à ne pas pratiquer l'inflation et à éviter toute dévaluation, Schacht en est réduit à pratiquer des procédés de prestidigitation économique.

Il commence par *isoler le marché monétaire allemand du marché mondial.* Se fondant sur le contrôle des changes établi en 1931, il détache le mark de l'étalon-or. À l'intérieur, la monnaie n'a plus que la valeur de son pouvoir d'achat ; sur les places extérieures, elle varie selon les accords signés avec les pays étrangers. Le grand danger est cependant l'inflation car la tentation est forte pour le gouvernement d'émettre une quantité exagérée de billets pour financer sa politique économique.

Le préfinancement doit permettre d'éviter l'inflation. L'État, qui passe les commandes, ne disposant pas de capitaux, va financer grands travaux et réarmement au prix d'une inflation déguisée, l'inflation de crédit. Les entreprises travaillant pour l'État reçoivent en même temps que les commandes le droit de tirer une *traite spéciale* représentant le montant du travail achevé. L'industriel peut alors se tourner vers une banque privée pour lui demander d'escompter cette traite, préalablement acceptée par une *banque de garantie* qui est un organisme d'État. L'économie peut ainsi tourner sans que l'État ait à émettre des quantités excessives de monnaie. Toutefois, en 1933, au moment où débute le système, la tentation était forte pour les industriels de reconstituer leurs fonds de roulement épuisés par la crise en mobilisant le plus rapidement possible leurs créances sur l'État. Les banques ainsi sollicitées risquaient alors de se retourner vers la Reichsbank pour lui demander de réescompter les traites spéciales, ce qui provoquerait immanquablement l'inflation.

La ponction monétaire est le complément du système. Elle a pour objet d'éponger une partie importante des disponibilités en circulation pour éviter hausse des prix et inflation. C'est ainsi que banques et compagnies d'assurances sont tenues de souscrire aux emprunts d'État avec une importante partie de leurs disponibilités et que les sociétés par actions sont soumises à la même obligation avec une partie de leurs dividendes. Ce recours incessant à l'emprunt met certes à l'aise la trésorerie d'État, mais accroît le poids de l'endettement. La dette flottante, qui était de 1,5 milliard de RM en 1933, atteint en 1936 2,9 milliards de RM et la dette consolidée passe durant la même période de 7,8 à 10 milliards. À l'emprunt s'ajoute le recours à l'impôt, nécessaire non seulement pour éponger la circulation et financer les grands travaux, mais aussi pour payer les intérêts de la dette ; de 6,6 milliards de RM en 1932-1933, il passe à 9,6 milliards de RM en 1935-1936. Au total, on considère que l'État draine par l'emprunt et l'impôt 85 % des capitaux qu'il met lui-même en circulation.

Le circuit monétaire est donc générateur d'activité économique, mais non d'inflation. Mais ceci à un double prix : endettement de l'État vis-à-vis des banques ; stagnation du niveau de vie par compression des salaires et ponction fiscale.

L'action de l'État sur le commerce extérieur

Dans ce domaine, le IIIe Reich n'a fait que poursuivre la politique de Brüning destinée à éviter le déficit de la balance commerciale.

Mise en place d'un appareil dirigiste. Depuis 1931, en raison du contrôle des changes, la Reichsbank a un droit de regard sur le commerce extérieur. En 1934, une loi autorise le ministre de l'Économie (Schacht depuis le mois de juillet, bien qu'il reste président de la Reichsbank) à surveiller l'ensemble des importations. Il crée alors 25 Offices chargés de canaliser les importations essentielles et entre lesquels la Reichsbank répartit les devises disponibles selon l'ordre de priorité fixé par Schacht.

Les moyens de paiement doivent permettre la reprise du commerce extérieur.

– *Les transferts* s'opèrent en direction des pays qui exigent d'être payés en or ou devises fortes (anglo-saxons, suisses, soviétiques). Mais on s'efforce de limiter les transactions avec ces pays.

– *Les accords de clearing* n'exigent pas de transferts de fonds, mais supposent qu'importations et exportations s'équilibrent. L'Allemagne les conclut surtout avec les pays du sud-est européen (Roumanie, Yougoslavie, Bulgarie, Hongrie) et, en leur achetant une quantité considérable de leurs exportations, les oblige pratiquement à avoir le Reich comme unique fournisseur. Ces accords apparaissent ainsi comme un moyen de colonisation économique.

– *Les marks bloqués* (provenant des investissements étrangers, puisque depuis 1931 les étrangers doivent obligatoirement dépenser leurs revenus en Allemagne) constituent un autre moyen de paiement. Leur masse est si importante que leurs propriétaires sont trop heureux de les céder à leurs compatriotes qui veulent acheter des produits allemands à 20 % au-dessous du cours. Il en résulte une sorte de dévaluation de ces marks bloqués qui donne une prime aux exportations allemandes.

L'ensemble de ces mesures mises au point par Schacht est considéré comme provisoire et a pour objet de promouvoir une reprise économique tant à l'intérieur qu'à l'extérieur. Ensuite, l'Allemagne, réinsérée dans le circuit économique mondial, l'économie stimulée, on pourrait, estime le ministre, en revenir au libéralisme. Ces espoirs ont-ils été réalisés ?

1936-1939 : réalisation de l'autarcie et bilan économique et social du nazisme

L'échec de la reprise

Vers 1936, il apparaît évident que la politique de Schacht a échoué.

Sur le plan intérieur, la compression des salaires n'a pas permis la création d'un vaste marché de consommation qui aurait pu prendre le relais de l'initiative d'État. Il est d'ailleurs caractéristique que cette situation ait conduit les industriels à se détourner des investissements dans les industries productrices de biens de consommation qui s'avéraient peu rentables. On note que le pourcentage des investissements privés par rapport aux investissements totaux ne cesse de baisser, tombant de 38,5 % en 1929 à 32 % en 1933 et 29 % en 1938. C'est donc l'État qui, au prix de son propre endettement, finance l'économie allemande et il le fait avec les capitaux qui lui sont prêtés par les financiers qui préfèrent placer leur argent en bons du Trésor.

C'est donc sur l'État, c'est-à-dire, en dernière analyse, sur la collectivité des contribuables, que repose le poids du fonctionnement de l'économie. Ce fonctionnement présente par ailleurs deux graves inconvénients : sur le plan de la production, il s'oriente vers des dépenses improductives comme les dépenses d'armement ; sur le plan des revenus, il n'aboutit pas à l'élargissement du marché, puisqu'il ne fait qu'accroître les bénéfices des capitalistes qui n'investissent pas, mais prêtent à l'État.

Dans le domaine du commerce extérieur, l'échec n'est pas moindre. La dévaluation du dollar en 1934, en donnant une prime aux exportations américaines, gêne le commerce extérieur allemand qui devient déficitaire. Schacht réussit à rétablir la balance en 1935, mais les exportations allemandes demeurent en 1936 inférieures à ce qu'elles étaient en 1933.

Valeur des exportations et importations *(en milliards de RM)*

	Importations	**Exportations**	Balance *(millions de RM)*
1933	4,2	4,8	+ 667
1934	4,4	4,1	- 284
1935	4,1	4,2	+ 111
1936	4,2	4,7	+ 550

Il apparaît donc qu'en 1936 l'échec est total : l'Allemagne n'est pas réinsérée dans les circuits mondiaux ; la création spontanée de débouchés intérieurs est rendue impossible par les conditions de la reprise. Pour éviter à l'économie allemande l'effondrement, force est de continuer à la soutenir par l'action du dirigisme d'État : l'autarcie semble alors la seule solution après l'échec de la reprise.

La réalisation de l'autarcie

Causes de l'autarcie. En 1936, le réarmement tel qu'il avait été conçu en 1933 touche à sa fin : l'état du potentiel militaire allemand est tel que l'accroître ne pourrait qu'aboutir à accumuler un matériel que l'évolution de la technique ferait apparaître comme rapidement dépassé, à condition bien sûr de se fonder sur l'état de paix. Dans ces conditions, Hitler, dans un discours à Nuremberg à l'automne 1936, définit les nouveaux objectifs économiques qui vont servir de base à l'élaboration du Second Plan de quatre ans, préparé par le Dr Funk, réalisé par Goering : « Dans quatre ans, l'Allemagne doit être complètement indépendante de l'étranger en ce qui concerne toutes les matières premières qui peuvent être fabriquées d'une manière ou d'une autre par le génie allemand, par notre industrie chimique et notre industrie mécanique ainsi que par nos mines. La construction de cette grande industrie allemande de matières premières occupera de façon économiquement utile les masses d'hommes libérées par la fin de notre réarmement. » On ne saurait mieux définir l'autarcie comme une nécessité résultant de l'échec de la reprise intérieure. Mais en même temps, alors qu'on annonce la fin du réarmement, les dépenses militaires ne cessent de croître : 6 milliards de RM en 1934-1935 ; 8 milliards de RM en 1935-1936 ; 12,6 milliards de RM en 1936-137 ; 15 milliards de RM en 1937-1938 ; 18 milliards de RM en 1938-1939.

Ce poids accru des dépenses militaires pèse lourdement sur l'économie allemande dont les disponibilités financières se trouvent ainsi absorbées. Mais Hitler refuse de renoncer au réarmement massif qui traduit ses objectifs politiques et lui permet d'entretenir l'activité économique. L'économie allemande est alors dans une impasse puisque c'est sur ce réarmement dont le seul débouché logique est la guerre que repose l'ensemble de l'équilibre.

Les modalités de l'autarcie. Largement facilitée par la politique protectionniste inaugurée en 1927-1931, *l'autarcie en matière agricole* se marque par l'institution dès 1933 de la « Corporation alimentaire du Reich », *le Reichnärstand.* Cette corporation groupe sur une base locale tous ceux qui concourent à l'alimentation du Reich : paysans producteurs, groupements de vente, coopératives de transformation. Placée sous l'autorité de Darré, ministre de l'Agriculture, elle règle tous les problèmes de main-d'œuvre, de salaires, de technique et de commercialisation.

Dans le domaine industriel, la réalisation de l'autarcie supposait : le développement maximum de toutes les ressources du sol et du sous-sol allemand, qu'elles soient ou non rentables ; la création dans tous les domaines de succédanés, « d'ersatz », pour les produits qui n'existent pas en Allemagne et que celle-ci se refuse à importer désormais.

La mise en œuvre de cette politique fut largement le fait de l'industrie privée, subventionnée par l'État et les banques. Mais dans tous les cas où la politique d'autarcie conduisait à l'exploitation dans des conditions non rentables de sources d'énergie ou de matières premières, l'État créa des entreprises publiques de production. Le meilleur exemple en est les « Hermann-Goering Werke » pour la recherche et l'exploitation du minerai de fer dans des mines abandonnées en raison de leur faible rentabilité et de leur trop grande profondeur.

Le financement de l'autarcie exige la poursuite par l'État des pratiques provisoires mises au point par Schacht pour provoquer la reprise.

– Le montant des traites spéciales, stabilisé par Schacht en 1936-1937, augmente brusquement en 1937 après l'accession de Funk au ministère de l'Économie.

– La dette à court terme, abaissée par Schacht après une opération de consolidation en 1937 à 2,3 milliards de RM, monte à 6,5 milliards en 1938. À la veille de la guerre en 1939, le montant total de la dette publique qui était de 14,3 milliards en 1936 atteint 30 milliards.

– La pression fiscale se resserre. L'impôt sur les sociétés ne cesse d'être relevé (20 % en 1935 ; 25 % en 1936 ; 30 % en 1937 ; 35 % en 1938 ; 40 % en 1939). En 1939 une surtaxe fiscale est imposée aux célibataires et aux ménages sans enfants. Il s'y ajoute une foule de prélèvements sur les salaires : retenue pour l'aide aux chômeurs, secours d'hiver, etc.

– En mars 1939, après la démission de Schacht de la présidence de la Reichsbank, Funk crée les bons d'impôts, donnés par le Reich aux entreprises en paiement de leurs travaux et admis, après un certain délai, pour solder les impôts.

Ainsi la politique d'autarcie, marquant la fin de tout espoir de réinsérer l'économie allemande dans les circuits commerciaux normaux, s'achevait-elle par une ponction sur toutes les catégories de revenus pour permettre l'existence d'une économie tout entière orientée vers la guerre. L'échec économique de 1936 et l'utilisation d'expédients pour perpétuer une situation anormale devaient à la longue décevoir les milieux d'affaires. Ainsi s'explique la rupture avec le IIIe Reich de certains représentants de ces milieux, Schacht et Thyssen par exemple.

Bilan de la politique économique et sociale du nazisme

Bilan social. L'un des résultats les moins contestables est la résorption du chômage : 5,5 millions de chômeurs en 1932, 38 000 en 1939 (il faut toutefois apporter un correctif, car on a évidemment écarté de la liste des chômeurs les incarcérés, les femmes dont le mari travaille et qui restent chez elles moyennant une prime, les 250 000 jeunes gens incorporés dans le Service du Travail et les 700 000 recrues).

En revanche, la hausse des salaires a été faible. Alors que la chute avait été de 25 % entre 1929 et 1933, la hausse des salaires en 1939 n'est que de 14 % depuis l'arrivée au pouvoir des nazis. Il est vrai que les prix ne rattrapent pas non plus leur niveau de 1933. Au total, il y a incontestablement stagnation du niveau de vie.

Bilan financier. On a déjà examiné le gonflement de la dette publique. Par ailleurs les divers expédients employés pour financer la vie économique finissent par aboutir, par le jeu de l'escompte et du réescompte, à une inflation qu'on souhaitait éviter. Le portefeuille-traites des banques et de la

Reichsbank ne cesse de s'accroître, et la circulation fiduciaire double entre 1933 et 1939, passant de 5 à 10 milliards de RM, ce qui est très loin de correspondre à la croissance du revenu national qui passe durant la même période de 50 à 76 milliards de RM.

En définitive, en dépit des expédients monétaires (traites spéciales, bons d'impôt) qui tentent de masquer la crise, la politique d'emprunts à outrance conduit inévitablement le Reich à la banqueroute. De ce point de vue, la guerre ne sera qu'un expédient de plus.

Bilan de production. L'incontestable reprise doit être nuancée. *Au plan agricole,* il y a diminution de la jachère et augmentation considérable de la production de betteraves à sucre (de 8 à 15 millions de tonnes), de pommes de terre (de 44 à 50 millions de tonnes) et d'oléagineux (triplement de la production de colza). Mais la production de céréales stagne.

Au plan industriel, les résultats sont spectaculaires dans le domaine des matières premières, de l'énergie et des biens d'équipement : en juin 1939, les biens de production ont dépassé de 47 % leur niveau de 1928 et de 220 % celui de 1932, la production de houille (186 millions de tonnes en 1938) atteint 98 % de celle de 1913, la sidérurgie, les industries chimiques sont florissantes. Il existe cependant des points noirs qui rendent imparfaite la réalisation de l'autarcie : insuffisance du minerai de fer, du pétrole, des textiles. Et surtout, la production de biens de consommation freinée par l'étroitesse du marché n'atteint en 1939 que l'indice 113 (base 100 en 1928) alors que la population s'est accrue de 12,5 %.

Au total, la très réelle reprise de la production et la résorption du chômage n'empêchent pas que se rapproche en 1939 la perspective de crise que l'on tente vainement d'éviter depuis 1933. L'étroitesse du marché intérieur condamne à l'asphyxie l'industrie à partir du moment où se trouvent réalisés équipement et réarmement, sans que le marché extérieur puisse offrir de véritables débouchés. Les capitaux produits par la reprise des emprunts d'État se trouvent stérilisés par des dépenses improductives, condamnant l'économie allemande à vivre d'expédients. Cet échec s'explique incontestablement par la nature des choix politiques et sociaux du nazisme.

L'alliance avec les milieux d'affaires conduit l'État nazi à freiner les hausses de salaires qui permettraient d'élargir le marché ; mais pour offrir des débouchés aux capitaux accumulés et financer l'expansion artificielle, l'État multiplie les emprunts qui accroissent son endettement. Toutefois ce qui était concevable dans une période de reprise apparaît comme anormal à partir de 1936, lorsque celle-ci étant théoriquement réalisée, l'économie ne parvient pas à retrouver ses mécanismes normaux.

L'État est alors condamné à chercher dans l'autarcie et un réarmement à outrance la solution de la crise menaçante et à utiliser ces armes pour s'ouvrir de nouveaux débouchés à l'extérieur. Mais ainsi, le politique l'emporte définitivement sur l'économique et les hommes d'affaires eux-mêmes deviennent les victimes d'un système qui ne débouche plus que sur la guerre. Les deux éliminations de Schacht du ministère de l'Économie en 1937 et de la présidence de la Reichsbank en 1939 permettent de suivre les étapes de ce choix. À cette dernière date, il n'est plus d'autre solution que la conquête ; la guerre est dans la logique de l'échec économique, autant que dans les tendances profondes du nazisme.

Chapitre 13

La marche à la guerre

Considérée dans *Mein Kampf* comme le moyen par lequel doit se réaliser le programme nazi, la guerre apparaît dans la politique allemande au temps de Hitler comme une possibilité permanente. Toutefois, ce n'est que progressivement qu'elle devient une probabilité qui se réalise finalement en 1939. C'est que, pour franchir le pas, Hitler doit pouvoir compter sur une armée que le traité de Versailles a réduit à l'impuissance; il lui faut également éprouver la résistance et la volonté de combattre de ses adversaires éventuels. Jusqu'en 1935, la démarche nazie reste donc prudente et, si l'on peut dire, expérimentale; ce n'est qu'à partir de cette date que le renforcement de la puissance militaire et l'évolution de la conjoncture internationale vont permettre au dictateur d'opérer une série de coups d'audace qui font débuter la conquête avant la guerre.

L'armée allemande jusqu'en 1935

1919-1930 : la Reichswehr de von Seeckt ou la préparation

L'action de von Seeckt. Au cours des années 1919-1920 le général von Seeckt, avec le poste de chef de la *Heeresleitung*, est en réalité le commandant en chef de l'armée allemande. Son action va s'exercer dans un double sens :

– *refaire de l'armée allemande une force autonome indépendante du pouvoir civil.* En dépit des réticences du SPD, il y parvient avec l'aide du ministre de la Reichswehr, le démocrate Gessler qui, titulaire de son portefeuille de 1920 à 1928, se fera en fait l'adjoint civil du général von Seeckt;

– *transformer la Reichswehr* de 96 000 hommes et 4 000 officiers prévue par le traité de Versailles *en une force militaire virtuelle* qui pourrait ressusciter l'ancienne armée impériale. La volonté de continuité se marque par toute une série d'initiatives : officiers rétablis dans leurs anciennes prérogatives (salut, marques extérieures de respect), siège des 10 brigades (7 d'infanterie,

3 de cavalerie) correspondant à celles de l'ancienne armée impériale, création d'un tableau de concordance officiel indiquant à quel régiment de l'ancienne armée impériale correspond chaque régiment de l'armée nouvelle et maintien des « compagnies de tradition » qui, dans chaque régiment, reprennent les emblèmes et les insignes de l'ancien régiment impérial. Von Seeckt définit d'ailleurs clairement l'esprit de la Reichswehr : « Je juge nécessaire que la nouvelle armée conserve l'esprit monarchique de l'ancien corps des officiers. »

Par ailleurs, il s'agissait de faire en sorte que la Reichswehr soit une véritable armée et non la simple force de police prévue à Versailles. « L'armée ne peut avoir qu'une chose en vue, la guerre, et non pas la paix éternelle », déclare dès 1920 le chef de l'armée. Pour réaliser ses vues en dépit des clauses limitatives du traité de Versailles, il expose dans un ouvrage, *Mémoire sur la réorganisation de l'armée du Reich*, ses préférences pour une armée de haut niveau technique, dotée d'un matériel moderne, très mobile et animée de l'esprit d'offensive. Mais une telle conception suppose de l'argent, du matériel et des hommes.

La question d'argent se heurte au fait que le budget de la Reichswehr doit être voté par le Reichstag. Or, le SPD, pacifiste par vocation, joue un rôle fondamental au Parlement. La coopération des ministres successifs de la Reichswehr va permettre de lever l'obstacle. Arguant de la nécessité du secret en matière militaire, ils obtiennent que le budget de l'armée soit voté globalement et non par chapitres et qu'il soit géré sous la seule responsabilité du ministère de la Reichswehr. Ils obtiennent ainsi que leur soient allouées des sommes considérables qu'ils s'efforcent d'ailleurs d'arrondir par des pratiques spéculatives (Gessler devra démissionner en 1928 après la faillite de la compagnie des films Phoebus dans laquelle il avait investi une partie de son budget !)

Le problème du matériel est plus délicat encore en raison du contrôle exercé par la Commission du Désarmement. Cependant, promulguant en 1921 le règlement général de la Reichswehr, von Seeckt écrivait : « Ce règlement prend pour base les effectifs, l'armement et les équipements d'une grande puissance moderne et non d'une simple force de police. » Mais, outre la difficulté de stocker en Allemagne un armement lourd que la Commission du désarmement pourrait découvrir, von Seeckt professe qu'il est inutile d'accumuler un matériel qui risquerait de se démoder très vite. Il préfère mettre au point des prototypes, à charge pour l'industrie allemande, qui s'équipe après 1923 pour la production en série, de fournir le moment venu, à partir de ceux-ci, les armements nécessaires. Ainsi se développent à l'étranger les fabrications de prototypes pour le compte de la Reichswehr : avions en URSS, Suède et Suisse, autos blindées et chars d'assaut en Suède, sous-marins en Espagne, fusils et mitrailleuses en Hollande, etc.

Le problème des hommes. Réduite à 100 000 hommes, la Reichswehr, constitue une excellente armée de cadres, mais à laquelle se posent deux problèmes graves :

– *la qualification* pour l'utilisation du matériel moderne. Elle s'opère par des stages à l'étranger. Von Seeckt met à la retraite des officiers de 40 ans qui partent en voyage à l'étranger et reviennent deux ans plus tard pour se faire réintégrer avec une qualification nouvelle et un grade supérieur. Beaucoup sont formés en URSS, en échange d'une aide de la Reichswehr à l'Armée Rouge ;

– *les effectifs.* De nombreuses forces supplétives, de qualification d'ailleurs inégale, permettent de donner des rudiments militaires à des hommes qui, le moment venu, viendront grossir la Reichswehr : la police, les troupes de couverture de la frontière *(Grenzschutz)*, les innombrables associations paramilitaires (S.A., *Stahlhelm*, sociétés sportives), etc.

Schleicher, Blomberg et l'Umbau : le réarmement clandestin du Reich

Au tournant des années 1930, les modifications de la conjoncture politique vont permettre de passer à la réalisation des virtualités mises en place par von Seeckt : départ en janvier 1927 de la Commission militaire Interalliée de contrôle du désarmement, obtention fin 1932 de l'égalité des droits à la Conférence du désarmement.

Schleicher et l'Umbau. Entre 1929 et 1932, von Schleicher, chargé des relations entre la direction de l'armée et le ministère de la Reichswehr puis ministre de l'Armée, met au point un plan de transformation de l'armée allemande en 5 ans à partir du 1er janvier 1933, le plan *Umbau.* Approuvé par le général von Hammerstein, Commandant en chef, ce plan de mobilisation prévoit : de porter l'armée allemande de 7 à 21 divisions (de 100 à 300 000 hommes) en « détriplant » les unités ; d'équiper une armée de frontières de 34 divisions (320 000 hommes) ; de former des troupes de forteresse ; de constituer une armée de seconde ligne avec tous les réservistes.

Dès 1932-1933, certaines mesures préparatoires sont prises sous l'autorité de Schleicher : création du « Curatoire du Reich pour la formation de la jeunesse » destiné à superviser la formation donnée à la jeunesse par les diverses organisations paramilitaires, du Reichsbanner aux nazis, formation fondée sur la pratique du *Wehrsport* ; création d'un service volontaire du Travail, théoriquement destiné à employer les chômeurs qui y sont logés et nourris, mais qui consiste en pratique à leur donner une formation militaire ; formation d'unités dotées d'un matériel interdit par le traité de Versailles (artillerie lourde, D.C.A., batteries antichars, bataillons de chars, etc.).

Blomberg et le temps des réalisations. Avec l'arrivée au pouvoir de Hitler et alors que Blomberg est ministre de la Reichswehr, on assiste à un changement de rythme dans la réalisation du plan Umbau. C'est d'abord, dès janvier 1933, le début de la « conjoncture d'armement » dans le domaine économique (cf. chapitre 12) ; c'est ensuite, en ce qui concerne les effectifs, l'accélération du recrutement qui va de pair avec une diminution du temps de service, ce qui a pour effet d'accroître l'importance numérique des réserves instruites (cf. tableau ci-dessous).

Dates	Effectifs	Durée d'engagement
1932	96 000 h	12 ans
1/4/1933	130 000 h	3 ans
1/11/1933	160 000 h	3 ans
1/4/1934	215 000 h	18 mois
1/11/1934	290 000 h	1 an
15/3/1935	380 000 h	service obligatoire

Sans que l'Allemagne ait dénoncé les clauses militaires de Versailles, l'armée allemande est donc sortie des entraves que lui imposait la défaite.

Parallèlement a eu lieu clandestinement un réarmement aérien. À partir de 1930, on fabrique des appareils civils dont une partie peut, en 8 ou 10 jours, être transformée en appareils militaires. À partir de l'installation de Goering au ministère de l'Air, les choses s'accélèrent et, dès 1935, on estime que fabrications et transformations d'appareils civils donnent à l'Allemagne une flotte aérienne militaire d'un millier d'appareils.

C'est à partir de 1935 que, la conjoncture diplomatique aidant, l'Allemagne passe du réarmement clandestin au réarmement ouvert, mais aussi que l'armée échappe à ses dirigeants traditionnels pour tomber sous la coupe des nazis.

L'évolution diplomatique du IIIe Reich et le tournant des années 1935-1936

Les hésitations des années 1933-1935 et l'isolement allemand

La lutte contre l'esprit de Genève est une des idées-clé de la nouvelle politique hitlérienne. Elle pousse le Führer à tenter, pour faire pièce à la sécurité collective, la conclusion d'accords bilatéraux.

C'est ainsi qu'en juin 1933, il adhère au « *Pacte à Quatre* » avec la France, la Grande-Bretagne, et l'Italie. Mais les divergences d'interprétation apparaissent très vite. Alors que pour Londres et Paris, il s'agit d'un accord régional conclu dans le cadre du Pacte de la SDN, Hitler et Mussolini y voient un instrument de révision des traités par le directoire européen ainsi constitué. L'expérience ne sera pas poursuivie.

En octobre 1933, il saisit un prétexte pour *quitter la Conférence du Désarmement et la SDN.* Mais pour calmer les appréhensions françaises, il propose aussitôt un contrôle réciproque des armements entre les deux pays, qui permettrait au Reich de porter ses effectifs militaires à 300 000 hommes et de se doter d'une aviation de guerre. En dépit des pressions anglaises sur le gouvernement de Paris pour le pousser à saisir l'offre, le ministre Barthou répond le 17 avril 1934 par une fin de non-recevoir, assortie d'un sérieux avertissement à l'Allemagne : « La France assurera désormais sa sécurité par ses propres moyens. »

En revanche, Hitler est plus heureux avec la *Pologne.* Désireux de gagner du temps pour achever le réarmement et de désarmer les méfiances de l'Europe à son égard, il réussit à signer avec la Pologne un pacte de non-agression le 26 janvier 1934. Il porte ainsi un coup fatal au réseau des alliances françaises en s'assurant la neutralité du principal allié de Paris à l'est, celui qui, en cas de conflit, devait prendre l'Allemagne à revers.

La volonté de modification des frontières constitue la seconde ligne de force. Elle pousse Hitler à encourager la constitution d'un parti nazi autrichien qui préconise *l'Anschluss.* Mais lorsque celui-ci tente prématurément un coup de force en juillet 1934 en assassinant le chancelier Dollfuss, Hitler voit se dresser sur sa route Mussolini qui envoie 3 divisions à la frontière du Brenner et s'affirme résolu à défendre par la force l'indépendance autrichienne. Le Führer préfère reculer et laisser le gouvernement autrichien réprimer le putsch.

Cet échec est compensé par *le retour de la Sarre à l'Allemagne* en janvier 1935, après un plébiscite au cours duquel 90 % des habitants votent pour le rattachement au Reich.

Mais cette politique, à la fois audacieuse et timide, de remise en cause du statu quo européen a provoqué *l'isolement de l'Allemagne.* Pendant que la France cherche dans un traité avec l'Union soviétique une solution de rechange à l'alliance polonaise, Mussolini, jusqu'alors considéré avec méfiance par les États occidentaux, voit se rapprocher de lui la France et la Grande-Bretagne qui comptent sur sa fermeté pour faire échec à Hitler. Les mesures militaires prises par le Führer en 1935 vont raffermir les alliances qui s'esquissent contre lui.

Le réarmement ouvert. En mars 1935, presque simultanément, Goering annonce que l'Allemagne dispose désormais d'une aviation de guerre, la *Luftwaffe* et Hitler déchirant les clauses militaires du traité de Versailles proclame une « loi sur la reconstruction de la Wehrmacht » en 3 paragraphes : 1. le service militaire obligatoire est rétabli ; 2. l'armée allemande comprend en temps de paix 12 corps d'armée et 36 divisions ; 3. une loi doit réorganiser la nouvelle armée.

Cette dernière, publiée le 21 mai 1935, abandonne le terme de Reichswehr qui avait servi à désigner une force de protection pour celui de *Wehrmacht* (Forces Armées). Cette armée nationale, recrutée par conscription, ne comprend que des « Allemands » au sens racial du terme. Sous l'autorité du Führer, elle est dirigée par Blomberg qui cumule le ministère de la Reichswehr et le Commandement en chef. Indice d'une stratégie nouvelle, aux 36 divisions classiques s'ajoutent 3 divisions cuirassées *(panzerdivisionen)* dont le rôle est de servir de fer de lance aux offensives, selon les théories du général Guderian. Dirigée par le général von Fritsch, l'armée de terre se situe d'emblée dans le cadre d'une stratégie offensive et motorisée ; dès octobre 1935, l'Académie de guerre est solennellement rétablie et aussitôt commence en Allemagne une fiévreuse activité militaire qui aboutit à l'incorporation de 650 000 hommes à l'automne 1935 et de 1 200 000 hommes en 1936. Réorganisée également, l'aviation dirigée par Goering dispose début 1936 de 1 300 appareils, groupés en 6 régions aériennes *(Luftkreise)*. Sous la direction de l'amiral Raeder, la marine de guerre ne dispose encore que d'un nombre restreint d'unités car on vient seulement de mettre en chantier un cuirassé de 10 000 tonnes le Graf Spee, 2 de 24 000 tonnes (Scharnhorst et Bismarck), 1 croiseur, 4 torpilleurs et 11 sous-marins.

Toutefois, l'annonce du réarmement a pour premier effet d'accentuer l'isolement allemand : en mai 1935, la France, concluant les négociations inaugurées par Barthou, signe un pacte avec l'URSS ; et surtout, en avril, naît le Front de Stresa qui regroupe l'Italie, la France et la Grande-Bretagne pour le maintien du statu quo européen. Hitler s'est doté d'une puissance qui pourra devenir considérable, mais en 1935 toute l'Europe semble coalisée contre lui. Son problème fondamental est désormais de briser l'isolement diplomatique.

Le tournant des années 1935-1936

L'accord avec l'Angleterre et le réarmement naval allemand. Une première brèche dans le front de Stresa ne tarde guère à se produire. La Grande-Bretagne, consternée du réarmement allemand, en rend responsable l'obstination de la France qui a refusé tout accord avec l'Allemagne. Aussi lorsque Hitler, après avoir fait connaître les grandes lignes d'un plan de réarmement naval qui inquiète les Britanniques, propose à l'Angleterre de discuter d'un projet qui permettrait de porter la flotte allemande à 35 % de celle du Royaume-Uni, celui-ci se hâte d'accepter. Les négociations aboutissent en juin 1935 à un accord qui autorise la flotte allemande à passer de 108 000 à 420 000 tonnes. Double succès pour Hitler : la Grande-Bretagne accepte son réarmement naval et l'accord de Stresa est en partie vidé de sa substance.

L'accord avec l'Italie et l'axe Rome-Berlin. Plus prometteur encore est le conflit qui, en 1935-1936, dresse l'Italie qui vient de se lancer à la conquête de l'Éthiopie contre ses anciens alliés de Stresa, la France et la Grande-Bretagne. Hitler en tire doublement avantage :

– au plus fort du conflit alors qu'on évoque la possibilité d'une guerre entre les deux grands États occidentaux et l'Italie, il se saisit du prétexte de la ratification par les chambres françaises du pacte franco-soviétique pour déclarer caduc le traité de Locarno et faire entrer ses troupes dans la zone démilitarisée de Rhénanie. Il ne reste plus rien du Titre V du traité de Versailles. Le moment est bien choisi : embarrassées par le problème italien, France et Grande-Bretagne se contentent d'une protestation verbale. Et surtout, Hitler vient d'affirmer à la face du monde la solidarité de fait des dictatures fasciste et nazie, passant ainsi outre à l'hostilité que lui témoigne Mussolini depuis l'Anschluss manqué de 1934 ;

– d'autre part, alors que l'Italie était soumise aux sanctions économiques de la SDN, l'Allemagne lui a fourni les produits qui lui manquaient. L'Allemagne a également été le premier pays à reconnaître l'annexion de l'Éthiopie par l'Italie. Tant de persévérance devait trouver sa récompense. Après que le Reich eût signé avec l'Autriche en juillet 1936 un traité par lequel il reconnaissait la souveraineté de ce pays, Ciano, ministre des Affaires étrangères italien, se rend en Allemagne et signe avec Hitler un traité d'amitié (qui n'est nullement une alliance) que Mussolini baptise peu après « l'axe Rome-Berlin » (novembre 1936).

L'Europe fasciste ? Depuis juillet 1936, la nouvelle amitié germano-italienne fondée sur une approche commune des problèmes européens envisagée dans une perspective fasciste est à l'œuvre en Espagne. Hitler et Mussolini apportent au général Franco, qui lutte contre la République, une aide importante en hommes et en matériel. La fin de l'isolement allemand est d'autre part facilitée par l'éclosion des régimes autoritaires et fascisants en Europe dans les années 1935-1936. On voit tour à tour se doter de régimes dictatoriaux que certains traits rapprochent du fascisme des pays tels que la Lettonie, la Roumanie, la Bulgarie, la Yougoslavie.

La politique d'annexions en pleine paix et la marche à la guerre

L'annexion des terres allemandes, Autriche et Sudètes

Le 5 novembre 1937, lors d'une Conférence à la Chancellerie du Reich, *Hitler révèle à ses généraux et à ses diplomates ses plans d'annexion* (voir encadré en fin de chapitre). Il se heurte aux réticences des dirigeants de l'armée, en particulier de Blomberg et Fritsch qui avaient déjà manifesté en mars 1936 leur opposition à la remilitarisation de la Rhénanie. S'ouvre alors entre l'armée et le Führer un conflit larvé. Tandis que les généraux se trouvent soumis à l'influence du chef d'État-major de l'armée de terre, le général Beck qui, dans un mémorandum, s'efforce de convaincre ses collègues de résister à la politique d'aventure de Hitler, celui-ci se prépare à se débarrasser des chefs traditionnels de l'armée, trop timides à son gré. Il est encouragé dans cette voie par les effets de la conscription qui fait entrer dans les unités des jeunes gens apportant avec eux les idées politiques nazies, très éloignées des conceptions monarchistes et réactionnaires qui sont celles des membres du haut État-Major.

La conférence du 5 novembre 1937 (procès-verbal du colonel Hossbach)

Berlin, le 10 novembre 1937
Procès-verbal, relatif aux pourparlers à la Chancellerie du Reich du 5-11-1937 de 16 h 15 à 20 h 30.
Étaient présents :
Le Führer et Chancelier du Reich,
Le Ministre de la Guerre du Reich, le Feld-Maréchal V. Blomberg,
Le Commandant en chef de l'Armée, le Colonel Général baron v. Fritsch,
Le Commandant en chef de la Marine de guerre, l'Amiral Dr h.c. Raeder,
Le Commandant en chef de la Luftwaffe, le Colonel Général Goering,
Le Ministre des Affaires Étrangères du Reich, baron v. Neurath,
Le Colonel Hossbach.

Le Führer déclare dans son introduction que le sujet des entretiens de ce jour est de si grande importance que dans d'autres États il ferait probablement l'objet d'un débat en Conseil des Ministres, mais que lui, Führer, du fait même de cette importance, s'abstient justement d'une discussion devant un cabinet ministériel. L'exposé qu'il va faire est le résultat de réflexions approfondies et de ses expériences au cours des 4 années 1/2 de son Gouvernement; il veut exposer aux personnes présentes ses idées fondamentales sur les possibilités et les nécessités de notre situation politique, et demande que, dans l'intérêt d'une politique allemande à longue échéance, cet exposé soit considéré comme sa volonté testamentaire s'il venait à mourir.

Le Führer déclare ensuite que :

Le but de la politique allemande a été la sécurité, la survie et l'accroissement de la masse du peuple allemand. Se posait donc le problème de l'espace.

Avec ses 85 millions d'âmes, le peuple allemand représente un noyau racial fermé sur soi si l'on considère le peuplement de l'Europe et la non-disponibilité d'espace à exploiter, et l'on n'en trouve pas de semblable dans nul autre pays. D'un autre côté, le peuple allemand est, plus que les autres peuples, porteur d'un droit à un espace vital plus étendu.

Si, dans le domaine de l'espace, le résultat politique ne satisfait pas le noyau racial allemand, cela résulte d'un développement historique de plusieurs siècles. Si cet état politique persistait, il représenterait le plus grand danger pour le main-

tien de la population allemande à son niveau actuel. Il était aussi peu possible d'arrêter la régression du germanisme en Autriche et en Tchécoslovaquie que de continuer à maintenir la situation actuelle en Allemagne. L'accroissement cédait la place à la stérilisation, entraînant fatalement à sa suite des tensions sociales après un certain nombre d'années, car les idées politiques et la manière de concevoir le monde n'étaient valables qu'aussi longtemps qu'elles pouvaient servir de base à la réalisation des véritables besoins vitaux d'un peuple. L'avenir de l'Allemagne était donc exclusivement conditionné par la solution du problème de l'espace, solution que l'on ne pouvait normalement envisager que pour une période de temps prévisible d'environ 1 à 3 générations.
Le seul remède, qui nous paraît peut-être du domaine du rêve, consisterait à acquérir un espace vital plus étendu, une aspiration qui a de tout temps été la cause de la formation d'États et de migrations de peuples. Évidemment, cette aspiration ne pouvait avoir l'approbation de Genève ou des États rassasiés. Si le souci d'assurer notre alimentation se trouvait au premier plan, l'espace nécessaire à cet effet ne pouvait être cherché qu'en Europe et non pas, se basant sur des conceptions libérales et capitalistes, dans l'exploitation de colonies. Il n'est pas question d'acquérir des hommes, mais un territoire exploitable pour l'agriculture. Il était plus opportun de chercher des régions productrices de matières avoisinant immédiatement le Reich en Europe, et non dans les pays d'outre-mer, et il aurait fallu attendre les effets de cette solution pendant une ou deux générations. Pour ce qui pourrait devenir nécessaire en plus, à l'avenir, il faudrait abandonner la solution de ce problème aux générations futures. Le développement de grandes formations mondiales ne se faisant que lentement, le peuple allemand, avec son noyau racial dynamique, trouverait les conditions les plus favorables pour ce développement au beau milieu du continent européen. L'histoire de toutes les époques a prouvé (Empire romain, Empire Britannique) que toute expansion ne pouvait se faire qu'en brisant des résistances et en prenant des risques. Les contrecoups étaient également inévitables. Ni jadis, ni aujourd'hui, il n'existait de territoire n'appartenant à personne, l'agresseur se heurtait toujours au propriétaire.
Dans le cas de l'Allemagne, il s'agissait de savoir où on aurait le plus grand profit aux moindres frais...
Pour résoudre le problème allemand, il n'y avait que le moyen de la force, et celui-ci ne pouvait jamais être dépourvu de risques. Les luttes de Frédéric le Grand pour la Silésie et les guerres de Bismarck contre l'Autriche et la France avaient comporté des risques énormes et la rapidité d'action de la Prusse en 1870 avait évité l'entrée en guerre de l'Autriche. Une fois établie la décision d'appliquer la force et de prendre des risques, il ne restait plus qu'à chercher une réponse au « quand » et « comment ». Il faudrait distinguer trois cas :

1er cas (Période 1943 à 1945)
Après cette date, nous ne pouvons nous attendre qu'à une évolution en notre défaveur. L'armement de l'Armée, de la Marine, de la Luftwaffe, ainsi que l'instruction du corps d'Officiers sont presque terminés. L'équipement, les armes sont modernisés et, si on attendait plus longtemps, on risquerait de les voir tomber en désuétude. Il est surtout difficile de garder à la longue le secret des armes spéciales. Les renforts en réserves ne pouvant plus se recruter que parmi les classes de recrues

devenant mobilisables, on ne dispose plus de classes plus anciennes n'ayant pas fait de service militaire. En comparaison avec l'armement du monde environnant, notre force militaire relative irait en déclinant. Si nous n'agissions pas d'ici 1943-1945, étant donné le manque de stocks, on pourrait s'attendre chaque année, dans le domaine de l'alimentation, à une crise que nous ne pourrions pas éviter, faute de devises suffisantes. Cela constituerait un moment « d'affaiblissement » du régime. Par ailleurs, le monde attendant le coup que nous allons frapper, d'année en année il augmenterait ses contre-mesures. Tandis que, le monde se garant et se verrouillant, il nous force à prendre l'offensive.
Nul ne pouvait savoir aujourd'hui quelle serait la situation effective en 1943-1945. Ce qui est sûr, c'est que nous ne pouvons plus attendre. D'une part, la grande Wehrmacht et la nécessité d'en assurer l'entretien, le vieillissement du mouvement et de ses dirigeants, d'autre part, la perspective d'une baisse du niveau de vie et d'une chute de la natalité, ne nous laissent d'autre choix que celui d'agir. Si le Führer était encore en vie, il prendrait l'inébranlable décision de résoudre le problème de l'espace vital allemand au plus tard en 1943-1945. La nécessité d'agir avant 1943-1945 était prise en considération dans les points 2 et 3.

2e cas
Les tensions sociales en France se développent jusqu'à une crise intérieure politique telle qu'elle nécessite l'intervention de l'armée française et que celle-ci n'est donc plus disponible pour une guerre contre l'Allemagne, le moment serait venu d'agir contre la Tchécoslovaquie.

3e cas
La France est tellement accaparée par une guerre contre un autre pays, qu'elle ne peut plus rien entreprendre contre l'Allemagne.
En vue d'améliorer notre position militaire et politique, dans tous les cas où nous serions engagés militairement, notre premier objet devrait être de terrasser la Tchécoslovaquie ainsi que simultanément, l'Autriche, pour éliminer la menace sur nos flancs que représenterait une éventuelle poussée vers l'Ouest...
Le Führer estime que la 3e possibilité était plus probable dans un avenir proche, vu qu'elle pourrait résulter des tensions actuelles en Méditerranée ; si elle avait lieu, il était décidé à la mettre à profit à n'importe quel moment, même dès 1938...
Le moment de nos attaques contre la Tchécoslovaquie et l'Autriche devait dépendre du déroulement de la guerre italo-franco-britannique et n'était pas simultané par exemple avec l'ouverture des hostilités de ces trois pays. Le Führer n'envisageait pas d'arrangements militaires avec l'Italie, mais voulait commencer et exécuter la campagne contre la Tchécoslovaquie en toute quiétude en mettant à profit cette occasion favorable unique, l'attaque de la Tchécoslovaquie devant avoir lieu avec une rapidité foudroyante »...
Certifié conforme :
Le Colonel d.G.

Signé : Hossbach

Cité *in* W. Hofer, *Le national-socialisme par les textes, op. cit.*

Ce document, cité comme pièce à conviction au tribunal de Nuremberg, a été établi par l'aide de camp de Hitler, le colonel Hossbach, à la suite d'une réunion secrète tenue à la Chancellerie du Reich le 5 novembre 1937 et rassemblant les dirigeants militaires et diplomatiques du Reich (dont la plupart sont des traditionalistes qui se méfient des initiatives aventureuses du Führer).

Début 1938, alors qu'Hitler se prépare à mettre en œuvre la politique d'annexions, il modifie les cadres de l'armée et de la diplomatie. En ce qui concerne la première, Blomberg et Fritsch sont contraints à la démission à la suite d'un scandale de vie privée pour le ministre et d'une machination pour le chef de l'armée de terre. Hitler prend aussitôt les attributions du ministre de la Reichswehr et du commandant en chef de la Wehrmacht. Pour l'assister dans cette tâche, un organisme technique placé sous ses ordres, l'*Oberkommando der Wehrmacht*, avec comme chef d'État-major un parfait courtisan bien incapable de lui résister, le général Keitel. Le 4 février, le nazi von Ribbentrop devient ministre des Affaires étrangères à la place de von Neurath, trop traditionaliste, et un important mouvement diplomatique concernant les ambassades de Rome, Vienne et Tokyo permet de placer les nazis aux postes essentiels. Si on rappelle que Funk remplace Schacht au ministère de l'Économie préalablement réorganisé par Goering, on peut admettre que, début 1938, l'appareil de la politique de conquête et de guerre est en place.

Mars 1938 : l'Anschluss. Dès la mi-février, le chancelier autrichien Schuschnigg a été convoqué par Hitler pour s'entendre imposer un ultimatum : il doit libérer tous les nazis emprisonnés, donner toute liberté de mouvement aux hitlériens d'Autriche, nommer le nazi Seyss-Inquart ministre de l'Intérieur. Convaincu qu'il s'agit là de la préparation de l'annexion par le biais d'un mouvement subversif intérieur, Schuschnigg tente de réagir en organisant un référendum sur l'indépendance autrichienne, de manière à placer Hitler dans l'impossibilité de prétendre que l'Anschluss correspond aux vœux des Autrichiens. Le 10 mars 1938, pendant que les partisans de l'Anschluss sont mobilisés et que les troupes allemandes se pressent à la frontière, les nazis d'Autriche, puis Goering, exercent une pression directe sur les autorités pour obtenir successivement la renonciation au référendum, la démission de Schuschnigg, la nomination de Seyss-Inquart au poste de chancelier. Dans la nuit, celui-ci demande l'aide des troupes allemandes, qui envahissent le pays sans résistance le 11 mars. Le 13 mars, l'Autriche devient une province du Reich allemand. Pour la première fois, l'Allemagne hitlérienne procède à l'annexion d'un État indépendant. Les États européens n'ont guère réagi.

Munich et l'annexion des Sudètes (septembre 1938). À peine l'Autriche annexée, Hitler fait part à ses généraux de son intention d'incorporer par la force au Reich les monts Sudètes, marge montagneuse de la Bohême où vit une minorité de 3 millions d'Allemands. Une nouvelle fois, le général

Beck tente d'éviter l'aventure, d'abord en adressant à Hitler un mémorandum pour le dissuader d'agir, puis en tentant avec l'aide du Dr Goerdeler, bourgmestre de Leipzig, de monter une conspiration contre Hitler. Mais le Führer, exaspéré, refuse d'écouter le général, et les dirigeants de l'armée de terre, von Brauchitsch et Halder, hésitent à franchir le pas. Découragé, Beck donne sa démission. La voie est ouverte à la force. Le rôle essentiel est dévolu à Konrad Heinlein, chef du parti allemand des Sudètes, dont le rôle est de mettre en avant des revendications inacceptables pour l'État tchécoslovaque.

La crise se noue ainsi à partir de mai 1938. Durant l'été, un médiateur britannique envoyé en Tchécoslovaquie affirme le bien-fondé de la revendication d'autonomie des Sudètes. C'est alors que Heinlein réclame l'annexion des Sudètes au Reich et qu'Hitler, début septembre, se déclare prêt à l'appuyer par la force. Pour éviter un conflit européen (la France et l'URSS ont signé des pactes défensifs avec la Tchécoslovaquie), le Premier ministre britannique Neville Chamberlain se rend par deux fois en Allemagne et se déclare prêt à accorder à Hitler l'essentiel de ses revendications. Toutefois, les revendications exorbitantes du Chancelier (il réclame une annexion sans référendum, le départ immédiat des Tchèques des territoires contestés, la satisfaction des revendications territoriales de la Pologne et de la Hongrie à l'égard de la Tchécoslovaquie) conduisent à la rupture. Au dernier moment, les divers protagonistes acceptent, pour éviter le pire, une proposition de Mussolini : réunir une Conférence internationale pour régler la question tchèque.

Lorsque Français et anglais se présentent à Munich, ils sont déjà vaincus : ils ont accepté les exigences d'Hitler et de Mussolini sur l'exclusion des débats de la Tchécoslovaquie et de l'URSS. Le 30 septembre, ils accordent à Hitler l'essentiel de ce qu'il désire : l'annexion pure et simple des territoires revendiqués, le départ des Tchèques, l'examen des prétentions polonaises et hongroises. L'Allemagne signe ensuite un traité d'amitié avec la Grande-Bretagne et, quelques semaines plus tard, avec la France. Pendant que la position personnelle du Führer est consolidée en Allemagne, les coups de force hitlériens ont comblé les vœux les plus ambitieux des nationalistes. L'humiliation de Versailles est effacée. La paix hitlérienne va-t-elle s'étendre sur l'Europe ? C'est compter sans les vues excessives de Hitler.

La liquidation de la Tchécoslovaquie, l'affaire polonaise et la guerre

Le dépècement de la Tchécoslovaquie. Munich a permis à l'Allemagne d'annexer les Sudètes, mais a empêché Hitler de réaliser son véritable dessein, la liquidation de l'État tchécoslovaque. Ce n'est que partie remise. Dès l'automne 1938, la Tchécoslovaquie est dépecée : les Polonais s'emparent du territoire de Teschen et les Hongrois de la Slovaquie méridionale ; les Allemands encouragent les menées séparatistes dans les deux provinces orientales du pays, la Ruthénie et la Slovaquie, auxquelles le gouvernement de Prague doit accorder une très large autonomie. Lorsque le président tchèque Hacha tente de réagir contre la dégradation de la situation en déposant les gouvernements ruthène et slovaque, le Führer, sous prétexte de protéger l'autonomie des deux provinces, le convoque à Berlin le 13 mars et lui impose, par l'intimidation, de placer son pays « sous la protection de l'Allemagne ». Le 15 mars, la Bohême-Moravie, envahie par les troupes allemandes, devient « Protectorat du Reich » pendant que la Slovaquie et la Ruthénie, proclamées indépendantes, signent des accords qui les placent dans l'étroite dépendance de l'Allemagne.

La disparition de la Tchécoslovaquie a pour résultat de faire prendre conscience aux Occidentaux de la véritable nature de la politique hitlérienne. Jusqu'alors, on pouvait penser qu'Hitler ne souhaitait rien d'autre que ramener au Reich des populations allemandes qui s'en trouvaient séparées ; il devient clair désormais que le Führer est décidé à entreprendre, comme l'annonçait *Mein Kampf*, la conquête d'un espace vital aux dépens des peuples slaves. Il en résulte que Londres et Paris, pour intimider Hitler, décident de donner leur garantie militaire à l'indépendance des peuples menacés par lui. Le premier État à en bénéficier est la Pologne (avril 1939), le plus ouvertement menacé, puis la Turquie et la Roumanie. De son côté, Hitler signe avec Mussolini, qui s'est emparé de l'Albanie en avril 1938 et qui convoite la Grèce, un traité d'alliance, dit « Pacte d'acier » qui est toutefois subordonné au fait que le Duce soit prêt à faire la guerre ou que l'Allemagne lui fournisse les équipements nécessaires (mai 1939). Des deux côtés, on se prépare donc à un conflit jugé inévitable.

La crise polonaise. Dès fin mars 1939, après l'annexion de la Tchécoslovaquie, Ribbentrop a fait connaître à l'ambassadeur de Pologne les exigences allemandes : retour de Danzig au Reich, octroi à l'Allemagne d'une route et d'une voie ferrée bénéficiant de l'exterritorialité pour joindre, à travers le Corridor, la Prusse-Orientale au reste du territoire allemand. Soutenue par la France et la Grande-Bretagne (cf. *supra*) la Pologne, convaincue que l'Allemagne ne cherche qu'à amorcer, comme en Tchécoslovaquie, des capitulations qui lui permettront de s'emparer du pays, refuse tout net. Le printemps et l'été sont une période de tension et d'attente dominées par l'activité diplomatique. Tout en estimant que les démocraties occidentales finiront par reculer comme à Munich, Hitler se prépare cependant à l'éventualité d'un conflit. L'une des grandes inconnues réside cependant dans l'attitude du dernier grand État européen à ne pas se trouver engagé dans le conflit polonais, l'Union soviétique. Depuis avril 1939 des négociations sont en cours entre la Grande-Bretagne et la France d'une part, l'URSS de l'autre, pour la conclusion d'un pacte d'assistance mutuelle assorti d'une convention militaire. Mais les conversations stagnent en raison du peu d'enthousiasme des Occidentaux à se lier avec l'Union soviétique ; d'autre part, la convention militaire achoppe sur le refus de la Pologne et de la Roumanie de laisser passer sur leur territoire les troupes soviétiques pour que celles-ci puissent attaquer l'Allemagne. C'est pendant que les conversations se trouvent ainsi dans l'impasse que l'on apprend brusquement la conclusion, le 23 août 1939, d'un pacte de non-agression germano-soviétique qui ruine tout espoir d'alliance contre Hitler des occidentaux et de l'URSS.

Comment s'explique ce retournement ? Du côté allemand, Hitler répond ainsi aux craintes de ses généraux quant au risque d'une lutte sur deux fronts. Du côté de Staline, les raisons sont plus complexes : s'il est convaincu que la guerre avec Hitler est, à long terme, inévitable, il sait aussi que l'armée soviétique, décapitée par les purges des années 1936-1938, n'est pas prête à l'attaque. Or, depuis Munich, il n'a plus aucune confiance dans les Occidentaux qui ont abandonné la Tchécoslovaquie et qui, il en est convaincu, n'hésiteront pas à abandonner de même l'URSS ; la mollesse avec laquelle se poursuivent les pourparlers anglo-franco-soviétiques n'est-elle pas une preuve de cette mauvaise volonté ? S'entendre avec Hitler, c'est donc détourner l'orage vers l'ouest, gagner le sursis nécessaire à la préparation de l'URSS à la guerre.

Mais ce n'est pas tout. Au pacte de non-agression se trouve annexé un protocole secret qui est un véritable plan de partage de l'est européen, permettant à la Russie de retrouver les territoires perdus au lendemain de la Révolution. Au nord, la première clause place la Lituanie et Vilna dans la zone d'influence allemande, la Finlande, l'Estonie et la Lettonie dans celle de l'Union soviétique ; la seconde clause fixe le partage des zones d'influence en Pologne le long du Narew, de la Vistule et du San ; enfin, la troisième clause atteste le désintéressement de l'Allemagne vis-à-vis de la Bessarabie, pour laquelle au contraire l'URSS affirme son intérêt. Désormais assuré de ses arrières, Hitler peut tenter l'épreuve de force.

La guerre. Dans les jours qui suivent la signature du pacte germano-soviétique, Hitler lance une offensive diplomatique afin d'obtenir que France et Grande-Bretagne se tiennent à l'écart du conflit germano-polonais. Le refus énergique des Britanniques, plus nuancé des Français, n'arrête pas le Führer. Tout en feignant de continuer à négocier avec les Polonais, il donne l'ordre à ses troupes de pénétrer en Pologne le 1er septembre 1939. Le 3 septembre, après d'ultimes et vaines négociations, la Grande-Bretagne et la France déclarent la guerre à l'Allemagne. La Seconde Guerre mondiale est déclenchée.

Chapitre 14

La Seconde Guerre mondiale

La « guerre-éclair » et les victoires allemandes

Septembre 1939-juin 1940 : révélation de la supériorité militaire allemande

La campagne de Pologne, conduite en trois semaines, stupéfie l'Europe. Hitler, comptant sur la passivité française, n'hésite pas à dégarnir la ligne Siegfried et à masser contre la Pologne le gros de ses troupes, soit 70 divisions – dont 7 blindées, chacune avec 500 chars – soutenues par 3 000 avions. Les Polonais ne pourront opposer à ces forces que 30 divisions – dont une blindée– et 400 avions. Il est vrai qu'ils comptent sur leur cavalerie, chargeant sabre au clair comme aux temps héroïques, pour l'emporter par sa souplesse sur les blindés allemands, réputés moins maniables !

Le 3 septembre, les Panzerdivisionen passent la frontière en quatre points et l'armée polonaise se trouve enveloppée avant d'avoir eu le temps de se réunir ; l'aviation sème la panique parmi les troupes qui refluent en désordre. Lorsque les Polonais réussissent enfin à établir autour de Varsovie un point de résistance, on est déjà au 17 septembre, et ce même jour, l'armée soviétique pénètre en Pologne par la frontière de l'est, non défendue, pour occuper les zones que le traité germano-soviétique réserve à l'URSS. Le 28 septembre, après 8 jours de combats, Varsovie, en ruines, se rend. Depuis la veille, Soviétiques et Allemands se sont partagé la Pologne ; la part allemande atteint le Bug alors qu'on avait précédemment prévu la Vistule, et l'Allemagne peut annexer le Corridor, la Posnanie, la Silésie. Le reste de la Pologne occupée constitue le Gouvernement Général de Pologne, où commencent aussitôt les persécutions contre les juifs.

Pendant la défaite de son alliée polonaise, la France n'a pas bougé en dépit de l'opportunité que lui offrait l'affaiblissement de la ligne Siegfried. C'est que son état-major, convaincu des vertus de la tactique défensive, attend que les Allemands viennent se briser sur les défenses imprenables de la ligne Maginot. Cette passivité encourage Hitler à proposer à ses adversaires occidentaux des pourparlers de paix (octobre 1939). Devant leur refus de ratifier ainsi le dépècement de la Pologne, il décide de faire préparer l'attaque contre la France. Retardée par les conditions météorologiques et par la mauvaise volonté de l'état-major allemand (en particulier le commandant en chef de la Wehrmacht, von Brauchitsch et le chef d'état-major Halder qui redoutent les conséquences d'une telle aventure et tentent de dissuader Hitler de la tenter, tout en complotant mollement contre lui), la campagne de France sera finalement précédée d'une attaque de l'Europe du Nord. La décision des Français et des Anglais de miner les eaux norvégiennes, par lesquelles le fer suédois arrive en Allemagne, donne à Hitler un prétexte pour se lancer le 9 avril 1940 à la conquête du Danemark, puis de la Norvège. Un débarquement anglo-français à Narvik ne retarde que de peu la conquête totale du pays. Pendant qu'Haakon VII de Norvège s'enfuit à Londres, les Allemands installent dans le pays un gouvernement à leur dévotion, présidé par le nazi Quisling.

La campagne de France permet d'illustrer la supériorité stratégique et tactique des Allemands. Elle commence du 10 au 12 mai par des attaques contre la Belgique et la Hollande, dans lesquelles le rôle des parachutistes largués au-dessus des villes (à Rotterdam par exemple) est fondamental. Comme l'espéraient les Allemands, le général français Gamelin envoie le gros de ses troupes vers le nord au secours des Belges et des Hollandais. C'est alors que s'effectue ce mouvement, que l'armée allemande perce brusquement par les Ardennes au niveau de Sedan, enveloppant par le sud le gros des forces françaises. En une semaine, du 13 au 20 mai 1940, les blindés du général Guderian s'engouffrent par la brèche ainsi créée et atteignent Abbeville, isolant la masse des troupes françaises, anglaises et belges dans une gigantesque poche. La capitulation de l'armée belge, l'échec de la tentative de percée par le sud du couloir allemand des Ardennes à la Somme, tentée par le général Weygand, nouveau commandant en chef français, condamnent à brève échéance les troupes isolées au nord : 270 000 Anglais et 100 000 Français sont embarqués à Dunkerque dans des conditions difficiles, mais le gros de l'armée française est capturé par les Allemands. Le 5 juin, la poche de Dunkerque résorbée, les Allemands percent le front français sur la Somme et l'Aisne et entament une promenade militaire qui les conduit à occuper une grande partie du pays pendant que les troupes françaises refluent en désordre sur des routes encombrées par les civils qui fuient l'invasion. L'armistice signé le 22 juin 1940 permet aux troupes du Reich d'occuper la majeure partie du pays.

Comment s'explique la rapidité de cette triple victoire ? Moins par la supériorité numérique ou technique des Allemands qui, face aux Français, n'est nullement évidente, que par une tactique militaire incomparablement plus efficace. Alors que leurs adversaires raisonnent, comme en 1914, en termes de guerre défensive, les troupes allemandes jouent à fond le jeu de la rapidité, de la « guerre-éclair », utilisant jusqu'à la limite de l'usure leurs moyens motorisés. Par ailleurs, et toujours en vertu de ce parti pris d'offensive à outrance, ils concentrent leurs moyens modernes, chars et avions, en un point précis du front pour en obtenir la rupture, comme à Sedan, alors que blindés et avions français sont confinés dans un rôle d'appui à l'infanterie. Finalement, l'audace et la rapidité expliquent la victoire allemande et permettent de masquer les très nombreuses insuffisances du matériel et de l'armement que seule révélera la longueur de la guerre. Les victoires allemandes de 1939-1940 sont celles de l'audace tactique d'un état-major de qualité sur un commandement inefficace confiné dans la routine.

Le premier échec de Hitler : la bataille d'Angleterre

La France conquise, Hitler pense que l'Angleterre isolée demandera la paix sans tarder. Il compte d'ailleurs sur les divergences qui opposent au sein même du Cabinet les pacifistes à Winston Churchill, Premier ministre depuis mai 1940 et partisan de la guerre à outrance. Mais la détermination de celui-ci semblant impossible à entamer, il fait décider en juin 1940, malgré les réserves de la *Kriegsmarine*, le débarquement en Angleterre. Mais pour que la traversée puisse s'effectuer, encore faut-il que la *Luftwaffe* s'assure la maîtrise des airs au-dessus de la Manche.

Le 8 août 1940, Hitler déclenche la « bataille d'Angleterre », c'est-à-dire le bombardement intensif et continu de l'île. L'objet en est double : stratégique (il s'agit de détruire au sol l'aviation britannique pour assurer la sécurité du futur débarquement) et psychologique (il s'agit, en bombardant les villes anglaises, de détruire le potentiel industriel du pays et d'ébranler la confiance du peuple britannique).

Sur les deux plans, l'échec est total. Churchill sait insuffler aux Britanniques sa ténacité, et le peuple anglais, meurtri mais décidé, ne se laisse pas impressionner par les bombardements ; d'autre part, l'usage nouveau du *radar* permet aux escadrilles britanniques de prendre l'air avant l'arrivée des avions ennemis qui sont repérés et d'affronter leurs adversaires dans le ciel. La chasse britannique prouve son efficacité en tenant en échec la Luftwaffe. En septembre 1940, Hitler doit donner l'ordre à son aviation de cesser des attaques désormais inutiles. La Royal Air Force a sauvé l'Angleterre. Mais celle-ci, épuisée, isolée dans son île, sans allié, semble promise à un avenir précaire alors que devant les armées de Hitler s'offre un continent à conquérir.

Conquête de l'Europe danubienne et balkanique et offensive contre l'URSS

Au sud, Roumanie et Bulgarie connaissent à quelques mois d'intervalle un sort identique. Adversaire en puissance de l'Allemagne en 1940, la première a connu entre juin et octobre 1940 un dépècement qui évoque celui de la Tchécoslovaquie. Sous la pression allemande, elle a dû céder des territoires à la Hongrie et la Bulgarie après avoir été dépossédée de la Bessarabie par l'URSS. Devant ce démembrement, le roi Carol a abdiqué en faveur de son fils Michel. En octobre 1940, la Wehrmacht envahit le pays « pour protéger les pétroles et instruire l'armée ». La Bulgarie pouvait espérer un sort meilleur; en mars 1941, elle a donné son adhésion au Pacte Tripartite signé entre Italie, Allemagne et Japon pour instaurer dans le monde un « Ordre Nouveau ». C'est donc pour protéger le pays d'un débarquement britannique qu'Hitler le fait occuper aussitôt après cette adhésion.

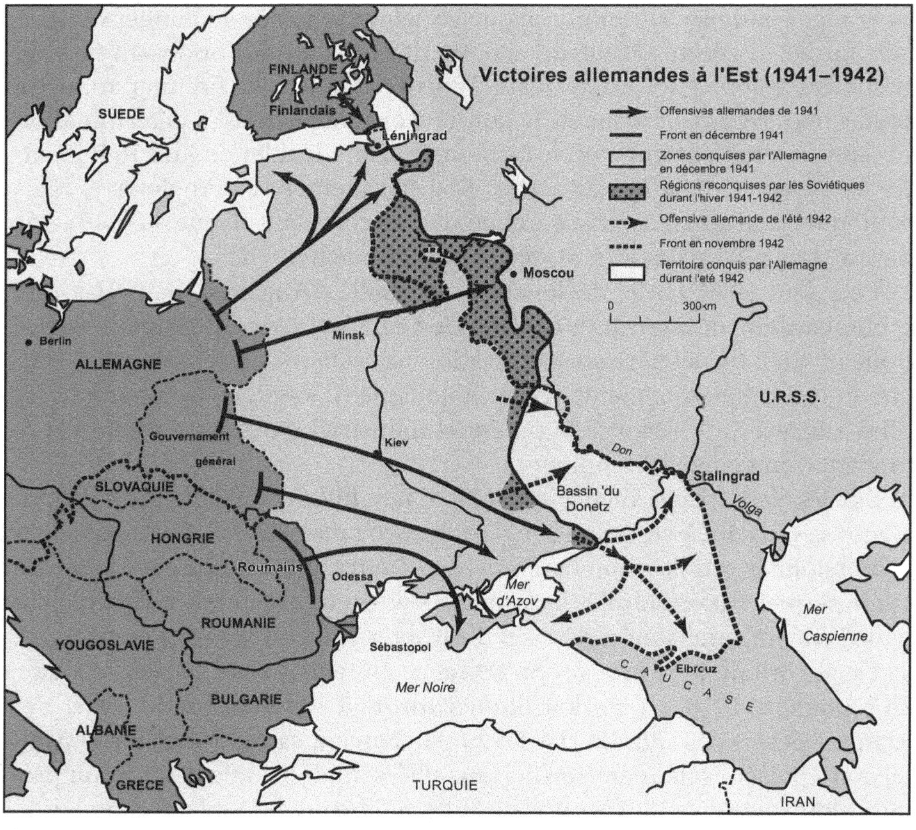

Grèce et Yougoslavie verront leur sort réglé en même temps en avril 1941. La première a victorieusement résisté à une attaque de Mussolini en octobre 1940 ; la seconde s'est débarrassée du germanophile régent Paul pour esquisser autour du roi Pierre II un rapprochement avec l'URSS sous forme d'un pacte de non-agression signé en mars 1941. Le mois suivant, Hitler réagit : la Yougoslavie est occupée en une semaine, la Grèce réduite en moins d'un mois.

L'Angleterre meurtrie et isolée, *il ne reste plus qu'un obstacle* sur la voie de la conquête de l'Europe par Hitler, l'alliée d'hier, l'*Union soviétique*. À vrai dire, l'alliance a connu bien des difficultés depuis qu'Hitler s'est attaqué à l'Europe du Sud-Est. Staline n'a pas vu sans inquiétude l'Allemagne occuper la Bulgarie en mars 1941 et, de son côté, le Führer s'est ému du rapprochement soviéto-yougoslave. Mais la passivité de l'URSS devant l'invasion de la Yougoslavie a convaincu Hitler de la faiblesse soviétique. Dans la nuit du 21 au 22 juin 1941, l'armée allemande, soutenue par des contingents finlandais et roumains, envahit l'URSS par le Nord (pays baltes), le centre (Biélorussie), le sud (Ukraine). En dépit de la résistance acharnée des Russes, les troupes du Reich sont, dès l'hiver, aux portes de Moscou et de Leningrad. Au printemps 1942, l'offensive reprend en se concentrant au sud du front, vers le Don et la Volga, pour couper aux Soviétiques la route du pétrole du Caucase. Durant l'été, les troupes allemandes pénètrent dans Stalingrad et plantent le drapeau à croix gammée sur le Mont Elbrouz, point culminant du Caucase.

À cette date, l'entreprise hitlérienne dépasse déjà les dimensions d'une tentative de conquête de l'Europe, pour atteindre celles de l'édification planétaire de « l'Ordre Nouveau ». Depuis décembre 1941, l'attaque japonaise contre Pearl Harbor a fait entrer les États-Unis dans le conflit ; pour venir en aide à l'allié italien en difficulté, l'Afrika Korps du général Rommel a débarqué en Tripolitaine en février 1941 et, à la fin de l'année, refoule les Britanniques vers l'Égypte. Vers 1942, les États totalitaires, conduits par l'Allemagne hitlérienne, ont de sérieuses raisons d'espérer dominer le monde. Quel visage prend, dans l'Europe asservie, « l'Ordre Nouveau » instauré par Hitler ?

L'Europe hitlérienne

L'« Ordre Nouveau » selon lequel Hitler prétendait organiser l'Europe apparaît tout au plus comme un commode thème de propagande. La réalité est tout autre : elle est dans la subordination totale des pays européens aux intérêts allemands, alors que l'Allemagne elle-même est plus étroitement que jamais soumise à la dictature nazie.

La domination allemande sur l'Europe en 1942

L'Allemagne et ses conquêtes

La Grande Allemagne victorieuse a vu ses limites territoriales accrues. Elle englobe désormais 100 millions d'habitants et, aux conquêtes des années 1938-1939, ajoute les territoires de langue allemande, considérés comme « aryens » selon la terminologie nazie, Eupen et Malmédy, le Luxembourg, l'Alsace-Lorraine, la Slovénie du nord et la Styrie.

Liées à cette Grande Allemagne, les autres conquêtes connaissent des statuts différents, selon de subtiles distinctions déterminées par le caractère plus ou moins « aryen » des populations, leur participation plus ou moins importante à la « croisade contre le bolchevisme » ou des circonstances fortuites. Il en résulte une géographie complexe de ce que l'on peut appeler « l'Empire allemand ».

– Au bas de l'échelle, les *Protectorats,* peuplés de Slaves et, de ce fait, jugés indignes de l'annexion au « Grand Reich » : la Bohême-Moravie, le Gouvernement Général de Pologne, les territoires conquis de Russie. Ils sont de simples réservoirs de main-d'œuvre et de matières premières et semblent destinés à servir de zone d'expansion aux Allemands après la paix, pendant que leur population tomberait en esclavage.

– *Les États vassaux* se subdivisent en deux catégories : ceux qui sont placés directement sous contrôle des militaires allemands sans que leur statut soit clairement défini, ni qu'un gouvernement soit en mesure de les administrer : Belgique, France occupée, Grèce, Serbie ; ceux qui ont conservé leurs gouvernements, lesquels gardent des pouvoirs d'administration, mais dont la liberté politique est limitée par la pression allemande : France de Vichy, Danemark, Norvège ou Pays-Bas.

– *Les alliés* enfin, qui se sont rangés volontairement dans le camp allemand et dont les contingents combattent à ses côtés en URSS : Finlande, Slovaquie, Hongrie, Roumanie, Bulgarie, Croatie et bien sûr Italie. En fait, seule cette dernière a connu quelque temps un statut d'égalité avec l'Allemagne. Ses défaites successives de Grèce et d'Afrique le lui ont fait perdre et, à partir de 1942, elle est placée comme les autres alliés dans une situation inférieure et subordonnée à l'Allemagne. Leur sort tend à s'aligner sur celui des pays vassaux.

Qu'il s'agisse de l'Allemagne ou des territoires de son empire, l'« Ordre Nouveau » se manifeste par le même caractère d'*oppression politique.* En Allemagne même, la guerre a servi de prétexte à un renforcement de la dictature hitlérienne ; un décret d'avril 1942 donne au Führer droit de vie et de mort sur la population ; tout manquement à l'obéissance est considéré comme une trahison vis-à-vis de la nation en guerre et la Gestapo frappe lourdement tous ceux qui sont simplement soupçonnés de tiédeur envers le nazisme et sa guerre : emprisonnements par milliers, exécutions sommaires, tortures, déportation sont le lot des victimes. Les pressions des autorités allemandes s'efforcent de contraindre les autres territoires de l'empire à la même « unanimité ». La chose est aisée là où les Allemands sont les seuls maîtres. Ailleurs, on demande aux gouvernements des pays vassaux ou alliés de « collaborer » avec l'Allemagne, c'est-à-dire d'administrer le pays selon les intérêts allemands : en Norvège, Quisling se fera ainsi le docile auxiliaire des occupants dans la soumission du pays, pendant qu'au Danemark, l'énergique refus du roi d'accepter les exigences allemandes permettra à son pays de conserver une certaine marge d'autonomie.

Le cas de la France est plus complexe. Sous l'influence de Pierre Laval, le maréchal Pétain patronne une politique de collaboration dont l'objet est de donner aux occupants un certain nombre de satisfactions limitées pour obtenir de lui un meilleur sort à la paix. En fait, seuls les dirigeants français et l'ambassadeur allemand Otto Abetz croient à une collaboration bilatérale ; l'expérience prouvera que les dirigeants du Reich ne la conçoivent que comme un moyen d'obtenir des Français des avantages volontaires sans contrepartie.

La lourde dictature nazie a suscité en Allemagne et en Europe la naissance de *mouvements de résistance* politique et militaire.

En Allemagne, deux obstacles s'opposaient à l'efficacité de la résistance anti-nazie. Le premier était d'ordre psychologique : combattre le Führer, n'était-ce pas trahir la nation en guerre, attenter au patriotisme ? Le second était plus matériel ; l'arrestation massive des antinazis, permanente depuis 1933, privait la résistance de ses chefs éventuels et l'omniprésence de la Gestapo condamnait d'avance tout mouvement à l'inefficacité. Dans ces conditions, la résistance allemande n'est le fait que de petits groupes à l'action limitée : cercle de Kreisau, réuni autour du comte Helmut von Moltke qui cherche moins à renverser le régime qu'à prévoir la manière de combler le vide politique après son effondrement militaire, petit groupe d'étudiants de l'Université de Munich (le mouvement est baptisé la « Rose Blanche ») qui distribue des tracts à partir de 1942. Plus lourdes de dangers pour Hitler sont les organisations de résistance communiste : si le Comité national de l'Allemagne Libre installé à Moscou et dirigé par les émigrés Wilhelm Pieck et Walter Ulbricht a peu d'influence dans le pays, sur place l'organisation d'espionnage *Rote Kapelle* se montre d'une grande efficacité. Mais la Gestapo aura raison de tous ces mouvements : de 1942 à 1944, ils sont démantelés et leurs chefs arrêtés. Finalement, le seul mouvement de quelque importance résulte de la convergence de deux courants traditionnels d'opposition : celui des démocrates qui attendent d'un coup d'État la fin du nazisme et dont l'inspirateur est l'ex-bourgmestre de Leipzig, Karl Goerdeler ; celui des militaires groupés autour de l'ancien chef d'État-Major de l'armée, le général Beck, partisan depuis 1938 d'un complot militaire. L'union de ces deux courants conduira au seul acte de résistance effectif de la guerre : l'attentat à la bombe du 20 juillet 1944, exécuté contre la personne de Hitler par le colonel Claus von Stauffenberg. Son échec entraîne des milliers d'arrestations et 5 000 exécutions : toute une partie de la vieille caste aristocratique et militaire prussienne disparaît.

En revanche, les mouvements de résistance européens sont d'une grande efficacité dans la mesure où ils condamnent à l'échec l'Europe de l'Ordre Nouveau. Nés d'un réflexe de défense patriotique contre l'occupant, ils sont nourris des exactions allemandes qui suscitent l'exaspération des habitants des pays conquis et voient leur recrutement assuré par tous ceux que le régime d'occupation conduit à la clandestinité : démocrates, communistes (après 1941), juifs, prisonniers évadés, réfractaires au travail obligatoire en Allemagne. En Europe occidentale, l'activité de la résistance est surtout propagande hostile à l'Allemagne et à la collaboration, constitution de filières d'évasion, renseignement au profit des Alliés. Ce n'est qu'à partir de 1943 que les activités militaires croissent, essentiellement en France : sabotages, actions de guérilla et constitution d'une armée clandestine qui servira d'auxiliaire aux Anglo-Américains en 1944. En revanche, en Europe de l'Est et dans les Balkans, la résistance revêt d'emblée un caractère militaire, condamnant les occupants à l'insécurité et à une répression de plus en plus violente.

Un tract du groupe de résistance : « La Rose Blanche »

Camarades,

Notre peuple a appris, et avec quelle émotion, la défaite de Stalingrad. 300 000 Allemands ont été réduits sans raison à la mort et à la ruine. Voilà où nous a conduits la géniale stratégie du caporal de la Première Guerre mondiale. Führer, nous te rendons grâce !

L'agitation fermente dans le peuple. Continuerons-nous à confier le sort de nos armées à ce dilettante, à sacrifier aux vils appétits de puissance de cette clique ce qui subsiste encore de la jeunesse allemande ? Non, mille fois non ! Le jour est venu où la jeunesse allemande va régler son compte à l'odieuse tyrannie qu'a endurée notre peuple. Au nom de cette jeunesse, nous réclamons à Hitler le bien cher à tout Allemand : la liberté individuelle, cette liberté dont il nous a si tristement frustrés.

Nous avons grandi dans un État où était impitoyablement bâillonnée toute liberté d'expression. Durant nos années de jeunesse, les plus propices à la formation des Jeunesses Hitlériennes, les S.A. et les S.S. ont essayé de nous uniformiser, de transformer notre nature, d'annihiler notre personnalité... Il serait difficile d'imaginer élite plus diabolique et plus bornée que celle choisie par Hitler ; elle recrute les futurs hauts dignitaires du parti parmi des profiteurs immondes, effrontés et sans scrupule. Et toute cette clique forme la suite aveugle et stupide du Führer...

Pour nous, il n'existe qu'un seul mot d'ordre : « Luttez contre le Parti ! » Sortez de ces filières où l'on veut vous tenir bâillonnés...

Le nom allemand restera à jamais entaché de honte si la jeunesse allemande ne se soulève pas enfin pour venger son peuple, tout en faisant pardonner ses

> fautes, pour écraser ses tortionnaires et édifier la nouvelle Europe intellectuelle. Étudiants, étudiantes, les yeux du peuple allemand sont fixés sur nous. Nous représentons à ses yeux la force de l'Esprit... en 1943, le peuple allemand attend de nous la... lutte contre la terreur nationale-socialiste...
>
> Cité *in* W. Hofer, *Le national-socialisme par les textes*, *op. cit.*

L'économie de guerre

Conquise par Hitler, l'Europe voit son économie pliée aux buts de guerre des nazis.

En Allemagne, l'effort de guerre a été finalement assez tardif. Hitler écarte les suggestions du général Georg Thomas qui aurait souhaité dès 1938 une politique d'armement « en profondeur », de manière à donner une priorité absolue à l'industrie lourde dans l'économie allemande et à assurer au cours d'une guerre longue une production suffisante de matériel de guerre. Le Führer redoute les effets psychologiques sur la population d'une limitation trop importante des industries de consommation et, par ailleurs, il compte sur la *Blitzkrieg* pour lui éviter les inconvénients résultant d'un allongement de la guerre. Jusque fin 1941, les événements lui donnent raison et, de ce fait, l'Allemagne ne connaît pas les effets de l'économie de guerre : le ravitaillement de la population, la production de denrées de consommation ne varient guère par rapport à la période d'avant-guerre et le niveau de vie demeure presque identique.

En revanche, la guerre en Russie change la face des choses. Dès 1942, Speer, devenu ministre de l'Armement, fait admettre par Hitler la nécessité de planifier l'ensemble de l'économie allemande et de la soumettre aux nécessités de la guerre ; désormais le « Bureau pour la planification centrale » dresse la liste des besoins, établit les priorités, répartit la main-d'œuvre et contrôle la production. Il en résulte un accroissement continu jusqu'à l'été 1944 de la production de matériel de guerre. Après cette date, les effets des bombardements et l'incorporation massive de tous les hommes disponibles compromettent définitivement l'effort économique entrepris. La population ressent les effets de cette mobilisation sur son niveau de vie, à partir de 1943 : denrées alimentaires et produits de consommation courante deviennent plus rares ; le rationnement apparaît et avec lui le marché noir. Cette situation ne cesse de se dégrader jusqu'en 1944, où la pénurie prend des allures catastrophiques.

En Europe occupée, la pénurie débute dès 1940. Hitler assigne en effet aux pays conquis la tâche de fournir à l'Allemagne l'argent, les produits et la main-d'œuvre qui lui seront nécessaires dans son effort de guerre. C'est d'ailleurs à ce prix qu'il peut jusqu'en 1942 maintenir le niveau de vie des Allemands.

– *L'argent* vient des contributions de guerre, théoriquement destinées à couvrir les frais d'entretien des armées d'occupation, en fait fixées unilatéralement par l'Allemagne à un montant beaucoup plus élevé. La France verse ainsi à l'occupant 400 millions de francs par jour, qui deviendront 500 millions après novembre 1942.

– *Les produits* proviennent soit des réquisitions, soit des achats effectués selon la procédure des accords de clearing que le Reich ne soldera d'ailleurs jamais. On assiste pratiquement à une exploitation éhontée des territoires occupés. Pendant que les denrées alimentaires prennent le chemin de l'Allemagne, où elles permettent d'assurer à la population une alimentation quelquefois supérieure à celle de l'avant-guerre, les usines passent sous contrôle allemand et doivent fournir le matériel dont le Reich a besoin. Pratiquement toute l'industrie européenne doit prioritairement satisfaire les besoins allemands, militaires ou civils. Il en résulte évidemment une grande pénurie dans les pays occupés qui connaissent très tôt rationnement et marché noir.

– *La main-d'œuvre* doit remplacer en Allemagne les hommes mobilisés sur les divers fronts. Ce sont d'abord les prisonniers de guerre qui assument cette tâche; mais, très vite, ce palliatif s'avère insuffisant. Après avoir tenté d'attirer en Allemagne des travailleurs volontaires, les nazis procèdent plus brutalement : Sauckel est chargé de réquisitionner dans les pays occupés les hommes nécessaires. En Europe occidentale, il crée le Service du Travail Obligatoire qui fixe les contingents que doit fournir chaque État; à l'Est, il procède lui-même aux rafles de main-d'œuvre. Au total, 14 millions d'Européens (dont les 2/3 sont Polonais et Russes) ont ainsi dû travailler de force pour le Reich.

L'exploitation économique révèle donc le véritable caractère de l'Ordre Nouveau en Europe : il ne s'agit pas de reconstruire le continent selon de nouveaux principes, il s'agit de mettre l'Europe au service de l'Allemagne.

La politique raciale

C'est dans le domaine de la persécution raciale qu'apparaissent surtout les objectifs « idéologiques » de l'« Ordre Nouveau ».

Les juifs furent les principales victimes de la politique raciale hitlérienne. Il est vrai que, dans ce domaine, la politique nazie trouve un appui dans l'antisémitisme qui règne dans un certain nombre de pays conquis : en Pologne, les juifs sont tenus à l'écart; en Hongrie une législation raciale est très vite mise en place et en France même le gouvernement de Vichy, pétri de principes maurassiens, promulgue un « statut des juifs » dès le 18 octobre 1940, avant même que l'occupant en fasse la demande. Il semble qu'au départ, les nazis aient songé à parquer les juifs dans une « région-ghetto » : le Gouvernement Général de Pologne, où sont organisés toute une série de ghettos, est le premier lieu désigné; après la défaite de la France, on songe à Madagascar. Mais dans l'euphorie des premières victoires en Russie s'ébauche un plan bien plus ambitieux : la « solution finale », c'est-à-dire l'extermination de tous les juifs européens. Chargé en juillet 1941 de dresser un rapport sur la question, Heydrich fait adopter en janvier 1942 un plan qui entre aussitôt en application : construire des camps où les juifs seront parqués et exterminés dans des chambres à gaz. Dans toute l'Europe commencent les grandes rafles destinées à alimenter les convois qui convergent vers Auschwitz, Maïdenek, Belzec, Treblinka, etc., où périront six millions de juifs.

Les Slaves, ces « sous-hommes » dont le territoire doit servir de champ de colonisation aux Allemands, connaissent d'autres formes de persécution. En Pologne, soumise au « gauleiter » Hans Frank, les nazis détruisent la classe dirigeante polonaise (intellectuels, fonctionnaires, prêtres et grands propriétaires), interdisent toute forme d'activité intellectuelle (écoles, théâtres, musées, bibliothèques doivent fermer), de manière à préparer une génération d'esclaves qui serviront leurs maîtres. Himmler déclare qu'il suffit d'apprendre aux enfants à compter jusqu'à 500, à obéir aux Allemands et à être honnêtes, travailleurs et sages ! Des procédés du même ordre sont employés avec une égale sauvagerie en URSS occupée et en Tchécoslovaquie. L'Europe orientale et centrale paie un très lourd tribut aux folies raciales du nazisme !

Mais, à partir de 1943, le retournement militaire et les premières défaites allemandes font prévoir l'effondrement de l'empire nazi.

La défaite allemande et le bilan de la guerre

Le retournement militaire de 1942-1943

En quelques mois, de l'automne 1942 à l'été 1943, les contre-offensives des alliés vont réduire à néant les espoirs nazis de domination du monde.

À l'Est, les Allemands arrêtés devant Stalingrad depuis l'été 1942 subissent en novembre une vigoureuse contre-offensive russe. Encerclé, le maréchal von Paulus doit capituler le 5 février 1943 avec les 70 000 survivants de son armée. Au total, ce désastre coûte au Reich 300 000 hommes tués, blessés ou prisonniers. C'est le début du reflux allemand ; brisant toutes les contre-attaques des troupes de Hitler, les Soviétiques, qui possèdent désormais l'avantage du nombre, poursuivent inexorablement leurs offensives, aboutissant au printemps 1944 à repousser les Allemands hors du territoire de l'URSS, sur leurs lignes de 1941.

En Afrique, les troupes de Rommel subissent en octobre 1942 un échec à El-Alamein à 80 km d'Alexandrie, et doivent reculer vers l'ouest. Mais elles sont prises à revers par un débarquement anglo-américain en Afrique du Nord (novembre 1942) qui provoque le ralliement aux alliés des troupes françaises d'Algérie et du Maroc. En mai 1943, les dernières troupes germano-italiennes d'Afrique doivent capituler en Tunisie.

En Europe occidentale, un débarquement anglo-américain en Sicile (en juillet 1943), puis dans la péninsule italienne, provoque la chute de Mussolini et la signature d'un armistice par le gouvernement du maréchal Badoglio (septembre 1943). L'intervention hâtive des troupes allemandes permet de bloquer l'avance alliée sur le Garigliano, mais le Reich doit supporter le poids de la guerre en Italie.

L'effondrement allemand

La libération de la France sonne le glas des espoirs allemands de résister aux alliés en Europe. Le 6 juin 1944, malgré les défenses du Mur de l'Atlantique, les troupes anglo-américaines commandées par le général Eisenhower réussissent à débarquer en Normandie. Bloquées quelque temps par des renforts allemands, elles parviennent en juillet à percer le front à Avranches. Dans tout le Nord de la France, les Allemands doivent reculer en déjouant les actions de harcèlement et les sabotages de la Résistance. Le 25 août, le général von Choltitz capitule dans Paris devant le général Leclerc et le colonel Rol-Tanguy, commandant les résistants parisiens. Le 15 août 1944 un second débarquement en Provence, suivi de la libération de la vallée du Rhône, contraint les chefs allemands à évacuer rapidement le Sud-Ouest et le centre de la France avant que ne se referment les deux branches de la tenaille, près de Dijon (10 septembre 1944). Fin 1944, à l'exception de l'Alsace, le territoire français est perdu pour Hitler.

L'effondrement. De la fin 1944 au printemps 1945, la domination allemande se décompose. À l'Est, les Soviétiques, après avoir pénétré en Pologne, libèrent les Balkans ; à l'Ouest, Anglais, Américains et Français franchissent le Rhin et pénètrent sur le territoire du Reich. Pour gagner du temps et permettre aux savants de mettre au point les armes nouvelles sur lesquelles il compte pour redresser la situation (fusées, avions à réaction et peut-être la bombe atomique), Hitler lance durant l'hiver 1944-45 des contre-offensives désespérées dans les Ardennes et en Hongrie. Mais après quelques succès initiaux, elles tournent court. Dès le début 1945, à l'Est et à l'Ouest, les Alliés reprennent leur avance inexorable.

Les Allemands connaissent à leur tour les rigueurs de la guerre et de la défaite : le ravitaillement manque cruellement, de même que le combustible ; les bombardements font des ravages (100 000 morts à Dresde au printemps 1945). L'action de la Gestapo et la propagande de Goebbels poussent les Allemands à résister avec acharnement à l'invasion. Vieillards et jeunes gens sont enrôlés, défendent les villes, maison par maison, pratiquent la tactique de la terre brûlée. Mais l'énergie du désespoir ne peut empêcher la défaite : le 22 avril, les Américains atteignent l'Elbe ; le 25 avril 1945, les Russes encerclent Berlin où Hitler se suicide le 30, après avoir destitué Himmler et Goering, coupables de rechercher un accommodement avec les Alliés. Nommé président du Reich, l'amiral Doenitz cherche à retarder la capitulation pour permettre au plus grand nombre possible de ses concitoyens de se réfugier dans les territoires contrôlés par les Occidentaux. Mais, le 8 mai, il doit s'incliner : le maréchal Keitel signe à Berlin la capitulation sans conditions du Reich. Refusant de reconnaître le gouvernement provisoire de Doenitz, les Alliés décident de placer l'Allemagne sous le contrôle des quatre commandants en chef alliés, cependant que Berlin est également divisé en quatre secteurs d'occupation. L'unité allemande a vécu.

Bilan de la guerre

Quelle est la situation de l'Allemagne au lendemain de la guerre entreprise par Hitler pour la domination du monde ?

Territorialement, le Reich sort diminué du conflit. À l'Ouest et au Sud, la perte de l'Alsace-Lorraine, de l'Autriche et des régions annexées de Tchécoslovaquie le ramènent à ses frontières de 1937. À l'Est où les Alliés n'ont pu s'entendre lors des diverses conférences internationales sur une ligne frontière, la victoire russe établit une situation de fait : tous les territoires situés à l'Est d'une ligne déterminée par les fleuves Oder et Neisse passent sous administration polonaise pendant que la Prusse orientale est partagée entre Russie et Pologne. L'Allemagne perd ainsi 100 000 km^2 et 12 millions d'habitants.

En revanche, les projets de démembrement du pays ne reçoivent aucune suite ; en attendant de régler la question, les quatre zones d'occupation, auxquelles s'ajoute Berlin, deviennent des entités politiques indépendantes les unes des autres et entre lesquelles le passage est malaisé.

Économiquement, une très lourde menace pèse sur l'Allemagne. Sans aller jusqu'à adopter les vues du secrétaire américain au Trésor Morgenthau, qui veut transformer le Reich en une zone agricole, les Alliés entendent empêcher pour l'avenir la constitution d'une puissante industrie lourde capable d'entraîner le pays dans de nouvelles aventures militaires. Dans ces conditions, les fabrications de matériel de guerre sont interdites et les autres fabrications industrielles étroitement contrôlées. Il s'agit de limiter l'ensemble de la production industrielle à 50 % de celle de 1938. D'autre part, les industriels qui ont soutenu le nazisme doivent abandonner leurs fonctions, et pour l'avenir, les cartels sont interdits. Enfin les Réparations seront payées en nature : les avoirs allemands à l'étranger, évalués à 10 milliards de Reichsmarks, sont confisqués de même que les brevets et marques de fabrique, la flotte de guerre et de commerce est livrée aux Alliés, des usines doivent être démontées et transférées chez les vainqueurs. L'économie allemande est menacée de mort.

Or ces décisions sont d'autant plus graves qu'une effroyable misère règne dans le pays. La vie économique est totalement désorganisée : 3,5 millions d'Allemands sont morts durant le conflit, 6 millions sont prisonniers ; la destitution d'un grand nombre de fonctionnaires et de chefs d'entreprise para-

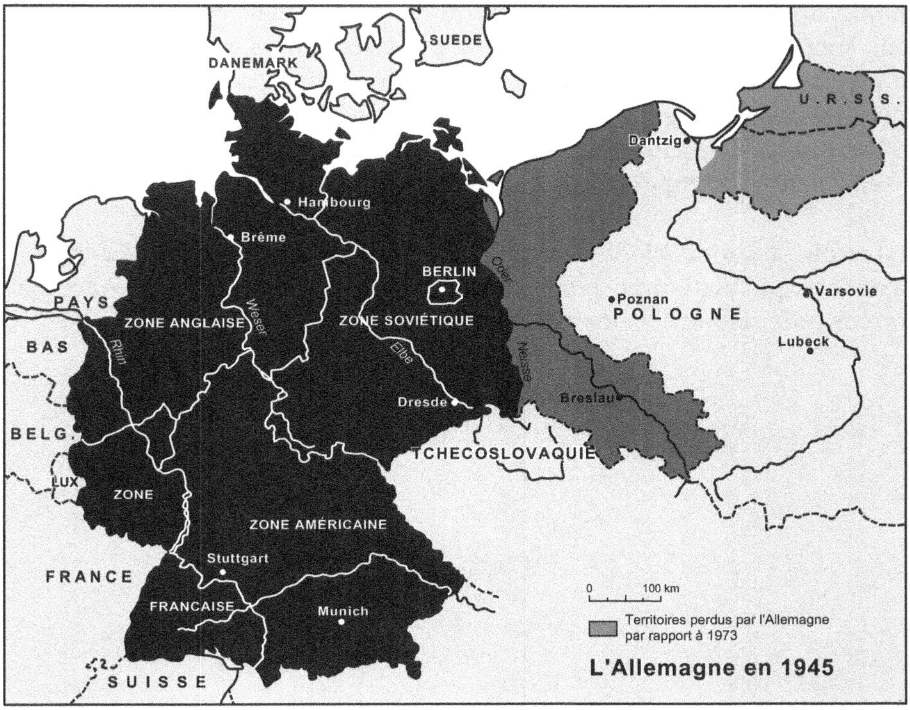

L'Allemagne en 1945

lyse l'activité ; des milliers de ponts et des centaines de kilomètres de voies ferrées sont détruits ; la production s'est effondrée : elle est en matière industrielle à l'indice 27 (base 100 en 1936), dans le domaine agricole à l'indice 50 (base 100 en 1939) ; les bombardements ont détruit les 2/3 des immeubles des grandes villes. Et, pour ajouter au marasme, des millions de civils déracinés affluent dans le pays : habitants de l'est fuyant devant l'Armée Rouge, expulsés des Sudètes (3 millions), de Pologne ou des territoires annexés par les Russes (10 millions), des Balkans (1 million). Dès l'hiver 1945-1946, la situation devient effroyable : il faut loger hâtivement dans les villes cette masse de sans-abris, les nourrir au prix d'un sévère rationnement, lutter contre le froid, la sous-alimentation des enfants, les épidémies.

Moralement et politiquement. Tous ceux qui ont occupé un poste de responsabilité, aussi infime soit-il, deviennent suspects aux yeux des vainqueurs.

Les dirigeants du IIIe Reich, considérés comme criminels de guerre sont jugés de novembre 1945 à octobre 1946 par un tribunal international réunissant des juges des quatre puissances victorieuses, qui siège à Nuremberg : douze accusés sont condamnés à mort, trois à la détention à vie, quatre à des peines de prison. Mais la « dénazification » touche aussi des responsables de moindre envergure : fonctionnaires, enseignants, chefs d'entreprise doivent remplir un questionnaire qui permettra de juger de leur culpabilité. Beaucoup sont destitués, ce qui contribue à paralyser le pays en le privant d'une bonne partie de sa classe dirigeante ; certains sont jugés par les tribunaux militaires des vainqueurs dans chaque zone d'occupation. Des excès et des erreurs, ajoutés au climat de suspicion générale, donnent aux Allemands le sentiment que leurs vainqueurs les traitent en peuple globalement coupable.

La folle aventure hitlérienne laisse un pays en ruines, menacé d'éclatement, une population en pleine misère et moralement atteinte. Après la période hitlérienne, l'Allemagne semble retourner au néant.

Chapitre 15

La reconstruction et la remise en cause de l'Unité allemande (1945-1955)

Au lendemain de la Seconde Guerre mondiale, l'Allemagne n'est plus qu'un champ de ruines. Maîtres par leur victoire du destin du pays, les Alliés doivent d'abord assurer sa survie, ensuite procéder à la reconstruction, pratiquement à partir du néant, de ce qui n'est plus, politiquement et économiquement, qu'un grand vide au centre de l'Europe. Mais parce que cette reconstruction s'opère dans le contexte de la guerre froide qui oppose ses vainqueurs et occupants, l'Allemagne en sort scindée en deux États étrangers et hostiles.

La reconstruction politique (1945-1949)

Par la déclaration du 5 juin 1945, les Alliés annoncent qu'ils prennent en charge le sort de l'Allemagne ; le 30 juillet, en application de cette décision, le Conseil de contrôle quadripartite qui réunit les quatre commandants en chef américain, soviétique, anglais et français tient à Berlin sa première réunion ; au mois d'août, la conférence de Potsdam, après avoir entériné les annexions de fait opérées par la Pologne et l'Union soviétique, prévoit que « l'Allemagne sera traitée comme une entité économique unique » et, à cette fin, envisage la création d'une administration centrale capable de gérer les finances, les transports et le commerce extérieur ; pour donner à cet embryon de gouvernement une certaine représentativité, la reconstitution des partis politiques pour l'ensemble de l'Allemagne est autorisée (toutefois, le parti national-socialiste est interdit en septembre). Telles sont les bases sur lesquelles va s'opérer la reconstruction politique : elles permettent aux Allemands d'espérer la reconstitution de leur État ; les pratiques différentes des Alliés et l'opposition des vainqueurs vont en décider autrement.

Les occidentaux face au problème allemand

La renaissance de la vie politique est largement due aux initiatives américaines. Si le conseil de contrôle quadripartite est théoriquement souverain, en fait chaque commandant en chef est maître de sa « zone » et l'Allemagne de 1945 constitue 5 tronçons pratiquement indépendants (les quatre zones d'occupation et Berlin). À l'Ouest, des oppositions se font jour entre les Français, partisans d'une Allemagne morcelée, et les Anglo-Saxons qui souhaitent l'application des accords de Potsdam ; mais les nécessités de la vie quotidienne poussent les Alliés de l'Ouest à procéder à la constitution d'une dizaine de Länder avant même d'envisager sérieusement le problème des structures du futur État allemand. Dès 1945, désireux de voir les Allemands participer à leur propre reconstruction, les Américains font procéder dans leur zone à des élections aux conseils municipaux et aux *Landtage* (assemblées des Länder dotées de pouvoirs constituants). Anglais et Français finissent par les imiter. Ces élections révèlent la renaissance des courants politiques supprimés par le nazisme mais sur des bases notablement différentes.

Le premier enseignement de ces consultations électorales est la très nette et toute nouvelle tendance à la bipolarisation de la vie politique. Si, ici ou là, des notables libéraux qui s'uniront plus tard dans le Parti Libéral démocratique (*Freie demokratische Partei*, FDP) sont élus, deux forces fondamentales dominent l'échiquier politique.

– *Les Chrétiens-Démocrates* regroupent des militants des deux confessions catholique et protestante (à la différence de l'ancien Zentrum, uniquement catholique), dont beaucoup sont des résistants anti-hitlériens (c'est dans la prison berlinoise de Moabit qu'est née l'idée de la constitution du nouveau parti), décidés à construire une Allemagne nouvelle sur des bases de démocratie, de solidarité sociale et de liberté. D'abord organisés sur la base territoriale des Länder, ils se fédèrent en 1946 à l'initiative de l'association de Cologne présidée par Konrad Adenauer pour former la CDU (*Christlich Demokratische Union*, Union Chrétienne Démocrate) ; cependant la branche bavaroise, reprenant une tradition solidement établie, demeurera indépendante sous le nom de CSU (Union Chrétienne Sociale) et avec une idéologie sensiblement plus conservatrice.

– *Les Socialistes* tentent de reconstituer le vieux Parti social-démocrate et une Conférence se tient à cet effet à Wenningsen, près de Hanovre, en octobre 1945. Elle voit se dessiner une vigoureuse opposition entre Otto Grotewohl (qui a passé la guerre en Union soviétique), partisan d'une fusion avec le parti communiste, et Eric Ollenhauer et Kurt Schumacher qui refusent cette solution ; cette dernière thèse l'emporte et Schumacher, rescapé des camps nazis, est porté à la présidence du parti en 1946, alors qu'en zone orientale les Soviétiques imposent la fusion rejetée à l'Ouest.

La guerre froide va tout à la fois consolider la renaissance de la vie politique à l'Ouest et creuser le fossé entre zone soviétique et zones occidentales. Au cours des années 1946-1947, les désaccords entre alliés font échouer toutes les rencontres destinées à concrétiser les accords de Potsdam ; pour les occidentaux, l'ex-allié soviétique devient l'adversaire potentiel, l'ancienne ennemie vaincue un enjeu et un atout. Cette modification du contexte politique général explique les initiatives anglo-américaines, suivies d'assez mauvais gré par les Français pour unifier les zones occidentales et leur donner des structures d'État :

– *fin 1946*, les zones anglaise et américaine sont réunies et constituent la « Bizone », gérée économiquement par un Conseil siégeant à Minden, politiquement par deux Conseils élus ;

– *en mars 1948*, la Charte de Francfort donne à la Bizone un véritable gouvernement économique avec un Exécutif (le Directoire, dans lequel le principal rôle est tenu par Ludwig Erhard) et une Assemblée législative. La « Bizone » et la zone française sont admises au bénéfice de l'aide Marshall ;

– *en juin 1948*, après une conférence tenue à Londres, la France, qui avait jusque-là résisté aux sollicitations anglo-américaines, mais que la guerre froide rend de plus en plus solidaire de ses alliés occidentaux, accepte, contre la création d'une autorité internationale de la Ruhr, la réunification des trois zones occidentales en un État de type fédéral, dont la création sera préparée par des élections à une Assemblée Constituante.

La naissance de la République fédérale, en 1949, est la conséquence de cette décision. Elle entraîne d'ailleurs une vive réaction soviétique : le blocus des secteurs occidentaux de Berlin par voie de terre (juin 1948), qui obligera les Américains à ravitailler la ville au prix d'un « pont aérien » ininterrompu jusqu'en 1949. Mais les conséquences de cet événement seront capitales :

– il révèle qu'à l'ancienne hostilité du temps de guerre s'est substituée une solidarité de fait entre les Allemands de l'Ouest et leurs vainqueurs occidentaux face à ce qui leur apparaît comme la menace soviétique ;

– de ce fait, il a raison des réticences des nouveaux milieux politiques allemands face à la création d'un État qui aurait pour conséquence de consolider la division allemande (seuls les Bavarois demeureront à l'écart de cette création alors que tous les autres Länder de l'Ouest y participent).

En septembre 1948 arrivent à Bonn les délégués des dix Länder de l'Ouest qui constituent un Conseil Parlementaire constituant ; celui-ci élit à sa présidence Konrad Adenauer. Le 23 mai 1949 est publiée la Constitution du nouvel État, la « Loi Fondamentale » ; en août est élu le premier Bundestag ;

députés du Bundestag et des Landtage élisent Theodor Heuss à la présidence de la République ; en septembre 1949, Konrad Adenauer est élu Chancelier Fédéral par la majorité des députés du Bundestag. La République Fédérale Allemande est née.

La politique soviétique en Allemagne

Les débuts de la zone d'occupation soviétique. Plus encore que ses collègues occidentaux, le commandant en chef soviétique jouit dans sa zone d'une indépendance totale. Il va la mettre en œuvre pour réaliser deux objectifs : l'un à court terme, l'octroi à l'URSS de substantielles réparations de guerre (voir seconde partie) ; l'autre, plus ambitieux, consistant à inclure l'Allemagne (si possible tout entière) dans la zone d'influence soviétique, en procédant à sa « démocratisation ».

Dans le cadre de cet objectif essentiel, la première arme semble être la terreur ; durant les premières semaines de l'occupation, la population est livrée au bon plaisir des troupes victorieuses (cf. encadrés) : il s'ensuit une véritable panique qui provoque la fuite vers l'ouest d'une fraction de la population, souvent la plus aisée économiquement. Très vite, à ce procédé vont se substituer les mesures de socialisation et de dénazification. Les premières atteignent les grands domaines agricoles qui sont partagés et certaines industries de base, sapant ainsi la puissance économique de la classe dirigeante ; quant à la « dénazification », elle revêt une acception très large, puisqu'elle atteint non seulement d'authentiques nazis, mais aussi de grands bourgeois et des membres des classes moyennes, un « capitaliste » étant par définition fasciste. Au total, plus de 500 000 personnes sont révoquées, 100 000 enfermées dans des camps. Très vite, il n'y a plus en zone orientale de classe dirigeante susceptible de s'opposer à la « démocratisation » telle que la conçoivent les Soviétiques.

À partir de juin 1945, celle-ci va recevoir un contenu positif. Un décret autorise la reconstitution des partis politiques antifascistes. Dans le mois qui suit, quatre grandes formations voient le jour : le Parti communiste allemand (KPD), dirigé par des émigrés retour d'URSS. (Wilhelm Pieck et Walter Ulbricht) ; le Parti social-démocrate (SPD), dont le principal animateur est, en zone orientale, Otto Grotewohl ; le Parti libéral démocratique et l'Union chrétienne-démocrate. Sous la pression des autorités d'occupation, ces quatre partis forment un Front d'unité antifasciste et démocratique. Cependant, le Parti social-démocrate offre une très forte résistance aux projets de fusion avec les communistes, souhaitée par ceux-ci comme par les Soviétiques ; malgré les décisions hostiles à la fusion de la conférence de Wenningsen d'octobre 1945, décisions qui traduisent le sentiment de nombreux cadres et militants du parti, le ralliement de Grotewohl à cette solution permet la mise en place au Congrès d'avril 1946 du Parti socialiste unifié (*Sozialistische Einheitspartei Deutschlands*, SED) qui réunit socialistes et communistes. Au sein de la nouvelle formation, l'appui de l'URSS et le rôle joué par les communistes dans la socialisation et la dénazification leur assurent très vite la prépondérance, bien que, numériquement, 57 % des 1 300 000 membres du Parti viennent du SPD. Lors des élections locales de 1946, le nouveau parti obtient 47 % des voix contre 24,6 % aux libéraux et 24,5 % aux chrétiens-démocrates. C'est lui qui constitue la force politique principale des gouvernements des cinq Länder de l'Est (Saxe, Thuringe, Saxe-Anhalt, Brandebourg, Mecklembourg) constitués après ces élections et auxquels le commandant en chef soviétique transfère les pouvoirs nécessaires à l'organisation de la vie quotidienne.

Vers la création d'organismes d'État à l'Est. À la différence des Occidentaux partisans d'une fédéralisation de l'Allemagne, voire d'un morcellement, les Soviétiques se déclarent favorables à la reconstitution d'un État unitaire et centralisé ; leur espoir est de voir l'Allemagne nouvelle s'organiser autour de leur zone. C'est la raison pour laquelle, ils précipitent la transformation de celle-ci, creuset de la future Allemagne socialiste, en interdisant aux Occidentaux tout droit d'intervention, tout en s'efforçant d'obtenir un droit de regard sur les zones occidentales, en particulier la gestion quadripartite de l'industrie allemande et de la zone de la Ruhr. L'échec en mars-avril 1947 des conversations de Moscou sur ce thème entre les quatre ministres des Affaires étrangères va pousser les Soviétiques à doter leur zone d'organismes centraux, destinés à préfigurer ceux de la future Allemagne réunifiée et dont l'existence va en réalité accélérer la division.

En décembre 1947 est convoqué un « Congrès du Peuple » Allemand, amorce d'assemblée législative ; en mars 1948, un second « Congrès du Peuple » décide de procéder à l'élaboration d'une Constitution.

En juin 1947 est créée une Commission économique pour la zone orientale qui, en mars 1948, devient un embryon de gouvernement, au moment même où un organisme semblable est créé dans la Bizone.

Le mois de juin 1948 marque l'époque de la rupture définitive entre les quatre alliés du temps de guerre, mais aussi celle de l'échec de la politique allemande des Soviétiques. Depuis mars 1948 le maréchal Sokolowski, commandant en chef soviétique, cesse de paraître au Conseil de Contrôle, entraînant la mise en sommeil de celui-ci. Désormais, l'URSS va répondre coup par coup à l'édification de structures d'État à l'ouest, en procédant à la création de structures identiques à l'est. De ce fait, elle renonce en fait à l'espoir de créer à son profit une Allemagne unifiée sur une base socialiste et se contente d'opposer son Allemagne à celle des Occidentaux. Ainsi, le 23 juin 1948, l'introduction d'un mark de l'Allemagne de l'Est répond à celle du deutsche mark à l'ouest.

Quelques jours plus tard, l'introduction du mark occidental à Berlin-Ouest déclenche le blocus soviétique de la ville. La scission des deux Allemagnes se répercute aussitôt dans l'ancienne capitale du Reich. Aux élections berlinoises du 20 octobre 1946, le Parti socialiste unifié d'Allemagne de l'Est n'avait obtenu que 19,7 % des voix contre 48,8 % au SPD ; l'élection comme maire du SPD anticommuniste Ernst Reuter avait fortement déplu aux Soviétiques. Aussi, dès le 26 juin 1948, le Conseil Municipal se transporte dans le secteur américain. Les Soviétiques rispostent en faisant élire en septembre un nouveau conseil qui élit comme président un membre du Parti socialiste unifié, Ebert.

La création de la République Démocratique Allemande va consacrer la scission. Le processus de formation de l'État est désormais parallèle à celui qui s'accomplit à l'ouest. Alors que s'élabore la République Fédérale Allemande, à l'est un Conseil issu du Second Congrès du Peuple prépare une Constitution. Toutefois, avant que ne se prépare l'étape définitive qui doit mener à la création d'une République socialiste, certaines précautions sont prises pour éviter des surprises politiques comme celle résultant des résistances de certains dirigeants des partis « bourgeois » à la transformation socialiste des structures de la société et de l'État. En 1947-1949 ces partis sont « mis au pas », certains dirigeants écartés (comme Jacob Kaiser, leader de la CDU à l'est), d'autres émigrent (Ernst Lemmer également chrétien-démocrate, en 1949). Pour rallier au futur État les diverses couches de la population sont créées de nouvelles organisations : le Parti national-démocrate qui recrute dans les classes moyennes, l'Union paysanne allemande pour le monde rural. Enfin, les organisations de masse : Jeunesse Allemande Libre (FDJ), Syndicats (FDGB), Union Démocratique des Femmes, sont invitées à se joindre au Bloc Antifasciste. Il est décidé que ce bloc constituera une liste unique pour les élections au III^e^Congrès du Peuple en mai 1949 ; à l'intérieur de cette liste unique, un système invariable de répartition des sièges assure au SED et à ses filiales des « organisations de masse » contrôlées par les communistes, une majorité absolue (169 sièges pour SED et Union Paysanne, 52 pour chacun des trois partis bourgeois, chrétiens-démocrates, libéraux et nationaux-démocrates, 140 pour les organisations de masse). Le IIIe Congrès du Peuple réuni à Berlin approuve la Constitution préparée depuis 1948 et qui, en théorie, s'applique à toute l'Allemagne. Ce n'est que le 7 octobre 1949 que la Chambre du Peuple, issue du Congrès, proclame la République Démocratique Allemande *(Deutsche Demokratische Republik)* dont le territoire n'est pas délimité ; un gouvernement présidé par Grotewohl est constitué ; le 11 octobre, le communiste Wilhelm Pieck devient président de la République. Une seconde Allemagne est créée.

En même temps que s'opère ainsi une scission politique qu'aucun des deux nouveaux États ne considère comme définitive, la reconstruction économique en fondant les deux Allemagnes sur des bases antithétiques, contribue à rendre la scission difficilement réversible.

L'occupation soviétique en Allemagne de l'Est

« Quand les Russes ont envahi notre ville au début de 1945, mon père était à la guerre. Pendant trois semaines, les Russes ont pénétré jour et nuit dans notre maison. Ils bouleversaient et pillaient tout, importunaient ma mère et ma sœur. C'était une époque terrible. Dans la nuit du 3 au 4 mars, les Russes ont incendié notre ville et prétendu que c'était les Allemands qui l'avaient fait. Alors les gens qui restaient ont dû quitter les rues incendiées et ont été rassemblés dans une maison. Là, les Russes ivres ont tiré sur les gens sans défense : il y eut quarante-cinq tués et plusieurs blessés. Le lendemain matin, nous avons été chassés de notre maison par des cavaliers russes et amenés dans la maison où les gens avaient été tués. Mais juste avant que nous soyions fusillés l'ordre est arrivé de nous emmener en Russie. Nous étions vingt. Une sentinelle russe nous a emmenés quinze kilomètres plus loin vers l'est. Nous sommes restés là une semaine, puis nous avons dû continuer à pied. Plusieurs vieillards sont morts en route. Bientôt sont arrivés des Russes qui cherchaient de la main-d'œuvre. Nous avons dû partir avec eux et nous sommes arrivés dans une grande ferme. Les femmes devaient faire la lessive pour les Russes et donner à manger au bétail... Après le 8 mai, les Russes ont quitté le pays et nous sommes partis secrètement pour revenir chez nous... »

Récit publié dans le journal *Wacht* et cité *in* G. Castellan, *D.D.R., Allemagne de l'Est*, Paris, Le Seuil, 1955.

La reconstruction économique

Parallèle à la mise en place des nouvelles structures politiques, la reconstruction économique divise plus profondément l'Allemagne que ne le fait la création de deux États.

La reconstruction à l'Ouest

La lutte contre la misère et la mise en question des accords interalliés sur l'industrie allemande marque la première phase de cette reconstruction. La première tâche des Alliés était en effet d'éviter que le marasme que connaît l'économie allemande après la défaite n'aboutisse à la disette, au chômage et aux troubles politiques favorisant l'extension du communisme. Aussi, dès 1945 et jusqu'en 1947, un système de fournitures gratuites de matières premières et de denrées alimentaires est mis en place par les Anglo-Américains. Le coût élevé de ces fournitures pour les Alliés apparaît d'autant plus absurde qu'en même temps la politique de démontage d'usines et de limitation industrielle a pour effet de perpétuer les causes de la misère en maintenant un taux de chômage élevé et en interdisant à l'Allemagne de financer ses achats par des exportations industrielles. Cette situation, jointe à la tension croissante entre l'Est et l'Ouest, va conduire à remettre en question les plans de démontage d'usines et de décartellisation. Un grand nombre d'usines promises au démontage sont rayées de la liste : de 1947 à 1949, le nombre d'entreprises démontées ne cesse de diminuer et le démontage s'arrête pratiquement en 1950. Il en va de même pour la décartellisation ; poursuivie énergiquement jusqu'en 1948 par l'éclatement de la plupart des grands Konzerne miniers, métallurgiques, chimiques et des grandes banques, il cesse dès 1949 et les Alliés, pour des raisons d'efficacité, ne s'opposent guère à leur reconstitution après cette date. À partir du moment où les nécessités concrètes du redressement allemand et la logique de la guerre froide poussaient à autoriser le redressement allemand dans les structures capitalistes d'avant-guerre, il importait de permettre aux Allemands de se doter d'une monnaie sans laquelle il était illusoire de songer à une véritable reconstruction.

La réforme monétaire de 1948-1949 apparaît ainsi comme l'étape décisive de la reconstruction économique. Émis en grande quantité durant la guerre, le Reichsmark a perdu toute valeur et le manque de produits de première nécessité aggrave encore l'inflation. En 1947, les Anglo-Saxons décident de créer une Banque Centrale dans chaque Land et à Francfort une « Banque des banques » pour coordonner l'ensemble du système. Les experts allemands, parmi lesquels le Pr Ludwig Erhard tient une place essentielle, décident en juin 1948 une vaste opération de déflation approuvée par les Alliés. Le Reichsmark est remplacé par une nouvelle monnaie, le Deutsche Mark, mais chaque Allemand ne perçoit dans l'immédiat que 50 DM, le reste est bloqué en banque et ne sera débloqué qu'en échange de 10 RM pour 1 DM ; encore une certaine partie sera-t-elle purement et simplement annulée. Au total, on considère que 93,5 % de la masse monétaire existante en 1948 est ainsi supprimée ; la nouvelle monnaie est dévaluée par rapport au dollar de 36 % si on considère la valeur du RM en 1939. Pour ne pas avantager les possesseurs de biens réels, un impôt sur le capital est établi, qui doit permettre d'aider à l'installation des 13 millions de réfugiés que reçoit la République Fédérale. Enfin, la plus grande partie de l'ancienne dette publique est supprimée. Pour corriger un peu les effets de cette déflation draconienne qui ramène la masse monétaire de 148 milliards de RM à 10 milliards de DM, le Pr Erhard décide, en septembre 1949, de dévaluer la nouvelle monnaie de 20,6 %, ce qui doit permettre la reprise des exportations.

Le démarrage économique et la marche vers la prospérité. En donnant à l'Allemagne de l'Ouest une monnaie stable, la réforme monétaire constitue la pierre angulaire du redressement économique et va permettre à la

République Fédérale de faire jouer à fond les atouts qu'elle possède par ailleurs.

– Au premier plan, une masse considérable de réfugiés, souvent qualifiés, qui amène sur le marché du travail plusieurs millions d'actifs. Il en résulte un maintien des salaires à un niveau relativement bas, qui permet aux prix allemands de demeurer compétitifs sur le marché mondial. L'échec d'une grève générale organisée par les syndicats en novembre 1948 pour obtenir un contrôle des prix porte un coup très dur au mouvement syndical et assure au patronat en voie de reconstitution plusieurs années de paix sociale.

– Ensuite, l'importance des investissements étrangers, surtout en provenance des États-Unis. L'aide Marshall, plus importante pour l'Allemagne que pour tout autre pays européen, est vite relayée par des capitaux privés attirés par un taux d'escompte de 6 % et la perspective de fructueux bénéfices dans une économie en voie de relèvement rapide.

– Enfin, les banques, reconstituées, n'hésitent pas à parier sur l'avenir en acceptant de préfinancer les entreprises industrielles.

C'est en fonction de ces atouts que le Pr Erhard décide, dès juillet 1948, de parier sur les mécanismes de l'économie libérale pour aboutir au redressement du pays : il libère le prix de tous les produits sauf ceux des matières premières et des produits de première nécessité. Les prix connaissent une certaine hausse (de l'ordre de 10 %) mais les marchandises réapparaissent, remettant en route la vie économique et permettant à la production industrielle d'augmenter de 50 % dès le second semestre de 1948.

Le démarrage effectué en 1948 va rapidement faire place à une croissance dont la rapidité stupéfie l'Europe. L'indice de la production industrielle (base 100 en 1936) passe à l'indice 76 en janvier 1949, 100 en novembre 1949, 143 en novembre 1950. À partir de cette date, l'Allemagne entre dans l'ère de la prospérité et, de 1950 à 1956, son produit national brut augmente de 9 % par an, deux fois plus vite que celui de la France. Cette croissance s'effectue par ailleurs sans inflation, durant cette période, en raison du maintien des salaires à des niveaux modérés.

Dès 1950, la réussite est évidente. Elle permet de revenir en 1952 à la liberté complète des échanges. La balance commerciale, jusque-là déficitaire, devient à partir de cette date franchement excédentaire. Les réserves de devises, presque nulles en 1950, atteignent huit ans plus tard 6 milliards de dollars.

Au total, dans le cadre capitaliste et libéral qu'elle a choisi, la République Fédérale Allemande a réussi en 1955 à devenir une très grande puissance économique, dix ans après une défaite qui l'a plongée dans la misère et le marasme.

Le relèvement économique de la République Fédérale (indice 100 en 1936)

	Production industrielle globale	Houille	Énergie électrique	Machines Véhicules Navires	Produits de consommation courante
1949 (nov.)	99	94	167	104	96
1950 (nov.)	135	109	202	155	125
1951 (oct.)	139	109	209	163	120
1952 (nov.)	148	118	218	176	131

Articles et Documents, n° 2366, 18 mars 1952, La Documentation Française.

Caractères de la reconstruction économique en Allemagne de l'Est

Le temps des prélèvements dure jusqu'en 1948. L'objectif primordial de l'URSS en plein effort de reconstruction économique est de tirer des territoires occupés le maximum de matières premières et de biens d'équipement : l'économie allemande est, durant quelques années, véritablement mise au pillage. Le caractère le plus spectaculaire de l'opération consiste dans les démontages d'usines qui dépassent très largement les pourcentages prévus entre les Alliés en 1946. Commencée avec l'enlèvement de rails sur les voies ferrées ou de fils télégraphiques, elle prend un caractère plus méthodique avec le transfert en Union soviétique d'entreprises sidérurgiques, électriques, chimiques, d'usines de chaussures, de mécanique, d'optique, d'imprimeries, etc. Au total, on peut considérer qu'au moins 40 % de l'industrie allemande de la zone orientale sont transférés ainsi en URSS de mai 1945 à décembre 1947. Avec les usines passent aussi en Union soviétique techniciens et savants qui vont constituer un aspect original des Réparations de guerre exigées par les Soviétiques.

Assez rapidement, l'occupant se rend compte que, les besoins immédiats satisfaits, le démontage d'usines n'est guère rentable. Il inaugure alors un nouveau procédé : transformer un certain nombre d'entreprises expropriées en Sociétés soviétiques par actions (SAG, *Sowjetische Aktiengesellschaften*) dont la production appartient à l'URSS. Fin 1946, il existe ainsi plus de 200 SAG qui représentent la totalité de la production chimique de base de l'Allemagne orientale, la moitié de la production d'acier, une grande partie de celle de métaux non-ferreux et de constructions mécaniques. Si on ajoute les prélèvements sur les biens de consommation, on évalue les Réparations à un chiffre de 40 à 50 milliards de marks, soit 12 milliards de dollars 1938, ce qui dépasserait de 20 % le montant fixé par les Soviétiques eux-mêmes.

Parallèlement à ce rigoureux prélèvement qui va, plusieurs années durant, provoquer misère et pénurie en Allemagne de l'Est, les Soviétiques procèdent *à la modification des structures économiques de leur zone.*

Dès septembre 1945 commence la mise en œuvre de la *réforme agraire* décidée à Potsdam et qui est, à la différence de la zone occidentale, rigoureusement poursuivie. Tous les domaines de plus de 100 hectares sont expropriés et partagés en lots de petite dimension (5 à 15 ha selon les régions); plus de 2 millions d'hectares sont ainsi expropriés, ce qui porte un coup mortel à l'assise économique de la vieille caste des Junkers; la réforme économique attache ainsi au nouveau régime une partie du monde rural; cependant, ces petites exploitations étant économiquement peu rentables, sont créées des coopératives, amorce des futures exploitations collectives.

Sur le plan industriel, les démontages et la création des SAG laissent assez peu de possibilités pratiques d'opérer une transformation des structures. Toutefois les sociétés industrielles sont expropriées dès 1945 et nationalisées; des Conseils d'entreprise sont créés pour les gérer, mais la production industrielle de la zone n'atteint pas en 1947 la moitié de celle de 1936.

Enfin, *le commerce intérieur, les banques, les compagnies d'assurances* sont également nationalisés. En 1948, en réponse à la réforme monétaire de l'Ouest, est créé en Allemagne de l'Est un nouveau mark, mais les conditions de la réforme sont beaucoup moins draconiennes (seuls les dépôts supérieurs à 1 000 RM connaissent une réduction de 90 % ou sont supprimés) et très vite le mark oriental se trouvera déprécié par rapport au mark occidental.

Mais c'est à partir de 1950 que commence véritablement en Allemagne de l'Est *l'instauration du socialisme*. En 1951, un plan quinquennal (1951-1955) est édifié sur le type soviétique avec priorité donnée à l'industrie lourde. Il prévoit le doublement en cinq ans de la production, grâce à la mise en place de combinats comme celui de Eisenhüttenstadt (à la frontière orientale de la RDA) qui travaille avec le charbon polonais et le fer soviétique.

Au plan des structures commence en 1952 un vigoureux effort de socialisation. Le mouvement de transformation des entreprises industrielles en usines nationalisées (VEB, Volkseigene Betriebe) s'accélère et en 1955 plus de 80 % des entreprises appartiennent au secteur des VEB (la quasi-totalité dans le domaine de l'industrie lourde).

Mais c'est dans le monde agricole que la transformation est la plus spectaculaire après 1950. Jusqu'alors, les fermes d'État représentaient moins de 6 % de la superficie des terres cultivées; désormais sont créées des coopératives de production, les LPG (Landwirtschaftlische Produktiongenossenschaften), plus ou moins communautaires selon les catégories, et dans lesquelles on oblige pratiquement les petits propriétaires à entrer. Il en résulte un très vif mécontentement, la fuite vers l'ouest de dizaines de milliers de paysans et une très grave pénurie alimentaire. Le malaise paysan n'est que le premier signe de celui que connaît le pays tout entier avec l'accélération de la socialisation : la mise en place de nouvelles structures, le durcissement du régime, les difficultés de ravitaillement se conjuguent pour aviver le mécontentement. Lorsqu'en mai 1953, peu après la mort de Staline, le SED annonce un relèvement de 10 % des normes de production (soit une augmentation du temps de travail sans augmentation de salaires) les ouvriers du bâtiment se soulèvent à Berlin, le 16 juin 1953. Imité par d'autres catégories professionnelles, le mouvement gagne les principales villes ouvrières du pays (Magdebourg, Leipzig, Dresde). L'Armée Rouge doit intervenir pour écraser la révolte. Mais un frein est mis à la socialisation qui ne reprendra qu'à partir de 1956.

Il n'en reste pas moins qu'au plan des structures économiques plus encore que dans le domaine politique un fossé s'est creusé entre les deux Allemagnes.

L'intégration dans les deux blocs et la consolidation de la séparation

La théorie : une seule Allemagne promise à la réunification

En dépit de la formation de deux États, *l'Allemagne continue à se considérer comme une nation provisoirement séparée.* Aucun des deux gouvernements allemands n'a voulu prendre, en 1949, la responsabilité de rompre par un texte constitutionnel l'unité forgée au XIXe siècle. C'est ainsi que la Constitution de la RDA d'octobre 1949 est faite par « le peuple allemand » et définit l'Allemagne comme une « République démocratique indivisible ». Plus explicite, le préambule de la Loi Fondamentale de la République Fédérale précise que le texte a été rédigé par le « Peuple Allemand » de onze Länder qui a « également agi au nom des Allemands à qui il a été interdit de collaborer à cette tâche » et précise : « Le Peuple Allemand dans son ensemble, disposant librement de lui-même, reste convié à parachever l'unité et la liberté de l'Allemagne. »

Cette unité, qui demeure sentimentalement réelle mais qui est aujourd'hui une fiction politique, sert de surcroît de thème de propagande aux deux États allemands. Estimant que la RDA est une simple zone d'occupation soviétique, le gouvernement de Bonn obtient en 1950 une déclaration des Trois États occidentaux considérant le gouvernement de la République Fédérale comme « le seul gouvernement allemand, librement et légitimement constitué, fondé en droit à parler pour l'Allemagne, représentant du peuple allemand dans les affaires internationales ».

Au service de cette propagande se multiplient les initiatives destinées à rejeter sur l'autre État la responsabilité de la séparation. En 1950, Adenauer (qui refuse de reconnaître l'existence de la RDA en tant qu'État) propose des élections libres dans toute l'Allemagne et, en 1951, demande à l'ONU d'organiser le contrôle de la liberté du scrutin. Grotewohl, attaché à faire reconnaître la réalité juridique de la RDA, réagit en proposant que des délégués des deux États se réunissent pour constituer un gouvernement unique.

Ce dialogue de sourds continue jusqu'en 1955, Adenauer refusant toute négociation qui conduirait à une reconnaissance d'un gouvernement est-allemand, l'Union soviétique faisant de cette reconnaissance la condition *sine qua non* de toute négociation. Pendant que la fiction de l'unité sert ainsi de thème de propagande, la réalité de l'intégration des deux Allemagnes aux deux blocs de la guerre froide se confirme.

L'intégration aux blocs

La République Fédérale et son intégration dans l'Alliance Atlantique. Dès 1949, il devient évident que les Américains entendent traiter la République Fédérale moins comme l'adversaire d'hier que comme l'allié d'aujourd'hui contre l'URSS. Dès lors, l'Allemagne de l'Ouest retrouve très vite les attributs de sa souveraineté.

– *Entre 1949 et 1954 disparaît le statut d'occupation.* En novembre 1949, les accords de Petersberg limitent les démontages d'usines et autorisent l'Allemagne à ouvrir des consulats à l'étranger. En 1950, elle reçoit le droit d'avoir un ministère des Affaires étrangères et, en 1951, devient membre du Conseil de l'Europe. Fin 1952 cesse le contrôle sur la Ruhr. Enfin, les accords de Paris d'octobre 1954, qui entrent en vigueur en mai 1955, mettent fin au régime d'occupation et rendent à la République Fédérale sa situation d'État souverain, sauf en ce qui concerne Berlin et la future réunification allemande pour laquelle les Alliés possèdent un droit d'intervention.

– *Intégration économique et politique à l'Europe sont la contrepartie de l'indépendance restaurée.* La date de 1952, qui voit le Bundestag accepter la proposition française de création d'un « pool charbon-acier » (la CECA), est de ce point de vue déterminante et apparaît comme un point de départ. Mais, dès 1950, Adenauer, allant d'ailleurs contre le sentiment des socialistes et des syndicalistes, a offert aux Alliés la participation de contingents allemands à une défense militaire européenne commune contre l'URSS. Ce projet donne lieu à la signature du traité instituant la Communauté Européenne de Défense (CED) en mai 1952 : 500 000 Allemands seront intégrés dans les troupes occidentales en Allemagne. Le rejet de la CED par le Parlement français aboutit aux accords de Paris qui prévoient pour 1955 l'entrée de la République Fédérale dans l'OTAN et la constitution d'une Bundeswehr de 350 000 hommes.

L'Allemagne de l'Ouest est, économiquement, politiquement, militairement intégrée à l'Europe occidentale.

L'entrée de la RDA dans le camp socialiste. Du côté soviétique, les préventions contre l'adversaire d'hier sont trop fortes pour permettre une normalisation rapide de la situation de la zone orientale. Cependant les initiatives occidentales conduisent les Soviétiques à renforcer l'intégration dans le bloc socialiste de leur zone d'occupation.

En 1949, lors de la création de la République démocratique, les autorités d'occupation remettent leurs pouvoirs aux fonctionnaires du nouvel État. En 1952, l'entrée de la RDA au COMECON répond à celle de la RFA dans la CECA Mais c'est entre 1954 et 1956 que se produisent les faits décisifs : après l'échec d'une proposition de la RDA préconisant un gouvernement panallemand, le départ des troupes d'occupation et des élections libres, appuyée par une suggestion soviétique de neutralisation du futur État allemand unifié, l'entrée de la République Fédérale dans l'OTAN a pour résultat la signature d'un traité de paix entre l'URSS et la RDA (janvier 1955). Pour l'URSS, la réunification allemande devient ainsi impossible et l'intégration de l'Allemagne de l'Ouest au bloc atlantique a pour effet de consolider l'existence d'une seconde Allemagne.

En mai 1955, la RDA signe le pacte de Varsovie qui l'intègre militairement dans le bloc de l'Est et, après que sa pleine souveraineté eût été reconnue en septembre par les Soviétiques, commence la constitution d'une armée populaire.

La guerre froide a ainsi pour résultat de rendre difficilement réversible la rupture de l'unité. Il existe désormais deux États dans la nation allemande et ces deux États sont séparés par leur statut politique, leurs structures économiques, leurs alliances, et vingt-cinq ans d'évolution distincte.

Chapitre 16

Deux États pour une nation (1955-1970)

Difficultés politiques et réussite économique de la République Démocratique Allemande

Le régime politique : un socialisme intransigeant marqué par l'esprit de la guerre froide

Les dirigeants de la République Démocratique Allemande n'ont jamais oublié que leur *État* était *né de la guerre froide*. Ils ont soutenu sans failles l'URSS stalinienne, leur protectrice, et la révolte de 1953 n'a pas peu contribué à leur rappeler la nécessité d'une solidarité sans laquelle le régime risquait de sombrer. Aussi bien est-il caractéristique de constater que si, devant le soulèvement, les autorités de RDA acceptent de relâcher quelque peu les rigueurs de leur régime et d'adoucir la politique de socialisation (c'est le « nouveau cours » qui durera jusqu'en 1955), le mouvement de juin 1953 renforce la position personnelle du secrétaire général Walter Ulbricht, ancien fonctionnaire du Komintern, tenu pour le plus stalinien des responsables allemands, et qui s'était opposé à toute mesure de ralentissement de la socialisation. Ayant rétabli le régime par leur intervention militaire, les Soviétiques renouvellent leur confiance à Ulbricht et le laissent limoger ceux des dirigeants du Parti qui avaient tenté de profiter de la crise pour l'éliminer : après Franz Dahlem, dirigeant historique du Parti communiste allemand révoqué en mai 1953, c'est le tour en juillet de Paul Fechner, ministre de la Justice, de Wilhelm Zaisser, ministre de la Sécurité d'État, etc.

Resté seul maître du parti, Ulbricht impose à la RDA une conception intransigeante et dogmatique du socialisme qui freine toutes les tentatives d'évolution. Ainsi en 1956, la IIIe Conférence du SED, convoquée après le

XXe Congrès du Parti communiste soviétique (celui de la déstalinisation) se prononce certes pour un « élargissement de la démocratie » et la répudiation du culte de la personnalité, mais lorsque les milieux intellectuels osent réclamer une application pratique des intentions proclamées, le SED condamne l'« anarchisme étudiant » et stigmatise ceux qui ont préconisé l'élection directe des dirigeants par la base ! Cette nouvelle crise sera l'occasion pour M. Ulbricht de se débarrasser d'une autre fournée d'opposants au sein des instances dirigeantes en révoquant les deux hommes autour desquels s'était organisée la contestation : Ernst Wollweber et Karl Schirdewan. Cette attitude intransigeante, qui exclut toute faiblesse dans l'application des mesures de défense du nouvel État, apparaît encore en 1961, lorsqu'une grave crise économique déferle sur la RDA, provoquant une hémorragie de population qui s'enfuit vers l'ouest : le gouvernement est-allemand décide alors de construire à la frontière entre les zones occidentale et orientale de Berlin un mur qui fermera le dernier couloir par lequel les deux Allemagnes communiquaient encore ; la construction du mur de Berlin (le « rempart de la paix » pour la RDA, le « mur de la honte » pour la République Fédérale) achève de faire de l'Allemagne de l'Est un monde isolé.

Enfin, sous la houlette de Ulbricht, le SED d'Allemagne de l'Est veille avec un soin inquisitorial à étouffer toute déviation du socialisme. Les conférences de Bitterfeld de 1963 et 1964 définissent une *sozialistische Nationalkutur* inspirée du « réalisme socialiste », c'est-à-dire de l'illustration conformiste des thèmes idéologiques définis par le parti. Les écrivains hétérodoxes sont mis à l'index et le professeur Havemann, membre de l'Académie des Sciences et partisan d'une rénovation du SED, en est exclu en 1964. C'est d'ailleurs un réflexe du même ordre qui conduit la RDA à appuyer en juillet 1968 l'intervention des troupes du pacte de Varsovie qui met fin à l'expérience libérale en Tchécoslovaquie, formellement désapprouvée par Berlin-Est.

Au service de ce régime intransigeant, *les institutions de la République Démocratique Allemande* assurent la primauté du SED sur tous les organes de l'État. En 1968, une nouvelle Constitution est approuvée par le peuple, qui a surtout pour effet de codifier des modifications intervenues depuis 1949 dans la vie politique de la RDA. Tout d'abord, fait caractéristique, la Constitution de 1968 constate qu'il existe deux États Allemands et souhaite leur coopération « sur la base de l'égalité ». Elle définit la RDA comme un « État socialiste de nation allemande » et n'envisage d'union possible avec la RFA que « sur la base de la démocratie et du socialisme » : ainsi s'inscrivent dans le texte fondamental les options défendues par les dirigeants est-allemands depuis 1949 sur le problème de la réunification. Autre fait important : la suppression des Länder remplacés par des districts et des cercles : la RDA est un État centralisé.

Non moins importants sont les articles qui traitent de l'organisation des pouvoirs publics. Le pouvoir législatif est exercé par une Assemblée unique élue au suffrage universel, la « Chambre du Peuple » *(Volkskammer).* En fait le système de liste unique assure, on l'a vu, la prépondérance du SED et de ses annexes (organisations de masse et parti paysan) qui ont régulièrement près de 70 % des sièges. Pratiquement, la Chambre du Peuple se contente d'enregistrer les décisions de l'Exécutif. Or la structure de celui-ci est complexe : en 1949, le président de la République Wilhelm Pieck est confiné dans un rôle honorifique pendant que la réalité du pouvoir appartient à Otto Grotewohl, président du Conseil des Ministres, en accord avec le bureau politique du SED dont il est membre. Mais la mort de Pieck en 1960 entraîne une réorganisation de l'Exécutif ratifiée par la Constitution de 1968. La présidence de la République est supprimée et remplacée par un organisme collégial, le *Conseil d'État* dont les compétences sont immenses du point de vue exécutif, législatif et même judiciaire.

L'importance du nouvel organisme est encore accrue par le fait que Walter Ulbricht, premier secrétaire du SED, devient président du Conseil d'État pendant que Grotewohl, président du Conseil, n'en est que vice-président. Désormais on assiste à une subordination du Conseil des ministres au Conseil d'État, ce dernier étant l'organe de décision, le gouvernement l'organe d'exécution. La mort de Grotewohl en 1964 et son remplacement par Willi Stoph, dont la carrière s'est faite au gouvernement dans l'ombre d'Ulbricht, renforce cette nouvelle hiérarchie des pouvoirs qui marque l'alignement des institutions d'État sur celles du SED et atteste la très réelle domination du parti sur les rouages institutionnels de la RDA. Et la retraite de M. Ulbricht en mai 1971 et son remplacement à la tête du SED par M. Erich Honecker, ancien responsable du Mouvement de la Jeunesse, homme de parti avant tout et depuis longtemps considéré comme le dauphin d'Ulbricht, témoigne à nouveau de la prépondérance du parti sur l'État.

Transformations sociales et développement économique de la RDA

Les difficultés de la socialisation depuis 1945 ont été évoquées plus haut. Après la crise de 1953, il faut attendre 1955 pour voir s'élaborer à nouveau une politique cohérente de socialisation en Allemagne orientale. Ce n'est qu'en 1957 qu'est mis au point un second plan quinquennal qui doit être abandonné dès 1958, en raison de la nouvelle planification soviétique. En 1959 est lancé un plan septennal dont les dates coïncident avec celles du plan soviétique. L'objectif du plan consiste à rattraper en 1962 le niveau de vie de la République Fédérale Allemande en mettant l'accent – fait nouveau – sur le développement des industries de consommation et de l'agriculture. D'autre part, l'originalité du plan septennal est de coordonner le développement de l'économie de la RDA avec celui des autres pays socialistes membres du COMECON, la part de l'Allemagne orientale dans cette division du travail portant sur le secteur des industries mécaniques et chimiques.

En réalité, le nouveau plan connaît vite des mécomptes. Il s'accompagne en effet d'une accélération de la collectivisation des campagnes par la multiplication des LPG et d'un renforcement de la mainmise du parti sur la société. Il en résulte une fuite de la population vers la République Fédérale, particulièrement des paysans qui refusent d'entrer dans les LPG, mais aussi des intellectuels (ingénieurs, professeurs, médecins) et des cadres qui rejettent le régime. La République Démocratique se trouve une nouvelle fois confrontée au grave problème qu'elle connaît depuis 1945, celui de la stagnation démographique.

En effet, depuis 1945, sa population n'a guère varié. Elle est de 17 millions d'habitants, et ce chiffre représente un nombre de personnes actives en rapide diminution depuis 1955. Situation résultant à la fois du phénomène de classes creuses dû à la guerre, mais aussi du fait que ceux qui fuient à l'ouest sont généralement des jeunes en âge de travailler. C'est pour mettre fin à cette situation qui semble condamner à terme tous les efforts de développement économique qu'en 1961 la République Démocratique prend la grave décision de construire le mur de Berlin, coupant ainsi en deux l'ancienne capitale du Reich et interdisant aux citoyens de la RDA de gagner la République Fédérale par Berlin-Ouest.

Cette mesure draconienne, qui montre à quel point le développement économique est prioritaire pour le gouvernement de la RDA, s'accompagne de toute une série d'efforts pour rendre efficace le système de la planification. Depuis 1965, on applique à grande échelle les idées du Professeur Liebermann sur l'autonomie de gestion des entreprises, qui doit conduire celles-ci à prévoir leur production en fonction des besoins du marché et à assurer leur équilibre financier. Dès 1963-1964, production industrielle et production agricole reprennent très rapidement et, entre 1964 et 1967, on assiste à une augmentation de 18 % du revenu national.

Depuis 1961, *la production* des divers secteurs est en nette augmentation. Dans le domaine agricole, en dépit d'aptitudes naturelles particulièrement défavorables (la plaine glaciaire couvre les 2/3 du territoire), la création de LPG et ses corollaires (utilisation massive d'engrais et de machines, développement de l'enseignement agricole) ont eu pour effet d'accroître la productivité et d'orienter l'agriculture vers l'élevage de bœufs et de porcs. Mais la réussite la plus spectaculaire est certainement celle de l'industrie, principal levier de la révolution sociale : la RDA est, de tous les pays du bloc socialiste, celui où la part de l'industrie dans le revenu national est la plus importante (64 % contre 62 % en Tchécoslovaquie et 52 % en URSS). Résultat d'autant plus remarquable que la RDA ne possède pratiquement pas de charbon ni de pétrole et que ses matières premières sont insuffisantes pour permettre le développement d'une industrie valable. Aussi est-ce sur le lignite qu'elle possède en abondance en Saxe et en Basse-Lusace que l'Allemagne orientale a édifié une puissante industrie sidérurgique et chimique ; grâce aussi à la collaboration des pays du COMECON dont elle importe pétrole, charbon et minerai de fer. Mais c'est dans les domaines des industries chimiques et mécaniques, véritables spécialités traditionnelles de l'industrie allemande, que la place de la RDA est fondamentale : c'est elle qui fournit aux pays socialistes les dérivés de la potasse, le caoutchouc synthétique, les films, mais surtout les machines-outils, le matériel électrique, les appareils d'optique et de précision.

La République Démocratique est devenue en 1970 la 5ᵉ puissance industrielle d'Europe et, dix ans après la construction du mur de Berlin qui a marqué les débuts de son démarrage économique, on peut considérer sa réussite comme réelle.

Les transformations sociales ont suivi celles de l'économie. Pratiquement, les classes dirigeantes de l'ancienne Allemagne (Junkers et patrons de l'industrie) ont disparu et 80 % des personnes actives sont salariées en 1970.

– *Les ouvriers*, qui constituent le fondement social du régime, sont groupés au sein d'une confédération unique, la FDGB, dont le rôle est moins de défendre leurs intérêts que de stimuler leur ardeur à produire et d'éviter les frictions à propos des problèmes de salaires. Ces derniers sont restés longtemps stationnaires, mais depuis 1955 ils connaissent une augmentation lente mais continue.

– *Les paysans* qui ont accepté d'entrer dans les LPG ont un statut proche de celui des kholkoziens soviétiques et sont rémunérés, proportionnellement à leur travail, en fonction du produit des récoltes, évidemment variables d'une LPG à l'autre.

– *Les classes moyennes* enfin représentent en 1970 20 % de la population active de la RDA : il s'agit de dirigeants de petites entreprises, d'artisans indépendants, de médecins, d'avocats, de notaires. Leur statut social varie considérablement, depuis le petit artisan qui arrive péniblement à nourrir sa famille jusqu'au médecin ou à l'avocat que la pénurie d'intellectuels valorise et qui parvient à s'assurer un revenu relativement élevé (amputé il est vrai par un système d'impôts draconiens).

Les travailleurs salariés bénéficient en outre des nombreuses institutions sociales mises en place par le régime : crèches, dispensaires donnant des soins médicaux gratuits, théâtres, bibliothèques, centres de vacances, instituts de formation professionnelle, etc. Le niveau de vie de cette population, s'il demeure inférieur à celui de la République Fédérale, ne cesse de progresser : la pénurie de produits de consommation courante est désormais un fait dépassé et on peut admettre que les succès économiques de la RDA se répercutent à ce moment sur le plan des conditions de vie de ses habitants par une évolution qui les rapproche de celles de l'Allemagne de l'Ouest.

La République Démocratique Allemande a célébré à l'automne 1969 son 20e anniversaire, affirmant ainsi aux yeux du monde une existence et une vitalité que nombre de pays lui ont longtemps contestées. Son poids économique (elle figure parmi les dix premières puissances industrielles du monde) est d'ailleurs suffisant pour rendre impossible l'ignorance dans laquelle le Dr Adenauer souhaitait qu'elle fût tenue par les pays non communistes ; il est caractéristique de constater que depuis 1969 une dizaine de ces derniers ont, malgré les mises en garde de Bonn, accepté de reconnaître le régime est-allemand. D'autre part, il est peu contestable que plus de vingt ans d'existence aient fait naître un véritable sentiment national dans le pays et que la normalisation économique en cours ait pour effet de fortifier le régime. Cependant la RDA n'est pas un État comme les autres : d'abord parce que, pour de nombreux Allemands, son existence même est le symbole de l'échec de l'œuvre unitaire patiemment entreprise depuis le XIXe siècle ; ensuite parce qu'en raison de cette situation, elle reste attachée à un dogmatisme idéologique qui la fait apparaître au sein du bloc socialiste comme un État demeuré stalinien ; enfin parce que sa situation géographique et politique lui commande d'accepter une étroite solidarité avec l'URSS qui limite son indépendance plus que celle de tout autre État de l'Europe de l'Est.

Le miracle économique ouest-allemand

Les fondements de la prospérité

C'est véritablement à partir de 1955 que la République Fédérale entre dans une ère de prospérité qu'elle n'a guère quittée pendant vingt ans. Quelles en sont les causes ?

L'accroissement de la population joue à coup sûr un rôle essentiel. L'afflux de réfugiés après la guerre n'a pas seulement accru les chiffres de population active ; il a également donné à la République Fédérale une population jeune à la fécondité élevée qui assure le renouvellement démographique du pays. Jusqu'en 1966-1967, il y a moins d'emplois que de personnes disponibles et les chômeurs sont nombreux, ce qui permet un maintien des salaires à un taux assez bas et limite l'inflation. Mais, à partir de 1967, la croissance économique est telle que l'Allemagne manque de bras et qu'elle est contrainte d'importer une main-d'œuvre étrangère de plus en plus nombreuse. Essentiel pour expliquer le démarrage de l'économie allemande après-guerre, le facteur démographique ne l'est plus pour comprendre les bases de la prospérité.

La solidité de la monnaie et l'afflux des capitaux demeurent, eux, fondamentaux. Depuis la réforme monétaire de 1948 et la dévaluation qui a suivi, le mark est la monnaie européenne la plus solide. Son attrait est tel que les capitaux spéculatifs affluent en Allemagne fédérale, d'autant plus que la santé de la monnaie allemande contraste avec les faiblesses que connaît le dollar. Afin d'éviter les risques d'inflation que comporte cette situation, le gouvernement de Bonn a dû, à diverses reprises, prendre des mesures destinées à faire cesser l'entrée des capitaux et à juguler les tendances inflationnistes : ainsi en 1969 le mark a-t-il connu une première réévaluation et la décision prise en mai 1971 de le laisser flotter annonce une mesure identique. Ainsi les prix allemands ont-ils tendance à augmenter sur le marché international, atteignant quelque peu les exportations, mais sans porter véritablement atteinte à la brillante situation de l'économie allemande.

Car si l'afflux des capitaux est générateur de problèmes, il est aussi à la base de la prospérité. De 1945 à 1962, plus de 40 milliards de marks se sont investis en Allemagne ; depuis lors, ce courant n'a cessé de se renforcer, soit pour les raisons spéculatives évoquées plus haut, soit du fait des taux d'intérêt élevés.

La structure des entreprises est le troisième élément d'explication de la réussite économique allemande. La décartellisation voulue par les vainqueurs apparaît très vite comme un non-sens économique, à partir du moment où l'objectif fondamental devient celui de l'efficacité et de la rentabilité. Avec la création de la CECA qui lie le sort des industries française et allemande du charbon et de l'acier, la discrimination dont l'Allemagne est l'objet devient impensable ; aussi en 1954 débute le mouvement de reconstitution des Konzerne : Mannesmann d'abord, Stinnes ensuite, enfin Thyssen, le plus puissant groupe sidérurgique européen. D'autre part, ces sociétés sont étroitement liées aux banques qui représentent leurs clients dans les conseils d'administration, et l'interpénétration du capital industriel et bancaire constitue l'une des forces de l'industrie allemande ; en 1967, la dernière et la plus prestigieuse des entreprises familiales, Krupp, a disparu pour céder la place à une société par actions dans laquelle la Dresdner Bank et la Deutsche Bank jouent maintenant un rôle essentiel.

Fortement concentrées, liées aux grandes banques, les entreprises allemandes le sont enfin aux grands groupes étrangers, essentiellement américains, qui passent aisément de la participation au contrôle : la firme Braun est depuis 1967 aux mains de Gillette et IBM contrôle 80 % de la production allemande d'ordinateurs.

Développement industriel et modernisation de l'agriculture

C'est évidemment *l'industrie* qui profite au premier chef de la rapide croissance économique que connaît la République Fédérale. Jadis fondée sur la houille de la Ruhr, elle tend à se diversifier depuis que la prépondérance du charbon est remise en cause par les nouvelles sources d'énergie, en particulier les hydrocarbures. En fait le charbon, trop coûteux, est devenu dans les années 1960 une charge pour l'État contraint de subventionner des entreprises déficitaires et de prendre en mains le reclassement de la main-d'œuvre. Et c'est essentiellement avec des matières premières d'importation que se développe une sidérurgie qui, pour être la première d'Europe occidentale, n'en connaît pas moins le ralentissement qui frappe dans tous les pays développés les industries de base.

C'est surtout sur l'industrie de transformation que repose la puissance industrielle allemande : grosses constructions métalliques et mécaniques, en particulier machines-outils, constructions navales pour lesquelles la République Fédérale se classe au 4e rang dans le monde et surtout industrie automobile (3e producteur du monde), industries de la construction électrique et industries chimiques avec les trois firmes Bayer, Hoechst et Badische Anilin qui se sont partagé l'empire de l'IG Farben. Première puissance économique d'Europe occidentale, l'Allemagne Fédérale a largement profité des possibilités que lui offrait un Marché Commun dont elle est dès 1959 la principale bénéficiaire et l'État prépondérant.

L'agriculture, desservie par des conditions naturelles peu favorables, n'a cependant pas été sacrifiée aux intérêts industriels. Le puissant groupe de pression constitué par les organisations agricoles (Fédération allemande des exploitants agricoles et Fédération allemande des Coopératives) a permis au monde rural de défendre ses positions. Mais le maintien d'une agriculture subventionnée par l'État pose de graves problèmes dans le cadre des règlements communautaires de l'Europe des Six. Aussi l'effort du gouvernement allemand porte-t-il sur une modernisation des exploitations agricoles destinées à leur permettre d'affronter dans de bonnes conditions la concurrence internationale. Chaque année, un Plan Vert voté par le Parlement prévoit un certain nombre de subventions destinées à permettre le financement des modifications de structure, du remembrement, de la réorganisation des marchés, etc. L'objectif ultime est de précipiter l'exode des propriétaires d'exploitation de moins de 10 hectares (un million au total) jugées non rentables, et de permettre la modernisation des 300 000 exploitations comprises entre 10 et 20 hectares qui ne pourront survivre qu'au prix d'aménagements sérieux.

Mais il ne s'agit là que de faciliter l'évolution d'un secteur marginal de l'économie allemande, dont le poids dans le revenu national ne cesse de décroître (moins de 5 % en 1970) et qui apparaît bien secondaire par rapport à l'éclat et à la puissance du secteur industriel.

Une société homogène et intégrée

Si la réussite économique allemande de l'après-guerre est réelle, on n'en trouve pas de preuve plus frappante que l'aisance avec laquelle les divers groupes sociaux se sont intégrés dans la société et qui contraste avec les tensions sociales subies par le Reich entre les deux guerres.

Une idéologie sociale originale, la « Soziale Marktwirschaft » sous-tendait l'œuvre de redressement économique du Pr Erhard. Il s'agissait de concilier les intérêts des diverses classes de la société allemande pour créer une société dans laquelle le principe de solidarité l'emporterait sur la lutte des classes. En vertu de ce principe, une loi de 1952 instituait la « péréquation des charges » : il s'agissait d'imposer les plus riches au moyen d'un prélèvement sur le capital (touchant la moitié de celui-ci), l'État disposant des sommes ainsi récupérées pour indemniser les réfugiés expulsés des territoires orientaux en 1945, payer les dommages de guerre subis par les particuliers, aider ceux que la guerre ou la défaite avait ruinés, construire des logements, etc. En réalité, la « péréquation des charges » a été assez modeste et la *Soziale Marktwirschaft* demeure une notion théorique : l'estimation des fortunes a été faite d'après les déclarations fiscales de l'année 1948-1949 (celle de la réforme monétaire) et est donc très inférieure à ce que sont devenues les fortunes après les années de grande prospérité qui ont suivi ; d'autre part, l'impôt est prélevé en versements trimestriels échelonnés sur trente ans, ce qui rend la ponction fort supportable. Enfin, après un effort réel accompli au cours des années difficiles pour aider les plus défavorisés et lutter contre la misère et le manque de logements, l'État a abandonné, les temps de prospérité venus, sa timide esquisse de politique d'interventionnisme social pour laisser jouer en ce domaine comme dans celui de l'économie les mécanismes naturels du libéralisme.

Pour défendre leurs intérêts, les diverses catégories sociales se sont donc organisées en groupes de pression chargés de peser sur les décisions de l'État.

– *Le grand patronat,* reconstitué en dépit des lois de décartellisation, modernisé par l'acquisition de positions de force dans des secteurs de pointe grâce aux indemnités compensatoires versées après l'expropriation de l'industrie lourde, a formé un puissant groupe qui réunit plus de 100 000 sociétés, le *Bundesverband der Deutschen Industrie,* dont le poids est considérable dans la vie économique et politique de la République fédérale.

– *Les ouvriers* se réunissent dès 1949 en un syndicat unique, la Confédération des Syndicats Allemands (DGB, *Deutscher Gewerkschaftsbund*) rassemblant seize groupes d'industries et plus de six millions d'adhérents. Ce syndicalisme qui se veut indépendant des partis politiques ne remet pas en cause les structures sociales de l'Allemagne et se contente de lutter pour des améliorations immédiates du sort des travailleurs : salaires, plein emploi, conditions de travail. Sa grande revendication de l'après-guerre est la cogestion des entreprises, qu'il obtient en partie après 1952 : des représentants des syndicats siègent au Conseil de surveillance et même au Comité de direction des entreprises, mais ils y sont minoritaires et apparaissent assez vite comme des gestionnaires, attachés à la survie des affaires et finalement solidaires, pour l'essentiel, du patronat qu'ils étaient supposés contester. En fait, l'augmentation continue des salaires, la réalisation du plein-emploi et la diminution de la journée de travail, font du monde ouvrier allemand un groupe relativement satisfait de son sort et inclinent le syndicalisme vers des positions conservatrices. D'autre part, la puissance des syndicats leur a fait retrouver la vieille attitude du « socialisme installé » du Reich de Guillaume II : le DGB est à la tête de nombreuses coopératives de consommation, de compagnies d'assurances et même de la 4e banque allemande : *Die Bank fur Gemeinwirtschaft.* On conçoit que la conservation des avantages et des positions acquises fasse aujourd'hui du DGB le principal instrument d'intégration du monde ouvrier à la société allemande.

– *Les classes moyennes* enfin, qui ne cessent de grossir en effectifs du fait de la prospérité, ont constitué elles aussi des organisations de défense de leurs intérêts : associations de l'artisanat et du petit commerce *(Zentralverband des deutschen Handwerks, Hauptgemeinschaft des deutschen Einzelhandels)*, *Deutscher Bauernverband* qui regroupe un million de paysans, syndicats des fonctionnaires (DBB) et des employés (DAG), autant de groupes de pression qui savent faire entendre la voix de leurs adhérents et contribuent, en faisant accepter leurs revendications, à faciliter leur intégration dans la société allemande.

Au total, s'il existe sans doute des intérêts divergents qu'expriment les multiples associations qui représentent les divers groupes de la société ouest-allemande, la prospérité économique a pour effet d'affaiblir les tensions et de faire accepter par la quasi-totalité des Allemands leur place dans cette société. Et ce climat de sérénité sociale n'a pas peu contribué à ce qui est peut-être la plus éclatante réussite allemande d'après-guerre, la création et l'implantation d'une démocratie vivante dans un pays où il semblait que des régimes autoritaires puissent seuls s'acclimater.

Le miracle politique allemand : la démocratie de Bonn

Des institutions démocratiques

Ce n'est pas un État unitaire comme celui qu'avait voulu créer Hitler, mais *un État Fédéral* que met en place la Loi Fondamentale votée en 1949. Cet État *(le Bund)* réunit des *Länder* (pays) créés pour la plupart par les Alliés préalablement à la constitution de la République Fédérale. Actuellement, ces Länder sont au nombre de dix (non compris Berlin, dont le statut particulier est garanti par les quatre vainqueurs de 1945). Chacun d'entre eux a sa Constitution, son assemblée, le *Landtag*, et un gouvernement dirigé par un *Ministre-Président* (il existe en Allemagne plus de 100 ministres et près de 2000 députés). La constitution du Bund laisse aux Länder des compétences étendues, à condition toutefois que celles-ci ne contredisent pas les décisions fédérales qui l'emportent dans tous les cas. Il en résulte que si les Länder possèdent de réels pouvoirs dans le domaine judiciaire, dans celui de l'économie et des travaux publics, leur autonomie n'est réellement complète qu'en matière religieuse, scolaire et universitaire (et il est caractéristique de noter qu'il n'existe pas au niveau fédéral de ministère de l'Instruction publique et des Cultes). Pour donner aux Länder les moyens d'exercer leurs prérogatives, le législateur a prévu que 33 % des recettes fiscales seraient retenues par eux, tandis que 55 % sont versées au Bund et 12 % aux communes. Enfin un système compliqué de péréquation permet une relative égalisation des ressources entre Länder pauvres et Länder riches.

La structure fédérale de l'État a été voulue par les Alliés pour éviter les tentations autoritaires pouvant résulter d'une centralisation excessive. *En revanche, ce sont les Allemands eux-mêmes qui ont voulu inscrire dans leur Constitution les principes démocratiques* qui marquaient la répudiation du passé hitlérien et fondaient le nouveau régime sur un système de valeurs que le nazisme avait foulé aux pieds. La première section de la Loi Fondamentale insiste sur « la dignité de la personne humaine », précise que « nul ne peut être ni désavantagé, ni favorisé en raison… de son ascendance, de sa race… » et garantit aux côtés des libertés fondamentales de réunion, d'association, d'expression, l'objection de conscience elle-même. Or, il ne s'agit pas là de pure phraséologie. La Constitution érige en effet en gardien de la Loi Fondamentale et de ses principes le Tribunal Constitutionnel de Karlsruhe qui statue sur l'interprétation de la Loi et tranche les conflits nés de son application. À diverses reprises le Tribunal, dont les sentences motivées se réfèrent aux principes de droit énoncés dans la Constitution, a fait preuve de son indépendance à l'égard des pouvoirs publics et son rôle est essentiel dans un État qui, par opposition au temps du nazisme, se veut un *Rechtstaat* (un État fondé sur le Droit).

La répartition des pouvoirs est enfin celle d'une démocratie parlementaire classique.

Le pouvoir législatif dans le Bund est détenu par deux assemblées. Le *Bundestag* est élu au suffrage universel selon un système fort complexe qui combine scrutin uninominal majoritaire (pour 247 « sièges directs » correspondant chacun à une circonscription électorale) et représentation proportionnelle (pour l'autre moitié des sièges) selon une répartition qui dépend des voix obtenues par chaque parti dans les divers Länder au cours d'un second vote. Pour éviter les inconvénients résultant habituellement de la représentation proportionnelle (multiplication des petits groupes parlementaires marginaux), un seuil de 5 % des voix est exigé au niveau national pour qu'un parti soit représenté au Bundestag. Le Bundestag vote les lois et le budget et c'est de sa majorité que dépendent les gouvernements. Beaucoup plus modeste est le rôle de la seconde assemblée, le *Bundesrat*, constitué de délégués des gouvernements des Länder, qui dispose d'un droit de veto sur certaines lois et peut demander au Bundestag de délibérer une seconde fois sur les autres.

Le président de la République, élu par le Bundestag et un nombre égal de délégués des Landtage, est confiné dans un rôle représentatif car on a voulu éviter de lui donner un pouvoir qui avait jadis permis à Hindenburg de porter un coup mortel au régime de Weimar. Élu pour cinq ans, son rôle se borne à désigner comme chancelier le candidat choisi par le parti majoritaire au Bundestag et à signer des lois à l'élaboration desquelles il n'a à aucun moment participé. Toutefois, en fonction de sa personnalité, il peut disposer d'une autorité morale considérable : ce fut le cas du premier président de la République Fédérale, le libéral Theodor Heuss qui n'a pas peu contribué à favoriser l'implantation dans son pays des pratiques démocratiques, et après lui, du socialiste Gustav Heinemann, élu en 1969, antinazi authentique et homme d'une grande rectitude morale, qui a symbolisé à la tête de l'État la répudiation de la période nazie dont il n'a d'ailleurs cessé de dénoncer les crimes.

Mais le véritable maître du pouvoir exécutif est le Chancelier. Élu par le Bundestag sur proposition du Président, il se trouve garanti contre les risques d'un renversement inopiné par l'article 67 qui précise que le Bundestag ne peut exprimer sa défiance envers lui que s'il lui a auparavant élu un successeur. Il en résulte qu'en dehors des périodes électorales, le chancelier est assuré de sa longévité politique, sauf en cas de crise au sein de son propre parti (et c'est ce qui se produisit en 1963 lorsque les Chrétiens-Démocrates contraignirent le Dr Adenauer à démissionner et choisirent pour le remplacer le Pr Erhard et en 1966 lorsque la CDU décida de substituer à ce dernier M. Kiesinger). En fait le texte constitutionnel, et plus encore la pratique, telle que l'a conçue Konrad Adenauer pendant quatorze ans, fait du Chancelier dont les pouvoirs sont considérables le véritable maître de la vie politique en Allemagne.

Le régime démocratique prévu par la Constitution a pu fonctionner parce que les forces politiques allemandes se placent dans le cadre des institutions et acceptent les principes de la Loi Fondamentale.

Des partis politiques qui acceptent les institutions

L'absence de véritable force de contestation au sein du monde politique allemand est le premier fait à noter. À l'extrême-gauche, le Parti communiste dont l'influence avait d'ailleurs été déclinante (5,6 % des voix en 1949,

2,2 % en 1953), après avoir été interdit par le Tribunal de Karlsruhe a, à nouveau, été autorisé en 1968, mais la médiocrité de ses résultats aux élections de 1969 prouve que son audience demeure très réduite. L'opposition d'extrême-gauche renaît depuis 1966 autour du mouvement des étudiants socialistes (SDS) animé par Rudi Dutschke, mais il s'agit plus d'une contestation de la société allemande, dont le succès est au demeurant réduit, que d'une opposition politique.

À l'extrême-droite, nationalisme et nazisme ont laissé des traces dont l'émergence politique se retrouve au sein du Parti national-démocratique (NPD) dirigé par M. von Thadden, dont les thèmes politiques hostiles à la démocratie retrouvent la tradition des attaques d'extrême-droite contre le régime « undeutsch » de Weimar. Le parti cristallise ainsi des nostalgies refoulées, mais son principal adversaire est incontestablement la prospérité économique allemande et l'intégration sociale qu'elle provoque. Si, lors de la stagnation économique de 1966-1967, le NPD a remporté quelques succès locaux qui lui ont donné accès aux Landtage de Bavière et de Hesse, les élections générales de 1969 ne lui ont pas donné les 5 % de suffrages nécessaires pour entrer au Bundestag. Le maintien de la prospérité, l'implantation de l'idée démocratique et la relève des générations qui ont connu le nazisme par des groupes plus jeunes, semblent le condamner à la disparition à terme.

Les autres forces politiques se réclament de l'idéologie démocratique et offrent à l'électeur un choix limité entre des partis que ne sépare aucune divergence fondamentale.

– *La CDU* apparaît de plus en plus comme le grand parti conservateur dans lequel se reconnaît la bourgeoisie allemande. Sous l'influence de son électorat et la pression de son homologue bavarois, la CSU, le Parti démocrate-chrétien a abandonné son idéologie primitive, critique à l'égard du capitalisme et favorable à la planification et à la direction de l'économie par l'État. Dès 1949, elle se réclame du libéralisme professé par Erhard, et se reconnaît dans la manière autoritaire dont le chancelier Adenauer gère la démocratie de Bonn. Au demeurant, cet alignement de la CDU sur les vœux de l'électorat s'avère payant puisque chaque élection, depuis 1949, lui apporte la preuve d'une audience qui fait d'elle le premier parti allemand et lui a permis d'exercer le pouvoir sans discontinuer de 1949 à 1969.

– C'est une évolution beaucoup plus profonde qu'a connue le *Parti social-démocrate* (SPD). Reconstitué en 1945 par Schumacher et Ollenhauer, il se réclame de l'idéologie marxiste et revendique une politique de planification, de nationalisations (mines, sidérurgie, chimie), de cogestion, ainsi qu'une réforme agraire. Son succès est considérable : il a 875 000 membres en 1947 (dont 45 % d'ouvriers) et son leader Schumacher peut espérer devenir le principal dirigeant du futur État allemand. Mais les débuts de la guerre froide et la méfiance croissante d'une Allemagne libérale contre tout ce qui évoque le marxisme vont lui valoir bien des déboires. Les élections de 1949 lui apportent une première déception : le SPD n'arrive qu'en seconde position derrière la CDU et Adenauer, et non Schumacher, accède à la Chancellerie ; cet échec est encore accentué en 1953 et l'écart se creuse entre socialistes et chrétiens-démocrates au détriment des premiers ; en 1957 enfin, la légère remontée du SPD (3 % des voix) résulte plus de la disparition progressive des petits partis que d'un déclin de la CDU (qui a gagné 5 % des voix).

Sans doute faut-il nuancer cette série d'échecs en rappelant que, condamnée à l'opposition au Bundestag, la Social-Démocratie remporte des succès dans les Länder et qu'elle se trouve au pouvoir dans nombre d'entre eux. Toutefois, les échecs répétés conduisent les Socialistes à admettre que leur optique révolutionnaire est inadaptée aux réalités de la société allemande de leur temps et le congrès de Bad-Godesberg de 1959 met au point un nouveau programme qui représente une révision déchirante de l'idéologie du parti. Répudiant le marxisme et la lutte des classes, le SPD ne se veut plus seulement le « parti de la classe ouvrière », mais le « parti du peuple ». Il se réclame de la Loi Fondamentale de la République Fédérale, approuve l'idée de défense nationale (tout en se déclarant contre les armes nucléaires) et, s'il reste attaché à la planification, se proclame partisan de la protection de la propriété privée.

À ce renouvellement de la doctrine s'ajoute celui des hommes. Après la mort de Schumacher en 1952, Ollenhauer, conscient du fait qu'il attire peu les masses, se retire volontairement et une nouvelle équipe prend en mains les destins du SPD, contribuant à lui donner le visage moderne et dynamique qu'il cherche à offrir de lui-même : Herbert Wehner, l'inspirateur du programme de Bad-Godesberg, le professeur Karl Schiller, défenseur de principes économiques qui ne doivent plus rien au socialisme d'antan, et surtout Willy Brandt qui commence en 1962 son ascension au sein du parti. L'effort d'intégration du SPD à la société allemande est couronné de succès : en 1966, les Socialistes entrent dans le gouvernement de coalition de M. Kiesinger et, en 1969, grâce à l'alliance des libéraux, ils font élire Gustav Heinemann à la présidence de la République et portent Willy Brandt à la Chancellerie. Cette relève politique des Chrétiens-Démocrates par les Socialistes atteste d'ailleurs la solidité de la démocratie de Bonn, où s'opère désormais l'alternance au pouvoir de la majorité et de l'opposition, critère fondamental d'un fonctionnement harmonieux des institutions.

Mais les succès des deux grands partis confirment la *tendance à la bipolarisation* qui est, depuis 1949, un fait majeur de la vie politique allemande. En dehors des petits partis qui contestent les institutions, il n'existe qu'un seul rival pour les Chrétiens-Démocrates et les Socialistes, le Parti libéral, issu des anciens partis bourgeois démocrates de la République de Weimar, comme le DDP En fait, depuis 1949, son audience a été très limitée et il n'a jamais dépassé 13 % des suffrages du corps électoral. C'est un parti de personnalités, constamment déchiré entre une aile gauche libérale dont Theodor Heuss a été le meilleur représentant et une aile conservatrice proche de la CDU. Ces tensions ont provoqué une série de scissions qui n'ont cessé d'affaiblir le Parti. Toutefois son importance résulte du fait que, sauf de 1957 à 1961 où la CDU a eu la majorité des députés, l'appoint des voix libérales a été indispensable à la constitution des ministères et le FDP a figuré dans tous les cabinets. Allié de la CDU depuis 1949 (allié quelquefois incommode), le Parti libéral opère en 1969 un renversement d'alliances en décidant de soutenir, sous l'influence de Walter Scheel, la candidature du socialiste Willy Brandt à la Chancellerie. Il en résulte d'ailleurs une nouvelle scission et le départ du parti de son ancien président Erich Mende. Seul le système de la proportionnelle aux élections fédérales paraît encore maintenir en vie un parti qui semble bien anachronique alors que se manifeste une tendance de plus en plus nette à la bipolarisation.

Le fonctionnement normal des institutions démocratiques et l'alternance au pouvoir ont eu pour résultat de provoquer en 1969 une transformation essentielle dans la manière dont l'Allemagne envisage depuis 1949 sa propre situation en Europe et de poser en termes nouveaux la question allemande.

Une Allemagne qui s'accepte elle-même

Le long gouvernement du chancelier Adenauer a contribué à *figer le problème allemand dans des termes qui étaient ceux de la guerre froide.*

– La République Fédérale se considérait comme la seule Allemagne légitime habilitée à rassembler un jour sous sa coupe les populations d'Allemagne orientale. D'où l'ignorance dédaigneuse dans laquelle se trouvait tenue la République Démocratique et la mise au point de la « Doctrine Hallstein » qui supposait la rupture de Bonn avec tous les États reconnaissant diplomatiquement l'Allemagne de l'Est.

– La République Fédérale, intégrée au bloc occidental, considérait l'URSS et ses alliés comme l'ennemi potentiel contre lequel il fallait exercer une surveillance assidue et méfiante. Le principal point de cristallisation de cette hostilité était Berlin, menacé selon Bonn d'absorption dans la zone d'occupation soviétique et dont la République Fédérale cherchait à affirmer le caractère occidental par des manifestations symboliques comme la réunion périodique du Bundestag dans l'ancienne capitale du Reich.

– Enfin la République Fédérale, reprenant l'attitude de l'Allemagne de Weimar en 1919, se refusait à admettre la validité de sa frontière orientale, la ligne Oder-Neisse, jusqu'à la signature d'un traité de paix définitif qui ne pourrait avoir lieu qu'après la réunification.

En fait, l'ensemble de ces revendications s'inscrivait davantage dans le contexte de la guerre froide que dans celui d'une politique réaliste. Excellent thème de propagande, la réunification était jugée impossible par Adenauer lui-même et vraisemblablement peu souhaitable, compte tenu du remarquable équilibre atteint par la République Fédérale. Mais cet écart entre les réalités et les thèmes de propagande aboutissait à maintenir en Allemagne un mécontentement de caractère nationaliste, attesté par exemple par les congrès de réfugiés. Depuis son arrivée au pouvoir, le cabinet socialiste de M. Willy Brandt s'est attaché à régler la question allemande et à rapprocher doctrine officielle et réalité.

« L'Ostpolitik » du chancelier Brandt (politique à l'est) s'inscrit dans un contexte sensiblement différent de celui de la guerre froide qui a marqué les gouvernements Adenauer. Inaugurés par la « coexistence pacifique », les nouveaux rapports américano-soviétiques sont marqués par la volonté d'éviter entre les deux États toute cause de conflit pouvant dégénérer en guerre. La question allemande est une de ces causes de conflit. En signant en août 1970 un traité de renonciation à la force avec l'Union soviétique, le chancelier Brandt se place ainsi dans le cadre d'une politique de détente généralisée. Le traité crée un climat d'entente qui permet d'envisager la solution des problèmes fondamentaux. En particulier la question de Berlin, qui figurait au premier plan des préoccupations de la République Fédérale, non évoquée dans le traité, semble devoir être résolue grâce à des concessions soviétiques.

À l'automne 1970 le traité germano-polonais est la suite logique du traité de Moscou qui affirmait l'inviolabilité des frontières existantes. Pour la première fois depuis 1949, l'Allemagne accepte de reconnaître la validité de la ligne Oder-Neisse. Ainsi, rompant avec la rigidité des positions des prédécesseurs de M. Brandt, la République Fédérale sort-elle du contexte de la guerre froide et accepte-t-elle les conséquences de la situation créée par sa défaite de 1945. En même temps, les deux traités de 1970 donnent à l'Allemagne Fédérale sa « majorité » dans le domaine diplomatique en la libérant de la tutelle exercée depuis la défaite de Hitler par ses trois vainqueurs occidentaux.

L'évolution des relations entre les deux Allemagnes est le second aspect spectaculaire de la politique extérieure réaliste du gouvernement fédéral. Dans sa déclaration gouvernementale du 28 octobre 1969, M. Brandt faisait savoir qu'il était disposé à entamer des négociations sur des problèmes précis et concrets (relations ferroviaires et postales par exemple) avec la RDA ; tout en admettant qu'il existait désormais deux États allemands, il se refusait néanmoins à une reconnaissance diplomatique de l'Allemagne de l'Est qui aurait pour effet de faire de celle-ci un État étranger et apparaîtrait comme une ratification de la coupure en deux du pays. À la suite d'un échange de lettres entre M. Walter Ulbricht et M. Heinemann, une rencontre entre les chefs des deux gouvernements a lieu à Erfurt en mars 1970. Elle fait apparaître tout à la fois la volonté de dialogue des deux États, mais aussi le caractère inconciliable de leurs positions, la RDA exigeant de la République Fédérale sa reconnaissance en tant qu'État séparé. Et de fait, c'est sur ce problème qu'achoppe deux mois plus tard une nouvelle rencontre à Cassel.

Sans doute la route est-elle encore longue qui verra les deux États allemands nés de la défaite s'accepter mutuellement, mais n'est-ce pas là l'issue nécessaire d'une politique réaliste qui entend s'accommoder de la situation existante pour éviter les tensions résultant du refus d'accepter les réalités ?

Un siècle après la réalisation de l'unité allemande, on peut s'interroger sur le destin d'une nation réunie par la force au XIXe siècle et qui a tenté par deux fois de dominer l'Europe par la force. Apparemment, le rêve d'une puissante Allemagne unifiée et s'imposant au continent s'est effondré ; deux États sont nés que vingt ans d'évolution économique et politique dans des contextes divergents séparent plus que ne les réunit la conscience commune d'appartenir à la même nation. Même si elle est encore éloignée en droit, la reconnaissance de l'existence des deux Allemagnes est admise par tous dans les faits. Mais au-delà de cet échec apparent, comment ne pas constater l'étonnante réussite des Allemagnes dans des conditions sans doute très différentes de celles qu'avaient envisagées et Bismarck et Guillaume II et Hitler ? La République Fédérale est la première puissance économique d'Europe occidentale comme la République Démocratique joue un rôle prépondérant en Europe orientale. Dans l'un comme dans l'autre cas, la puissance économique est génératrice de puissance politique : le poids de la République Fédérale est prépondérant dans le Marché Commun pendant que la République Démocratique joue un rôle sans cesse croissant dans le monde communiste d'Europe de l'Est. Les deux États, traumatisés par une guerre qui a pesé si lourdement sur l'Allemagne, entendent l'un et l'autre renoncer à toute politique de force pour ne plus rechercher que les avantages de la paix. La politique de détente qui, en dépit des frictions, prévaut dans un monde dominé par l'équilibre de la terreur semble conduire à la reconnaissance du fait que la nation allemande est séparée en deux États qui, chacun séparément, évoluent vers le développement économique, le bien-être social et la puissance politique dans un cadre pacifique.

Extraits du discours prononcé à Erfurt le 19 mars 1970 par M. Willi Stoph, président du conseil des ministres de la RDA

« ... Le gouvernement de la République démocratique allemande estime nécessaire que dans les négociations futures... nous nous penchions sur les questions fondamentales suivantes :

1. Création de relations normales et égales entre la RDA et la RFA sur la base du droit international et sans aucune discrimination. Renonciation de la prétention du gouvernement de la RFA à être le seul représentant (du peuple allemand).
2. Non-intervention dans les affaires étrangères de l'autre État, rejet définitif et clair de la doctrine Hallstein.

3. ... Renonciation à l'emploi de la force entre la RDA et la RFA, avec reconnaissance pleine et égale de l'existence juridique, de l'intégrité territoriale et de l'inviolabilité des frontières.
4. Candidatures de la RDA et de la RFA à l'ONU.
5. Renonciation à la possession d'armes nucléaires de toutes sortes...
6. Discussion des problèmes relatifs à l'élimination nécessaire de tous les vestiges de la Deuxième Guerre mondiale.
7. Règlement de toutes les dettes de la RFA envers la RDA et règlement des réparations...

Extraits du discours prononcé à Erfurt le 19 mars 1970 par M. Willy Brandt, chancelier de la RFA

1. Les deux États ont le devoir de préserver l'unité de la nation allemande. Ils ne sont pas étrangers l'un par rapport à l'autre. De plus les principes généralement reconnus du droit des États doivent s'appliquer en particulier à l'exclusion de toutes formes de discrimination, le respect de l'intégrité territoriale, l'engagement à régler pacifiquement les différends et le respect des frontières mutuelles.
2. Ceci comprend l'engagement de ne pas souhaiter modifier par la force la structure sociale dans le territoire des partenaires contractuels.
3. Les deux gouvernements devraient tendre leurs efforts pour une coopération entre voisins, particulièrement pour le règlement de la coopération technique et entre spécialistes...
4. Les droits existants et les responsabilités des Quatre en ce qui concerne l'Allemagne dans son ensemble et Berlin doivent être respectés.
5. Les efforts des Quatre pour aboutir à des accords sur une amélioration de la situation à Berlin et autour de Berlin doivent être appuyés par nous. ... Je pense essentiellement aux difficultés humaines que nous devrions améliorer autant que nous le pouvons. Pour donner deux exemples : là où des enfants ne vivent pas avec leurs parents, nous devrions trouver des moyens pour qu'ils puissent à nouveau vivre ensemble ; là où des fiancés s'attendent de chaque côté de la frontière, nous devrions leur permettre de se marier.

À mon point de vue, une normalisation véritable doit aider à surmonter les murs et les barrières en Allemagne. Ils symbolisent le côté lamentable de notre situation...

(Extraits publiés par le journal *Le Monde*, 21/3/1970)

Chapitre 17

La République Fédérale d'Allemagne, première puissance d'Europe occidentale

Une crise économique bien surmontée

La crise allemande

La République Fédérale d'Allemagne a connu depuis la réforme économique de 1948-1949 une croissance spectaculaire et continue. Toutefois, elle subit à partir de 1974-1975 une crise qui est l'exact reflet de celle de l'ensemble du monde industriel. Cette crise a pour première cause la décision prise en 1973 par le gouvernement allemand de lutter contre l'inflation par des mesures de stabilisation monétaire. Les restrictions du crédit et le freinage de la consommation qui en résultent ont pour effet de diminuer l'activité économique d'ensemble. C'est dans le contexte de ce ralentissement que se produit à l'automne 1973 la décision de l'Opep de diminuer les livraisons de pétrole aux pays industriels, qui aboutit en quelques semaines au quadruplement du prix du pétrole. L'Allemagne entre alors dans la récession économique. On constate durant les années 1974-1975 une importante baisse de la consommation, une chute de la production industrielle qui tombe à l'indice 103 (contre 115 en 1974) à la mi-1975, une diminution des investissements et des exportations. Conséquence de cette détérioration des indicateurs économiques, le chômage, maintenu à un taux extrêmement faible jusqu'en 1973, passe à 750 000 personnes à l'automne 1974, puis à 1 350 000 en février 1975.

Le gouvernement social-démocrate au pouvoir depuis 1969, mais qui, depuis 1974, est dirigé par Helmut Schmidt décide alors de tenter ce qui est la quadrature du cercle en matière économique, une relance qui permette de faire repartir l'économie, de rétablir l'excédent de la balance commerciale sur lequel compte l'Allemagne, de réduire le chômage, mais sans faire repartir l'inflation qui, depuis l'expérience de 1923 apparaît comme le mal absolu. Une politique budgétaire, favorisant les investissements et la consommation, est engagée (programme spécial d'investissements, dégrèvements fiscaux), qui a pour résultat de provoquer un redémarrage de l'économie allemande dès 1976. Parallèlement, tout est fait pour que cette relance n'aboutisse pas à une renaissance des pressions inflationnistes. Un accord tacite est passé avec les syndicats sur un « partage des sacrifices », qui permet de limiter les hausses de salaires, et l'essentiel du financement de la relance provient de l'emprunt intérieur, ce qui accroît dans de spectaculaires proportions l'endettement intérieur de l'État. Mais il est de fait que les résultats ne tardent pas à se faire sentir. La production industrielle redémarre dès l'automne 1975 et atteint l'indice 112 au début de 1977 ; le nombre des chômeurs tombe à un million en 1976, 850 000 en 1977 ; la balance commerciale reprend son ascension dès 1977 passant de 16,6 milliards de dollars d'excédent en 1976 à 19,3 milliards en 1977, puis 23,3 milliards en 1978. Enfin la balance des paiements retrouve un excédent important (+ 3,8 milliards de dollars en 1976, + 3,7 milliards en 1977, + 5,5 milliards de dollars en 1978) qui marque un contraste avec la situation des autres pays européens. Le résultat en est, sous la pression des partenaires commerciaux de la République Fédérale d'Allemagne, une tendance permanente à l'appréciation du deutschemark, que le gouvernement allemand est conduit à réévaluer à diverses reprises. En 1979, le deutschemark est devenu, derrière le dollar, la seconde monnaie de réserve du monde et son éclatante santé témoigne de ce que la République Fédérale a su, mieux que les autres pays du monde, dominer la crise du monde industriel.

Cette relance des années 1976-1977 ne résiste guère au second choc pétrolier, né en 1979 de la révolution iranienne qui renverse le Shah et a pour résultat, du fait de la guerre civile qu'elle provoque, de diminuer la production iranienne de pétrole, privant ainsi le marché mondial d'un de ses principaux fournisseurs. La nouvelle flambée des prix des produits pétroliers rend ceux-ci, en 1979, neuf fois plus élevés qu'en 1973. L'Allemagne, comme les autres pays industriels, rechute dans la crise. Sa facture pétrolière s'alourdit, sa balance commerciale se détériore. Au début des années 1980, l'Allemagne reste certes une grande puissance financière, tant la politique monétaire anti-inflationniste qu'elle poursuit provoque la confiance des milieux d'affaires, mais si elle demeure au premier rang pour ce qui concerne les réserves en devises, son activité économique stagne à nouveau. À ce moment, le taux de croissance de l'économie allemande est à peu près nul, le chômage dépasse la barre des deux millions en 1982 (8 % de la population active) et le géant de l'industrie électronique allemande AEG-Telefunken (un groupe de 124 000 salariés) est au bord de l'effondrement et ne sera sauvé que par l'intervention du gouvernement. C'est d'ailleurs cette rechute dans la crise qui provoque l'éclatement de la coalition politique au pouvoir et une nouvelle politique de lutte contre la récession économique, qui paraît, au fil des années, donner des résultats tangibles.

La lutte contre la crise

La politique de lutte contre la crise en République Fédérale d'Allemagne est dominée par un fait fondamental : la RFA tire de ses exportations l'essentiel de sa richesse. Plus du quart de son produit national brut dépend de ses ventes à l'étranger. De surcroît, le gouvernement allemand, qu'il soit dirigé par les sociaux-démocrates ou les chrétiens-démocrates, est parfaitement conscient que la réussite politique de la démocratie de Bonn est intimement liée au maintien de la prospérité économique, et les souvenirs de la grande crise de 1929 sont encore trop présents aux esprits pour que les Allemands ne soient point convaincus qu'ils sont condamnés à la croissance.

Toutefois, dans le cadre de cette politique indispensable de lutte contre la crise, les vues des sociaux-démocrates et celles des chrétiens-démocrates diffèrent sensiblement. Liés à la politique sociale traditionnelle de leur parti, les sociaux-démocrates se sont refusé à envisager de revenir sur les acquis sociaux qui ont été le principal bilan de leur période gouvernementale, préférant trancher pour les financer dans les investissements publics. Au demeurant, la pression des syndicats, clients traditionnels de leur parti leur aurait sans doute interdit de pratiquer ce type de politique. C'est d'ailleurs parce qu'ils refusaient de s'engager dans cette voie que les libéraux décident de les abandonner en 1982 pour conclure une alliance avec les chrétiens-démocrates. Ceux-ci se trouvent dès lors affrontés à une situation économique contrastée. La politique de rigueur monétaire menée avec constance par les sociaux-démocrates et qu'ils poursuivent a conduit la République Fédérale à se montrer la championne européenne de la réduction du taux d'inflation ; dès 1982, celui-ci est réduit à 5 %. Il ne cesse ensuite de diminuer pour atteindre un taux voisin de 0 en 1986, certains mois bénéficiant d'un taux négatif. Résultat de cette excellente tenue des prix, l'Allemagne reste un grand pays exportateur dont la balance commerciale est nettement excédentaire, ce qui conduit à une solidité toujours renforcée du deutschemark sur la scène monétaire mondiale, d'autant que le dollar connaît, depuis 1986, un mouvement à la baisse qui ne fait que renforcer l'intérêt des cambistes pour la monnaie allemande. En janvier 1987, celle-ci est une nouvelle fois réévaluée par rapport aux autres monnaies. En revanche, deux des indicateurs sont clairement négatifs. Il s'agit, d'une part de l'endettement extérieur, legs des gouvernements sociaux-démocrates, mais sur ce point, les confortables excédents enregistrés depuis 1982 par la balance des paiements devraient permettre à l'Allemagne de régler assez rapidement ce problème. Plus grave est le poids du chômage. Maintenu jusqu'en 1981 autour d'un million de personnes, il croît rapidement à partir de 1982. Non que le chancelier Kohl ait pratiqué une politique de remise en cause des acquis sociaux identique à celle qu'ont connue la Grande-Bretagne ou les États-Unis, mais tout simplement, parce que la politique de rigueur et d'assainissement des finances publiques interdit d'accroître le poids des prestations sociales et que, dans ces conditions, rien ne semble pouvoir arrêter les effets d'une rationalisation des entreprises qui débouche sur des suppressions d'emploi. De 1,8 million en 1982, le nombre des chômeurs est passé à 2,5 millions en 1985. Si bien que la République Fédérale d'Allemagne présente le visage paradoxal d'un pays qui a réussi à surmonter la crise économique, annulant pratiquement l'inflation, réduisant le déficit du budget, retrouvant une croissance modérée, reprenant ses exportations, mais au prix d'un chômage qui se situe à 10 % de la population active.

Une société qui demeure stable

La crise économique et la poussée du chômage n'ont pas véritablement remis en cause le consensus social qui constitue depuis 1949 une des forces de la République Fédérale. Sans doute, dans des zones marginales de la population, l'opposition extra-parlementaire a-t-elle trouvé des appuis dans une jeunesse privée d'emploi et poussée au désespoir, mais le phénomène est demeuré limité. En fait, les grandes forces du monde ouvrier demeurent encadrées par la puissante centrale syndicale DGB qui a accepté « l'économie sociale de marché » et qui ne songe nullement à remettre en cause le régime capitaliste. Les tentatives faites en 1982 pour constituer des syndicats de chômeurs se sont soldées par des échecs. Même en situation difficile, le monde ouvrier allemand demeure fidèle aux conceptions qui ont fait la prospérité des temps du « miracle ».

Les syndicats ont accepté de négocier avec le chancelier Schmidt une politique de modération des salaires pour lutter contre l'inflation. Il est vrai que, depuis 1976, ils ont obtenu le vote d'une loi sur la cogestion, promise depuis longtemps par les sociaux-démocrates et qui devait étendre à toutes les entreprises industrielles et commerciales de plus de 2 000 salariés le bénéfice de la loi de 1951 sur les entreprises du charbon et de l'acier. En fait, cette grande réforme réalise l'exemple le plus poussé de participation des salariés à la direction des entreprises qui ait jamais été pratiqué dans un pays capitaliste. La réforme n'a réellement satisfait ni le patronat, ni les syndicats. Le premier a déposé contre la loi de 1976 un recours devant la Cour constitutionnelle, recours qui a été rejeté en 1979. Il a alors procédé à des tentatives de contournement, s'efforçant de faire éclater les sociétés, de manière que les entreprises issues de l'éclatement soient au-dessous du seuil des 2 000 salariés à partir desquels la loi s'applique. De leur côté, les syndicats critiquent une loi qu'ils ne jugent pas vraiment paritaire, dans la mesure où, en cas de désaccord entre actionnaires et salariés, ce sont les premiers qui l'emportent nécessairement. Avec ses imperfections, la loi de 1976 traduit cependant les aspirations sociales d'un pays résolu à intégrer sa classe ouvrière dans la société de prospérité qu'il entend créer.

Globalement, cette volonté a été couronnée de succès. On s'interroge toutefois sur la pérennité du consensus social allemand. Les jeunes générations, de plus en plus mal à l'aise dans un pays qui vieillit et où le conformisme des attitudes et des valeurs semble peu attrayant pour la jeunesse, paraissent de plus en plus tentées, sinon par la contestation radicale, du moins par les formes nouvelles de la politique que proposent les écologistes, les « Verts », défenseurs de l'environnement, peu respectueux des valeurs traditionnelles de l'Allemagne bourgeoise. Il est vrai que l'acuité de cette contestation est amortie par un phénomène démographique qui, à court terme, permet de limiter le chômage, mais qui n'en constitue pas moins une redoutable menace pour l'avenir. Depuis 1974, la population allemande diminue, le nombre des décès dépassant celui des naissances. Cette diminution de la population a été compensée par l'appel aux travailleurs étrangers, volant de main-d'œuvre sur lequel il est plus aisé de jouer en période de chômage et qui permet de traiter celui-ci en renvoyant une part des travailleurs étrangers. En fait, la République Fédérale tente depuis quelques années de freiner les arrivées massives d'étrangers attirés par un pays qui semble moins touché que d'autres par la crise. Mais ce traitement de la crise économique par la crise démographique pose néanmoins le problème de l'avenir d'une société en voie de disparition lente. C'est cependant sur les problèmes à court terme davantage que sur les grandes interrogations de l'avenir que se joue la politique allemande depuis les années 1970.

Une vie politique marquée par l'alternance

Depuis sa création, la démocratie de Bonn a fait la preuve de sa solidité. Elle a résolu les problèmes politiques posés au pays par une pratique régulière de l'alternance, les forces politiques dont les oscillations entraînent les changements de majorité se trouvant amenées à faire ratifier par le corps électoral les grands changements de ligne politiques. De surcroît, la République Fédérale a bien résisté à la poussée terroriste des années 1970 et semble parvenir à intégrer dans les règles classiques du jeu parlementaire la nouvelle contestation écologiste et pacifiste.

L'ère social-démocrate

C'est en 1969, à l'issue d'élections qui maintiennent la démocratie-chrétienne au rang de premier parti allemand, mais qui donnent une majorité en sièges à la social-démocratie alliée aux libéraux (242 sièges pour la CDU contre 224 aux socialistes et 30 aux libéraux) que Willy Brandt, président du SPD, accède à la chancellerie. C'est le début d'un règne social-démocrate qui va durer jusqu'en 1982. Cette étroite majorité, affaiblie par des défections, conduit le nouveau Chancelier à provoquer des élections en 1972. La coalition au pouvoir en sort renforcée avec 272 sièges (230 socialistes, 42 libéraux) contre 224 chrétiens-démocrates. Confirmée par des progrès dans les élections régionales, elle fait élire à la présidence de la République le libéral Walter Scheel en 1974. Cette même année, la découverte d'une affaire d'espionnage dans laquelle se trouve compromis un homme de l'entourage du Chancelier, Günther Guillaume, contraint Willy Brandt à démissionner précipitamment de la chancellerie, tout en conservant la présidence du parti social-démocrate. Mais la coalition socialiste-libérale ne s'en trouve pas disloquée pour autant. Un nouveau chef du gouvernement, Helmut Schmidt, spécialiste d'économie politique, chef du groupe parlementaire SPD s'installe à la chancellerie et va, huit ans durant, diriger le gouvernement allemand, conduisant la coalition socialiste-libérale à la victoire en 1976 et en 1980. Ces élections de 1980, bien qu'elles représentent un net succès présentent cependant pour les socialistes des symptômes inquiétants. Les victoires électorales remportées par la CDU-CSU dans les élections aux Länder privent les partis au pouvoir de la majorité au congrès qui doit donner en 1979 un successeur au président Scheel. Celui-ci renonce à l'espoir d'être réélu et c'est le chrétien-démocrate Carstens qui accède à la présidence. Par ailleurs, les élections de 1980 semblent gagnées surtout en fonction de l'extrémisme dont fait preuve le candidat CDU à la chancellerie, le bavarois Franz-Josef Strauss. La progression de la majorité est due pour l'essentiel à la poussée des libéraux qui atteignent 10,6 % des voix et 53 sièges alors que les socialistes se maintiennent à peu de chose près à leur chiffre de 1976. Cette progression des libéraux se traduit chez eux par la volonté de peser davantage sur la politique de la coalition et il en résulte des désaccords de plus en plus nets entre les deux partis de la majorité sur la manière de lutter contre la crise, le point d'achoppement portant sur le maintien de la politique sociale ou sur sa mise en cause. Le désaccord entre SPD et FDP sur le projet de budget pousse celui-ci, conduit par son principal dirigeant, Hans-Dietrich Genscher, à décider de quitter le gouvernement en septembre 1982. La rupture de la coalition qui gouverne l'Allemagne depuis 1969 met fin à l'ère social-démocrate.

En treize ans, les sociaux-démocrates ont assez profondément transformé la physionomie de l'Allemagne. Non qu'ils aient eu l'intention de procéder à quelques-unes de ces réformes de structure qui font les grands débats entre socialistes et libéraux en Europe occidentale. Depuis le programme de Bad-Godesberg, la social-démocratie a assez largement renoncé à ces vues de caractère idéologique. Son objectif était seulement de compléter la démocratie politique de Bonn par une démocratie économique. Dans cet ordre d'idées, la loi sur l'extension de la cogestion constituait la pièce maîtresse du programme, puisqu'il s'agissait de faire entrer dans les faits le partage du pouvoir au sein de l'entreprise. Commencée sous le gouvernement Willy Brandt, l'institution de la cogestion n'aboutit finalement sous le gouvernement Schmidt qu'en 1976 et aux prix de délicates négociations avec les libéraux. Mais plus que cette loi qui a polarisé l'attention, l'essentiel est sans doute dans une législation concernant la famille, les relations dans l'entreprise, le travail, la commune ou le système de formation, qui a accompagné la transformation des mœurs et modifié assez profondément les comportements de la société allemande.

Jusqu'en 1976, date à laquelle la crise économique atteint en profondeur l'économie allemande et change fondamentalement les données du problème, d'importantes réformes sont ainsi entreprises. Elles concernent en premier lieu la politique sociale et se traduisent par une volonté d'accroître les droits des travailleurs dans l'entreprise (accroissement des pouvoirs des comités et des sections syndicales ; droits pour les travailleurs, y compris étrangers de participer dès l'âge de dix-huit ans aux élections dans les entreprises), d'accroître les ressources fiscales en faisant payer les plus fortunés (ajustement de l'impôt foncier à la montée du prix des terrains urbains, accroissement de l'impôt sur les grandes fortunes et les gros patrimoines), mais d'alléger la charge pesant sur les plus modestes (relèvement du seuil de l'impôt sur le revenu, exemptions et réductions pour les personnes âgées, les familles nombreuses, les handicapés...), enfin d'apporter une aide à tous ceux qui connaissent des difficultés : augmentation des rentes et pensions, amélioration des retraites, garanties aux salariés en cas de faillite de leur entreprise, accroissement de la protection contre les accidents et les maladies professionnelles, relèvement des prestations destinées aux chômeurs totaux ou à temps partiel. Le second volet de l'action réformatrice des gouvernements à prépondérance social-démocrate concerne les problèmes de formation et d'éducation : les allocations familiales ont été étendues au premier enfant, 400 000 bourses par an destinées aux jeunes gens des milieux modestes ont été créées pour améliorer leur formation professionnelle, les dépenses de formation et d'éducation ont doublé entre 1970 et 1972 et

30 000 places supplémentaires créées dans les universités dont des réformes ont consacré la démocratisation. Sans empiéter sur les prérogatives des Länder des ministères fédéraux de la Technologie et de la Recherche d'une part, de la Science et de la Formation de l'autre ont été créés, mettant l'accent sur les priorités gouvernementales. Enfin, un troisième domaine de l'action du gouvernement concerne les libertés du citoyen et la libération des mœurs. Des réformes introduisent le divorce par consentement mutuel et autorisent l'avortement sous certaines conditions ; l'information sur les moyens anticonceptionnels est libérée ; une loi autorise les transsexuels à changer de sexe et de nom ; le système pénitentiaire est humanisé, une loi protège les citoyens contre les abus des fichiers informatisés ; un statut des objecteurs de conscience est adopté qui permet à une importante partie de chaque classe de conscrits de ne pas porter l'uniforme.

Au total, de 1969 à 1976, les gouvernements Brandt et Schmidt, sans bouleverser les structures de la société allemande réalisent de très profondes transformations de celles-ci, dans la ligne des réformes voulues par la social-démocratie. Toutefois, ces réformes ne sont adoptées qu'avec difficultés. L'opposition chrétienne-démocrate ne les accepte que du bout des lèvres, les jugeant trop hardies. Les libéraux, associés au gouvernement, s'y résignent, désapprouvant l'intervention croissante de l'État dans le domaine social. En revanche, la jeunesse les juge beaucoup trop modérées et peu exaltantes, surtout après le départ de Willy Brandt de la Chancellerie. Helmut Schmidt plus préoccupé de saine gestion que de mesures hardies se heurte au radicalisme de la Jeunesse socialiste – les Jusos – qui lui reproche sa timidité et la lenteur des transformations. Ce jeu d'équilibre difficile entre une gauche qui veut un comportement plus révolutionnaire et une aile conservatrice qui souhaite freiner les réformes devient impossible à tenir à partir du moment où la crise atteint l'Allemagne. Désormais ce qu'Helmut Schmidt peut offrir au pays, ce ne sont plus des réformes, mais une répartition des sacrifices. Or, cette nouvelle logique apparaît inacceptable aux jeunes intellectuels qui forment désormais les cadres de la social-démocratie et qui trouvent une oreille attentive chez Willy Brandt, président de leur parti. En porte-à-faux avec son propre parti, Helmut Schmidt se heurte en outre à ses alliés libéraux qui exigent un budget de sacrifices sur la politique sociale, favorable aux intérêts des grandes affaires, ainsi que l'octroi d'avantages aux entreprises pour relancer l'investissement et l'emploi. Ces revendications contenues dans un mémoire du comte Lambsdorff, ministre libéral de l'Économie apparaissent inconciliables avec les vues de la social-démocratie. Helmut Schmidt s'apprête à mettre fin à la coalition en septembre 1982, lorsque le 17, les quatre ministres libéraux précipitent la crise en démissionnant.

Le retournement de 1982 et le retour de la CDU

Malgré le désaccord de l'aile gauche de son parti, Hans-Dietrich Genscher, président du parti libéral entame aussitôt des négociations avec le leader de la CDU, Helmut Kohl afin de constituer une nouvelle majorité au Bundestag. En dépit de résultats électoraux médiocres lors des élections aux Länder (en Hesse ou en Bavière), libéraux et chrétiens-démocrates décident d'utiliser l'article 67 de la Loi fondamentale qui permet de renverser le gouvernement si le Bundestag vote une « motion de défiance constructive » désignant à la majorité absolue un successeur au Chancelier en place. Le 1er octobre, cette procédure aboutit à l'élection de Helmut Kohl comme chancelier avec 256 suffrages (la majorité absolue étant de 249 voix). Quelques jours plus tard est formé le nouveau gouvernement de coalition CDU-CSU-FDP qui ramène au pouvoir, après treize ans d'opposition, la démocratie-chrétienne.

Le nouveau chancelier Helmut Kohl ne dispose pas dans l'opinion d'un prestige considérable. Président de la CDU depuis 1973, il a pour principal atout de tenir l'appareil de son parti au sein duquel personne ne paraît en mesure de l'affronter. Personnage peu charismatique, il apparaît comme un Allemand moyen en qui se reconnaissent nombre de ses concitoyens. Mais son autorité semble faible au sein du gouvernement et il doit affronter le redoutable leader de la CSU, le bavarois Fanz-Josef Strauss, qui apparaît comme l'homme fort de la coalition au pouvoir. Néanmoins, en dépit de ces handicaps et des critiques qui se font jour sur ses méthodes de gouvernement, Helmut Kohl a réussi à maintenir, depuis 1982, la cohésion de sa majorité et son audience dans l'opinion, quoique de justesse. En 1983, il organise des élections anticipées pour tenter d'élargir une majorité fragile. Elles aboutissent à un net succès de la CDU qui réalise un excellent score de 48,8 % des suffrages, les libéraux ne se maintenant que de justesse (6,9 %). Mais avec 244 députés CDU et 34 libéraux, la coalition est consolidée, d'autant que la social-démocratie, très divisée après le retrait d'Helmut Schmidt, entre une gauche qui a le vent en poupe et un candidat chancelier fort modéré Hans Jochen Vogel subit une lourde défaite (38,2 % des suffrages, 193 députés). En revanche, les « Verts » (écologistes et pacifistes) franchissent la barre de 5 % des suffrages et font élire 27 députés au Bundestag. En janvier 1987, les élections législatives confirment Helmut Kohl à la chancellerie, mais dans des conditions qui diminuent encore son autorité. La démocratie-chrétienne subit en effet de lourdes pertes (tombant à 44,3 % des voix et 223 députés) et la majorité ne conserve le pouvoir que grâce à la poussée des libéraux (9,1 % et 46 députés). Il est vrai que la social-démocratie poursuit son déclin, tombant à 37 % des sièges et 186 députés, ses pertes étant compensées par un nouveau succès des « Verts » qui effectuent une percée à 8,2 % et font élire 42 députés.

En fait, pris entre son succès économique et son échec social, victime du caractère incertain de sa politique étrangère, le gouvernement Kohl tire moins sa force de ses résultats que de la faiblesse de ses adversaires. Mais, au lendemain des élections de 1987, la situation politique allemande paraît bloquée et le jeu des partis perburbé.

Parti conservateur, la démocratie-chrétienne, incarne une Allemagne vieillissante, soucieuse de bonne gestion, méfiante envers les intellectuels, réaliste, qui trouve ses bases électorales chez les entrepreneurs, les paysans les hommes d'affaires et les membres des professions libérales. Son sens de la mesure lui fait écarter la tentation droitière qu'incarne Franz-Josef Strauss leader de la CSU bavaroise, mais pour choisir des dirigeants modérés et peu susceptibles d'enthousiasmer la population dont Helmut Kohl est le symbole La social-démocratie apparaît pour sa part comme un parti dont l'image est en train de se brouiller. Partagée entre une aile gauche formée de jeunes intellectuels ardents à secouer le réformisme social-démocrate, sensibles aux thèses écologistes et pacifistes et critiques envers le capitalisme et l'alliance américaine, et un groupe de gestionnaires prudents et compétents dont Helmut Schmidt est le symbole, elle hésite sur son avenir. La direction du parti apparaît résolue à ancrer celui-ci dans les voies choisies à Bad-Godesberg et la personnalité des candidats successifs à la chancellerie, Hans-Jochen Vogel en 1983, Johannes Rau en 1987 s'inspirent du précédent Helmut Schmidt. Lorsqu'en mars 1987, Willy Brandt, sensible aux thèses des jeunes générations doit abandonner la présidence du SPD, c'est Hans-Jochen Vogel et non le radical Oskar Lafontaine qui lui succède. Mais le double visage de la social-démocratie ne lui nuit pas moins auprès de l'électorat que le conservatisme dépourvu d'imagination de la CDU. Situation qui profite aux « petits partis », les libéraux et les « Verts », dont les scores électoraux font désormais des forces qui comptent sur l'échiquier politique allemand. Le parti libéral qui ne cesse depuis sa création de lutter pour sa survie, oscillant entre 12 % et 5 % des suffrages (le seuil d'élimination pour la représentation au Bundestag) tente de se faire une image originale de l'ambiguïté congénitale qui est la sienne puisqu'il rassemble à la fois des nationalistes droitiers et d'authentiques démocrates, les défenseurs de la grande industrie et ceux de la petite entreprise, les tenants du libéralisme économique et les partisans de la libéralisation de la société, ce qui l'a conduit à soutenir les mesures d'émancipation de la femme, la légalisation de l'avortement, l'humanisation de l'exécution des peines. Avec Walter Scheel, artisan de l'alliance avec les sociaux-démocrates, c'est l'acception humaniste qui l'a emporté. Ses successeurs, Hans-Dietrich Genscher et le comte Lambsdorff incarnent au contraire la sensibilité de droite du FDP qui trouve son aboutissement dans la rupture de la coalition de gauche en 1982 et l'alliance avec les chrétiens-démocrates.

Le « parti Vert », constitué pour les élections européennes de 1979, rassemble toute une série d'organisations aux origines politiques diverses, mais dont la revendication écologique a été le point de rassemblement. En fait, derrière l'écologie, se développe chez les « Verts » une contestation radicale du contenu de la société capitaliste et de son idéologie productiviste, un refus des formes traditionnelles du politique et du consensus bourgeois de l'Allemagne de Bonn, un rejet de l'énergie nucléaire, une opposition à l'alliance américaine et un choix de la voie neutraliste. Ce contenu idéologique du « parti Vert », hétérogène, mais qui en fait un groupe d'opposition fondamentale, a été concrétisé par les grandes manifestations hostiles à la construction de centrales nucléaires (en particulier celle de Brockdorf, près de Hambourg), qui fut l'occasion de heurts violents avec la police, ou par les mouvements de protestation contre l'extension de l'aéroport de Francfort. Du coup, les « Verts » ont servi de point de ralliement à tous les contestataires ouest-allemands, rassemblés jusqu'alors lors des élections sur des listes « alternatives » condamnées à la marginalité. Si bien que le « parti Vert » apparaît de plus en plus clairement comme une formation d'extrême-gauche, anticapitaliste, adepte d'une « démocratie de base » qui maintient son hétérogénéité, mais dont l'importance va croissante dans la mesure où il draine les voix de tous ceux qui ne se satisfont pas du régime tel qu'il existe. Présents dans les parlements de plusieurs Länder, les « Verts » viennent d'opérer en 1987 une percée majeure au Bundestag, qui pose pour la social-démocratie, dont ils grignotent les positions, un problème majeur. Le SPD doit-il constituer avec eux une coalition politique, comme le pense Oskar Lafontaine, chef de la gauche du parti, qui le conduirait à infléchir dans un sens plus radical des positions très modérées ? Mais une alliance entre les SPD et les « Verts », demeurerait minoritaire si on tient compte des résultats des récentes élections ; de surcroît, un réajustement à gauche des positions social-démocrates rendrait radicalement impossible toute alliance ultérieure entre le SPD et les libéraux. Si bien que, paradoxalement, le succès des « Verts » condamne la social-démocratie à l'opposition et renforce la coalition CDU-FDP en excluant tout renversement d'alliances. Mais, en même temps, cette situation provoque une crise du système politique qui est la retombée du mouvement de contestation violente qu'a subie l'Allemagne durant les années 1970.

La contestation et le terrorisme

La contestation violente du régime de Bonn naît en Allemagne précisément au moment où la social-démocratie devient en 1966 un parti de gouvernement. Nombre de ceux qu'elle avait mobilisés dans ses campagnes contre le réarmement allemand, l'entrée dans l'OTAN, l'alliance américaine, l'équipement atomique de la Bundeswehr sont déçus de son ralliement à des vues qu'elle combattait peu auparavant. Les intellectuels, syndicalistes, étudiants, militants protestants, la plupart du temps jeunes et n'ayant pas connu la période nazie, s'enrôlent alors sous les bannières d'une contestation radicale du pouvoir, de la société, des valeurs établies, de la respectabilité dont la société allemande a soif, portant au pinacle les idées de Marx et de Freud, fraternellement unis contre l'impérialisme, le capitalisme ou les interdits sexuels. Cette « opposition extra-parlementaire » recourt à la violence dans les manifestations dès 1967, provoquant une contre-violence policière qui radicalise le mouvement. De la contestation, de petits groupes minoritaires passent à l'idée d'un renversement par la violence de la société bourgeoise. Ainsi se crée la « Fraction Armée Rouge » (*Rote Armee Fraktion*, RAF), autour d'Andreas Baader. Comme les anarchistes au début du siècle, les membres de la « bande à Baader » font vivre la société allemande sous la terreur de l'attentat et des bombes terroristes. C'est plus que n'en peut supporter une société qui entend exorciser les cauchemars de la guerre et se consacrer tout entière à la prospérité économique. Sous la pression de l'opinion publique, le chancelier Brandt et les ministres-présidents des Länder publient alors *L'Édit contre les radicaux*, en janvier 1972, qui décide de mettre en application des dispositions de la loi de 1953 sur le statut des fonctionnaires, les obligeant à manifester leur adhésion à l'ordre institué par la Loi Fondamentale. L'application de ce texte entraîne des enquêtes sur les fonctionnaires et les candidats à la fonction publique, que l'opposition extra-parlementaire utilise contre le gouvernement et les institutions en dénonçant des pratiques inquisitoriales. Il en va de même des mesures prises pour rendre efficace la lutte contre le terrorisme : limitation des contacts que les détenus peuvent avoir avec l'extérieur, fouille des avocats, isolement des prévenus, vote de textes contre les associations de malfaiteurs et les associations terroristes, aménagement de prisons-forteresses. Refusant à la démocratie de Bonn le droit d'utiliser les armes légales pour se défendre, les terroristes et leurs avocats, qui trouvent des appuis dans les milieux intellectuels, dénoncent le caractère « fasciste » de l'État, font des procès des terroristes des tribunes de propagande, organisent des attentats contre les magistrats, déclenchent des grèves de la faim, etc. La crise atteint son point culminant durant l'été et l'automne 1977 avec l'enlèvement, puis l'assassinat, du président du patronat allemand, Hans Martin Schleyer ; le détournement par des terroristes liés à la Fraction Armée Rouge d'un appareil de la Lufthansa et la libération par la force sur l'aéroport de Mogadiscio des otages ; enfin le suicide collectif dans la prison de Stammheim des dirigeants de la « bande à Baader », présenté par leurs amis comme un assassinat perpétré par l'État. Après cette crise majeure, on ne saurait parler d'une fin du terrorisme en Allemagne, les petits groupes héritiers de la Fraction Armée Rouge poursuivant une activité sporadique en accord avec des extrémistes du Proche-Orient et concentrant leur action contre les installations américaines en République Fédérale. Mais l'action de la police qui traque les terroristes, la mise en place progressive de procédures de consultation avec les polices européennes ont abouti à une marginalisation progressive du terrorisme. La République Fédérale a, pour l'essentiel, réussi à surmonter cette contestation violente sans véritablement remettre en cause l'essentiel des libertés fondamentales et en demeurant un État de droit. Depuis la fin des années 1970, l'opposition extra-parlementaire tend à se réfugier dans les rangs du mouvement écolo-pacifiste et les « Verts » recueillent pour une part les thèmes critiques des terroristes vis-à-vis de la démocratie de Bonn, mais dans un cadre légal et parlementaire qui modifie radicalement la nature du mouvement.

Un géant politique ?

Jusqu'à la fin des années 1960, il était admis que la République Fédérale d'Allemagne était un « géant économique, mais un nain politique », tant les conséquences de la Seconde Guerre mondiale, la proximité de la zone d'influence soviétique et la nécessité absolue que représentait dans cette circonstance la protection américaine, paraissaient condamner l'Allemagne à renoncer à toute politique autonome et à se tenir à la remorque des positions de ses alliés occidentaux et spécifiquement des volontés de Washington. Mais, dès cette époque, se posait la question de savoir jusqu'à quand cette limitation du rôle international de la République Fédérale serait compatible avec la situation d'un État qui est devenu le numéro deux du commerce mondial et dont la monnaie apparaît, aux côtés du yen japonais, comme la plus solide du monde. La réponse est venue dans le courant des années 1970 sous une double forme. D'une part, dans le droit fil de la politique internationale de détente voulue par les deux « Grands », les accords d'Helsinki de 1975 ont débouché sur la reconnaissance des frontières européennes telles qu'elles existent, ce qui, pour l'Allemagne, signifie la consolidation d'un *statu quo* qui consacre l'existence de deux États allemands et donc l'abandon de tout espoir de réunification grâce à l'aide américaine. Mais, en même temps, la politique de détente éloigne la perspective d'un conflit européen dont l'Allemagne serait le théâtre et autonomise la politique allemande, permettant aux atouts économiques dont elle peut se prévaloir de donner leurs pleins effets politiques. En novembre 1975 à Rambouillet, le chancelier Schmidt figure parmi les « grands » du monde libéral, réunis par le président Giscard d'Estaing aux côtés du président des États-Unis, du président de la République Française, des Premiers Ministres japonais, britannique et italien. Dès lors, peuvent se développer des virtualités que le chancelier Brandt avait commencé à mettre en œuvre dès 1969. Elles se déroulent selon deux axes complémentaires qui témoignent d'une autonomie retrouvée de la politique extérieure de l'Allemagne.

Le premier se situe incontestablement dans la continuité des initiatives de Willy Brandt, initiateur dès 1969 d'une *Ostpolitik* qui vise à obtenir, par des concessions permises par la détente envers les pays de l'Est, un aménagement des relations entre les deux Allemagnes. À cet égard, Willy Brandt est convaincu que la route de Berlin-Est passe par Moscou et que c'est des dirigeants soviétiques qu'il faut obtenir la levée des obstacles à des contacts plus étroits avec la RDA. Dans ces circonstances, la signature par le gouvernement Brandt du traité germano-soviétique du 12 août 1970 impliquant la renonciation à l'emploi de la force pour le règlement des différends et la reconnaissance des frontières, puis celle du traité germano-polonais du 7 décembre 1970, au contenu identique, apparaissent comme le prix à payer par la République Fédérale pour un déblocage des relations entre les deux États. Cette reconnaissance de la « ligne Oder-Neisse » approuvée par les alliés de l'Allemagne a pour contrepartie la lettre adressée par le gouvernement fédéral à l'Union soviétique précisant que la signature du traité d'août 1970 n'implique aucune renonciation au rétablissement de l'unité allemande. En dépit de la vivacité des luttes politiques, les deux traités sont ratifiés par le Bundestag en mai 1972, les députés CDU et CSU s'abstenant. Mais ce préalable a comme objet véritable le rapprochement avec l'autre Allemagne. Dès le 17 décembre 1971, un accord est signé entre la RDA et la République Fédérale garantissant la libre circulation des personnes et des biens entre les deux Allemagnes. En novembre 1972, un « Traité Fondamental » règle de manière originale les relations entre les deux États, sans reconnaissance formelle de droit international qui aurait consacré l'existence de deux entités juridiques. Le traité laisse subsister l'idée d'une nation commune unique, mais séparée en deux territoires administrés de façon autonome, qui reconnaissent réciproquement l'inviolabilité de leurs frontières, s'engagent à respecter l'indépendance et l'autonomie de chacun, échangent des représentants permanents et promettent de normaliser leurs relations. Ratifié en mai 1973 par le Bundestag, le traité interallemand permet la multiplication des visites familiales, surtout de l'Ouest vers l'Est où six millions de personnes franchissent annuellement la « frontière », cependant que deux millions de résidents d'Allemagne de l'Est (retraités ou personnes âgées pour la plupart) se rendent à l'Ouest. Plus importantes encore sont les relations économiques qui établissent entre les deux Allemagnes des liens de solidarité concrète : les crédits accordés par la République Fédérale permettent une intensification des échanges qui rendent les deux économies interdépendantes. La République Fédérale prend à sa charge l'amélioration des réseaux de communication entre Berlin-Ouest et son propre territoire (routes, canaux, voies ferrées, autoroutes). Elle rachète la liberté de prisonniers politiques détenus en RDA. Enfin, elle fait connaître ses idées par la diffusion d'émissions télévisées qui atteignent la plus grande partie du territoire est-allemand. Ces éléments d'incontestable rapprochement entre les deux parties de l'Allemagne se trouvent accentués par les visites des chefs de gouvernement; en 1970, le chancelier Brandt se rend à Erfurt où il est acclamé; en 1981 le chancelier Schmidt rencontre Erich Honecker à Güstrow. Cette reconnaissance mutuelle des deux Allemagnes a permis leur entrée commune à l'ONU en 1973. Toutefois, il est clair que la politique de rapprochement interallemande n'est qu'un pion dans le jeu des relations Est-Ouest et que l'Union soviétique maintient une étroite surveillance sur elles. C'est pour répondre à la décision allemande d'autoriser l'installation des euromissiles Pershing II sur son sol que Moscou s'est opposé à une visite de M. Honecker en RFA en 1984. Dans ces circonstances, le remplacement de la social-démocratie par la démocratie-chrétienne à la tête du gouvernement a fait s'interroger sur la continuité de l'*Ostpolitik*. M. Kohl se trouve en effet soumis à la surenchère de M. Strauss et de la CSU bavaroise qui demandent une révision de cette politique. Par ailleurs, durant la campagne électorale de 1986-1987, il se laisse aller à comparer à Goebbels le dirigeant soviétique Gorbatchev, ce qui entraîne une tension entre la RFA et l'URSS. Le problème se trouve dès lors posé d'une révision de l'*Ostpolitik*, perspective sur laquelle M. Kohl ne se prononce pas clairement. Mais le résultat des élections qui renforcent la position des libéraux de M. Genscher, praticien de cette politique dans les gouvernements socialistes, rend fort douteuse une remise en cause de celle-ci.

Le second axe de la nouvelle politique étrangère allemande est celle d'une relative prise de distance par rapport au protecteur américain. Non que les dirigeants chrétiens-démocrates (non plus d'ailleurs que leurs prédécesseurs socialistes) aient le moins du monde songé à un renversement des alliances que la position géopolitique de l'Allemagne exclut d'ailleurs. L'installation des Pershing II en dépit de la vive opposition d'une partie de l'opinion publique est éclairante sur ce point. Mais, dès 1974, les dirigeants allemands se préoccupent du caractère instable, aventureux, qui leur semble parfois improvisé, de la politique des États-Unis. Le chancelier Schmidt juge sévèrement les revirements du président Carter en matière de politique de détente comme l'abandon de la fabrication de la bombe à neutrons. Il ne s'inquiète pas moins de la politique de réarmement à outrance du président Reagan qui provoque dans les rangs de la social-démocratie une très vive opposition, et il va s'efforcer d'encourager des conversations américano-soviétiques sur le désarmement qui répondent aux angoisses du peuple allemand, traumatisé par l'idée d'un nouveau conflit. L'Allemagne Fédérale devient le grand avocat de la limitation des armements. Sur ce point, il est clair que la démocratie-chrétienne est plus proche de l'alliance américaine que la social-démocratie. Toutefois, le chancelier Kohl ne peut ignorer la perte de prestige du modèle américain dans la société allemande. Il est clair que, dans sa majorité, l'esprit public est de plus en plus critique sur le capitalisme américain et sur les injustices sociales aux États-Unis, sur le poids exercé dans l'ensemble du monde par la prédominance économique des États-Unis, sur le rôle du dollar, etc. Tous ces éléments font que le gouvernement chrétien-démocrate où le libéral Genscher occupe le ministère des Affaires étrangères, comme au temps d'Helmut Schmidt, ne pratique guère dans ce domaine une politique très différente de celle de son prédécesseur. L'élément le plus remarquable en est sans doute le recentrage sur l'Europe, devenu le centre de gravité de la politique extérieure allemande. Et dans ce recentrage, les relations avec la France constituent le pôle le plus solide de la politique allemande. On touche ici à l'apport propre d'Helmut Schmidt à la politique extérieure de son pays. C'est en effet avec son arrivée au pouvoir en 1974 que se consolide un axe Bonn-Paris, fortement ébranlé depuis le retrait d'Adenauer de la vie politique. Concrétisé par des rencontres périodiques où sont examinés tous les aspects politiques, économiques, diplomatiques, militaires des relations internationales, il débouche sur la mise au point de solutions communes et de compromis qui dégagent incontestablement une ligne privilégiée franco-allemande sur les problèmes mondiaux. Ligne qui tient si fortement compte des réalités géopolitiques qu'elle semble ne devoir être remise en cause par aucun des changements de majorité qui affectent chacun des pays. Commencée par un dialogue Schmidt-Giscard d'Estaing qui révèle nombre de points communs, elle se poursuit par des conversations Schmidt-Mitterrand après 1981, ne subit aucun infléchissement du fait de l'arrivée à la chancellerie d'Helmut Kohl et survit à l'expérience française de la cohabitation en 1986. Et dans ce dialogue, le poids économique et financier de la République Fédérale s'ajoute au dynamisme politique de Paris pour dégager des positions qui jouent un rôle international non négligeable. Si la discrétion des dirigeants allemands laisse souvent les Français jouer le premier rôle politique, il n'est pas certain que dans le couple franco-allemand la décision n'appartienne pas à celui des deux partenaires qui détient la puissance économique. Il est clair que la République Fédérale a cessé d'être un nain politique et que seule la prudence de ses gouvernants leur interdit de revendiquer ouvertement la place de première puissance de l'Europe occidentale qui est maintenant la leur.

Chapitre 18

La consolidation du « socialisme réel » en République Démocratique Allemande

L'« ère Honecker »

Le nouveau cours

Il est peu douteux que le remplacement, le 3 mai 1971, au poste de Premier Secrétaire du SED de Walter Ulbricht par Erich Honecker, marque un tournant essentiel dans l'histoire de la République Démocratique Allemande. Au créateur de la démocratie populaire allemande, à l'homme qui avait tenté de définir une culture socialiste nationale succède avec Erich Honecker un militant de l'appareil, apparemment peu soucieux de théorie, dont l'expérience se limite aux problèmes de la jeunesse et de la sécurité et qui paraît se méfier de toute formulation idéologique conduisant à s'engager dans des voies différentes de celles d'une Union soviétique, plus que jamais considérée comme le modèle à imiter. Nommé président du SED, Ulbricht voit son influence décliner jusqu'à sa mort en 1973, d'autant que Honecker qui peut compter sur l'appui de l'appareil du Parti assure son contrôle sur les leviers de commande. Dès juin 1971, le 8ᵉ Congrès du SED, bien que placé sous le signe de la continuité, assure la promotion au Bureau politique de quelques-uns de ses plus proches collaborateurs. De la même manière, il écarte des postes fondamentaux ses rivaux en puissance. En 1973, après la mort d'Ulbricht, il fait nommer le Premier ministre Willi Stoph à la tête d'un Conseil d'État dont le rôle va déclinant et écarte du secrétariat du Comité central chargé des questions économiques Günter Mittag, dont il fait l'adjoint du nouveau Premier ministre Horst Sindermann. En quelques années, Erich Honecker s'assure la maîtrise de tous les organes dirigeants de l'État est-allemand. Fin 1976, il dirige le Parti, le Conseil national de Défense et préside le Conseil d'État, les difficultés économiques ayant contraint à ramener Willi Stoph au poste de Premier ministre et Günter Mittag au secrétariat du Comité central pour les questions économiques. Mais désormais, le pouvoir du Premier Secrétaire (qui prend au 9e Congrès du SED, en mai 1976 le titre de Secrétaire général) est suffisamment consolidé pour qu'il n'ait plus rien à craindre de ses rivaux éventuels.

Le nouveau cours institué par Erich Honecker se marque sur le plan idéologique par le rejet de l'effort de conceptualisation qui avait marqué la période d'Ulbricht, lequel considérait la société comme un tout dans lequel devaient coexister les diverses classes, les arbitrages nécessaires étant effectué par le gouvernement, garant de l'intérêt général, ce qui rendait compte de la place fondamentale réservée au Conseil d'État. Sans que la conception du rôle dirigeant de la classe ouvrière et de son avant-garde, le SED, ait été totalement abandonnée, elle était passée au second plan devant les nouvelles théories. Avec Honecker au contraire, le rôle du Parti comme organe dirigeant de l'État est réaffirmé, de même que son droit de contrôler l'action du gouvernement et de l'administration en ce qui concerne le respect des normes socialistes légales. Sur l'origine de ces normes, aucune ambiguïté ne subsiste puisque dès avril 1971, le Bureau politique du SED insiste sur l'importance des directives données par le 24e Congrès du parti communiste de l'Union soviétique qui permettraient de résoudre les problèmes posés par la création de la société socialiste développée en République Démocratique Allemande. Signe des temps, à la conception ulbrichtienne d'une « communauté humaine socialiste », concept vague et englobant se substitue celle d'une « société de classe de type spécial » qui représente incontestablement un retour à l'orthodoxie.

Le but que se fixe Honecker est d'accroître le niveau de vie et le niveau culturel de la population, grâce aux progrès de la production, aux gains de productivité, au progrès scientifique et technique. Toutefois, il prend clairement ses distances avec les pratiques des dirigeants de la période précédente qui, pour obtenir ces résultats, n'avaient pas hésité à jouer sur l'émulation en accordant des augmentations substantielles de revenus à ceux dont le rôle dans le progrès technique paraissait essentiel. Tenant compte du ralentissement de la conjoncture économique, Erich Honecker présente désormais le progrès comme devant résulter d'un processus lent et graduel et remet l'accent sur la nécessité d'un progrès égalitaire du niveau de revenu.

Ainsi peut-on considérer globalement l'« ère Honecker » comme celle d'un retour relativement conservateur vers l'orthodoxie du modèle soviétique après les innovations de la période Ulbricht. Rien ne manifeste mieux ces tendances que le rôle prépondérant du Parti dans l'État.

La prépondérance du Parti

Retrouvant le rôle fondamental que le « socialisme réel » lui assigne, le Parti communiste est redevenu, depuis 1971, l'élément moteur de l'État est-allemand. Les divers instituts qui, à l'époque d'Ulbricht, s'étaient préoccupés de recherches scientifiques sur le communisme ou l'économie politique ont été étroitement rattachés à l'Académie des Sciences sociales du Comité central et placés sous la surveillance étroite des idéologues du parti. Les concepts de centralisme démocratique et de discipline de fer du parti ont été remis en honneur. Les dirigeants locaux ont été largement remplacés par des hommes nouveaux issus des rangs du Mouvement de la Jeunesse et liés au nouveau Secrétaire général; aux échelons de responsabilité, les fonctionnaires se sont substitués aux techniciens.

Ce parti, situé au cœur du dispositif étatique, a 2 millions de membres en 1981. La majorité est constituée d'ouvriers (57 %), mais plus des 3/4 des membres sont, par leur famille, d'origine ouvrière. Le fait le plus frappant (davantage que la proportion d'ouvriers, visiblement souhaitée par les dirigeants du Parti) est la croissance du groupe des intellectuels qui atteint en 1981 22 % des effectifs. Il s'agit là, à n'en pas douter, d'une politique volontaire visant à intégrer dans le Parti les intellectuels, afin de mieux les surveiller. On constate ainsi une osmose croissante entre cette catégorie de la population et le Parti, la plupart des secrétaires de l'appareil étant désormais des diplômés (il faut toutefois nuancer cette conclusion en rappelant que l'on considère comme diplômés ceux des membres du Parti qui ont suivi des cours dans les écoles supérieures de celui-ci). Dans cette volonté d'avoir au sein du Parti des membres hautement qualifiés, il faut voir l'évidente intention de contrôler étroitement le développement économique du pays en faisant en sorte que les dirigeants soient en même temps des experts. Encore faut-il que leurs directives pénètrent dans la population et l'appareil de production. C'est là le rôle des « activistes » qui, au sein de chaque entreprise, doivent suivre à la lettre les instructions des échelons supérieurs du parti. La volonté de donner au SED un rôle moteur est perceptible au soin avec lequel s'opère le recrutement des nouveaux membres de l'appareil. On exige d'eux qu'ils soient de préférence d'origine ouvrière, qu'ils aient des connaissances techniques et politiques, se soient montrés des activistes de bonne volonté, soient dévoués au marxisme-léninisme et à l'Union soviétique, aient une vie privée irréprochable. Ainsi se constitue un réservoir de cadres au sein duquel le SED recrute les futurs dirigeants et pourvoit aux postes de la nomenklatura. Il est évident que, dans ces conditions, aucune opposition, même loyale, n'est possible, tous ceux qui s'écartent de la ligne apparaissant comme déployant une activité « anti-parti ». Le sort de ceux qui se sont risqués à émettre des critiques à l'égard de la politique suivie est à cet égard éloquent. En 1977, Rudolf Bahro, membre du SED publie en Allemagne de l'Ouest un pamphlet contre la « politbureaucratie » qui gère le pays de manière inefficace, faisant obstacle à un réel socialisme. Jugeant la planification totalement inutile, il préconise le retour à un marxisme originel qui prendrait la forme d'associations économiques libres. Le SED choisit de refuser le débat : Bahro est emprisonné, puis expulsé en République Fédérale. Le professeur Robert Havemann qui poursuit ses attaques contre la politique du SED doit d'échapper à l'emprisonnement ou à l'expulsion au fait qu'il a partagé la prison du Secrétaire général durant la période nazie. Mais jusqu'à sa mort, en mars 1982, il est l'objet d'une surveillance étroite, condamné à des amendes, isolé.

Quant aux autres partis et organisations, s'ils ne sont pas supprimés, ils servent de simples courroies de transmission des directives du SED auprès des catégories de la population qu'ils ont vocation à atteindre. Ainsi en va-t-il des partis non-socialistes qui subsistent à la condition qu'ils reconnaissent le rôle directeur du SED et voient positivement l'Union soviétique. Avec ses 125 000 membres en 1982, l'Union chrétienne-démocrate (CDU) a pour charge de montrer que christianisme et socialisme peuvent marcher de pair et d'encourager les chrétiens à participer à la construction du socialisme ; le parti libéral-démocratique (LDPD), fort de 82 000 membres en 1982, décline en raison de l'extension des nationalisations car il est avant tout le parti du petit patronat et des travailleurs indépendants. À ces partis, il est formellement interdit de faire adhérer des ouvriers, ceux-ci devant obligatoirement être inscrits au SED. En revanche, ils recrutent assez largement dans la jeunesse, car l'appartenance à un parti est indispensable pour accéder à des postes officiels : 40 % des membres du LDPD en 1982 sont fonctionnaires d'État. Courroies de transmission également, les syndicats et l'organisation de jeunesse. Les syndicats (FDGB) ont plus de 9 millions de membres en 1982 (97 % des salariés) et leur rôle est de faire passer dans le monde du travail la politique économique décidée par le parti. Depuis 1975, ils sont dirigés par Harry Tisch, un permanent du parti. C'est l'organisation de masse des femmes, le DFD, qui se charge de transmettre au 1,5 million de membres (dont les 2/3 ont moins de trente-cinq ans) les directives du Parti. Une attention particulière est accordée au problème de la jeunesse : on redoute en effet que les retombées de la normalisation des relations avec la République Fédérale et la multiplication des relations avec l'Ouest qui en est la conséquence, ne la poussent dans des voies éloignées du socialisme ; aussi pour combattre les influences occidentales jugées délétères insiste-t-on, à la demande de Margot Honecker, épouse du Premier Secrétaire et ministre de l'Éducation sur la formation idéologique, ainsi que sur la préparation militaire qui commence dès l'âge de huit ans. L'accent est également mis sur les pratiques sportives avec un but à la fois militaire et de prestige international de la RDA. Une loi sur la jeunesse votée en 1974 insiste sur les obligations (y compris militaires) de la jeunesse envers l'État. Dans le cadre de ce resserrement du contrôle du SED sur l'État et la société allemande, un problème spécifique est posé par les Églises. Moins soucieux d'idéologie que d'efficacité, Honecker qui juge les Églises chrétiennes peu dangereuses, souhaite entretenir de bonnes relations avec elles : en mars 1978, il reçoit le comité exécutif de l'Association des Églises évangéliques. Mais deux faits vont modifier ces bonnes dispositions. En premier lieu, les événements de Pologne de 1980 font apparaître l'Église catholique comme une force d'opposition au communisme. En second lieu, les contacts entre les milieux religieux de République Fédérale et de République Démocratique débouchent sur des discussions concernant les problèmes de la paix et du désarmement, si bien qu'en novembre 1980 une période d'action pour la paix de dix jours a lieu en RDA qui doit se clore par des sonneries de cloches dans les églises (sonneries que l'État fait couvrir en actionnant les sirènes d'alarme). Enfin, les autorités s'inquiètent de l'appui fourni par les Églises aux objecteurs de conscience. Il en résulte une méfiance vigilante du SED envers celles-ci.

Un parti renforcé pour un État-nation lié à l'URSS

Rien n'illustre mieux les conceptions qui se font jour durant l'« ère Honecker » que les tendances affirmées par les nouveaux programmes et statuts du parti adopté en 1976.

Confirmant la perte du rôle moteur du Conseil d'État dont, depuis 1972, les prérogatives sont passées pour l'essentiel au Conseil des Ministres, les statuts définissent avec précision les conditions d'admission au SED (avoir dix-huit ans, deux parrains membres du SED, faire une période probatoire d'un an), le rôle d'organe suprême joué par le congrès du Parti, le Comité central étant souverain entre deux congrès et élisant un Bureau politique chargé de diriger le Parti.

Plus important est le programme du Parti. Il constate le rôle dirigeant de l'Union soviétique, le SED s'engageant à suivre les lois de la révolution socialiste dégagées par l'URSS (on est loin de l'égalité, du respect mutuel et de la souveraineté affirmés par le programme du parti de 1963). Le but de la RDA est la réalisation d'une « société socialiste développée », permettant l'amélioration du niveau de vie de la population, ce qui explique l'accent mis sur les tâches économiques.

Enfin, en matière de politique étrangère, si la préservation de la paix dans le cadre de la coexistence pacifique est réaffirmée, la volonté de combattre l'influence de l'Ouest que les échanges de visites entre les populations des deux États pourraient encourager se marque par la constatation selon laquelle l'épanouissement d'une société socialiste en RDA est lié au développement de relations étroites avec les autres pays de la communauté socialiste.

Dans le droit fil de cette ligne, le but du parti communiste n'est plus d'obtenir l'unité nationale, ni une confédération avec la République Fédérale, mais tout au plus une coexistence pacifique avec elle.

La même volonté de considérer la RDA comme une entité se suffisant à elle-même, un État à part entière et non une fraction de la nation allemande peut s'observer dans la Constitution de 1974 rédigée pour le vingt-cinquième anniversaire de la fondation de la RDA et qui se substitue au texte voté en 1968. Là où celui-ci affirmait : « La RDA est un État socialiste de la nation allemande », celui de 1974 déclare : « La RDA est un État socialiste des ouvriers et paysans. » Aucune allusion n'est faite dans le document à la nation allemande ou à une quelconque réunification. De nombreux organismes officiels voient remplacé dans leur titre l'adjectif allemand par l'expression « de la RDA ». Ainsi en va-t-il de l'Académie des Sciences ou du Front national. Il est clair qu'il s'agit de faire comprendre à la population que toute réunification est inenvisageable et que le présent est au resserrement des liens avec l'Union soviétique et le camp socialiste.

Les aléas du « socialisme réel »

Une économie socialiste face à la crise

Les débuts de l'« ère Honecker » voient la République Démocratique Allemande devenir un grand État industriel moderne de structure socialiste. En 1975, date qui représente l'apogée de sa réussite, 38 % de sa population active est employée dans l'industrie, soit 3 millions de personnes. Il faudrait y ajouter 500 000 personnes engagées dans les coopératives, l'artisanat ou les entreprises privées. En revanche, seulement 10,6 % de la population active est employée dans l'agriculture (proportion la plus basse de tous les pays socialistes). À ce premier symptôme de modernisation, il faut ajouter le haut niveau de qualification d'une population dont 12,9 % de la population active est, en 1975, diplômée des universités ou des collègues techniques. 53 % des ouvriers sont à cette même date considérés comme qualifiés, de même que 42 % des femmes qui travaillent. Enfin, il est frappant de constater que c'est dans les jeunes générations que l'on trouve la plus forte proportion de qualification, la tranche d'âge des 25-30 ans étant qualifiée à 80 % contre 45 % seulement pour celle des 55-60 ans. On conçoit que l'espoir des dirigeants est-allemands en un avenir marqué par le progrès technique et scientifique ait été grand.

De surcroît cette économie évoluée, de haut niveau, se situe tout entière dans un cadre socialiste. Durant la première moitié de 1972, une loi prononce la nationalisation de toutes les entreprises semi-privées et privées des secteurs de l'industrie et de la construction et des coopératives artisanales travaillant pour l'industrie. Avec cette vague de nationalisations, 99,4 % de la main-d'œuvre industrielle est désormais employée par les VEB. La même évolution peut s'observer dans le secteur agricole. L'agriculture est presque complètement socialisée, les coopératives de production (LPG) se transformant progressivement pour devenir des fermes totalement collectivisées, regroupées en grandes unités rationalisées. Cette incontestable réussite économique est-allemande va se trouver remise en cause par la crise économique mondiale qui atteint la RDA à partir de 1976 par le biais d'une détérioration de son commerce extérieur.

Durant les années 1960-1975, le commerce extérieur de la RDA a connu une croissance moyenne de 9,7 % par an. Vers 1975, il représente 25 % du PNB est-allemand (un pourcentage identique à celui de la République Fédérale). Ces excellents résultats tiennent à la structure des échanges est-allemands, fondés sur l'exportation de produits industriels, machines, biens d'équipement et matériel de transport et l'importation d'énergie et de matières premières. Or les effets de la crise, née en 1973 de la guerre du Kippour, vont aboutir pour la RDA à une détérioration des termes de l'échange, puisque le prix des produits finis augmente désormais beaucoup moins vite que celui de l'énergie et des matières premières. Sur une base 100 en 1952-1956, le prix des denrées alimentaires en 1975 est à l'indice 218,1, celui des matières premières à 294,6, celui de l'énergie à 470,9. Entre 1972 et 1975, les importations de la RDA s'accroissent en valeur de 34 % tandis que ses exportations n'augmentent que de 17 %. Encore les effets de cette détérioration sont-ils atténués par le fait que l'Union soviétique continue jusqu'en 1975 à vendre aux pays du bloc socialiste énergie et matières premières à un prix très inférieur aux cours mondiaux. À partir de cette date, les difficultés s'accélèrent. Dès 1973, l'excédent de la balance commerciale laisse place à un déficit qui ne cesse de s'accroître. Or, à mesure que le commerce extérieur de la RDA se détériore, sa structure géographique se modifie. Tout en demeurant majoritaires, les échanges avec les pays du bloc socialiste tendent à diminuer au profit d'un accroissement du commerce avec les pays occidentaux : les importations de la RDA en provenance des pays socialistes chutent de 76 % en 1961-1965 à 65 % en 1971-1975 pendant que corrélativement les importations en provenance de l'Ouest passent de 20 à 31 %. Même évolution des exportations (de 76,9 à 72,7 % vers les pays socialistes, de 19 à 23,3 % vers les pays occidentaux). L'explication de l'évolution paraît tenir aux crédits que les pays occidentaux ont consenti à la République Démocratique à mesure que se développait la crise et qui se traduisent par un considérable endettement de l'État est-allemand vis-à-vis du monde occidental, et tout particulièrement de la République Fédérale qui a profité de la conjoncture pour resserrer ses relations avec la RDA en lui ouvrant des crédits (voir chapitre 17). Entre 1970 et 1975, le commerce inter-allemand double cependant que la dette cumulée de la RDA envers la RFA atteint 2600 millions de DM en 1976. Parallèlement à la même date, ce sont 3500 millions de dollars que la RDA doit aux autres pays occidentaux. En 1982, la totalité de sa dette atteint 12000 millions de dollars.

La lutte contre la crise a été rendue difficile dans un pays où la planification met en jeu des procédures rigides, encore accrues par la centralisation mise en place par Honecker. De surcroît, on constate un certain essoufflement de l'innovation dans un pays où les taux de natalité stagnent comme en République Fédérale. Les efforts pour accroître les gains de productivité n'ont pas donné les résultats attendus. Cependant des efforts ont été faits pour trouver des solutions à la crise, d'autant que celle-ci a pour résultat d'orienter vers l'Occident un pays dont les dirigeants entendent précisément se rapprocher des pays socialistes. C'est ainsi que, pour améliorer la rentabilité de l'industrie, ont été créés, à partir du 1er janvier 1980, des « Combinats », rassemblement d'entreprises de même nature, placées sous la direction d'un directeur-général, celui d'une des entreprises-clés du groupe. Chacun de ces « Combinats » emploie ainsi 20000 à 40000 salariés, le total représentant 95 % de la main-d'œuvre industrielle et 95 % de la production industrielle. L'objet est de rationaliser la fabrication, de pratiquer des économies d'échelle, de redonner au pays son dynamisme économique d'antan. Les résultats sont inégaux, les « Combinats » rassemblant des entreprises efficaces antérieurement à la crise atteignant de bons résultats, les autres végétant. Le grand espoir de la RDA est de pouvoir jouer sur son avance technologique par rapport aux autres pays socialistes et c'est pourquoi elle ne cesse de préconiser une accélération de l'intégration économique des pays du COMECON tout en s'efforçant de mettre l'accent sur les technologies les plus sophistiquées. Le XIe Congrès du SED, tenu en avril 1986, manifeste son ambition d'atteindre un niveau comparable à celui des pays occidentaux dans le domaine de l'informatique, de la micro-électronique, des conceptions et fabrications assistées par ordinateurs, de l'énergie nucléaire, des nouveaux matériaux, de la biotechnique. L'urgence de résultats dans ce domaine est d'autant plus grande que la RDA voit la demande d'accroissement du niveau de vie de sa population formulée de façon de plus en plus nette et stimulée par les contacts plus étroits avec la République Fédérale.

Une société socialiste avancée ?

Les premières années de l'« ère Honecker » ont été marquées par la retombée sur la société est-allemande des progrès économiques des années 1960.

Entre 1970 et 1975, le niveau de vie de la population augmente dans des proportions sensibles, le salaire moyen mensuel passant de 762 marks en 1970 à 897 marks en 1975. Cette augmentation du niveau de vie se traduit par l'accroissement du confort dans la vie quotidienne, et l'acquisition de biens de consommation fait des progrès dont témoigne le tableau suivant :

Nombre d'appareils pour 100 foyers

	1970	1975	1979
Télévisions	69,4	82	103,5
Réfrigérateurs	56,4	84,7	102,2
Machines à laver électriques	53,6	73	79,9
Voitures	15,6	26,2	36,3

Mais dès 1975, la croissance du niveau de vie marque le pas et, à partir de 1980, on peut parler d'une stagnation qui entretient un sourd mécontentement. Aussi l'objectif majeur du SED, comme en témoigne le XIe Congrès de 1986, est-il une reprise de la croissance, permettant de nouveaux gains de niveau de vie.

Mais l'augmentation globale du niveau de vie de la population, s'il apparaît comme indispensable, ne saurait suffire à caractériser une politique socialiste. À cet égard, une discussion s'est engagée en République Démocratique Allemande pour savoir si une politique sociale distincte de la politique économique se justifiait dans un pays socialiste dont les structures sont naturellement égalitaires. Honecker tranche le débat en considérant que les intérêts des divers groupes constituant la société socialiste avancée n'étant pas identiques, le pouvoir politique doit intervenir pour résoudre les contradictions et aider ceux qui sont incapables de satisfaire à leurs besoins. De surcroît, le développement d'une société socialiste harmonieuse exige selon lui une planification de l'évolution sociale. C'est ainsi que, dès 1972, un décret conjoint du Parti, des syndicats et du gouvernement décide de relever les pensions et retraites, de prendre des mesures d'aide en faveur des mères qui travaillent, d'aider les jeunes couples, de favoriser le redressement du taux de natalité et d'améliorer les conditions de vie des salariés.

Un des domaines les plus constants d'action sociale est probablement la construction de logements. De 1971 à 1975, 400 000 logements neufs sont construits et 209 000 rénovés, chiffres qui montent respectivement à 550 000 logements neufs et 200 000 rénovés de 1976 à 1980. Le but que se fixe le pouvoir est de construire ou rénover 2,8 à 3 millions de logements d'ici 1990. Pour parvenir à ce résultat, on a d'abord fait appel aux coopératives ouvrières de construction, mais depuis 1980, la construction privée est encouragée.

Le problème de la natalité apparaît comme un des plus graves qu'ait à affronter la République Démocratique Allemande. En raison du nombre croissant de femmes qui travaillent, du déclin des croyances religieuses, de la légalisation de l'avortement en 1972 et de la vente libre des produits contraceptifs, le taux de natalité est tombé de 17,6% en 1963 à 10,6 ‰ en 1974. La population connaît dès lors une régression naturelle qui explique l'adoption d'un grand nombre de mesures destinées à enrayer la crise de la natalité : accroissement des congés de maternité de 18 à 26 semaines, prime de 1 000 marks à chaque naissance, autorisation d'une année d'absence sans traitement après la naissance du premier enfant, d'une année d'absence au tarif des congés de maladie après la naissance d'un second enfant, réduction à 40 heures de la semaine de travail sans perte de salaires pour les mères de trois enfants et octroi de 21 jours (au lieu de 18) de congé annuel, construction de crèches et de jardins d'enfants, etc. En dépit de tous ces efforts, la famille de un enfant demeure la règle en RDA, l'évolution des mœurs qui veut que les pères de famille participent aux travaux ménagers n'ayant guère suivi celle de la législation.

L'accroissement du niveau de vie se marque par l'augmentation en 1976 du salaire minimum qui passe de 350 à 400 marks, avec des accroissements plus faibles pour ceux qui gagnent entre 400 et 500 marks. Mais, le grand espoir des dirigeants est de lier accroissement du niveau de vie et augmentation de la productivité du travail. Toutefois, le souvenir de la révision des normes de 1953 et de ses conséquences incite Honecker et son équipe à la prudence. En 1980, est esquissée une réforme salariale qui reclassifie les emplois et accroît les normes en même temps que les salaires. Mais seuls 1,5 million de travailleurs sont concernés par cette réforme. Au chapitre des améliorations de la situation des salariés, il faut faire figurer les innovations prévues par le Code du travail de 1978 : paiement du temps de travail consacré à consulter un médecin, amélioration de la sécurité sur les lieux de travail, garantie de reclassement avec salaire identique des salariés auxquels la rationalisation fait perdre leur emploi. À partir de 1971, on assiste à une revalorisation des pensions de retraite.

Bien que la politique du nouveau pouvoir n'ait cessé de mettre l'accent sur l'impératif de la formation, les résultats dans ce domaine sont inégaux. D'une part, jusqu'en 1973, on assiste à une croissance continue du nombre des étudiants ou des élèves des collèges techniques, si bien qu'on peut considérer que plus de 90% des enfants d'une classe d'âge donnée reçoivent sous une forme ou sous une autre une éducation post-secondaire. C'est ainsi qu'en 1971, les universités et les collèges techniques comptent 158 000 étudiants (dont 44 000 dans les universités). Mais on constate ensuite une chute constante des effectifs, si bien qu'en 1979 il n'y a plus que 32 000 étudiants dans les universités. Le groupe le plus touché par cette réduction des effectifs universitaires est celui des ouvriers qui avaient entrepris pour améliorer leur situation des études à temps partiel. Si bien qu'en dépit des avantages offerts aux membres des mouvements de jeunesse ou aux jeunes gens qui suivent la préparation militaire, ce sont les enfants d'intellectuels qui tendent à monopoliser les places à l'université, de telle sorte qu'on voit s'esquisser la naissance d'une classe dirigeante issue de l'intelligentsia.

La priorité accordée par les hommes au pouvoir à la politique sociale (les dépenses sociales par tête ont pratiquement doublé entre 1971 et 1980, alors que le revenu national n'augmentait que de 47 %) se marque ainsi dans nombre de domaines auxquels il faudrait ajouter celui de la santé. Les subventions accordées par le gouvernement pour maintenir le prix des produits de première nécessité et des services ont eu pour contrepartie la nécessité où s'est trouvé le pouvoir de trancher dans les investissements (le pourcentage du revenu national investi qui était de 24,4 % en 1970 est tombé à 20 % en 1979, le plus bas de tous les pays socialistes) et d'accroître considérablement le prix de tous les produits considérés comme n'étant pas de première nécessité. Si bien que le maintien de l'harmonie sociale est payé par une perte de compétitivité qui est le grand problème de la RDA.

Une ouverture culturelle ?

Les débuts de l'« ère Honecker » marquent une véritable lune de miel entre le régime et les intellectuels, écrivains, artistes auxquels le SED fait confiance pour contribuer au développement du socialisme en RDA. Le Premier Secrétaire n'affirme-t-il pas au Plenum du Comité central de décembre 1971 que dans le domaine de la culture, il ne saurait y avoir d'interdits, mais une entière liberté de création artistique ? Il en résulte une véritable explosion d'ouvrages critiques à l'égard du socialisme à l'allemande, le plus célèbre étant le livre d'Ulrich Plenzdorf, *Les nouvelles souffrances du jeune W.*, où, pastichant l'œuvre de Goethe, l'auteur décrit les états d'âme d'Edgar, socialiste exclu, qui doit supporter les normes du Parti et la pression conformiste qu'il exerce sur la société. En dépit des protestations officielles, le livre a un profond écho dans la jeunesse et rencontre l'approbation du FDJ lui-même. Il s'ensuit une vague d'œuvres qui mettent à nu tous les problèmes de la RDA, y compris des ouvrages dénonçant la condition féminine.

Cette ouverture culturelle, tentée par le SED sous son nouveau premier Secrétaire, fait long feu avec l'affaire Bierman. Le 17 novembre 1976, le chanteur Rolf Bierman, né à Hambourg mais qui vivait en RDA et figurait parmi les intellectuels critiques, est privé de sa nationalité de citoyen de la République Démocratique alors qu'il effectuait une tournée en République Fédérale. Malgré cet avertissement sur les limites posées à l'ouverture culturelle, approuvé par quelques écrivains proches du régime, une lettre ouverte de protestation est aussitôt adressée aux autorités par quelques dizaines d'intellectuels. Le pouvoir réplique par une campagne contre les signataires, accompagnée d'emprisonnements, d'expulsions de l'Union des écrivains ou de la RDA. Il s'ensuit un exode d'intellectuels, écrivains, artistes, producteurs, acteurs, musiciens, compositeurs, le pouvoir en encourageant d'autres à demander des visas de longue durée. Pour ceux qui choisissent de rester, commence le temps des difficultés. La principale est l'impossibilité de faire éditer en RDA des œuvres critiques. Nombre d'auteurs tournent le problème en se faisant éditer en République Fédérale. Le pouvoir réplique par des amendes qui atteignent par exemple Robert Havemann en 1979. Peu après, le Code criminel est amendé de telle sorte que tout auteur qui publie à l'étranger un ouvrage qui « porte atteinte aux intérêts de la RDA » est passible d'emprisonnement. Une lettre ouverte adressée à Erich Honecker contre cette politique de restrictions à la création vaut à leurs auteurs d'être, en juin 1979, expulsés de l'Union des écrivains.

En matière culturelle, comme dans le domaine politique, l'« ère Honecker » est bien celle de la réaction.

Un état souverain, reconnu sur le plan international

La reconnaissance internationale

Depuis sa création, la République Démocratique Allemande a été considérée par le monde non communiste comme une simple annexe de l'Union soviétique. L'« ère Honecker », marquée par une volonté de plus en plus affirmée d'alignement sur Moscou, n'a fait que confirmer ce point de vue. Toutefois, le développement économique du pays, le rôle croissant qu'il joue dans les échanges internationaux ont progressivement conduit une grande partie des pays du monde à nouer avec la RDA des relations économiques, puis des relations diplomatiques.

De surcroît, depuis 1949, l'Union soviétique n'a cessé dans toutes les négociations internationales auxquelles elle participe, d'insister pour obtenir la reconnaissance internationale de l'État est-allemand. Cet appui de l'Union soviétique s'est avéré d'une grande efficacité et justifie *a posteriori* la fidélité sans faille dont Berlin-Est a toujours témoigné à l'égard de Moscou. Le couronnement de cette action pour la reconnaissance internationale de la RDA est atteint, le 18 septembre 1973, lorsque la RDA et la RFA sont conjointement admises à l'Organisation des Nations unies. À ce moment, la République Démocratique Allemande a noué des relations diplomatiques avec plus de 100 États. Mais cette reconnaissance internationale a sa contrepartie. Lors de la signature de l'accord des Quatre Puissances sur Berlin en août 1971, l'Union soviétique a reconnu l'existence de liens étroits entre Berlin-Ouest et la République Fédérale et a dû s'engager à garantir le transit des biens et des personnes entre Berlin-Ouest et la République Fédérale. À la suite de quoi, la RDA s'est trouvée contrainte à son corps défendant de signer des conventions destinées à la mise en œuvre de ces décisions avec Bonn et avec le Sénat de Berlin-Ouest. Enfin, l'admission des deux États allemands à l'ONU a été soumise à la condition expresse de la signature d'un « Traité Fondamental » réglant les relations entre les deux Allemagnes.

La conquête par la RDA de la souveraineté internationale se paie ainsi du resserrement des liens avec l'Ouest, faisant évoluer l'État est-allemand entre deux pôles contradictoires, celui de Bonn vers lequel l'opinion publique est attirée, celui de Moscou qu'entendent imposer les dirigeants du SED.

La République démocratique entre Bonn et Moscou

Les négociations imposées à la République Démocratique Allemande préalablement à son entrée à l'ONU s'ouvrent, pour elle, dans des conditions difficiles. Son but est de faire reconnaître sa totale souveraineté, de n'admettre en aucun cas le principe d'une responsabilité collective des Quatre Puissances victorieuses sur l'Allemagne, de rejeter l'idée d'une nation allemande et d'une nationalité allemande uniques, enfin de ne reconnaître aucune perspective d'unification comme juridiquement valide. En d'autres termes, elle entend que la République Fédérale reconnaisse sa propre existence comme celle d'un État étranger. Or sur tous les points, Bonn émet des vues nettement antithétiques. Lorsque le « Traité Fondamental » est enfin signé le 21 décembre 1972, le gouvernement de la République Démocratique a dû céder sur à peu près tous les points. Sans doute, Erich Honecker, s'exprimant devant le congrès du SED réaffirme-t-il la thèse souvent exprimée en daubant sur la prétendue unité de la nation allemande, en affirmant la spécificité de la RDA, « l'Allemagne socialiste », en insistant sur l'existence d'une citoyenneté de la RDA et en faisant modifier en conséquence la Constitution en 1974. Il n'en reste pas moins que les textes de 1971-1972 portent leurs effets. Une série d'accords signés avec la RFA règle les multiples problèmes posés par le rapprochement entre les deux Allemagnes et les relations interallemandes ne cessent de s'intensifier. Il en résulte un flux croissant de visiteurs ouest-allemands en RDA, de passages temporaires entre Berlin-Ouest et Berlin-Est, les mouvements en sens inverse étant plus rares et beaucoup plus soumis à la surveillance des autorités est-allemandes. Ce resserrement des liens entre les deux Allemagnes débouche sur des conséquences diverses. Sur le plan des contacts humains, les idées occidentales pénètrent largement en République Démocratique et y entretiennent un évident désir de libéralisation. Sur le plan économique, le flot des visiteurs amène à la RDA des devises, bien venues en période de crise. Toutefois, ces devises introduisent des inégalités sociales qui inquiètent les dirigeants de l'État dans la mesure où les citoyens est-allemands qui, en raison de leur métier ou de leurs relations sont en contact avec les visiteurs de l'Ouest, voient leur niveau de vie s'améliorer dans de notables proportions, cependant que la plupart des fonctionnaires du parti et de l'État qui se voient interdire les contacts avec l'étranger sont exclus de la manne. Ainsi le SED manifeste-t-il une sourde inquiétude devant les risques de déstabilisation économique et politique que comporte le rapprochement avec la RFA. Mais comment y échapper dans la mesure où l'État lui-même tire profit du rapprochement ? La RFA n'a-t-elle pas accepté de payer l'essentiel de la facture pour l'aménagement des routes, des voies d'eau et des chemins de fer entre Berlin-Ouest et la République Fédérale ? La RFA ne subventionne-t-elle pas l'État est-allemand (près de 1 300 millions de DM en 1984) ? N'accepte-t-elle pas de payer des sommes considérables pour la libération des prisonniers politiques ? N'a-t-elle pas garanti, en 1983 et 1984 deux prêts d'environ un milliard de dollars chacun accordés à la RDA par un consortium de banques privées ? Dans les difficultés économiques que connaît la RDA, cette aide est trop précieuse pour pouvoir être ignorée. Le gouvernement de Berlin-Est se trouve ainsi pris entre son intérêt économique et ses choix politiques. Car, sur ce point, il est clair que ni M. Honecker, ni son protecteur soviétique n'entendent prendre le risque de laisser s'opérer une attraction vers l'ouest de la RDA.

Parallèlement au développement des relations interallemandes, le gouvernement est-allemand resserre ses liens avec l'Union soviétique. Le 7 octobre 1975 un traité d'amitié, de coopération et d'aide mutuelle est signé entre les deux pays, traité qui accroît les obligations militaires de la RDA dans le cadre de l'alliance et prévoit une action commune des deux pays au cas où la communauté socialiste se trouverait menacée. Le rôle de meilleur élève de la classe communiste tenu par la RDA se trouve confirmé, en 1976, par la tenue à Berlin-Est de la Conférence des partis communistes et ouvriers d'Europe. La RDA y propose en vain que le rôle dirigeant de l'Union soviétique soit reconnu par tous les partis.

Que de tels sentiments s'accordent mal avec le développement des relations interallemandes, on le conçoit sans peine. Aussi, tout en maintenant des liens trop profitables pour être rompus, le SED fait-il en sorte que leurs effets soient limités. L'intervention soviétique en Afghanistan en décembre 1979 et les événements de Pologne d'août 1980 vont avoir pour effet une restriction des relations interétatiques en Allemagne. La situation polonaise conduit le gouvernement est-allemand à suspendre l'octroi de visas entre les deux pays. Lorsque les contacts reprennent, le gouvernement est-allemand quadruple la somme que chaque visiteur est tenu de changer quotidiennement à Berlin-Est et double celle qu'il doit changer en RDA. Il en résulte une chute de 50 % des visites en 1981. Jusqu'à l'instauration de l'état d'urgence en Pologne le 13 décembre 1981, les autorités est-allemandes vivent dans un état de grande nervosité, préconisant inlassablement une intervention militaire en Pologne des troupes du pacte de Varsovie. De surcroît, les relations interallemandes demeurent soumises à la bonne volonté des dirigeants soviétiques et apparaissent étroitement liées aux relations entre la République Fédérale et Moscou. L'installation des fusées américaines en République Fédérale a pour corollaire, en 1984, l'interdiction faite par Moscou à Erich Honecker, en septembre de cette même année, de se rendre en République Fédérale. La visite accomplie par le secrétaire général du SED en RFA, à l'automne 1987, apparaît comme la contrepartie de bonne volonté du chancelier Kohl vis-à-vis des plans soviétiques de désarmement en Europe.

Ainsi la souveraineté est-allemande apparaît-elle comme une souveraineté limitée à la bonne volonté des dirigeants soviétiques. Si la République Démocratique dispose d'une certaine marge de manœuvre, c'est dans le cadre de la stratégie d'ensemble du camp socialiste, comme le montre la présence de la RDA dans le Tiers-Monde.

La présence dans le Tiers-Monde

Depuis 1959, la RDA s'efforce de développer une politique de présence active dans le Tiers-Monde, et tout particulièrement en Afrique. Elle a noué des liens avec les partis révolutionnaires et réussi à jouer un rôle dans les États qui ont choisi un mode de développement socialiste comme l'Éthiopie, l'Angola, le Mozambique ou la Guinée-Bissau. La République Démocratique fournit à ces pays des techniciens hautement qualifiés (en particulier dans le domaine minier), des spécialistes de l'informatique, des instructeurs militaires. Elle y trouve, en revanche, les matières premières et l'énergie que l'URSS ne parvient plus à lui fournir. De surcroît, elle apparaît à beaucoup de pays du Tiers-Monde comme un modèle dans le domaine industriel et agricole et cette réputation lui vaut de nouer de fructueux contacts au Vietnam, en Mongolie comme en Afghanistan.

Cette présence internationale dans le Tiers-Monde lui apporte de surcroît une influence politique non négligeable dans le cadre de la concurrence qui s'exerce entre elle et la RFA et du contentieux qui oppose les deux Allemagnes sur Berlin et le problème national allemand.

À l'heure où l'« ère Honecker » semble sur le point de s'achever en République Démocratique Allemande, où la froideur des félicitations adressées par M. Gorbatchev au secrétaire général du SED lors du XIe Congrès d'avril 1986 a été remarquée, où on commence à s'interroger sur le nom du successeur probable, un bilan des seize années de pouvoir de l'actuel maître de la RDA peut désormais être dressé. En dépit de la crise mondiale et des difficultés qu'elle a suscitées dans l'État est-allemand, cette période est bien celle de la normalisation, de la consolidation et de la reconnaissance internationale d'une Allemagne communiste, de plus en plus clairement distincte de son homologue occidentale par la volonté de ses gouvernants. Mais les liens noués avec le monde occidental ne condamnent-ils pas à terme l'expérience de l'Allemagne socialiste ?

Chapitre 19

La réunification allemande

Séparée en deux États opposés par leurs conceptions politiques comme par leurs structures économiques et sociales, l'Allemagne d'après 1945 paraît vouée à constituer une nation en deux États. La normalisation intervenue depuis le début des années 1970 rapproche sans doute les deux Allemagne, mais elle consolide en même temps la reconnaissance mutuelle de deux États séparés. À dire vrai, l'évolution incline plutôt à penser à une pérennisation pour une très longue période de la situation imposée par la défaite de Hitler et l'affrontement des deux blocs. C'est en fait un événement totalement extérieur à l'Allemagne, la disparition de fait de l'un des camps créés à l'époque de la guerre froide qui condamne à mort le régime allemand qu'il inspirait et conduit à une réunification allemande dont le fait même et la rapidité de réalisation sont largement inattendus.

Un anniversaire meurtrier : les quarante ans de la RDA

Le raidissement politique d'Erich Honecker

Pour un État qui, depuis sa naissance, a trouvé sa raison d'être dans l'affirmation de sa fidélité à une forme de communisme dont l'Union soviétique était à la fois le chef de file et la garantie de la survie du régime, l'avènement à la tête de l'URSS de Mikhaïl Gorbatchev et sa décision de lancer son pays dans la voie des réformes apparaît comme un insupportable désaveu. La *perestroïka* n'est rien moins que la remise en cause des fondements mêmes du système établi en RDA par Erich Honecker.

Aussi n'y a-t-il pas lieu de s'étonner que, dès 1986, le gouvernement est-allemand fasse connaître ses réserves sur la politique suivie par le parti communiste de l'Union soviétique, le secrétaire à l'idéologie du SED déclarant, par exemple, en avril 1987 : « Si votre voisin change la tapisserie de son appartement, vous sentiriez-vous obligé de retapisser le vôtre ? » Ce refus d'entrer dans la voie des réformes repose de la part de la direction du SED est-allemand sur une triple analyse. En premier lieu, Erich Honecker considère que la mise en œuvre de la *perestroïka* est directement liée à l'échec économique de l'Union soviétique. Or il estime que les performances économiques de la RDA en font le pays qui a le mieux réussi au sein du bloc soviétique et que, par voie de conséquence, aucune nécessité ne pousse l'Allemagne de l'Est à imiter le « grand frère » soviétique. En second lieu, les fortes résistances qui s'opposent en URSS même aux réformes proposées par Gorbatchev, venant des milieux conservateurs avec lesquels Honecker se sent en parfaite communion d'esprit, ne l'inclinent nullement à se précipiter dans une direction qui lui paraît vouée à l'échec. Enfin, en troisième lieu, la RDA est fière de l'équilibre politique et social qu'elle est parvenue à créer en dépit de la force croissante de l'opposition et elle n'entend en aucune manière risquer de le remettre en cause. Pour toutes ces raisons, et probablement plus encore par attachement viscéral à un système dont il est un des artisans, Erich Honecker est, en dépit de certaines déclarations lénifiantes, un opposant déterminé à la *perestroïka*, proche en cela des Tchèques ou des Roumains.

Comment concilier la fidélité à l'Union soviétique, tenue pour le chef de file du camp communiste avec le refus, pour la première fois, des impulsions venues de Moscou ? Longtemps les dirigeants de la RDA ont tenté d'éluder ce problème embarrassant. D'une part, ils réaffirmaient leur sympathie ou leur respect pour l'URSS, feignant de voir dans la *perestroïka* la version soviétique de mesures d'adaptation prises de longue date en Allemagne de l'Est. D'autre part, ils tentaient de censurer les nouvelles en provenance d'URSS faisant état des réformes opérées dans ce pays ou ils publiaient les critiques des dirigeants conservateurs sur la politique gorbatchévienne. Mais, alors que les habitants de la RDA peuvent capter la télévision ouest-allemande, voire lire *La Pravda*, la précaution est vite apparue dérisoire. D'autant que Mikhaïl Gorbatchev ne dissimule guère à partir de 1988 son désaveu du conservatisme d'Erich Honecker et encourage directement les réformistes d'Allemagne de l'Est et que, dans le pays même, les contestataires se réclament de la *perestroïka* pour attaquer la politique de leurs dirigeants. En mai 1987 les membres du mouvement indépendant de la paix déposent une lettre à l'ambassade d'URSS pour se plaindre de l'opposition aux réformes des dirigeants de la RDA. En juin 1988, 5 000 jeunes gens, rassemblés pour un festival de rock, acclament le nom du secrétaire général du parti communiste de l'Union soviétique. Aussi dès décembre 1988, Erich Honecker change-t-il de ton. Désormais ses critiques se font plus vives. Il dénonce l'anarchie des réformes en URSS, critique la révision de l'histoire conduite en Russie, censure des films soviétiques mettant en cause la période stalinienne. Plus énergiques encore sont les refus formels d'entrer dans la voie d'une économie de marché, jugée incompatible avec le socialisme puisqu'elle comporte un risque de chômage qui « viole le droit au travail » et aura pour effet de déstabiliser la société. Signe des temps, pour la première fois dans l'histoire de la RDA, la célébration du Premier mai 1989 se fait sans aucune référence à l'Union soviétique.

Face au risque de remise en question du régime qu'implique la *perestroïka*, le silence ne saurait suffire et la censure s'avère impuissante. Aussi le régime s'efforce-t-il de conjurer les dangers qu'elle recèle en réaffirmant les fondements du système et en combattant avec une énergie renouvelée, fort éloignée des tentatives du compromis de naguère, la dissidence politique encouragée par l'évolution soviétique. Sur le premier point, le chef d'État est-allemand a fait célébrer avec un faste particulier en lui donnant un éclat international le 750e anniversaire de Berlin en 1987, en faisant une manifestation culturelle de première grandeur et en profitant pour souligner aux yeux du monde la réussite de l'État socialiste. De la même manière, il poursuit avec constance sa politique de reconnaissance internationale de la RDA. Au plan des relations interallemandes, la multiplication des autorisations de visite en Allemagne de l'Ouest ou dans d'autres pays occidentaux est attestée par l'accroissement du nombre des visas. Consécration de la normalisation interallemande, mais aussi du nouveau statut international de la RDA, Erich Honecker se rend en visite officielle en République fédérale du 7 au 11 septembre 1987. Enfin, confirmant ses fonctions de chef d'État jouissant d'une large reconnaissance internationale, il multiplie les voyages en Europe de l'Ouest, se rendant en Belgique et aux Pays-Bas en 1987, en France en 1988, puis en Espagne. Mais les résultats à attendre de cette reconnaissance internationale ne risquent-ils pas d'être compromis par la recrudescence d'une dissidence qu'encourage la *perestroïka* ? Aussi le pouvoir est-allemand engage-t-il contre celle-ci une lutte sans merci. À partir de 1988 où le raidissement devient particulièrement perceptible, celle-ci vise en premier lieu l'Église évangélique qui sert de creuset et de lieu d'accueil à la contestation : saisie de publications, interdiction de rassemblements et de congrès, arrestations lors de manifestations et même en 1988, encouragement de l'État à la création d'une association de libre-penseurs destinée à faire contrepoids à l'influence croissante de l'Église. La répression vise également les manifestations pacifistes ou celles qui, à Leipzig par exemple, réclament la liberté d'expression et d'association. Elle atteint les intellectuels, chanteurs comme Stephan Krawczyk déchu de sa nationalité et contraint d'émigrer en RFA, écologistes emprisonnés, écrivains comme Lutz Rathenow dont les livres sont retirés de la foire de Leipzig en mars 1989.

La reconnaissance internationale, la répression contre les dissidents peuvent-ils suffire à maintenir en place un régime qui entend rester ce qu'il est, contre vents et marées, en ignorant délibérément le vent réformiste qui souffle de Moscou, longtemps tenu comme le modèle qu'il convenait d'imiter ? L'essoufflement d'une économie dont la réussite proclamée apparaissait comme la principale justification du régime va interdire à celui-ci toute possibilité de survie.

Un essoufflement économique lourd de conséquences

L'argument mis en avant par Erich Honecker d'une réussite économique est-allemande qui rendrait inutile l'application dans le pays des réformes nécessaires en Union soviétique par suite de l'échec de celle-ci, apparaît précisément dépassé au moment même où il est utilisé. Il est de fait que, depuis 1985, la croissance, qui jusqu'alors faisait de la RDA le modèle de la réussite économique du camp socialiste, marque le pas. Sans doute les chiffres globaux restent-ils satisfaisants si on se réfère aux statistiques officielles. Elle tombe à 4,3 % en 1986 (contre des prévisions du Plan de 4,4 %) à 3,6 % en 1987 (contre des prévisions de 4,5 %), à 2,7 % en 1988 (prévisions 4,1 %). Mais tous les experts sont d'accord pour considérer les statistiques est-allemandes comme peu fiables et la croissance réelle comme vraisemblablement très inférieure à celle qu'indiquent les chiffres officiels. Comment rendre compte de cet essoufflement de la croissance qui prive la RDA du principal argument opposé à la *perestroïka* et aussi des sources de la stabilité sociale sur laquelle le régime entendait fonder sa survie ?

Une série de causes, conjoncturelles et structurelles permet de comprendre les raisons de cette quasi-stagnation de l'économie. Il faut tout d'abord se souvenir que l'Allemagne de l'Est est un pays pauvre en ressources naturelles, et tout particulièrement en énergie et en matières premières. Pour faire face à la crise, elle a réalisé toutes les économies possibles et se trouve désormais face à un seuil qui ne peut être franchi que grâce aux progrès techniques. L'utilisation du lignite comme principale source d'énergie se heurte à l'obstacle de coûts d'extraction élevés et de la pollution massive qu'il provoque. Le programme nucléaire a accumulé les retards en raison de la charge financière qu'il représente et la RDA ne peut satisfaire ses besoins en électricité à partir de 1987 que par des achats à l'Ouest (Autriche et République fédérale). Les matières premières manquent cruellement au point que l'industrie chimique accumule les retards de livraison. La récupération et le recyclage qui fournissent 68 % de l'acier brut et du cuivre, 50 % du papier et du carton ont atteint leurs limites. À quoi s'ajoute le manque de main-d'œuvre. Depuis le milieu des années 1980, agriculture et industrie voient diminuer le nombre de leurs actifs. Pour pallier cette dramatique situation, la RDA décide, pour le court terme, d'encourager par une réglementation mise en place en 1988 les économies de main-d'œuvre et de faire appel à des travailleurs vietnamiens. Pour l'avenir une politique d'encouragement à la natalité est mise en place, mais elle ne peut évidemment produire d'effets qu'à long terme.

Le seul remède à l'insuffisance des ressources humaines et naturelles réside donc dans le progrès technique, qui est directement fonction de l'investissement. La modernisation par l'introduction de technologies de pointe dans les divers secteurs de l'économie est une priorité absolue pour la RDA si elle veut continuer à fournir l'URSS et les démocraties populaires en machines de haute précision et à exporter vers l'Occident. La production électronique et électrotechnique connaît ainsi une remarquable expansion avec des chiffres de production d'ordinateurs, de mémoires, d'imprimantes qui connaissent de spectaculaires croissances. Mais le dynamisme de ce secteur de pointe ne paraît guère irriguer l'ensemble de l'appareil économique. Les grands complexes de l'industrie lourde dans les domaines de la chimie et de la sidérurgie ou des constructions mécaniques continuent pour leur part à travailler avec un matériel vieilli. Ce déséquilibre illustre les insuffisances de la politique d'investissement. Face à la crise et à la restriction des ressources qui en résulte, les investissements ont été diminués au début des années 1980. Il en résulte des effets perceptibles à partir de 1985-1986 : appareil industriel en partie obsolète, retard pris par les nouveaux projets industriels, matériel non renouvelé. De surcroît, la gestion des investissements apparaît déficiente : beaucoup de devis sont sous-évalués et une grande partie des investissements se dirige vers les secteurs non productifs.

À ces causes structurelles s'ajoutent des éléments conjoncturels comme les médiocres conditions climatiques des années 1987 et 1988 qui aboutissent à des récoltes catastrophiques. Les productions agricoles de 1988 sont toutes inférieures aux prévisions, qu'il s'agisse des céréales, du sucre ou de l'alimentation pour le bétail. De son côté, la production industrielle est inférieure aux prévisions du plan, dans le domaine de la production minière ou métallurgique, de l'extraction du lignite, de la chimie, de l'industrie légère. Dans tous les secteurs, la baisse des coûts, recherchée pour accroître la productivité, ne s'est pas produite. Les années 1987-1988 sont bien celles de l'échec économique de l'Allemagne de l'Est.

Il en résulte des effets redoutables. D'abord sur le plan du commerce extérieur. Dès 1986, on constate une stagnation de celui-ci en raison de la chute du prix du pétrole à l'Ouest, la RDA étant exportatrice de pétrole soviétique vers l'Occident. À partir de 1987 on enregistre une chute de ce commerce due à l'adjonction, à la diminution des ressources du commerce pétrolier, de la non-compétitivité des produits industriels de la RDA sur les marchés occidentaux. Pour éviter un effondrement de la balance commerciale et un endettement trop important vis-à-vis de l'Ouest (et particulièrement de la RFA) qui pourrait être source de dépendance politique, le pouvoir est-allemand est conduit à freiner ses achats en Occident. Ce sont les biens de consommation courante qui subissent principalement les effets de ces restrictions (la diminution est de l'ordre de 33 %), surtout les produits agricoles et alimentaires, le textile, la chaussure, les fourrages. En dépit de cette politique drastique, le déficit commercial avec la RFA s'est creusé, ce qui a nécessité un large appel aux crédits commerciaux spéciaux de la République fédérale.

L'ampleur des difficultés et les choix politiques opérés pour y faire face se soldent directement par des difficultés en matière d'approvisionnement de la population en biens de consommation. C'est à partir de 1987 que commencent à se faire jour de sérieuses pénuries qui entretiennent le mécontentement de la population. Elles s'aggravent nettement en 1988 et la liste des produits devenus rares sur le marché ne cesse de s'allonger. Au textile, aux vêtements pour enfants s'ajoutent les produits électroménagers, les appareils hi-fi, les jouets, les meubles, les instruments de musique. La pénurie qui avait relativement épargné la RDA fait désormais son apparition. Sans doute le gouvernement est-allemand, fidèle à la politique qu'il poursuit depuis des années, s'efforce-t-il d'accroître les revenus en augmentant les allocations familiales, les salaires et les primes des employés des administrations d'État. Mais ces hausses des revenus, de même que la coûteuse politique de subventions destinée à stabiliser les prix est de peu d'intérêt dès lors que manquent des produits de première nécessité. Et la situation est d'autant plus insupportable pour la population que la multiplication des contacts avec l'Ouest permet de prendre conscience du niveau de vie de la République fédérale et qu'en RDA même, ceux qui ont la chance de pouvoir se procurer des deutschemarks peuvent se fournir en produits occidentaux dans les *intershops*, où on paie en devises, ou commander à la société de vente par correspondance Genex tous les biens disponibles en Occident.

L'échec économique patent de la RDA alimente donc la colère d'une population qui ressent douloureusement le manque de liberté, mais au moins autant la frustration de ne pouvoir consommer avec autant de facilité que ses compatriotes de République fédérale. En 1989, au moment où le régime s'apprête à célébrer avec éclat le quarantième anniversaire de la fondation de la République démocratique allemande, l'exaspération de la population et le vent de réformes venues de l'Est vont se combiner pour faire de cette célébration l'acte de décès du régime.

La fin du système Honecker

À l'automne 1989, c'est un régime incontestablement sur la défensive qui s'obstine à affirmer contre toute réalité que le modèle de gestion socialiste qu'il préconise finira par l'emporter. Il dénonce comme la conséquence de l'échec des hommes au pouvoir les réformes en cours en Hongrie et en

Pologne. Mais en dépit des satisfecits qu'il se décerne, le système Honecker paraît aux abois. 1989 voit l'accélération de la détérioration de la situation économique du pays avec l'aggravation des pénuries en biens de consommation, la chute des investissements productifs, l'accumulation des retards de livraison aux industries. Dès l'été 1989 cette accumulation de difficultés provoque un exode massif des Allemands de l'Est. Début septembre 1989, plus de dix mille citoyens de ce pays émigrent vers la République fédérale dans de vieilles Trabant poussives en passant par la Hongrie. Ce pays qui s'oriente alors vers les réformes et qui se trouve submergé de réfugiés venus d'Allemagne de l'Est décide le 11 septembre de les laisser partir vers la République fédérale, en dépit des protestations d'Erich Honecker. À cette fuite de la population qui ne peut qu'aggraver les problèmes de main-d'œuvre, déjà dramatiques, s'ajoute une contestation interne qui secoue le régime. Celle-ci se trouve stimulée à la fois par les difficultés de la vie quotidienne et par l'exemple de la Pologne (où après les élections du printemps a été formé sous la direction de Taddeus Mazowiecki le premier gouvernement à direction non communiste depuis la guerre) et celui de la Hongrie (dont la direction est passée aux communistes réformistes). Elle prend la forme d'un rassemblement des divers groupes d'opposition autour de l'un d'entre eux, *Nouveau forum*, et de l'organisation par celui-ci, à partir du 25 septembre et tous les lundis, de manifestations monstres à Leipzig pour exiger des réformes politiques. Enfin, au sein même du SED, se manifeste une aile réformatrice qui trouve son chef de file en Hans Modrow, chef du parti à Dresde.

C'est dans cette situation tendue que doivent avoir lieu les cérémonies du quarantième anniversaire de la fondation de la RDA, cérémonies auxquelles doit assister Mikhaïl Gorbatchev dont la venue est prévue pour le début du mois d'octobre. Visite à coup sûr délicate dans la mesure où le dirigeant soviétique sert de symbole des réformes aux contestataires allemands et que les applaudissements qui montent vers lui sont une manière de conspuer les dirigeants de la RDA. De fait, la venue de Gorbatchev donne le signal d'une série de manifestations d'ampleur croissante que le régime se montre incapable d'endiguer. Pour désamorcer un mouvement qui menace de les emporter les dirigeants du SED décident de sacrifier Erich Honecker. Le 18 octobre, désigné. Le nouveau dirigeant de l'Allemagne de l'Est tente de reprendre la situation en main en se désolidarisant de la politique d'Honecker et en faisant un certain nombre de concessions aux revendications populaires. Il promet un changement de gouvernement, une profonde épuration de la direction du parti dont seront éliminés les éléments les plus conservateurs et annonce la tenue en 1990 d'élections libres. Mais ces concessions viennent trop tard pour qu'une simple relève de la garde au sein de l'équipe dirigeante apaise un mouvement populaire qui a le vent en poupe et qui est encouragé à la fois par l'Occident, par la République fédérale et par les éléments réformateurs à l'Est.

La date tournante est celle du 10 novembre. Devant la vague protestataire qui s'enfle, Egon Kranz doit lâcher du lest sur un plan fondamental. Il autorise les Allemands de l'Est à voyager à l'étranger et décide d'ouvrir immédiatement la frontière interallemande. Cette décision-clé représente une véritable rupture de la digue qui protégeait politiquement le régime est-allemand. Aussitôt, des dizaines de milliers de citoyens de la RDA se précipitent à l'Ouest pour y faire des achats et céder enfin aux aspirations à la consommation qui constituent une grande partie de l'attrait qu'ils éprouvent pour l'Occident. En même temps une foule en liesse commence la destruction du mur de Berlin, symbole de l'isolement de Berlin-Est et de son appartenance au bloc communiste. Avec le démantèlement du mur derrière lequel il s'abritait depuis 1961 commence l'effondrement du communisme en Allemagne de l'Est, préalable d'une réunification dont la perspective se dessine aussitôt.

La réunification, un processus politique rapide

L'essoufflement des chrétiens-démocrates en République fédérale et la « divine surprise » est-allemande

Vainqueur des élections de 1987, le chancelier Kohl paraît difficilement en mesure de résoudre l'ensemble des difficultés que connaît la société allemande et qui se manifestent par la multiplication des controverses, des querelles et par le sourd mécontentement d'une population qui voit se multiplier les problèmes de tous ordres.

Il faut d'abord noter qu'après cinq années passées au pouvoir, le chancelier Kohl, qui manque de charisme, apparaît comme un leader usé, ne parvenant pas à maîtriser véritablement la situation de son pays. Témoignent de cette usure les échecs enregistrés par le parti chrétien-démocrate lors des élections dans les Länder. Si le parti du Chancelier parvient à reconquérir le Land de Hesse en 1987, la plupart des autres élections régionales se soldent par des pertes sensibles de suffrages, la CDU voyant à diverses reprises lui échapper la majorité absolue qu'elle détenait. À ces pertes électorales s'ajoute le poids des scandales politiques. Le suicide en octobre 1987 d'Uwe Barschel, ministre-président CDU du Land de Schleswig-Holstein, accusé de manœuvres et de manipulations contre ses adversaires politiques, prélude à la perte de cette région par les chrétiens-démocrates. Enfin l'épilogue judiciaire de l'affaire Flick, née de la découverte d'une caisse noire destinée au financement illégal des partis politiques, atteint les partis de la majorité (en la personne des anciens ministres libéraux de l'Économie Otto

Lambsdorff et Hans Friederichs et de l'ancien président CDU du Bundestag, Rainer Barzel).

Ces difficultés politiques font naître en 1987 une querelle entre la CDU du chancelier Kohl et la CSU bavaroise de son associé et rival Franz-Josef Strauss. Les deux formations font en effet une analyse différente des conséquences à tirer des pertes de suffrage enregistrées. Pour le secrétaire général de la CDU Heiner Geissler, la solution est dans une ouverture au centre-gauche qui rapprocherait la coalition majoritaire des modérés du SPD Au contraire, inquiet de la percée de l'extrême-droite des « Républicains » dans l'opinion, Strauss refuse cette perspective et souhaite renforcer son discours conservateur qui répond mieux à la sensibilité de son électorat. Il est vrai que la mort de Strauss, survenue brusquement le 3 octobre 1988, et qui prive la CSU de son leader incontesté, a pour effet de faire disparaître l'une des causes majeures de dissension entre les deux partis. Pour autant, la CDU ne trouve guère de solution à la désaffection de l'opinion.

Il est vrai que les conséquences de cet essoufflement sont limitées sur le plan politique par les difficultés au sein desquelles se débattent les autres formations politiques.

La social-démocratie qui profite arithmétiquement dans les sondages du recul de la CDU ne parvient cependant pas à capitaliser véritablement autour d'elle un courant porteur et dynamique. Elle reste divisée entre une aile gauchiste et une aile modérée qui ne parviennent pas à s'entendre, si bien que tout espoir pour elle de représenter l'image d'un parti uni paraît vain. En 1987, elle a enregistré la démission de son président Willy Brandt qui, après avoir imposé à la direction du parti réticente, la désignation comme porte-parole d'une jeune femme de nationalité grecque et non membre du parti, se déclare excédé des allusions qui se multiplient sur sa sénilité et ses caprices. Elle le remplace par Hans-Jochen Vogel, président de son groupe parlementaire, cependant que monte au firmament socialiste une nouvelle étoile, Oskar Lafontaine, ministre-président de la Sarre, leader de l'aile gauche du parti et en qui l'opinion voit son futur candidat à la Chancellerie.

De leur côté, les Verts sont perpétuellement déchirés entre une aile fondamentaliste qui réagit au pillage du programme de ce courant par les autres partis en préconisant un durcissement idéologique et une aile réaliste qui propose un rapprochement avec le SPD afin de constituer une nouvelle coalition majoritaire. Quant au parti libéral, il demeure un groupe charnière de notables qui porte à sa présidence en 1988 le comte Lambsdorff, condamné l'année précédente pour fraude fiscale.

Or, cet épuisement du parti au pouvoir, accompagné de l'usure ou de la crise qui affecte ses concurrents est d'autant plus grave que la République fédérale voit se multiplier ses problèmes cependant que s'accroît son rôle international.

Les problèmes allemands concernent tout à la fois l'économie, la société et les enjeux de mémoire.

Le climat économique est marqué par une incontestable morosité. Alors que depuis 1982, les chrétiens-démocrates pouvaient se féliciter d'avoir maintenu une croissance ralentie, mais réelle, celle-ci marque le pas en 1987, en particulier en matière de production industrielle. La crise atteint alors des secteurs comme le charbon, l'acier, l'agriculture, le bâtiment. Mais il est vrai que, dès 1988, la République fédérale redresse la situation et que le taux de croissance de 3,4 % enregistré à ce moment apparaît plus qu'honorable. La morosité est d'autant moins explicable que la balance commerciale allemande continue à enregistrer des records qui confirment la République fédérale à son rang de premier exportateur mondial, les excédents du commerce international ne cessant de s'accroître. De surcroît, la part de la Communauté européenne dans les exportations allemandes devient de plus en plus fondamentale, consolidant une balance commerciale positive vis-à-vis de pays solvables à haut niveau de vie. Dès lors comment expliquer que cette situation enviable ne soit pas ressentie comme telle par les Allemands eux-mêmes ? C'est que l'économie allemande comporte un certain nombre de points noirs qui font douter du caractère durable de la reprise et dessinent pour l'avenir d'inquiétantes perspectives. Le plus grave est la poussée du chômage. Depuis qu'en 1981 la barre du million a été franchie, le gouvernement allemand n'a pu que freiner une poussée impossible à enrayer. Il n'en reste pas moins que depuis 1983 le chiffre du chômage s'est stabilisé entre 2 200 000 et 2 300 000 soit 9,3 % de la population active, touchant en particulier les femmes, les Allemands venus des pays de l'Est *(Aussiedler)* et les habitants de certaines régions comme Brême. Également préoccupante, la tension inflationniste, jugulée en 1987, mais qui connaît un retour de vigueur en 1988 du fait de la pression fiscale indirecte, du renchérissement des importations et de la lourdeur des charges entraînées par les transferts aux Communautés européennes, par les subventions au charbon et à l'industrie aéronautique, par l'indemnisation du chômage ou par l'aide aux Länder en difficulté. Il en résulte un effritement du deutschemark qui atteint un des symboles de la réussite allemande et auquel la Bundesbank tente de réagir par une augmentation des taux d'intérêt.

Les problèmes de société qu'affronte la République fédérale ne sont pas moins graves. Sans doute le débat sur l'euthanasie, les polémiques soulevées par la politique de lutte contre le sida qui oscille entre répression et prévention ou le renforcement de la lutte antiterroriste ne sont ni nouveaux, ni spécifiques à la RFA. En revanche la publication des résultats du recensement de 1987 porte sur le devant de la scène des problèmes qui cheminent depuis longtemps sans véritablement avoir occupé l'actualité. Le recensement révèle en effet qu'en vingt ans la population allemande est restée stagnante autour de 61 millions d'habitants. Encore ce maintien est-il dû à l'immigration, les étrangers étant désormais 4,1 millions, soit 6,8 % de la population. C'est-à-dire que, pour sa part, la population de souche allemande diminue. Encore les experts considèrent-ils que le palliatif de l'immigration est insuffisant pour enrayer un déclin démographique inéluctable. Et cependant l'essentiel du dynamisme démographique provient des *Aussiedler* (Allemands de souche, qui viennent des pays de l'Est et surtout de Pologne, d'Union soviétique et de Roumanie) et des *Ubersiedler* en provenance de RDA. L'intégration de ces Allemands de l'extérieur (essentiellement les *Aussiedler*), qui ont une connaissance imparfaite de la langue allemande et une formation professionnelle insuffisante, qui recherchent emplois et logements, pèse lourdement sur le budget de la RFA et suscite des critiques dans la population. D'autant que s'y ajoutent des réfugiés « politiques » dont les motivations réelles sont surtout économiques et dont le nombre va croissant. Cette immigration massive fait naître en République fédérale des débats nouveaux : faut-il, pour faciliter l'insertion des immigrés donner le droit de vote aux élections municipales aux étrangers ou se contenter des « conseils consultatifs » pour l'intégration créés dans certaines municipalités ? Comment éviter que l'alourdissement du poids budgétaire de l'aide sociale, due non seulement à l'afflux des immigrés mais aussi à la croissance du chômage, ne place Länder et communes en péril financier ? Enfin l'Allemagne pourra-t-elle éviter une vague de xénophobie, conséquence difficilement éludable d'une importante immigration en période de difficultés économiques ?

La question mérite d'autant plus d'être posée que l'Allemagne de la fin des années 1980 se trouve une fois de plus placée face aux enjeux de mémoire hérités de la Seconde Guerre mondiale. Le quarantième anniversaire de la fin de la Seconde Guerre mondiale, célébré en 1945, ravive le débat sur l'hitlérisme et les responsabilités allemandes. L'affaire Waldheim en Autriche, évoquant le passé du président de la République autrichienne, en 1987, et la même année le procès Barbie en France, la visite en Allemagne du président d'Israël, Chaïm Herzog ou le suicide de Rudolf Hess, semblent montrer que, malgré la place éminente qu'elle occupe en Europe, l'Allemagne ne peut s'affranchir du poids de son passé. C'est précisément le débat qu'ont ouvert en 1986 les intellectuels allemands avec ce qu'on a appelé improprement la « Querelle des historiens ». Celle-ci est lancée par l'historien Ernst Nolte dans un article de la *Frankfurter Allgemeine Zeitung* de juin 1986 qui tend à banaliser le IIIe Reich et le génocide en présentant celui-ci comme la suite logique (et strictement défensive) des méthodes d'extermination des bolchéviques contre lesquels le Führer avait à lutter. Tout au plus peut-on admettre, affirme Nolte, que l'originalité nazie réside dans l'utilisation des chambres à gaz, mais, pour le reste, le régime nazi n'a fait que se défendre en reprenant à son compte les pratiques « asiatiques » des bolchéviques. Contre cette volonté de nier la spécificité des crimes nazis et d'en atténuer l'horreur par la comparaison s'élève le philosophe Jürgen Habermas dans *Die Zeit*, reprochant à Nolte et à d'autres historiens conservateurs une volonté déguisée d'apologie d'un nazisme qu'on tente de comprendre avec une extrême bienveillance. La querelle (non dénuée d'arrière-pensées politiques) sera nourrie par les projets controversés du gouvernement Kohl de créer un Musée historique allemand à Berlin ou une Maison de l'histoire de la RFA à Bonn. Une autre preuve du caractère brûlant que conserve en Allemagne le passé nazi est administrée par la démission forcée du président du Bundestag Philipp Jenninger après le discours maladroit qu'il prononce en novembre 1988 pour le cinquantième anniversaire de la Nuit de cristal et qui fait recevoir comme une apologie du nazisme une tentative d'explication des raisons qui ont fait adhérer le peuple allemand à ce régime.

Il reste que l'usure du pouvoir, les difficultés de l'économie et de la société, les débats et les controverses suscités par l'encombrant passé nazi donnent le sentiment que l'Allemagne n'est plus guère gouvernée et paraissent condamner à terme le chancelier Kohl et son pouvoir. Or cet essoufflement contraste vivement avec le rôle croissant joué à l'échelle internationale par la République fédérale : centre de gravité de la Communauté économique européenne en raison de son poids économique, respectée par les deux Grands, courtisée par les petits États, la RFA apparaît comme un État de tout premier plan sur la scène mondiale. Aussi conçoit-on que son principal dirigeant cherche avidement à ressaisir une initiative qui paraît lui échapper à l'intérieur. C'est à point nommé que l'effondrement du communisme en Allemagne de l'Est et les perspectives de réunification vont lui en fournir l'occasion.

La fin du communisme est-allemand

Le régime communiste d'Allemagne de l'Est peut-il survivre à la chute du mur et à l'ouverture des frontières ? C'est là tout l'enjeu des quelques mois qui vont de novembre 1989 aux premières élections libres tenues en Allemagne orientale depuis 1933, qui ont lieu en mars 1989. Or, durant ces quelques mois, le sort du communisme en Allemagne de l'Est se trouve scellé par les coups de boutoir d'une population qui entend se débarrasser d'un régime honni et par le combat en retraite des dirigeants communistes de la RDA. La première victime du nouveau rapport de forces est l'éphémère successeur d'Erich Honecker, Egon Kranz. À l'issue d'un mois de pouvoir, il doit céder la place en décembre 1989 au leader de l'aile réformiste du SED Hans Modrow. À celui-ci va échoir l'impossible tâche de tenter de sauver le régime communiste d'Allemagne de l'Est, alors que la chute du mur a fait sauter le verrou du maintien du bloc communiste en Europe orientale et qu'après la Pologne et la Hongrie, la Tchécoslovaquie, la Bulgarie, la Roumanie secouent à leur tour le joug de l'héritage stalinien. Sous la pression des événements, Hans Modrow va être conduit à mener un combat en retraite, multipliant les concessions pour sauver ce qui peut l'être sans d'ailleurs y parvenir et aboutissant ainsi à précipiter le démantèlement du communisme est-allemand. C'est ainsi que, en décembre 1989, les responsables de la République démocratique abolissent le rôle dirigeant du parti SED Quelques jours plus tard, après des révélations sur les abus de pouvoir du régime qui provoquent l'indignation populaire, le comité central et le bureau politique du SED annoncent leur dissolution. Virtuellement, le système de parti-État, clé de voûte du régime, est aboli. Le 7 décembre, Hans Modrow réunit une table ronde de l'ensemble des partis politiques qui fixe la date des futures élections libres au 6 mai 1990. Enfin le 18 décembre, la redoutable Stasi, police politique du régime est dissoute. Alors que le régime est visiblement en perdition, le chancelier Kohl, à qui son sens politique a permis de se rendre compte de l'extraordinaire opportunité qui, dans la situation générale de l'Europe, s'offrait à lui, intervient dans le processus. Il se rend à Dresde les 19 et 20 décembre et conclut avec Hans Modrow un accord destiné à promouvoir une « communauté contractuelle » entre les deux Allemagnes, première étape sur la voie d'une future réunification pour Helmut Kohl, ultime concession pour sauver la spécificité de l'État est-allemand de la part de Modrow.

En fait, la pression populaire et l'habileté d'Helmut Kohl vont bousculer les obstacles et les subtiles tentatives de gagner du temps des dirigeants du SED. La multiplication des manifestations en RDA qui exigent la rupture totale avec le communisme et la réunification allemande, en particulier les manifestations populaires du lundi à Leipzig contraignent Hans Modrow à s'appuyer de plus en plus sur la table ronde où l'opposition est représentée. Sous la pression de celle-ci, il accepte d'avancer au 18 mars la date des élections, puis de former un gouvernement où le SED, rebaptisé Parti du socialisme démocratique est minoritaire. Du moins, après un voyage à Moscou au cours duquel Mikhaïl Gorbatchev a reconnu le 30 janvier le caractère inéluctable de la réunification allemande, tente-t-il une dernière manœuvre qui traduit les vœux des dirigeants communistes d'Allemagne et d'Union soviétique. Début février il propose un plan en quatre étapes pour promouvoir la réunification, le futur État allemand devant relever d'un statut de neutralité entre l'OTAN et le pacte de Varsovie. Cette prétention est fermement appuyée par Gorbatchev, mais rejetée par le chancelier Kohl qui propose en revanche qu'une commission soit créée immédiatement pour examiner, dans les délais les plus brefs, les modalités de l'union économique et monétaire. Mise en place le 13 février elle se met aussitôt à l'œuvre.

À ce stade, la tactique du chancelier Kohl est claire. Prenant acte de l'effondrement du régime communiste est-allemand, il entend brûler les étapes et réaliser la réunification en offrant aux citoyens de la RDA ce à quoi ils aspirent le plus, la parité économique et monétaire avec la RFA, c'est-à-dire la promesse d'un niveau de vie et de consommation calqué sur celui de l'Ouest. Et l'histoire n'enseigne-t-elle pas que, dans le passé, l'unification économique du Zollverein a précédé et ouvert la voie de l'unification politique ? Mais c'est oublier un peu vite qu'un passé plus récent a montré que la puissance d'une Allemagne unifiée n'était pas sans conséquences sur la vie des autres États européens. Au demeurant les réticences que suscite la perspective de la réunification en France ou en Pologne sont là pour rappeler au chancelier Kohl qu'il ne peut conduire la politique de réunification en feignant d'ignorer le passé, les intérêts des autres États européens et le fait que le statut de l'Allemagne est garanti par les quatre grandes puissances victorieuses de la Seconde Guerre mondiale. Conscient des réactions internationales, Helmut Kohl prend en compte cette nouvelle dimension et, le 13 février, accepte que les deux États allemands et les quatre puissances garantes de son statut ouvrent des discussions sur les problèmes extérieurs liés à la réunification. De ceux-ci, le plus grave est incontestablement le refus jusqu'alors opposé par le gouvernement de Bonn à la reconnaissance de la frontière Oder-Neisse, refus qui suscite les alarmes de la Pologne qui ne peut que se sentir menacée par une réunification opérée dans ces conditions. Alors que Hans-Dietrich Genscher, ministre des Affaires étrangères propose une reconnaissance sans restriction de la frontière germano-polonaise, le Chancelier, de crainte de perdre les suffrages d'une extrême-droite renaissante, tente de temporiser. Les pressions internationales le conduisent cependant à donner cet apaisement à la communauté internationale et le 8 mars, avant les élections est-allemandes, le Bundestag, à l'unanimité moins cinq abstentions, accepte de reconnaître l'intangibilité de la frontière Oder-Neisse.

La dernière étape avant la mise en route du processus conduisant à la réunification réside dans la consultation libre des Allemands de l'Est le 18 mars. En fait, dès avant cette date, la réunification est opérée dans les esprits et presque dans les faits, puisque ce sont les dirigeants des grands partis d'Allemagne de l'Ouest, le chancelier Kohl en tête, qui ont conduit la compagne électorale en République démocratique allemande.

Les élections du 18 mars représentent un véritable plébiscite en faveur de l'unification. Si le Parti du socialisme démocratique avec 16,3 % des suffrages enregistre un net échec, celui-ci n'est cependant pas l'effondrement prédit. Les 65 sièges qu'il recueille montrent que le communisme a laissé des traces en Allemagne de l'Est et qu'il conserve des partisans. Mais l'écrasante victoire des champions les plus déterminés de la réunification ne laisse guère de doute sur la volonté des Allemands de l'Est. Le Parti chrétien-démocrate (celui du Chancelier) rassemble plus de 40 % des voix et recueille 164 sièges, la coalition qu'il a réunie autour de lui frôlant la majorité absolue avec 193 sièges sur 400. En revanche, les sociaux-démocrates qui se prononçaient pour un processus plus lent, ménageant les étapes, connaissent une réelle déception puisqu'ils ne peuvent se targuer que de 21,8 % des voix et de 87 sièges. Le

La composition de la Chambre du peuple

Partis	Pourcentages	Sièges
Union Chrétienne-démocrate (CDU)	40,91	164
Union sociale allemande (DSU)	6,32	25
Renouveau démocratique (DA)	0,92	4
Total de l'Alliance pour l'Allemagne additionnant les listes CDU, DSU et DA)	(48,15)	(193)
Parti social-démocrate (SPD)	21,84	87
Parti du socialisme démocratique (PDS, ex-communiste)	16,33	65
Fédération des démocrates libéraux regroupant LDP, FDP et DFP	5,28	21
Alliance 90 (regroupant le Nouveau forum, Démocratie maintenant et l'Initiative pour la paix et les droits de l'homme)	2,90	12
Parti paysan (DBD, conservateur)	2,19	9
Parti vert et Union indépendante des femmes	1,96	8
Parti national-démocratique (NDPD)	0,39	2
Liste alternative de la jeunesse (ALJ, communiste)	0,13	1
Alliance d'action de la gauche unie (marxiste, rassemblant les Œillets et la gauche unie)	0,18	1
Union démocratique des femmes (DFD)	0,33	1
Divers	0,32	-
Total		400

Il y avait 123 777 732 inscrits. La participation au scrutin a atteint 93,22 %. Treize partis seront représentés à la Chambre du peuple. Le Conseil d'État de la RDA dispose de trente jours pour convoquer la nouvelle assemblée, qui élira un premier ministre.

Source : D'après *Le Monde*, 20 mars 1990.

résultat des élections conduit tout naturellement à la formation d'un gouvernement présidé par le chef du Parti chrétien-démocrate est-allemand, Lothar de Maizière, lequel constitue le 12 avril un gouvernement de grande coalition avec les sociaux-démocrates et les libéraux dont les communistes sont exclus. Le résultat des élections signifie donc sans ambages la mort du communisme est-allemand. Il est clair que le nouveau gouvernement n'a d'autre mission que de mettre en œuvre une réunification qui fait l'objet à l'Ouest comme à l'Est d'un très large consensus et que, derrière la fiction d'une collaboration entre les gouvernements d'Allemagne de l'Est et de l'Ouest, le seul véritable maître d'œuvre du processus en cours est le chancelier Kohl.

La répartition des sièges à la Chambre du peuple

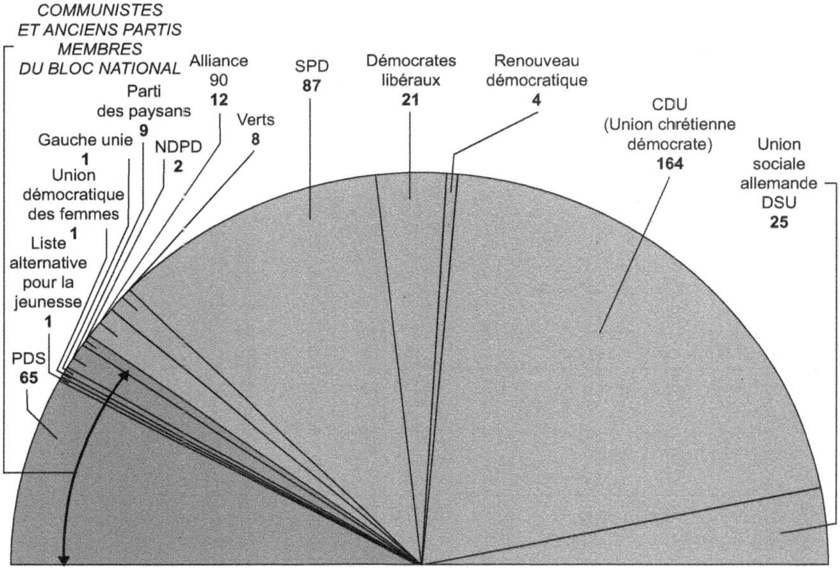

Source : D'après *Le Monde*, 20 mars 1990.

La réunification

Poursuivant la tactique au pas de charge inaugurée en décembre 1989 le Chancelier va précipiter les choses, de telle sorte que le processus de réunification sera achevé en décembre 1990. Trois éléments concourent à expliquer cette précipitation : la volonté d'exploiter une conjoncture favorable durant laquelle les obstacles prévisibles paraissent surmontables ; la crainte que la remise en cause du pouvoir de Mikhaïl Gorbatchev en Union soviétique ne ramène au Kremlin des conservateurs qui s'opposeraient formellement au processus ; le désir de ne pas laisser les inévitables difficultés que soulève une telle transformation aboutir à l'enlisement de celle-ci dans d'interminables discussions.

Les Länder de l'Allemagne réunifiée

Le chancelier Kohl conduit son action selon trois axes complémentaires : l'unification économique, la négociation internationale du futur statut de l'Allemagne, l'unification politique.

Sur le premier point, le Chancelier peut compter sur l'aspiration des Allemands de l'Est à accéder au niveau de vie et de consommation de l'Ouest et il n'ignore pas que des solutions généreuses en la matière sont le meilleur moyen d'aplanir les obstacles à l'union politique. Mais il se heurte sur ce point à l'orthodoxie financière défendue par la Bundesbank, qui s'appuie sur le fait que la valeur du mark ouest-allemand est sans rapport avec celle de son homologue est-allemand. Ce débat technique est tranché en avril par le Chancelier qui prend une décision politique : les marks est-allemands seront échangés contre des marks d'Allemagne de l'Ouest sur la base de la parité pour les salaires, les retraites et une partie de l'épargne. Helmut Kohl et Lothar de Maizière fixent alors au 1er juillet 1990 la date de l'union économique et monétaire dont les modalités, longuement négociées, sont ratifiées en juin par les deux Parlements.

Le 1er juillet, comme prévu, l'union économique, monétaire et sociale entre en vigueur. Tout contrôle aux frontières entre RDA et RFA est supprimé. Le deutschemark devient la monnaie unique de l'Allemagne. Reste la question de savoir comment l'économie de l'Allemagne de l'Est, en partie mal adaptée au marché, supportera la concurrence avec l'économie allemande de l'Ouest, la plus performante d'Europe. L'ombre du chômage plane sur l'Allemagne de l'Est et freine la flambée de consommation redoutée.

Le second axe est international. Si les grandes puissances occidentales sont acquises (parfois sans enthousiasme) à la réunification allemande, les principales réticences viennent d'URSS, Mikhaïl Gorbatchev n'acceptant l'idée de réunification que si l'Allemagne est neutralisée et sort de l'OTAN, perspective inacceptable pour les Allemands de l'Ouest. Ce désaccord entre les grandes puissances est mis en évidence lorsque le 5 mai 1990 se tient à Bonn la première séance de la conférence « 2+4 » réunissant les deux Allemagnes et les quatre puissances garantes de son statut. C'est pour dénouer la situation qu'Helmut Kohl se rend à Moscou à la mi-juillet 1990. Après des discussions serrées avec Gorbatchev, le Chancelier allemand parvient à le convaincre de signer un accord. Moscou lève toute opposition à l'unification et à l'appartenance à l'OTAN de la future Allemagne unifiée. En échange, les effectifs de l'armée allemande sont limités à 370 000 hommes et Bonn accepte de financer le retrait et le reclassement des 380 000 soldats soviétiques stationnés en RDA avant fin 1994. Le montant de cette aide sera fixé en septembre 1990 à douze milliards de deutschemarks, à quoi s'ajoute un prêt sans intérêt de trois milliards. Cet accord lève l'obstacle international fondamental à la réunification. Le 17 juillet la réunion de la conférence « 2+4 » à Paris entérine l'accord de

Moscou et enregistre la promesse allemande d'un traité germano-polonais garantissant l'intangibilité de la frontière Oder-Neisse. Il ne reste plus aux quatre grandes puissances qu'à constater que la situation née en 1945 de la défaite allemande est désormais révolue. Le 12 septembre, la quatrième et dernière réunion de la conférence « 2+4 » rétablit l'Allemagne dans sa pleine souveraineté, mettant fin au statut de surveillance qui lui avait été imposé après la guerre.

En fait, cet acte international entérine une réunification politique déjà entamée de longue date par le chancelier Kohl. Résolu à brûler les étapes, celui-ci propose dès le mois d'avril que la réunification soit opérée à temps pour que les élections au Bundestag prévues pour décembre 1990 soient les premières élections de l'Allemagne réunifiée. Les réticences des sociaux-démocrates qui accusent le Chancelier de précipiter les choses pour tirer avantage du processus en cours, les inquiétudes des dirigeants est-allemands qui redoutent de voir la RDA et ses intérêts sacrifiés par une absorption pure et simple dans la RFA pèsent de peu de poids face à la volonté du Chancelier. Dans cette perspective, le fédéralisme qui avait été supprimé en République démocratique allemande est rétabli le 23 juillet 1990 par le Parlement de Berlin-Est qui aligne ainsi la structure de l'Est sur celle de l'Ouest, la future République fédérale comptant désormais 16 Länder.

La répartition des 662 sièges au Bundestag

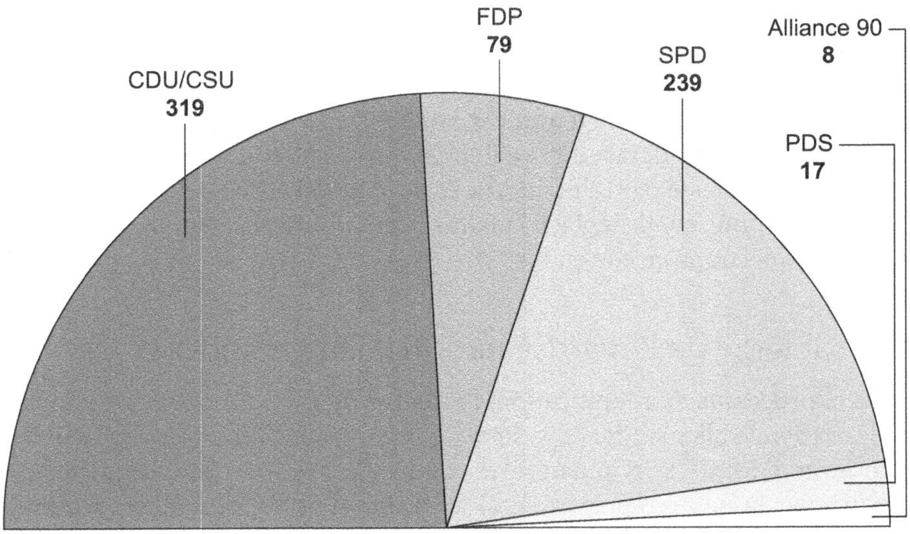

CDU : Union chrétienne-démocrate. SPD : Parti social-démocrate.
CSU : Union chrétienne-sociale. PDS : Parti du socialisme démocratique (ex-communiste)
FDP : Parti libéral. « Alliance 90 » : Écologistes et gauche alternative.
Source : D'après *Le Monde*, 5 décembre 1990.

En dépit des tensions entre partis suscitées par la date des élections et l'adoption d'un mode de scrutin, le traité d'unification entre RDA et RFA auquel se rallie Lothar de Maizière est paraphé à Berlin-Est le 31 août avant d'être ratifié par les deux Parlements le 20 septembre. Enfin le 3 octobre l'unification entre RFA et RDA est solennellement proclamée. Quarante-cinq ans après, les conséquences de la folle aventure hitlérienne et de la Seconde Guerre mondiale sont effacées. Il n'existe plus qu'une seule Allemagne qui siégera à l'ONU et qui a reconquis sa pleine souveraineté.

On conçoit que, dans ces conditions, les premières élections qui ont lieu le 2 décembre 1990 dans l'Allemagne unifiée s'annoncent comme un triomphe pour le chancelier Kohl, qui a été le principal artisan de la réunification et qui a donné à l'occasion toute la mesure de son talent politique. De fait, la coalition de centre-droit rassemblant la CDU-CSU et les libéraux s'assure 54,8 % des suffrages alors que les sociaux-démocrates conduits par Oskar Lafontaine n'atteignent que 33,8 % et que les Verts subissent une véritable déroute perdant 40 des 48 sièges qu'ils possédaient au Bundestag. L'unification allemande a bien été pour la CDU la divine surprise qu'avait espérée le Chancelier.

Les lendemains de l'unification

Si la réunification allemande est un phénomène historique de première grandeur, il reste qu'elle n'abolit en rien la situation antérieure, non plus qu'elle n'efface les problèmes qui étaient ceux des deux États préexistants. Telle qu'elle s'est réalisée, la réunification n'est rien d'autre qu'une absorption par la République fédérale de l'ex-République démocratique, avec l'accord, largement manifesté par l'élection, de la population allemande tout entière. Il reste que, pour avoir déplacé la nature des problèmes, l'unification pose autant de questions qu'elle en résout.

Le problème de l'identité nationale allemande

Dans le processus de réunification, l'essentiel de l'apport vient de la République fédérale allemande. Le système communiste de la RDA a fait l'objet d'un large rejet de la population et l'audience des idées communistes se mesure par la faible représentation au Bundestag du Parti du socialisme démocratique (ex. : SED).

On peut donc admettre que c'est autour des valeurs défendues en République fédérale que s'organise la nouvelle Allemagne. Or celles-ci ont fait l'objet d'un très large débat. Globalement, la thèse la plus couramment admise est le refus d'inclure l'apport historique dans l'identité nationale allemande, d'ignorer délibérément l'histoire du XIXᵉ et de la première partie du XXᵉ siècle, de l'unité bismarckienne « par le fer et par le feu » à l'entreprise hitlérienne d'État raciste et d'asservissement de l'Europe. Un consensus s'est donc opéré pour bâtir l'identité allemande autour des principes de la Loi Fondamentale, de l'État de droit créé en 1945 et de l'appartenance continue au camp des États de démocratie libérale depuis la fin de la Seconde Guerre mondiale. Idéal non directement formulé, mais toujours présent, l'éclatante réussite économique de la République fédérale, facteur d'attrait dans le processus de réunification et de cohésion du nouvel ensemble pour peu que la croissance se maintienne.

Et cependant, c'est en République fédérale qu'est née la très révélatrice « Querelle des historiens ». Un peuple au sein duquel l'idée de nation est largement fondée sur la culture et sur l'histoire peut-il durablement faire l'impasse sur son passé ? C'est le problème posé par Ernst Nolte. Mais à vouloir le réintégrer dans l'histoire allemande en refusant d'admettre son exceptionnalisme, on passe par profits et pertes la nature spécifique du nazisme et l'horreur du génocide, inscrivant de fait l'identité nationale allemande dans une attitude de rupture avec les principes dont se réclame (sans toujours les mettre en pratique) le monde civilisé. À un demi-siècle de la fin de la Seconde Guerre mondiale, l'identité nationale allemande se trouve affrontée à un double défi : oublier l'histoire pour parachever son intégration au monde des démocraties libérales et des valeurs humanistes ou oublier le génocide pour affirmer la continuité allemande. Reconnaissons que la solution est difficile à trouver et que l'Allemagne réunifiée est aux prises avec un problème quasi insoluble.

Plus classique est le problème de l'intégration de deux économies et de deux sociétés qui ont connu depuis un demi-siècle des évolutions antagonistes.

Économie et société : une ou deux Allemagnes ?

Avant l'unification, l'Allemagne apparaît comme le géant économique de l'Europe. Situation due avant tout à l'énorme supériorité dont jouit la République fédérale. Le pays a connu depuis 1945, à quelques années près, une croissance quasi continue et après le récent coup de frein subi par l'expansion, celle-ci reprend dès 1988. La stabilité du mark, périodiquement réévalué, en fait la monnaie de réserve internationale aux côtés du dollar. Le commerce extérieur ne cesse d'enregistrer des excédents qui accroissent le solde positif de la balance commerciale. Ce succès économique est largement dû à une série de facteurs favorables instaurés dans l'après-guerre : un large consensus social fondé sur la redistribution des bénéfices de la croissance en termes de salaires ou de diminution du temps de travail (la semaine de 35 heures tend à se généraliser) ; des structures économiques fondées sur la puissance des grandes entreprises et le dynamisme des PME, la décentralisation de l'économie et la formation professionnelle, l'existence d'un large marché de consommation à l'intérieur comme dans la Communauté garantissant l'écoulement de la production. Or, à certains égards, bien que les différences avec cette économie performante soient évidentes, l'économie de la RDA apparaît comme l'homologue de celle de la RFA pour le bloc de l'Est. On vante sa position dans les technologies de pointe, ses efforts de rentabilité, la qualité d'un personnel solidement formé. Si bien que les perspectives d'unification dessinent généralement l'avenir sous la forme d'une période assez courte de troubles due au vieillissement de certains matériels et au passage d'une économie socialiste à l'économie de marché, mais permettant ensuite à l'Allemagne unifiée de peser d'un tel poids sur l'économie européenne que la République fédérale deviendrait *ipso facto* maîtresse du continent.

Or, les réalités que découvrent progressivement les observateurs sont assez clairement différentes. L'inventaire de l'économie est-allemande montre à quel point les statistiques de la RDA étaient peu fiables et révèle une situation proche de l'effondrement, en dépit de l'aide massive de l'Ouest. L'infrastructure économique du pays s'avère tout à fait désuète et exige rénovation et modernisation, la pollution contre laquelle rien n'a été fait étend ses ravages, le marché agricole s'effondre, le matériel de la plupart des entreprises s'avère obsolète et la productivité industrielle est au plus bas. Le *Treuhandanstalt*, organisme chargé de la restructuration et de la privatisation des firmes d'État est-allemandes dresse un constat de délabrement général des entreprises dont la majorité travaille avec une main-d'œuvre surabondante, des équipements vieillis, une organisation archaïque. Elles apparaissent dans la totale incapacité de résister à la concurrence des entreprises de l'Ouest et l'introduction du deutschemark leur a fait perdre leurs marchés des pays de l'Est qui devraient payer en devises fortes des produits de qualité médiocre et peu attractifs. Dans ces conditions, le diagnostic du *Treuhandanstalt* apparaît de plus en plus pessimiste. Il considère désormais qu'un quart ou au plus un tiers des entreprises est-allemandes pourraient être sauvées du naufrage. Si les entreprises récupérables sont privatisées à grande allure, les autres se voient condamnées à fermer leurs portes ou à licencier une grande partie de leur personnel, les crédits injectés par le *Treuhandanstalt* les empêchant seuls de sombrer.

Les conséquences de cette situation sont lourdes, sur le plan financier, comme sur le plan social. Sur le plan financier, la République fédérale a dû transférer vers l'Est plus de cent milliards par an en 1990 et 1991. Encore ces estimations ne prennent-elles pas en compte les dépenses publiques d'investissement nécessaires à la modernisation des infrastructures, ni celles des besoins de financement des régimes sociaux, alourdis par la poussée du chômage. Pour financer ces dépenses, la République fédérale compte certes sur les investissements des entreprises allemandes ou étrangères. Mais ceux-ci se font attendre, compte tenu des freins de tous ordres qui existent dans l'ex-RDA. L'essentiel du financement viendra donc des caisses publiques. En dépit des promesses imprudemment prodiguées, le chancelier Kohl n'a pu se contenter du recours à l'emprunt et a dû faire appel à la fiscalité, provoquant un vif mécontentement dans la population.

Au demeurant la gravité de la situation commande d'aller vite. L'effondrement de l'économie est-allemande a pour corollaire la poussée du chômage, assez faible dans l'ex-RDA mais qui connaît une redoutable expansion dès lors que sont appliquées les lois du marché. Le chiffre du million de chômeurs est dépassé à la mi-1991 (près de 10 % de la population active) et les prévisions font craindre que la restructuration ne porte ce chiffre à trois millions soit un tiers de la population active. C'est dans l'industrie que la menace est la plus lourde, un emploi sur deux étant compromis. Il résulte de cette situation une profonde déception de la population de l'ex-RDA. Sans doute les salaires ont-ils augmenté, mais cet avantage ne joue que pour ceux qui ont du travail. L'amertume est d'autant plus forte que la montée du chômage et l'effondrement de l'appareil économique s'accompagnent de la reprise de la croissance et de la diminution du chômage dans l'ancienne RFA, stimulée par l'effort à entreprendre à l'Est. La venue des cadres formés à l'Ouest, la mise en question de la valeur des qualifications, si longtemps louées, de l'ex-RDA, la sous-évaluation systématique des diplômes ou des compétences longtemps reconnues à l'Est, donnent le sentiment à la population est-allemande d'une colonisation. Paradoxalement, la réunification a creusé un fossé psychologique entre l'Est et l'Ouest. Par ailleurs, les difficultés sociales à l'Est et le discrédit du communisme ont pour résultat de faire naître dans le pays, mais surtout à l'Est, des comportements d'extrême-droite qu'on croyait définitivement réduits par la victoire de l'État de droit : xénophobie, racisme, attaque contre les foyers de travailleurs immigrés qui servent de boucs émissaires aux difficultés, manifestations néo-nazies.

L'Allemagne modèle née en 1949 va-t-elle se briser sur les conséquences de sa réunification au moment où elle parachève son grand dessein ou saura-t-elle une fois de plus surmonter des difficultés que l'on peut croire temporaires ? C'est tout l'enjeu de la réunification.

La puissance dominante de l'Europe de demain ?

Au moment même où elle se réunifie, l'Allemagne retrouve sa pleine souveraineté, effaçant le statut mineur qui avait été le sien depuis 1945 et la tutelle des quatre Grands qui pesait sur sa souveraineté. Que va-t-elle faire de sa souveraineté retrouvée, dès lors qu'à terme la réunification lui procurera un incontestable surcroît d'influence ? Pays de 357 000 km^2, peuplé de près de 80 millions d'habitants, première puissance économique du continent, disposant d'une richesse financière sans égale, vers quel avenir international se dirigera-t-elle ?

Depuis 1949, l'Allemagne, diminuée par le désastreux épisode du nazisme, s'est accommodée de sa situation de « nain politique » renonçant à tout rêve de grandeur pour stabiliser l'État de droit et consacrer toutes ses forces à la réussite économique. Au demeurant la construction européenne lui a fourni une compensation, d'autant que son poids économique n'a cessé d'accroître son influence réelle au sein de la CEE. Mais elle a accepté d'exercer une prépondérance indirecte, laissant la France occuper le devant de la scène politique, le rapprochement franco-allemand lui permettant de faire valoir ses vues sans qu'on puisse l'accuser de céder à nouveau à ses tendances dominatrices. Aussi bien, l'alliance américaine, bouclier protecteur contre le danger soviétique, et l'Europe, ancrage dans la démocratie libérale et garantie d'un fructueux débouché économique, ont-elles constitué le maître mot de sa position internationale.

Or, l'évolution des années 1989-1990 a bouleversé ces équilibres. Au moment où l'Allemagne se réunifie, le danger communiste disparaît, remettant en question la nécessité de l'alliance américaine. L'utilité de l'Europe pourrait elle aussi être remise en cause. À diverses reprises, l'Allemagne a témoigné de son impatience devant les coûts, les charges et les contraintes que représentait pour elle la construction européenne. En 1989-1990, pendant que se déroule le processus d'unification, elle a ostensiblement manifesté que là était sa principale source d'intérêt et que la poursuite de la construction européenne passait pour elle au second plan. Enfin, à l'heure où se sont effondrés les régimes communistes d'Europe de l'Est et où les démocraties issues du naufrage du communisme recherchent une ouverture économique vers l'Allemagne, celle-ci ne peut-elle être tentée de réaliser ce qui a longtemps été l'aspiration des gouvernements du Reich dans le passé, la constitution d'une Mitteleuropa ? Le dynamisme des hommes d'affaires allemands qui explorent ces nouveaux marchés n'indiquent-ils pas le vif intérêt que suscitent ces perspectives ?

Rien ne dit que l'Allemagne renoncera à continuer l'aventure du Marché Commun. Celui-ci a été d'un profit considérable dans le passé et la réalisation du Marché unique le 1er janvier 1993 devrait, selon les experts, permettre à l'Allemagne d'augmenter sa croissance de 4 à 6 %. Il reste qu'au moment où elle se réunifie et où elle retrouve sa totale souveraineté, l'Allemagne a, pour la première fois depuis 1945, les mains totalement libres pour choisir une politique étrangère qui, jusqu'alors, lui avait été imposée par les contraintes de la conjoncture internationale. Mais quels que soient ses choix, il est clair que l'Allemagne de demain sera la puissance principale du continent européen et que son rôle dans l'évolution du monde sera de tout premier plan.

Chapitre 20

L'Allemagne de la réunification aux réformes de structure (1991-2008)

La période qui suit la réunification allemande et ses premiers pas est une des plus dures que l'Allemagne ait traversée depuis la fin de la Seconde Guerre mondiale. Non seulement, l'entrée dans la République fédérale des Länder de l'Est ne s'opère pas avec la facilité qu'avait imprudemment prédite le chancelier Kohl, mais l'Allemagne subit très durement le contrecoup de la récession qui commence en 1990, ce qui rend d'autant plus difficile l'intégration de l'ancienne RDA. De surcroît, l'État allemand réunifié voit se poser à lui une foule de problèmes aggravés par les nouvelles conditions politiques : celui d'un chômage croissant qui semble devoir faire voler en éclat le consensus social de l'après-guerre, celui d'une immigration qui ajoute aux problèmes du pays et suscite des réactions xénophobes et racistes rappelant des souvenirs que l'Allemagne voudrait voir à jamais effacés, celui enfin de la nécessité de s'adapter à l'inévitable rôle international que l'Allemagne, première puissance européenne par sa population (80 millions d'habitants) et son économie, ne peut manquer de jouer dans le monde et qui exige de sortir d'un repli d'un demi-siècle. Or, quelques années après la fin du processus d'unification, l'Allemagne semble en voie de relever tous ces défis et de retrouver une puissance qui inquiète ses voisins, et, à beaucoup d'égards, elle-même.

Les lendemains difficiles de la réunification (1991-1998)

Les remous économiques

La récession allemande. Première puissance économique du continent européen, ayant constamment mené une politique de rigueur monétaire et de consensus social, l'Allemagne paraissait pouvoir traverser sans dommages la récession mondiale qui débute en 1990. De fait, dans un premier temps, il apparaît que le pays résiste bien aux difficultés que connaît le reste du monde industrialisé. Il est vrai que l'existence à l'Est d'un immense marché tourné vers une consommation dont il a été longtemps frustré ainsi que les besoins considérables d'équipement de l'ex-RDA entretiennent dans l'économie allemande un climat d'euphorie qui explique l'optimisme généralisé. Il permet de passer avec les syndicats de généreux accords salariaux et évite à la République fédérale de prendre les mesures drastiques que paraît exiger l'intégration de l'Est.

C'est à partir de l'été 1992 que le vent tourne brusquement entraînant la République fédérale dans la crise économique la plus grave qu'elle ait connue depuis la fin de la Seconde Guerre mondiale, révélant des faiblesses des structures économiques dont le pays paraissait devoir être à jamais épargné : des coûts de production trop élevés et une insuffisante modernisation face aux concurrents les plus performants, et en particulier les Japonais. Née en 1992, la crise s'aggrave en 1993, l'année la plus noire de l'économie allemande depuis 1945. Elle atteint au premier chef l'industrie automobile, industrie-clé de la RFA dont la production chute de 23 % en 1993. Au total, le produit intérieur brut de la République Fédérale diminue de 1,2 %, cette moyenne reflétant en réalité les différences entre l'Ouest, cœur de la puissance économique allemande, où vivent plus de 65 millions d'habitants et qui fournit 91 % de la production où le recul atteint 1,9 % et l'Est qui connaît certes une croissance de 7,1 % mais qui fournit moins de 9 % du PIB.

Cette sévère récession entraîne un taux de chômage particulièrement élevé, d'autant plus que l'entrée de l'économie est-allemande dans le système du marché y a fait naître un sous-emploi catastrophique. Au début de 1994, le chômage dépasse la barre symbolique des quatre millions, inégalement répartis entre l'Ouest (où 8,3 % de la population active est privée d'emploi) et l'Est où le taux est de 15,8 %. Tout naturellement, on constate un fort recul de l'investissement et une importante baisse de la consommation des ménages contrastant avec une progression en 1992. Si on ajoute que l'Allemagne connaît une importante inflation, la hausse des prix étant de 4,2 % en 1993, que le volume des échanges se contracte, l'Allemagne voyant sa part du commerce mondial tomber de 13,5 % en 1987 à 11,4 % en 1993, que l'endettement de l'État, des collectivités publiques et de la *Treuhandanstalt* chargée de privatiser les industries de l'Est monte à 1 740 milliards de deutschemarks, soit 56 % du PIB, on peut concevoir l'inquiétude éprouvée par une opinion habituée à voir la République fédérale accumuler les succès économiques.

Cette situation est pour beaucoup dans l'opinion, généralement répandue, selon laquelle la réunification a été un échec dû à la mauvaise gestion des hommes au pouvoir, et c'est pourquoi les sondages préélectoraux des débuts de 1994 donnent une forte avance aux sociaux-démocrates, considérés comme les vainqueurs probables des élections législatives qui doivent avoir lieu à l'automne, pronostic que semblent confirmer les victoires de ces derniers dans les élections locales. Et cependant, dès l'été 1993 s'amorce une politique de redressement dont les fruits sont plus rapides que prévu.

Le redressement économique de 1994. Il est le résultat à la fois de l'action du gouvernement fédéral et de celle des entreprises décidées à reconquérir les fortes positions qu'elles étaient en train de perdre. Du côté de la chancellerie se trouve entamée dès l'été 1993 une énergique politique de redressement. Celle-ci passe par tout un programme de réduction des déficits publics, par des économies comportant en particulier des coupes drastiques dans les prestations sociales, par une augmentation des impôts et des taxes et par un plan de consolidation des dettes liées à la réunification. Pour amortir celles-ci, l'État fédéral décide de créer au 1er janvier 1995, un fonds d'amortissement qui, sur une période de trente ans, réglera les dettes de la *Treuhandanstalt* et celles de l'ex-RDA.

Du côté des entreprises, une action d'envergure est entreprise pour restaurer la compétitivité, en particulier en diminuant les coûts. Cette politique s'est soldée par une réduction des coûts salariaux et des avantages sociaux. La renégociation des conventions collectives aboutit à la flexibilité dans l'organisation du travail, la course aux hauts salaires est brusquement arrêtée et les primes fastueuses disparaissent. L'aspect le plus spectaculaire de cette remise en question est l'importance des réductions d'effectifs qui frappent tous les secteurs en récession. L'industrie automobile supprime 150 000 emplois en 1993-1994, la construction mécanique 250 000, la chimie 30 000, le secteur bancaire lui-même suit le mouvement. Pour éviter les licenciements, Volkswagen décide de réduire le temps de travail de ses salariés en 1994-1995 de 36 à 28,8 heures, en maintenant le salaire mensuel, mais en supprimant primes et heures supplémentaires. Cette rigoureuse politique qui n'est possible qu'en raison de la forte syndicalisation du monde ouvrier allemand et de l'accord des syndicats pour sauver la machine économique entraîne un rapide redressement. Dès le début de l'été 1994, l'économie allemande paraît relancée : les instituts de conjoncture révisent à la hausse leurs prévisions et prévoient désormais une croissance de 2 % pour 1994. La cure d'amaigrissement prescrite aux entreprises et mise en œuvre par les suppressions d'emploi et les accords de modération salariale ont eu pour effet de moderniser l'appareil de production allemand, si bien que, dès 1996-1997, les firmes allemandes renouent avec les profits. La Bourse de Francfort dont l'indice est passé de 2000 à 5000 points entre 1993 et 1998 traduit cette confiance retrouvée dans les vertus de l'industrie allemande. Car l'Allemagne reste le géant industriel de l'Europe, avec 37,5 % de sa population active employée dans l'industrie et un dynamisme qui se manifeste par la conquête de nouvelles parts de marché à l'étranger. C'est en effet très largement sur les exportations qui ont battu un record en 1997 en atteignant 885 milliards de marks qu'est fondée la croissance retrouvée de l'économie allemande. Avec deux correctifs dont la prise en compte s'impose : les rythmes de croissance sont très modérés, généralement inférieurs à 2 %; le moteur de cette croissance risque d'être remis en cause par des phénomènes sur lesquels la République Fédérale est sans action, en particulier la crise asiatique, responsable d'un tassement de la croissance en 1998 en raison de la diminution des exportations à destination de cette zone. Quoi qu'il en soit, l'idée, avancée au début de la décennie, d'un affaiblissement de l'industrie allemande apparaît désormais fallacieuse. L'entreprise de télécommunications Deutsche Telekom, l'assureur Allianz, le groupe de communications Bertelsmann, le fabricant de logiciels d'entreprises SAP sont aux côtés des valeurs sûres que sont la firme automobile Daimler-Benz, le chimiste Hoechst ou le métallurgiste Mannesmann des groupes dynamiques qui animent le nouveau marché des valeurs de Francfort, dopé par la présence dans cette ville du siège de la Banque centrale européenne. La confiance dans les vertus de la politique économique allemande revient, d'autant plus qu'on peut constater dès ce moment que l'intégration de l'économie est-allemande est en passe de réussir en dépit des multiples difficultés rencontrées.

L'intégration de l'Est en bonne voie. La découverte de l'état réel de l'économie est-allemande au lendemain de l'unification fait l'effet d'une douche froide sur les responsables de la République Fédérale, confiants dans la promesse du chancelier Kohl d'un épanouissement de l'Allemagne de l'Est sans sacrifice pour celle de l'Ouest. Chargée de privatiser les entreprises de l'Est, la *Treuhandanstalt* opte pour la voie d'une entrée rapide dans l'économie de marché, permettant aux produits est-allemands d'être compétitifs sur le marché international. Il en résulte la fermeture de milliers d'entreprises jugées incapables de s'adapter sans une aide massive de l'État et la mise au chômage de centaines de milliers de salariés. Une politique aussi drastique risquait fort de provoquer des troubles sociaux graves, si bien que la *Treuhandanstalt* modifie peu à peu sa ligne d'action, incluant dans les contrats de privatisation le maintien de l'emploi, cependant que l'État fédéral et les collectivités locales interviennent pour freiner la rapide désindustrialisation des Länder de l'Est qui se traduit par un taux spectaculaire de chômage, dont les conséquences politiques sont partiellement masquées par le versement d'indemnités qui pèsent sur le budget fédéral. Au total, la *Treuhandanstalt* qui cesse son activité fin 1994 peut considérer qu'elle a finalement sauvé l'essentiel : 14 500 entreprises ont été privatisées et 1,5 million d'emplois préservés. Mais le prix à payer a été lourd. Les entreprises est-allemandes ont dû abandonner les positions qu'elles détenaient dans les pays de l'Europe de l'Est. La plupart des privatisations se sont faites à perte, à l'exception de la cession aux nouveaux Länder des réseaux d'électricité et de la vente des mines de lignite. Mais l'État a dû, pour pouvoir vendre les entreprises qu'il jugeait possible de sauver, investir 200 millions de marks. Encore le processus n'est-il pas parvenu à son terme puisque l'État conserve un patrimoine foncier et immobilier et des participations dans les entreprises non encore privatisées que diverses sociétés auront à gérer (dans le domaine des centrales nucléaires, de la potasse ou des constructions ferroviaires).

Pour permettre l'intégration réelle des Länder de l'Est dont la rentabilité économique exclut dans l'immédiat et à moyen terme qu'ils assurent eux-mêmes leur équilibre économique et social, l'État fédéral a dû se charger de payer l'infrastructure et de compenser le manque à gagner de la production. Chaque année, 5 % du produit intérieur brut de la RFA est consacré au redressement de l'Est. Grâce à quoi les nouveaux Länder s'équipent en autoroutes, réseaux électriques et téléphoniques, bâtiments publics. Les subventions qui ne cessent de s'accroître (120 milliards de marks en 1992, 150 en 1993) permettent une frénésie de consommation. Si bien qu'individuellement, les citoyens de l'Allemagne de l'Est ne peuvent que constater une amélioration de leur condition, en même temps qu'ils éprouvent collectivement un sentiment d'humiliation devant la situation d'assistance dont ils bénéficient.

Toutefois, au moment où la crise atteint l'Allemagne en 1992, va se révéler un tournant qui incite à l'optimisme. Alors que des critiques de plus en plus vives se faisaient jour sur les subventions à fonds perdus dilapidés dans l'Est, on constate que les entreprises d'Allemagne de l'Est, stimulées par les milliards de marks distribués, connaissent une croissance qui contraste avec la stagnation de l'Est. La construction, les industries lourdes, l'énergie, le verre, les industries alimentaires enregistrent des taux de croissance élevés. L'agriculture est-allemande s'impose. Au premier trimestre 1994, la production manufacturière est 20 % plus élevée que celle du premier trimestre 1993 et la productivité a augmenté de 10 %.

Sans doute, ces résultats doivent-ils être relativisés. Ils permettent tout au plus à l'économie est-allemande de retrouver le niveau de production des années antérieures à 1987, avant que la crise n'atteigne la RDA d'Erich Honecker. L'Est demeure une zone désindustrialisée qui ne subsiste que grâce aux subventions de l'Ouest et la parité qu'exigent les syndicats entre les salaires de l'Est et ceux de l'Ouest ne pousse guère les industriels allemands à s'y installer. Il reste que l'effort de la RFA a incontestablement enclenché un véritable processus d'intégration qui peut faire espérer aux Allemands ce « rattrapage » promis par le chancelier Kohl, non point aussi rapidement qu'il l'avait fait miroiter, mais dans la première décennie du XXIe siècle.

Toutefois, le phénomène de l'intégration des Länder de l'Est n'est pas sans effet sur une société qu'il contribue à fragiliser.

Une crise structurelle de l'économie allemande. Les prévisions optimistes liées à l'embellie de la conjoncture mondiale durant la période qui débute en 1997 sont rapidement démenties par les faits. Si l'économie allemande connaît une croissance qui reflète celle des grands pays industriels de la planète, celle-ci est notablement moindre à partir du milieu des années 1990 que celle de la France voisine, alors que la situation avait toujours été inverse dans les périodes précédentes. Sans doute la croissance est-elle encore de 3 % en 2000, mais, dès 2001 elle chute à 0,6 % (contre 2 % en France) et guère plus de 0,5 % pour 2002, cependant qu'en dépit des déclarations optimistes on ne soit guère assuré d'échapper à la récession en 2003. La faible croissance de l'investissement des entreprises, passé de 9 % en 2000 à 7,5 % en 2002 (contre 10,9 % pour l'ensemble de la zone euro), la chute de la consommation des ménages (1,1 % en 2001), la détérioration du pouvoir d'achat annulant l'effet des baisses d'impôts décidées pour relancer l'économie, la diminution du taux d'épargne tombé à 8 % en 2002 contre 11,2 % en 1995 dressent le paysage d'un marasme économique inhabituel pour un pays qui tirait gloire d'être la locomotive économique de l'Europe.

Les conséquences de cette langueur économique allemande sont redoutables. Elles résident d'abord dans les faillites en cascade qui touchent le tissu des petites et moyennes entreprises allemandes, mais aussi quelques géants industriels dont l'effondrement symbolise la crise économique : le fabricant de machines Babcock Borsig implanté depuis cent ans dans la Ruhr, l'empire médiatique de Léo Kirch, le constructeur d'avions Fairchild Dornier, le fabricant de matériel de bureau Herlitz... Plus dramatique encore est la persistance d'un chômage élevé qui dépasse les 4 millions d'individus, soit 9,7 % de la population active. Après une baisse en 1999-2000 due à la bonne conjoncture économique, le chiffre atteint fin 2002 est identique à celui de 1998 alors que le chancelier social-démocrate Schröder avait promis de le faire reculer, ce chômage étant particulièrement marqué dans les Länder de l'Est (17,8 % contre 7,6 % dans ceux de l'Ouest). Enfin, la dégradation économique entraîne un dérapage des déficits publics, aggravé par les baisses d'impôts décidées en 2000 et qui ont permis de réduire de 25 à 40 % l'imposition des bénéfices des entreprises et les contributions des particuliers. En déclarant un déficit de 34,6 milliards d'euros pour 2002, soit 3,8 % du Produit intérieur brut, l'Allemagne transgresse la règle du pacte de stabilité européen, qu'elle avait elle-même exigé lors de la mise en place de l'euro et qui interdit de dépasser la barre des 3 %. De surcroît, la Bundesbank juge impossible de ramener ce déficit au-dessous de la limite permise en 2003. En décidant fin 2002 de lancer contre l'Allemagne une procédure pour « déficit excessif », la Commission européenne souligne cruellement la détérioration de la position allemande.

Comment expliquer ces contre-performances de l'État qui a été la locomotive économique de l'Europe et l'élève modèle de ses règles de stabilité ? Sans doute les difficultés conjoncturelles y jouent-elles un rôle, de la diminution de la croissance mondiale à l'essoufflement du secteur des bâtiments et des travaux publics, une fois les investissements liés aux nécessités de la reconstruction des Länder de l'Est effectués. Mais, plus fondamentalement, il faut faire intervenir deux données spécifiques : le coût de la réunification, clairement sous-évalué par le chancelier Kohl, et une crise structurelle de l'économie allemande. Sur le premier point, le transfert annuel de 70 à 90 milliards d'euros d'Ouest en Est (avec l'aide de l'Union européenne, il est vrai) plombe l'économie allemande, même si elle a évité l'effondrement des Länder de l'ex-RDA et permis au niveau de vie de ceux-ci d'atteindre 70 % de celui de l'Ouest. Toutefois, on est en présence d'une aide sous forme d'allocations et non d'une restructuration des entreprises de l'Est qui permettrait la reprise d'une vie économique normale. La seconde cause est sans doute plus essentielle et réside dans les faiblesses structurelles de l'économie allemande. L'industrie manufacturière, clé de voûte de l'économie, est rudement concurrencée par celle des pays à bas coût de main-d'œuvre, sans que l'Allemagne ait opéré la conversion nécessaire vers les nouvelles technologies et les activités de service. Les exportations allemandes sont évidemment victimes de cette concurrence, d'autant que le taux retenu pour l'entrée du deutschemark dans l'euro a probablement été surévalué. Il s'y ajoute le fait aggravant que l'Allemagne est l'un des pays d'Europe où le temps de travail annuel est le plus faible et le coût du travail le plus élevé, la hausse des cotisations retraite décidée à partir de janvier 2003 renchérissant encore le facteur travail.

Cette crise structurelle exige des réformes fondamentales que le chancelier Schröder avait promises à ses électeurs en 1998 pour rompre avec l'immobilisme reproché à Helmut Kohl. Mais celles-ci n'ont été qu'esquissées durant son premier mandat et restent à compléter après sa réélection en septembre 2002 pour sortir l'Allemagne du marasme.

Une société en proie au doute

« Ossis » et « Wessis ». Le passé historique de l'Allemagne, la tache ineffaçable de la période nazie alimentent, on l'a vu, un débat récurrent sur la nature même de l'État allemand et sur son rapport à l'histoire. Or, le fait que la partie orientale de l'Allemagne ait vécu un demi-siècle dans un système étatique, économique et social totalement différent de celui de la RFA ne peut qu'ajouter au doute qu'éprouvent bien des Allemands de constituer

véritablement une nation. Alors que l'Ouest peut se targuer d'avoir renforcé une intégration déjà ancienne à une Europe occidentale individualiste, démocratique, fondée sur des rapports sociaux apaisés et contractuels, l'Est, lui, apparaît comme retardataire, figé durant cinquante ans dans un système totalitaire, collectiviste, écrasant l'individu et lui interdisant d'exercer son esprit critique. Les Allemands de l'Ouest sont confortés dans leur vision d'un stéréotype d'Allemand de l'Est rétrograde par le fait que la chute du communisme a stimulé dans les Länder de l'Est une réaction contre l'antifascisme officiel de l'ancienne RDA qui prend la forme de la manifestation ostensible de sentiments pro-nazis par les skinheads qui défilent avec des croix gammées et des symboles nazis et hurlent leur antisémitisme et leur xénophobie. Pour marginal que soit le phénomène et pour sommaire que soit cette réaction, elle n'en confirme pas moins aux yeux des « Wessis » (habitants de l'Ouest) le manque de maturité des « Ossis », groupe à rééduquer si on veut qu'une véritable intégration soit possible.

Cette vision d'une rééducation nécessaire passe entre autres, aux yeux des dirigeants et de l'opinion de la RFA, par l'épuration frappant les anciens responsables de la RDA, ce qui alimente le reproche d'une partie des habitants de l'Est de la recherche d'une vengeance qui frapperait les hommes de l'Est, coupables d'avoir collaboré avec le communisme. Or, le caractère décevant de ces procès, le risque d'imputer à toute la population de l'Est une responsabilité collective, rendent pour le moins difficile ces procès expiatoires. Les tentatives de juger Erich Honecker et ses compagnons débouchent vite sur des impasses. Détenu depuis juillet 1992, Erich Honecker, atteint d'un cancer, voit s'ouvrir son procès en novembre 1992. Il doit répondre de l'ordre de tir donné aux miliciens contre les fugitifs qui tentaient de fuir Berlin-Est. Mais dès janvier 1993, les audiences sont arrêtées par le tribunal constitutionnel de Berlin en raison de l'état de santé de l'accusé. Autorisé à partir en exil pour le Chili où se trouve sa femme Margot, il y mourra en 1994. Les autres responsables voient soit leurs procès interrompus pour raisons de santé comme Willi Stoph, ancien chef du gouvernement de la RDA, soit sont libérés après condamnation en raison de leur âge comme l'ex-ministre de la Défense Heinz Kessler ou son adjoint Fritz Streletz, ou encore condamnés à des peines de prison qui laissent subsister un malaise sur les motifs de leur condamnation comme Erich Mielke, ministre de la Sécurité d'État, jugé pour des meurtres commis contre des policiers en 1931 ou Markus Wolf, ancien chef des services d'espionnage de la RDA, condamné pour haute trahison et qui peut à bon droit rétorquer que, serviteur d'un État qu'il jugeait légitime, il ne saurait être inculpé pour ce motif sans que soit violé le principe d'égalité entre les citoyens allemands. En cassant son procès en 1995, la Cour constitutionnelle fédérale paraît lui donner raison. Enfin, le même sentiment de malaise prévaut quant aux procès intentés aux soldats qui gardaient la frontière entre les deux Allemagnes et le mur de Berlin et qui ont tué, sur ordre, des fugitifs, de même que ceux intentés contre tous ceux qui auraient servi la Stasi, ce qui aboutit à l'inculpation des avocats Wolfgang Vogel qui a servi d'intermédiaire entre les deux États allemands et Klaus Croissant, avocat de la fraction Armée rouge, sans compter les innombrables poursuites engagées contre les « informateurs » de la Stasi (et peu de cadres de l'ex-Allemagne de l'Est semblent avoir échappé à ce statut).

Ces procès d'épuration donnent le sentiment à une partie des « Ossis » qu'ils sont tous peu ou prou suspects d'avoir vécu sous un régime totalitaire que peu d'entre eux avaient choisi et entretiennent leur exaspération vis-à-vis de la bonne conscience et du sentiment de supériorité des « Wessis ». Et s'y ajoute l'humiliation d'être considérés par ceux-ci comme des assistés qui coûtent cher aux citoyens de l'Ouest.

C'est le sentiment de cette coupure en deux de la société qui pousse le chancelier Kohl à envisager de proposer pour l'élection présidentielle de mai 1994 un homme issu des Länder de l'Est. Son choix se porte sur le théologien Steffen Heitmann, pasteur de l'Église protestante de Dresde, objecteur de conscience, devenu en 1990 ministre de la Justice du gouvernement de Saxe. Choix malheureux car le pasteur Heitmann, après avoir annoncé sa candidature en septembre 1993, multiplie les déclarations intempestives sur le passé de l'Allemagne, le rôle des femmes dans la société ou la construction de l'Europe qui révèlent en lui un conservateur et un traditionaliste. Les vives réactions de l'opinion et de la CDU elle-même, l'évidence qu'il ne saurait rassembler une majorité le conduiront à retirer sa candidature en novembre 1993.

L'espoir que le dynamisme économique de l'Ouest soit en mesure de combler rapidement le fossé avec les Länder de l'Est afin d'unifier véritablement la société allemande a été largement déçu. Plus d'une décennie après la réunification et en dépit des gigantesques transferts publics réalisés, les lignes de fracture héritées de l'histoire du second XXe siècle demeurent visibles et les « Ossis » continuent à se sentir des citoyens de seconde zone. Là où ils attendaient des emplois et des salaires à l'occidentale, ils ont trouvé le chômage. Là où ils espéraient la liberté et l'accès aux responsabilités, ils constatent que les hauts fonctionnaires, les chefs d'entreprise, les intellectuels venus de l'Ouest détiennent majoritairement les postes de cadres. Ils s'irritent de voir que le statut des femmes de l'Ouest, volontiers femmes au foyer, contrastant avec la volonté d'autonomie de celles de l'Est, a rendu les crèches payantes alors qu'elles étaient jadis gratuites. De même s'inquiètent-ils de la possibilité d'extension à l'Est du système scolaire de la RFA qui libère les enfants vers 13 heures et les place à la charge de leur famille alors que l'école toute la journée (la *Ganztagschule*) libérait les femmes de l'Est. Enfin, les rapports sociaux collectifs ont largement laissé la place à des comportements individualistes qui modifient les modes de vie. Ces différences jouent jusque sur les attitudes politiques. C'est ainsi que le communisme, inexistant à l'Ouest, conserve, à la faveur des nostalgies du passé et des déceptions du présent, une réelle importance dans les Länder de l'Est, le PDS (Parti du socialisme démocratique) qui rassemble les ex-communistes atteignant entre 10 et 25 % des suffrages. Aux élections de l'automne 2002, il remporte à Berlin (à la fois ville et Land) 22,4 % des suffrages, ce qui lui permet d'entrer en janvier 2003 au gouvernement de la capitale aux côtés des sociaux-démocrates.

Il est clair que la réunification reste à achever, dans les faits comme dans les mentalités.

Ces difficultés de l'intégration sociale des « Ossis » se conjuguent avec le poids de l'immigration et les effets de la crise économique pour susciter un climat de xénophobie et de racisme, qui, s'il ne touche qu'une faible fraction de la population, n'en éveille pas moins des souvenirs douloureux en Allemagne.

Immigration, xénophobie, racisme. Les difficultés d'intégration sociale des « Ossis », les effets de la crise économique et de la poussée du chômage ont eu pour résultat une extension de la pauvreté qui touche les personnes âgées et les familles nombreuses. La prise de conscience de la misère dans une société riche, la menace qui pèse ainsi sur le modèle allemand de prospérité ont conduit à une attitude restrictive à l'égard des immigrés et des demandeurs d'asile, dénoncés comme occupant, aux dépens des Allemands, les foyers d'accueil et pesant sur le budget d'aide aux plus démunis.

Du fait d'une législation particulièrement libérale, la République fédérale a accueilli en 1992 plus de 430 000 personnes venues de l'étranger. Pour mettre fin à ce flot croissant, la loi est révisée par le Bundestag, après de longues discussions et l'accord des socialistes, en mai 1993. Elle permet de refuser le droit d'asile aux personnes venues des autres pays de l'Union européenne ou des États jugés politiquement sûrs. Il en est résulté une chute importante des entrées en République fédérale et un quasi-quadruplement des reconduites à la frontière par rapport à 1992. Parallèlement se trouvent freinées les autorisations de retour en Allemagne des *Aussiedler*, c'est-à-dire des Allemands vivant dans les pays de l'Est et qui souhaitent regagner la République fédérale.

Toutefois, cette législation restrictive va directement à l'encontre des besoins de l'industrie allemande, certaines activités voyant leur développement entravé par la pénurie de main-d'œuvre. Aussi le gouvernement propose-t-il en mars 2002 un projet qui, tout en maintenant la limitation globale de l'immigration (l'âge auquel les enfants peuvent rejoindre leurs parents dans le cadre du regroupement familial étant abaissé de 14 à 12 ans), entend ouvrir les frontières aux personnels qualifiés en fonction des attentes du marché du travail. Les candidats à l'immigration seraient admis en fonction de divers critères tels que la formation, la profession, la connaissance de la langue allemande, etc. Il reste que ce problème n'est abordé qu'avec une extrême prudence, la présence de 7,3 millions d'étrangers en Allemagne pouvant fournir un thème évident de débats politiques dans un pays qui compte plus de 4 millions de chômeurs.

En freinant l'immigration, il s'agit aussi de mettre un terme aux flambées de racisme et de xénophobie qu'entretient la présence des émigrés. Si elles débutent en 1991-1992 dans les Länder de l'Est, à Hoyerswerda, en Saxe et à Rostock, par des attaques contre les foyers d'immigrés, elles se répandent rapidement dans toute l'Allemagne. À l'Est, elles résultent de la naissance d'un néo-nationalisme raciste et xénophobe que l'Ouest rejette avec horreur. Mais c'est à l'Ouest où la crise a alimenté une profonde inquiétude sociale, que se sont produits les actes les plus graves avec l'incendie criminel à Molle dans le Slesvig-Holstein d'une maison occupée par des Turcs et où trois femmes périssent en novembre 1992, et à Solingen, en Rhénanie du Nord-Westphalie, où un autre incendie criminel en mai 1993 provoque la mort de deux femmes et de trois fillettes turques. Ces attentats provoquent une horreur profonde et, à l'invitation des Églises, des syndicats, des municipalités, des manifestations qui attirent des foules considérables montrent que l'Allemagne n'est nullement prête à emprunter les voies douteuses d'une histoire qui n'en finit pas de traumatiser le peuple allemand. C'est le même réflexe qui conduit les autorités allemandes à interdire les défilés pro-nazis (le secrétaire d'État du gouvernement de Hesse est démis de ses fonctions pour avoir laissé s'organiser un défilé de nazis à Fulda le 14 août 1993 pour l'anniversaire de la mort de Rudolf Hess) et le gouvernement fédéral à demander à la cour fédérale constitutionnelle de Karlsruhe l'interdiction du Parti libéral allemand des travailleurs, une organisation d'extrême droite.

Les grands débats de société. Confrontée à l'intégration des Allemands de l'Est, aux problèmes posés par une forte immigration engendrant xénophobie et racisme, la société allemande connaît en outre une partie des grands débats qui agitent toutes les sociétés d'Europe occidentale.

Le plus grave est assurément celui qui, comme en Italie ou en France, révèle par scandales publics interposés, les liens noués entre les responsables politiques, sur le plan fédéral ou celui des Länder, et les milieux d'affaires et qui ont nom corruption, trafic d'influence, délit d'ingérence, délit d'initiés ou abus de biens sociaux et recel d'abus de biens sociaux. La multiplication des scandales touche indifféremment des membres de tous les partis politiques, la CDU (avec Günther Krause, ministre des Transports, Max Streibl, ministre-président de Bavière, Werner Münch, ministre-président de Saxe Anhalt), la SPD (impliquant Oskar Lafontaine, ministre-président de Sarre, Richard Klimmt, président du groupe SPD au Landtag du même Land, Björn Engholm, ministre-président du Slesvig-Holstein) ou le parti libéral (Jürgen Möllemann, ministre fédéral de l'Économie est contraint de démissionner). Au total, le chancelier Kohl est conduit à remanier trois fois son gouvernement en 1993 et à changer six ministres fédéraux sur dix-neuf. Après sa défaite électorale de 1998, l'ex-chancelier Kohl sera lui-même impliqué dans un scandale donnant lieu à des suites judiciaires à l'automne 1999, son parti, la CDU ayant bénéficié de financements occultes. L'alternance de 1998 qui porte au pouvoir la social-démocratie ne met pas fin à la crise et, en juillet 2002, le chancelier Schröder sera conduit à démettre de ses fonctions son ministre de la Défense Rudolf Scharping, déjà fragilisé par les frasques de sa vie privée, pour avoir perçu à titre d'honoraires des versements importants de la part d'un conseiller en relations publiques, en violation de la loi interdisant à un ministre de recevoir des honoraires durant la durée de son mandat. Comme toutes les démocraties occidentales, la République fédérale est confrontée à un grave problème d'intégrité de son personnel politique qui, pas plus que dans les pays voisins, ne parvient à résister aux tentations que l'argent exerce sur les hommes qui détiennent un pouvoir. Ce qui est vrai des hommes politiques l'est également pour les autres détenteurs de pouvoir comme le montre la démission en mai 1993 du président du syndicat de la métallurgie I.G. Metall, membre du conseil de surveillance de la firme Daimler-Benz, et qui semble avoir utilisé des informations confidentielles pour réaliser sur les actions de cette société d'importantes plus-values boursières.

L'Allemagne connaît aussi un interminable débat sur l'interruption volontaire de grossesse, la loi votée par le Bundestag en juillet 1992 qui autorisait l'IVG après consultation médicale dans un délai de 12 semaines de grossesse avec remboursement par les caisses d'assurance-maladie, ayant été déclarée partiellement anticonstitutionnelle par la cour fédérale constitutionnelle de Karlsruhe. Si bien que, si l'IVG n'est pas autorisée, elle ne fera pas l'objet de poursuites mais ne saurait être remboursée, sauf cas exceptionnels.

Enfin, la République fédérale connaît elle aussi un scandale du sang contaminé dû au manque de précautions d'une entreprise de produits pharmaceutiques de Cologne et à l'absence de vigilance d'un certain nombre de hauts fonctionnaires.

Mais le principal débat qui intéresse l'opinion allemande porte sur le rôle international du pays, subitement confronté à des responsabilités que sa situation de vaincu de la Seconde Guerre mondiale lui avait épargnées durant un demi-siècle.

Le nouveau rôle international de l'Allemagne

Un poids géostratégique déterminant. L'une des conséquences de la réunification allemande a été de faire retrouver à ce pays une souveraineté complète dont il avait été privé durant un demi-siècle. En mettant fin au statut d'État mineur surveillé par ses vainqueurs de la Seconde Guerre mondiale, l'accord de septembre 1990 donne à l'Allemagne une marge d'action internationale nouvelle, mais lui impose en revanche des responsabilités de l'absence desquelles elle s'était aisément accommodée.

En fait, renonçant à être une grande puissance sur la scène internationale, elle avait pu se consacrer à son développement économique et le partage des responsabilités avec la France au sein de la Communauté européenne a longtemps consisté à faire d'elle un « nain politique » en même temps qu'un géant économique. Toutefois, la situation nouvelle inaugurée en 1989-1990 bouleverse cet état de choses. État totalement libre de ses choix internationaux, riche de 80 millions d'habitants, première puissance économique européenne, située à la charnière d'une Union européenne où elle joue un rôle majeur et des États nouvellement indépendants de l'ancien bloc communiste, elle dispose désormais d'un poids géostratégique sans équivalent en Europe. Quittant Bonn au début de l'année 1994, l'ambassadeur américain Richard Holbrooke peut déclarer avec une forte crédibilité : « L'Allemagne était la première puissance en Europe au début du siècle, et elle est en train de le redevenir maintenant que ce siècle s'achève. » De fait, ce poids retrouvé de l'Allemagne la fait considérer par les grandes puissances mondiales comme la clé de voûte de toute politique en Europe et pousse la France et la Grande-Bretagne à adopter vis-à-vis de la nouvelle puissance allemande une attitude défensive. Des voix ne se sont-elles pas élevées pour préconiser que les sièges de membres permanents du Conseil de sécurité détenus par ces deux États soient attribués à l'Allemagne et au Japon, afin de rendre mieux compte de la hiérarchie des puissances mondiales. Si la République fédérale ne s'est nullement engagée dans cette voie qui la brouillerait avec Paris et Londres, du moins est-elle ouvertement candidate à un siège supplémentaire de membre permanent.

Toutefois, cette reconnaissance d'un statut de grande puissance politique s'accompagne de l'exigence de plus en plus forte de la communauté internationale de voir l'Allemagne prendre sa part du fardeau des responsabilités mondiales. L'attitude de la République fédérale qui, durant la guerre du Golfe en 1991, s'était contentée d'apporter une aide financière aux belligérants sans envoyer de troupes ne semble plus acceptable. Ses partenaires de l'Union européenne exigent sa participation, les États de l'Europe centrale et orientale ex-communiste demandent sa protection contre un retour éventuel de l'hégémonie russe.

Toutefois, ce n'est qu'avec une grande prudence que l'Allemagne s'engage sur ce terrain, d'autant que les rigueurs budgétaires dues à la politique d'économie lancée par le Chancelier ne laissent à la Bundeswehr qu'une faible capacité d'action. La RFA a accepté une mission sanitaire au Cambodge et une participation à la surveillance des élections en 1992-1993 dans ce pays. Toutefois, lorsque des soldats allemands participent à bord d'avions américains à la surveillance aérienne du sol de Bosnie-Herzégovine, le parti libéral et le SPD décident de saisir la cour constitutionnelle de Karlsruhe de cette intervention qu'ils jugent inconstitutionnelle, dès lors qu'elle se déroule hors du territoire des pays de l'Alliance Atlantique. Le jugement rendu par la Cour en avril 1993 donne à ces interventions un statut légal et permet des vols humanitaires en Bosnie de l'aviation allemande. La question rebondit lorsque le gouvernement fédéral décide d'envoyer des troupes en Somalie durant l'été 1993, mais, une nouvelle fois, la cour constitutionnelle, puis le Bundestag, donnent leur accord en septembre 1995, lors des bombardements effectués par l'OTAN en Bosnie contre des positions serbes, des aviateurs allemands interviennent, se contentant, il est vrai, de vérifier les résultats de cette opération. Toutefois un pas décisif paraît franchi lorsqu'en 1996, l'Allemagne approuve la décision de l'OTAN de mettre les moyens de l'Alliance à la disposition de l'UEO, faisant de celle-ci le bras armé d'une Europe capable d'intervenir sans participation américaine dans un conflit du Vieux Continent. Après le 11 septembre 2001, le gouvernement du chancelier Schröder n'hésite pas à envoyer en Afghanistan un important contingent combattre aux côtés des Américains, avec l'accord du ministre Vert des Affaires étrangères, Joschka Fischer. Sur le moment, l'émotion est grande au sein des Verts et la coalition « rouge-vert » au pouvoir depuis 1998 manque de peu de voler en éclats. Mais à leur congrès de Berlin de mars 2002, les militants de ce parti reconnaissent que l'intervention militaire a été positive en débarrassant l'Afghanistan d'un régime qui constituait un défi aux principes démocratiques. Désormais, la page est tournée. Il fait peu de doute que l'Allemagne est redevenue une grande puissance sur le plan de la politique internationale et que son poids géostratégique fait désormais d'elle un partenaire à part entière de toutes les grandes décisions internationales.

Dès lors, la question se pose de savoir si le cadre de l'Union européenne et l'appui de la France lui sont aussi nécessaires qu'ils l'ont été dans le passé.

« Mitteleuropa » ou Union européenne? Le statut recouvré de grande puissance internationale de l'Allemagne suscite, on l'a vu, les inquiétudes de la France et du Royaume-Uni. Libre de ses mouvements, l'Allemagne ne peut-elle être tentée de jouer son propre jeu politique, indépendamment d'une Union européenne dans laquelle nombre de responsables allemands voient désormais des entraves plus que des avantages ? Et tout d'abord, l'unification, en déplaçant vers l'Est le centre de gravité de l'Allemagne (Berlin n'a-t-elle pas été choisie au détriment de Bonn comme nouvelle capitale ?), n'incline-t-elle pas la nouvelle Allemagne à tenter de reconstituer autour d'elle la « Mitteleuropa » déjà considérée comme sa zone d'influence naturelle au XIXe siècle ? Il est peu douteux que les pays ex-communistes d'Europe de l'Est regardent économiquement vers la puissante et riche Allemagne, mais ils attendent aussi de celle-ci une protection contre un retour offensif de l'expansionnisme russe. De fait, la RFA, qui entretient des relations privilégiées avec des pays comme la Pologne, la Hongrie, les Républiques tchèque et slovaque, est aussi le meilleur avocat de leur entrée dans l'Union européenne. Mais une telle perspective n'est pas sans inquiéter la Russie avec laquelle l'Allemagne réunifiée entretient des relations ambiguës. Sans

doute les Allemands sont-ils reconnaissants aux Russes (mais surtout à Mikhaïl Gorbatchev) d'avoir permis la réunification du pays. Ils sont parvenus à obtenir (moyennant finances) l'évacuation des dernières troupes russes du territoire allemand en 1994. Mais la crainte d'un réveil de l'impérialisme russe demeure, et c'est contre ce danger qu'ils pensent se prémunir en aidant financièrement les tentatives de réforme en Russie (où les banques allemandes sont fortement engagées) et en soutenant Boris Eltsine, réputé représenter la « démocratie » russe. Aussi, parallèlement à l'action entreprise en faveur de l'entrée des ex-satellites de la Russie en Europe, le chancelier Kohl se fait-il le principal avocat d'une aide massive de l'Occident à la Russie.

En dépit de ces possibles ouvertures, les risques politiques et économiques de la constitution d'une « Mitteleuropa » autour de l'Allemagne ne constituent nullement une alternative crédible à l'union européenne. Celle-ci demeure plus que jamais, en dépit des craintes franco-britanniques, la colonne vertébrale de la politique extérieure allemande et le chancelier Kohl ne se fait pas faute de le rappeler, multipliant les rencontres avec les dirigeants français comme les professions de foi européennes et ne manquant aucune occasion d'affirmer que l'axe Paris-Bonn constitue à ses yeux la clé de voûte de la construction européenne. Simplement, le poids de la RFA au sein de l'Europe s'est singulièrement accru.

Si l'Allemagne applaudit sans état d'âme à l'entrée en vigueur du grand marché unique européen le 1er janvier 1993, l'enthousiasme semble moindre en ce qui concerne la mise en œuvre du traité de Maastricht, d'autant que la crise financière de l'été 1993 qui voit la Bundesbank contrainte de soutenir le franc et les marges de fluctuation du système monétaire européen élargies, font redouter aux Allemands d'entrer dans une zone de turbulence monétaire. De surcroît, la perspective de voir le mark disparaître au profit de la monnaie européenne suscite de fortes réticences en Allemagne. En octobre 1993, le Conseil européen de Bruxelles tente de les vaincre en décidant que le siège du futur Institut monétaire européen sera installé à Francfort-sur-le-Main (il est vrai que le ministre fédéral des Finances Théo Waigel avait menacé en août 1993 de faire échouer l'Union monétaire européenne si un autre choix était opéré). Finalement, ce n'est qu'en octobre 1993 que l'Allemagne est autorisée par la cour fédérale constitutionnelle à ratifier le traité de Maastricht, après qu'aient été rejetés cinq recours en anticonstitutionnalité.

Le doute sur les sentiments européens des Allemands est encore entretenu par la chaleur avec laquelle la RFA se fait l'avocate de l'élargissement de l'Union d'abord avec les pays du Nord (qui renforceront, inévitablement son rôle), puis avec ceux de l'Est, aux dépens d'un approfondissement. Conscients que ces doutes, non dénués d'arguments objectifs, peuvent conduire à la remise en cause de la politique européenne, le chancelier Kohl comme le président français Mitterrand et son successeur Jacques Chirac multiplient les contre-feux. L'invitation aux soldats allemands de l'Eurocorps à défiler sur les Champs-Élysées le 14 juillet 1994 se veut une démonstration de l'inanité des craintes françaises devant la renaissance d'une Allemagne puissante, indépendante et éventuellement agressive. Mais l'aspect le plus déterminant demeure l'engagement profond, sincère et actif du chancelier Kohl en faveur de la poursuite de la construction européenne et la conviction qui est la sienne que celle-ci ne peut réussir que grâce à l'entente avec la France. Le départ de l'Élysée de François Mitterrand, les incertitudes sur les sentiments européens de son successeur Jacques Chirac introduisent quelques flottements dans la mise en œuvre de cette politique. Les divergences d'appréciation qui, entre 1995 et 1998, se révèlent entre la France et l'Allemagne sur les conditions qui doivent présider à l'entrée en vigueur de l'euro sont l'objet de négociations permanentes et difficiles qui révèlent la distance entre les conceptions très libérales du gouvernement allemand et l'approche des Français. Faut-il considérer les critères de convergence définis lors du traité de Maastricht pour participer au lancement de l'euro (des déficits publics inférieurs à 3 % du PIB) comme une obligation absolue selon la thèse de la Bundesbank ou comme une indication tendancielle selon la préférence des Français ? Est-il nécessaire, pour préserver le contrôle des États, de créer, comme le souhaitent les Français, un gouvernement économique de la zone euro ou faut-il maintenir à tout prix l'indépendance et la marge d'action de la Banque centrale européenne comme l'exige l'opinion allemande ? D'autres craintes se font jour en Allemagne : le solide mark ne risque-t-il pas d'être sacrifié au profit d'un euro faible ? La nouvelle monnaie ne fera-t-elle pas de la République fédérale une « vache à lait » ponctionnée au profit des pays les plus pauvres d'Europe ? L'euro ne sera-t-il pas utilisé dans une guerre commerciale contre le dollar ? C'est une opinion hostile aux deux tiers à l'euro que le chancelier Kohl doit convaincre de la pertinence de sa politique et, pour ce faire, il doit demander des concessions à ses partenaires. L'un des aspects majeurs de celles-ci sera l'adoption en 1996 au sommet de Dublin du pacte de stabilité et de croissance destiné à rassurer les Allemands. En ce sens, l'entrée en vigueur de l'euro auquel participent onze des quinze pays de l'Union européenne le 1er janvier 1999 apparaît comme une victoire d'Helmut Kohl, mais c'est une victoire politiquement posthume puisqu'à cette date le Chancelier a perdu le pouvoir et peut-être une victoire à la Pyrrhus car son engagement européen a sans nul doute érodé sa position politique aux yeux d'une opinion allemande dont une partie est tentée par le repli et la frilosité.

Les mêmes incertitudes prévalent après le remplacement d'Helmut Kohl par Gerhard Schröder en 1998. Elles se marquent d'abord par les réticences croissantes de l'Allemagne vis-à-vis de la commission de Bruxelles avec laquelle les contentieux ne cessent de s'aigrir, l'Allemagne échappant de justesse à une mise en garde publique de celle-ci à propos du dérapage de ses déficits, s'inquiétant de la volonté européenne de contrôler OPA et fusions industrielles, et admettant mal que les autorités de Bruxelles envisagent de réduire les aides aux Länder de l'Est pour soutenir les territoires plus défavorisés des futurs adhérents à l'Union européenne. Par ailleurs, les relations avec la France paraissent incontestablement refroidies, d'autant que le chancelier Schröder plaide pour une « troisième voie » entre libéralisme et socialisme, fort éloignée des idées du Premier ministre français Lionel Jospin. Le moteur franco-allemand de l'Europe paraît clairement en panne, la tension entre Paris et Berlin se trouvant alimentée par le financement de la Politique Agricole Commune dont l'Allemagne, principal contributeur au budget européen, souhaite diminuer le poids financier avec l'appui de la Grande-Bretagne, tandis que la France n'entend pas que soit remise en cause une politique qui bénéficie largement à ses paysans. Toutefois, cette fragilisation de l'axe Paris-Berlin n'est pas sans danger pour l'avenir. L'Allemagne ne peut ignorer que va se poser à l'automne 2002 le problème de l'élargissement de l'Union européenne à dix pays dont huit anciens membres du bloc soviétique situés à ses frontières et dont l'adhésion est capitale pour son rôle économique et stratégique en Europe. Aussi le chancelier Schröder est-il partagé entre la volonté de ne pas rompre avec Paris et celle de donner satisfaction, à la veille d'élections qui s'annoncent très incertaines en septembre 2002, à une opinion publique dont l'enthousiasme européen a beaucoup diminué.

Tant il est vrai que les choix politiques de l'Allemagne dépassent de très loin son propre destin pour déterminer l'avenir de la construction européenne.

Continuité ou nouvelle donne politique ?

L'état des forces politiques après la réunification. La réunification allemande, en modifiant les problèmes posés à la République fédérale va-t-elle conduire à une nouvelle donne politique ? Rien ne permet de le penser, les structures traditionnelles paraissant résister aux nouvelles problématiques que l'évolution de la situation allemande semblait devoir entraîner. La chose est évidente au niveau de la CDU. Au pouvoir depuis douze années, le chancelier Kohl a progressivement mis hors jeu tous ses rivaux et s'est révélé un remarquable animal politique dont la longévité a dépassé celle de Konrad Adenauer. Auréolée du succès de l'unification allemande, sa position paraît un moment menacée par les effets de la crise qui, depuis 1992, frappe la RFA. Mais, outre qu'il n'a guère au sein de la CDU de rivaux susceptibles de lui disputer la direction de la démocratie-chrétienne, son savoir-faire paraît indispensable à un parti en perte de vitesse, car, il faut bien le constater, de 1992 au printemps 1994, tous les sondages donnent le SPD vainqueur des élections et ces prévisions sont confirmées par une suite d'élections locales qui voient les socialistes accumuler les succès, s'emparant des Länder gouvernés de longue date par la CDU ou imposant à celle-ci de « grandes coalitions », en d'autres termes, un partage du pouvoir avec lui. Il faudra l'effet de la reprise manifestée durant l'été 1994, pour redonner des chances de l'emporter au parti du Chancelier.

Il est vrai que l'éventuelle victoire du SPD ne signifierait en rien un bouleversement pour l'Allemagne. Sur bien des points le programme très modéré du SPD ne se distingue que par des nuances de celui de la CDU qu'il s'agisse de politique extérieure ou de politique intérieure. Même dans un domaine sensible et porteur de symboles comme celui de l'immigration, les sociaux-démocrates ont voté les lois restrictives proposées par le gouvernement. De surcroît, le SPD n'a pas été épargné par les remous politiques des dernières années. La démission en 1993 de Björn Engholm, ministre-président du Slesvig-Holstein et candidat à la chancellerie pour les élections de 1994 le prive de chef. Pour trouver un nouveau président, il organise alors un référendum parmi ses adhérents qui désignent par 56,6 % des voix Rudolf Scharping, ministre-président de Rhénanie-Palatinat depuis 1991, après qu'il ait vaincu la CDU qui administrait le Land (dont Helmut Kohl lui-même avait été ministre-président de 1969 à 1976). Devançant son concurrent Gerhard Schröder, ministre-président de Basse-Saxe qui a recueilli 33,2 % des voix, il est élu président du SPD et candidat à la chancellerie. Jusqu'à l'été 1994 tous les sondages font de lui le futur chancelier de la RFA.

Pour le SPD, le principal danger est à gauche. D'abord avec le poids retrouvé des Verts. Poursuivant la fusion amorcée depuis 1992 avec le groupe Alliance 90, les Verts se dotent de nouveaux dirigeants et entendent jouer, après leur échec des élections de 1990 qui avaient vu leur représentation parlementaire réduite à une poignée d'élus (pour l'essentiel anciens dissidents de la RDA), un rôle important afin d'y défendre leurs idées. Et surtout, il rencontre dans l'est du pays la concurrence des anciens communistes reconvertis en Parti du socialisme démocratique (PDS), formé de dirigeants réformateurs qui avaient souhaité une libéralisation du régime d'Erich Honecker. Le PDS trouve une partie de son audience dans la constatation des citoyens de l'ancienne RDA qu'ils forment un groupe d'Allemands de seconde zone. Dirigé par Gregor Gysi, il apparaît dans l'Est comme la principale force d'opposition à la CDU, menaçant d'y laminer les candidats du SPD.

Il est vrai que, pour sa part, la CDU a également du souci à se faire. Moins avec la force d'extrême-droite, conservatrice et xénophobe plus que néo-nazie, que constitue le parti Républicain de Franz Schönhuber que tous les sondages décrivent en perte de vitesse qu'avec ses alliés du parti libéral (FPD). Solidement tenu en main et maintenu dans la coalition avec la CDU par son nouveau président Klaus Kinkel, élu en juin 1993, et par ailleurs ministre des Affaires étrangères et vice-Chancelier, le parti libéral n'est nullement sûr de franchir la barre des 5 % lui permettant de siéger au Bundestag. Or, sans l'appui du parti libéral, la CDU qui ne peut espérer atteindre à elle seule (même avec l'appoint des sociaux-chrétiens bavarois) la majorité absolue serait contrainte de constituer une « grande coalition » avec le SPD.

Tel est au fond le véritable enjeu des élections de 1994. Le problème ne réside pas dans la possibilité d'un bouleversement drastique, mais dans le choix des électeurs entre la continuité assurée par le chancelier Kohl et la CDU et une ouverture plus ou moins marquée selon que l'électorat donnera la majorité à une coalition de gauche SPD-Verts ou contraindra le Chancelier à une « grande coalition » avec le SPD.

Les élections de 1994 et le choix de la continuité. Au soir du 16 octobre 1994, la réponse est claire. Les électeurs ont choisi la continuité, mais ils l'ont choisie de justesse. La coalition formée depuis douze ans entre la CDU, la CSU bavaroise et le parti libéral (FDP) rassemble 48 % des voix et maintient une majorité de dix sièges contre 134 dans le précédent Bundestag. Mais, alors que tous les partis de la coalition majoritaire ont perdu des voix et des sièges, les diverses forces d'opposition ont progressé. Sans doute, avec 36,4 % des voix, le SPD de Rudolf Scharping voit-il échapper tout espoir de parvenir au pouvoir. Mais il a fait bonne figure dans ce scrutin, d'autant que les élections aux Länder qui ont lieu le même jour, en lui confirmant sa majorité en Sarre et en contraignant la CDU à gouverner avec lui en Thuringe et au Mecklembourg-Poméranie occidentale, renforcent la majorité dont il disposait déjà à la seconde chambre, le Bundesrat. La coalition Verts-Alliance 90 réussit, avec 7,3 % des voix, un retour en force au Bundestag où elle disposera d'une cinquantaine de députés, cependant que les Länder de l'Est envoient siéger au Parlement une trentaine de communistes réformateurs du PDS conduits par Gregor Gysi et l'écrivain Stefen Heym, ancien dissident de RDA.

Élections de 1994

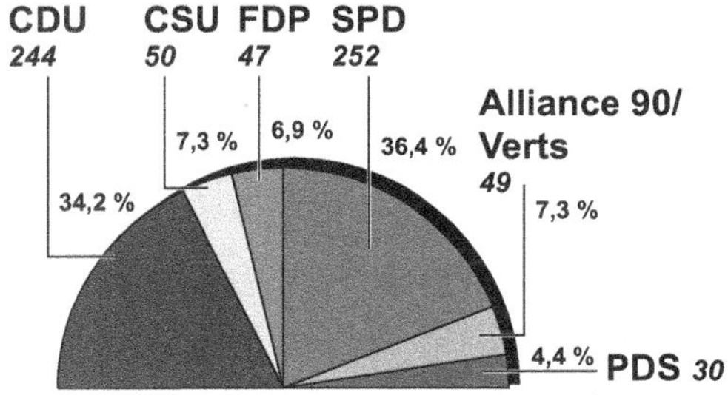

80 millions d'habitants, dont 17 dans les *Länder* de l'Est (ancienne RDA)

60 millions d'électeurs

CDU : Union démocrate chrétienne
CSU : Union chrétienne sociale
SPD : Parti social-démocrate
FDP : Parti libéral
PDS : Parti du socialisme démocratique

On peut, au choix, considérer ces élections comme celles de la continuité ou celles de la transition. La première interprétation est celle du chancelier Kohl qui juge que l'électorat lui a confié un nouveau mandat lui permettant de renforcer la réunification en achevant l'intégration des Länder de l'Est et de poursuivre la construction européenne en collaboration avec la France. L'étroite majorité dont il dispose n'effraie pas cet habile manœuvrier politique qui déclare qu'elle aura pour effet un renforcement de la discipline. La seconde, qui est celle de l'opposition, n'est pas sans valeur. Elle s'appuie sur la constatation que le Chancelier pourra difficilement gouverner, pris entre une opposition renforcée au Bundesrat et qui se sent le vent en poupe, et une majorité dont les composantes risquent de se servir de leur indispensable appoint pour monnayer au plus cher leurs suffrages. Si bien que c'est sans doute de cette dernière que vient la principale cause de fragilité du Chancelier. La CSU bavaroise qui a maintenu ses positions, va sans doute tenter de faire prévaloir une politique du mark fort aux dépens de toute mesure sociale et s'opposer à la monnaie unique européenne. Quant aux libéraux dont le déclin paraît s'accentuer et qui semblent devoir leur salut au vote stratégique d'électeurs de la CDU, il leur faut d'urgence, s'ils ne veulent pas disparaître, affirmer leur identité face à la CDU. Et il faut s'attendre à une offensive de grand style d'un SPD concurrencé par les Verts et le PDS pour se faire le champion d'une politique sociale.

En dépit de la volonté de continuité manifestée par les électeurs, il est évident qu'une époque s'achève. La courte victoire d'Helmut Kohl lui laisse la possibilité d'assurer sa succession, en position de force, mais il paraît clair que les hommes politiques qui parviendront désormais au pouvoir auront à gérer une situation inédite, celle d'une Allemagne, puissance dominante du continent européen, grande puissance mondiale de tout premier plan, face à des États européens légitimement inquiets devant la renaissance d'un État que la mémoire des peuples retient comme le symbole de l'agressivité et qui a légué au monde l'horreur indicible de l'expérience nazie.

Le SPD au pouvoir et l'expérience douloureuse de la modernisation

L'alternance de 1998

Le retour au pouvoir de la social-démocratie. La victoire à l'arraché d'Helmut Kohl en 1994 et le succès représenté par les avancées de la construction européenne peuvent-ils permettre au Chancelier, après seize années de pouvoir, de remporter un nouveau succès en 1998 en obtenant un sixième mandat successif ? Si lui-même ne paraît pas en douter, la situation intérieure de l'Allemagne rend l'hypothèse peu crédible. Sans doute, nombre d'Allemands sont-ils reconnaissants au père de la réunification qui a mis fin à l'éclatement connu par le pays depuis un demi-siècle, à l'homme politique prudent et expérimenté qui a redonné à l'Allemagne un rang de grande puissance, permis à la République fédérale de traverser sans trop de dommages les remous économiques de la dernière décennie, fait de son pays la clé de voûte économique de l'Europe en construction. Mais face à ce bilan positif se dressent l'usure du pouvoir, l'inéluctable montée du chômage qui atteint 4,8 millions d'Allemands (soit 12,6 % de la population active) au début de 1998, le mécontentement des Länder de l'Est dans lesquels le Chancelier ne peut se rendre sans être hué et où la reprise économique ne s'est pas concrétisée par une remontée de l'emploi, le chômage y dépassant la barre des 20 % et l'extrémisme s'y manifestant de façon inquiétante (lors des élections régionales du Land de Saxe-Anhalt le 26 avril 1998 l'extrême-droite capitalise 13,2 % des voix cependant que les anciens communistes du PDS préservent avec près de 20 % des suffrages leur capital électoral).

De surcroît, les sondages prédisent depuis plusieurs mois un large succès des sociaux-démocrates aux élections de septembre 1998. Sans doute le Chancelier, habitué à redresser *in extremis* des situations difficiles, feint-il de ne pas s'inquiéter de cette situation, d'autant qu'il peut valablement penser affronter comme chef de file de l'opposition le président du SPD, Oskar Lafontaine, que son image d'homme de gauche dessert aux yeux de l'opinion et qu'il a déjà vaincu par le passé. Mais les élections régionales de Basse-Saxe le 1er mars 1998 changent brusquement les données du problème. La spectaculaire victoire enregistrée aux élections de Basse-Saxe par le ministre-président SPD de ce Land Gerhard Schröder en fait le candidat naturel des socialistes aux élections de septembre. Or cet homme jeune (il a 53 ans), issu d'un milieu modeste, se présente comme le chef de file d'une gauche modernisée. Assez peu populaire au sein de son parti, irrité par son image médiatique, il incarne par son pragmatisme, le flou de son programme, voire ses volte-face successives (sur les problèmes de l'énergie, du réarmement, de la politique économique), une ligne politique aussi peu idéologique que possible, dégagée de tout tabou, dont le réalisme séduit l'opinion. Jusqu'à l'extrême veille du scrutin de septembre 1998, les sondages lui prédisent une large victoire sur un Chancelier qui paraît usé par sa longue présence au pouvoir et par la conjonction des mécontentements sectoriels. Toutefois, la très nette victoire remportée début septembre par la CSU, alliée de la CDU, lors des élections régionales de Bavière, marque le signal d'une contre-offensive du Chancelier qui réduit son retard dans les sondages, si bien qu'à la veille des élections du 27 septembre, la plus grande incertitude règne sur leur issue. Il n'est pas évident que, même avec l'appui des Verts qui paraissent décidés à soutenir M. Schröder, les socialistes puissent atteindre la majorité absolue. Beaucoup dépend du vote des Länder de l'Est où les écologistes sont mal implantés et où un succès des ex-communistes du PDS interdirait à la coalition de gauche d'atteindre la majorité absolue. Dès lors, il n'y aurait d'autre solution qu'une « Grande coalition » entre CDU et SPD, le Chancelier appartenant alors au parti qui aurait le plus grand nombre de députés.

Les résultats des élections du 27 septembre démentent ces pronostics. L'élection de 298 députés sociaux-démocrates et de 47 Verts assure à la coalition de gauche une majorité de 11 sièges, alors que la CDU enregistre une sévère défaite en ne conservant que 245 sièges, à quoi s'ajoutent les 44 députés de leurs alliés libéraux. Helmut Kohl lui-même, qui reste député, grâce à sa présence sur la liste de la CDU en Rhénanie-Palatinat, a été battu dans sa circonscription de Ludwigshafen. Enfin, grâce au vote des Länder issus de l'ex-RDA, les ex-communistes du PDS franchissent la barre des 5 % qui leur permet d'être présents au Bundestag avec 35 députés.

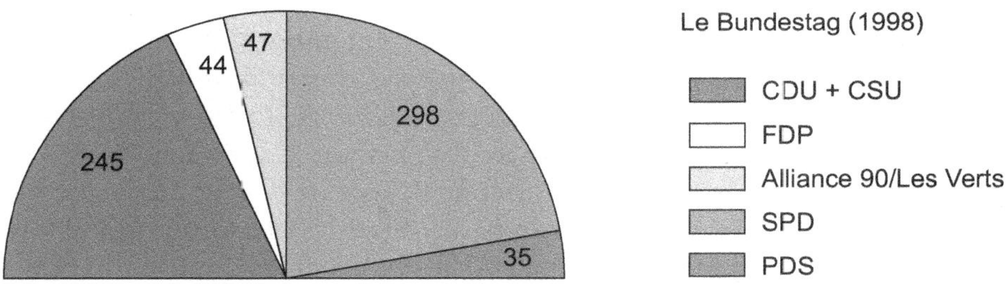

Le nouveau cours et ses limites. L'Allemagne a donc clairement choisi l'alternance. Sur quel nouveau contexte politique débouche la situation ainsi créée en République fédérale ? Tout d'abord sur l'arrivée au pouvoir d'une nouvelle équipe politique. Représentant des socialistes d'une Allemagne du nord fortement imprégnée de protestantisme, Gerhard Schröder dont le programme joue sur toutes les nuances du flou, présente sa victoire électorale comme celle du « nouveau centre » et considère que le mandat qui lui a été donné consiste à moderniser l'Allemagne sans la bouleverser. S'il s'apprête à faire quelques concessions à la gauche sur le plan social (et son propre passé d'enfant pauvre ne permet pas de douter de la sincérité de son attention aux plus démunis), il n'entend en rien compromettre la compétitivité des entreprises allemandes. À ses côtés, les hommes clés du futur gouvernement fournissent cependant quelques indications sur la tonalité du nouveau cours de l'Allemagne de l'alternance. À l'évidence, le rôle de numéro deux (mais certains murmurent d'éminence grise, véritable homme fort de la nouvelle équipe) sera dévolu à Oskar Lafontaine, probable ministre des Finances, président du SPD qui se reconnaît en lui. Ami de la France, proche du parti socialiste français, ce keynésien convaincu est déterminé à accentuer la dimension sociale de la construction européenne. À ses côtés, un syndicaliste de la métallurgie, Walter Riester, pressenti pour prendre le ministère du Travail et des Affaires sociales, et dont le pragmatisme et la modération inquiètent la gauche du parti socialiste. Enfin, ce n'est pas sans surprise que les Allemands apprennent que le futur Chancelier s'apprête à créer pour le journaliste et éditeur Michael Naumann un poste de ministre de la Culture, alors que, jusqu'à présent, l'État fédéral laissait aux Länder la politique culturelle. Plus surprenant encore, la présence des Verts au sein de la future équipe. Trois portefeuilles leur sont réservés, dont celui des Affaires étrangères, promis à Joschka Fischer, ancien contestataire des années 1960, converti au « réalisme » et revenu de ses provocations initiales (il avait fait scandale en 1983 en se présentant au Bundestag en jean et baskets).

Cette équipe qui modifie de façon drastique le visage du nouveau pouvoir allemand négocie au cours du mois d'octobre le programme de modernisation sans bouleversement destiné à unir pendant la durée de la législature socialistes et verts. Il réaffirme sans ambages l'engagement européen de l'Allemagne, tout en insistant sur sa volonté de donner à l'Union européenne une tonalité nettement plus sociale (et plus écologiste) en favorisant un pacte européen pour l'emploi. Il demeure fidèle à l'Alliance atlantique, à l'amitié américaine et s'engage à participer aux opérations de maintien de la paix et de la sécurité internationale. C'est sans doute sur le plan intérieur que le programme apparaît comme le plus novateur : relance de la demande intérieure par une réforme fiscale permettant de diminuer les impôts et, en contrepartie, suppression des « niches fiscales » dont bénéficiaient entreprises et particuliers, taxation de l'énergie dans un but à la fois écologique et social afin de faire baisser le poids des charges salariales, remise en cause du projet d'Helmut Kohl de réforme des retraites qui devait aboutir à leur diminution, pacte pour l'emploi passé avec les entreprises afin de lutter contre le chômage des jeunes, abandon progressif du nucléaire négocié avec les industriels, réforme du code de la nationalité substituant le droit du sol au droit du sang et tolérant la double nationalité pour les étrangers ayant huit ans de présence en Allemagne...

Dès l'automne 1998, cette politique entre en application. Gerhard Schröder réserve à la France sa première visite, manière de signifier que l'axe franco-allemand demeure plus que jamais la clé de voûte de la politique européenne, alors qu'on disait cet Allemand du Nord plus proche du Royaume-Uni. Sous la double impulsion de l'Allemagne et de la France, mais avec l'accord du Royaume-Uni et des gouvernements sociaux-démocrates majoritaires dans l'Union européenne, les conseils européens prennent une nouvelle tonalité dans laquelle la dimension sociale devient prioritaire. Enfin, les premières mesures sont préparées par le nouveau gouvernement, concernant l'abandon du nucléaire, la substitution du droit du sol au droit du sang, etc.

Le succès de la nouvelle équipe gouvernementale va s'avérer de courte durée. Au lendemain de sa victoire sur le plan fédéral, le Chancelier doit enregistrer une série d'échecs lors des élections dans les Länder, déconvenues lourdes de conséquences dans un système politique très décentralisé où les gouvernements locaux détiennent d'importants pouvoirs. De plus, ces victoires locales de l'opposition chrétienne-démocrate lui donnent la majorité dans la seconde Chambre du Parlement de la République Fédérale, le Bundesrat, la Chambre des États, permettant aux adversaires du Chancelier de bloquer ses projets de réforme ou le contraignant à passer des compromis. Sur fond de difficultés économiques, de chute de la croissance à partir de 2001, de poussée du chômage, de persistance du fossé séparant les Länder de l'Est de ceux de l'Ouest, du sentiment d'amateurisme politique qui conduit, pour diverses raisons, le Chancelier à se séparer de huit de ses ministres durant la législature, l'impression d'échec de la majorité sociale-démocrate-verts finit par s'imposer à l'opinion. Sentiment en partie injuste puisqu'on peut porter au crédit du gouvernement des réformes ajournées de longue date par le chancelier Kohl. L'équipe de Gerhard Schröder a abordé avec courage, même si elle n'a pas toujours pu les mener à bien, des problèmes comme ceux du code de la nationalité où elle a imposé comme critère essentiel le droit du sol et non le seul droit du sang, traditionnel en Allemagne, comme la nouvelle politique de l'immigration, comme la réforme des retraites fondée sur un système de répartition, complété dans le privé par des fonds de pension, comme la mise sur pied d'une réforme fiscale. Elle a redonné à l'Allemagne un statut de puissance internationale à part entière en la faisant participer, y compris militairement, à des opérations de maintien de la paix ordonnées par les Nations unies. Il reste qu'à la veille des élections de 2002, les chances de reconduction de la coalition rouge-vert semblent des plus minces.

Les déconvenues du réformisme

Les élections de 2002 : la victoire paradoxale de la gauche. Les premiers mois de l'année 2002 paraissent la mise en scène programmée de la défaite annoncée de la coalition sortante. Tous les sondages donnent en effet aux chrétiens-démocrates une sensible avance sur l'alliance des verts et des sociaux-démocrates. Situation qui ne manque pas d'être paradoxale, les niveaux de popularité du chancelier Gerhard Schröder et surtout de son ministre des Affaires étrangères, Joschka Fischer, restant élevés, alors que l'audience de leurs partis respectifs est nettement détériorée. Le choix en janvier 2002 comme candidat chrétien-démocrate à la Chancellerie du ministre-président de Bavière, Edmund Stoiber, dirigeant de l'Union chrétienne-sociale (CSU) plutôt que la présidente de la CDU, Angela Merkel, originaire de l'Est, mais inexpérimentée politiquement, paraît sceller le sort de la majorité sortante, dans la mesure où le candidat de droite a parfaitement réussi dans son Land où la croissance économique est nettement plus forte que dans le reste de l'Allemagne et le taux de chômage beaucoup plus bas. En dépit de son absence de charisme personnel, M. Stoiber peut donc se targuer aux yeux des Allemands de présenter un bilan positif là où le Chancelier a échoué.

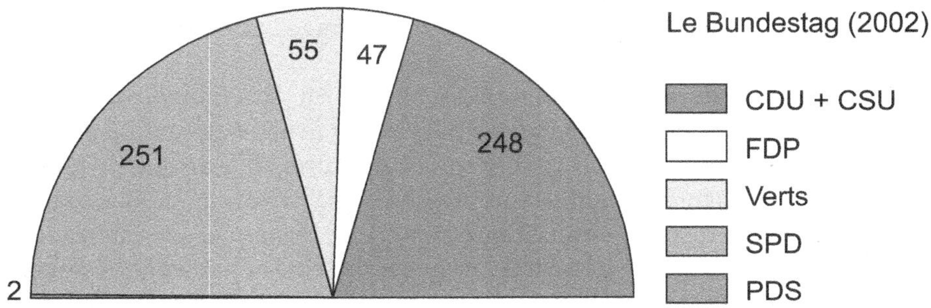

Si la campagne électorale est assez terne, les sondages ne cessent de marquer, jusqu'à l'été 2002, une légère avance des chrétiens-démocrates sur les sociaux-démocrates en dépit d'une cote de popularité personnelle de M. Stoiber assez nettement inférieure à celle du Chancelier. Ni les débats télévisés entre les deux candidats, ni la publication de leurs programmes ne modifient fondamentalement les positions. En fait, deux facteurs inattendus vont déterminer le résultat des élections de septembre 2002. Le premier est lié à une catastrophe naturelle, la crue de l'Elbe et l'inondation qui touche la Saxe. La réaction très rapide du Chancelier qui se rend immédiatement sur place, se montre solidaire des difficultés de la population, décide aussitôt de suspendre pour une année les baisses d'impôts décidées en 2000 afin d'apporter une aide rapide et substantielle aux victimes, lui valent une remontée de popularité, particulièrement dans les Länder de l'Est, le faisant apparaître comme plus apte à surmonter les crises que son rival de droite, davantage homme de dossiers. Le second facteur est lié à la situation internationale. Alors que la pression des États-Unis sur l'Irak révèle la volonté américaine de faire la guerre au dictateur Saddam Hussein, la prise de position extrêmement nette du chancelier Schröder, affirmant qu'en aucun cas son pays ne prendrait part à ce conflit s'il était réélu, lui donne un avantage qui pourrait être décisif, dans un pays profondément hostile à la guerre, sur son rival qui n'exclut pas, pour sa part, une participation à une guerre décidée par le Conseil de sécurité de l'ONU. La remontée des sociaux-démocrates et des Verts dans les intentions de vote des Allemands rend fort incertains jusqu'à la dernière minute les résultats des élections du 22 septembre.

C'est en effet à l'issue d'un scrutin extrêmement serré que la coalition « rouge-vert » est finalement reconduite. Moins en raison de la très courte victoire des sociaux-démocrates qui ne l'emportent que de trois sièges (251 contre 248) sur la CDU-CSU que du bon score des Verts qui ont rassemblé 8,6 % des suffrages (1,9 % de plus qu'en 1998) grâce à la popularité de Joschka Fischer et fait élire 55 députés, alors que les libéraux du FDP, alliés naturels de la CDU-CSU n'ont pu faire mieux que 7,4 % des voix et l'élection de 47 députés. Quant aux ex-communistes du PDS, ils paraissent en voie de disparition, n'ayant pu atteindre les 5 % des suffrages et ne disposant plus que de 2 élus.

Le temps des réformes. Toutefois la reconduction de l'équipe sortante ne résout aucun des problèmes posés au pays et qui avaient provoqué les difficultés de la gauche durant la précédente législature. Ni le risque de récession, ni le dérapage des finances publiques, ni la situation préoccupante de l'emploi n'ont disparu d'un coup de baguette magique. Le Chancelier ne dispose pas davantage de marge de manœuvre qu'auparavant, les élections locales de février 2003 en Hesse et en Basse-Saxe (le fief de Gerhard Schröder) ayant donné de fortes majorités aux chrétiens-démocrates qui renforcent ainsi leur contrôle sur le Bundesrat, et paraissent désormais en mesure d'imposer au gouvernement une « grande coalition informelle » en le contraignant au compromis avec l'opposition sur la plupart de ses projets. Conséquence secondaire : les chrétiens-démocrates paraissent en mesure d'imposer leur candidat en 2004 à la présidence (honorifique il est vrai) de la République fédérale.

Soumis à la pression d'une opposition qui dispose de réels atouts, le Chancelier doit également compter sur son flanc gauche avec le poids de son allié écologiste et des syndicats qui ont soutenu (sans grand enthousiasme) la coalition sortante et qui n'entendent pas accepter les mesures défavorables aux salariés réclamées par le patronat.

Or l'urgence de la situation ne permet pas au gouvernement de tergiverser. Pour sortir le pays de la crise, il lui faut réformer le système social allemand et Gerhard Schröder envisage des mesures allant de la réduction des dépenses sociales en matière d'aide aux chômeurs et de soins médicaux à l'assouplissement des règles protectrices des salariés sur le marché du travail, afin de permettre la reprise de l'embauche et de diminuer le chômage. Mais il est douteux que les syndicats, la base du parti social-démocrate et les Verts se rallient à ces mesures. Quelques semaines après les élections de

2002, les sondages révèlent qu'une nouvelle consultation se traduirait par une cuisante défaite de la coalition majoritaire et une arrivée au pouvoir de l'opposition, dont le chef de file, Angela Merkel, devance désormais nettement Gerhard Schröder en popularité.

Les seuls succès notables du gouvernement résident dans la politique étrangère. Dès l'automne 2002, le chancelier Schröder a résolu le contentieux qui l'opposait à la France en concluant, lors du sommet de Bruxelles en octobre 2002, un compromis sur le financement de la Politique agricole commune avec le président français Jacques Chirac. Cet accord relance le couple franco-allemand comme moteur de l'Union européenne. Il permet au sommet de Copenhague en décembre 2002 de décider l'élargissement de l'Union à dix nouveaux pays dont l'adhésion devrait être signée en 2003 pour prendre effet le 1er janvier 2004. Il conduit à célébrer dans l'euphorie en janvier 2003 le 40e anniversaire de la signature du traité franco-allemand de l'Élysée, le Bundestag venant siéger à Versailles avec l'Assemblée nationale française. Il conduit surtout la France et l'Allemagne à prendre une attitude commune de refus de l'intervention militaire américano-britannique en Irak au Conseil de sécurité de l'ONU, condamnant celle-ci lorsqu'elle est déclenchée unilatéralement en mars 2003. Si l'idée, un moment évoquée par des responsables des deux pays d'une union franco-allemande qui servirait de socle à l'Europe et permettrait de conclure positivement les négociations sur la Constitution européenne fait long feu à l'automne 2003 devant la perplexité des autres capitales des pays de l'Union et les réserves du président français Jacques Chirac, le renforcement des liens entre les deux pays est un fait attesté.

En revanche, les réformes préparées à la fin de la précédente législature par le chef du personnel de Volkswagen, Peter Harz et qui visent à remettre en cause les fondements mêmes de l'État-Providence afin de rendre à l'industrie allemande sa compétitivité, de réduire un déficit qui dépasse annuellement 4 % du PIB et de permettre une résorption du chômage qui ne cesse de croître font figure d'objectif prioritaire du second mandat de Gerhard Schröder. Annoncées dans un grand discours le 14 mars 2003 sous le titre d'« Agenda 2010 », elles visent à réformer progressivement le système de santé, le marché du travail et les retraites. Le Chancelier doit batailler pour imposer ces mesures, d'abord à son propre parti, le SPD qui se résigne à les accepter en novembre 2003 mais considère qu'il perd son identité dans l'opération, ensuite à ses alliés dans la coalition gouvernementale, les Verts, qui se laissent difficilement convaincre d'accepter un faisceau de mesures antisociales, enfin à l'opposition chrétienne-démocrate elle-même qu'il s'efforce de désarmer en proposant dès juillet 2003 des baisses d'impôts qui font partie de son propre programme. Les protestations des syndicats restent lettre morte, d'autant que ceux-ci ne sont pas parvenus à mobiliser véritablement leurs adhérents. Le 19 décembre 2003, le Parlement allemand adopte définitivement l'Agenda 2010.

Dès lors, la mise en œuvre des réformes prévues se déroule inexorablement, transformant profondément les structures économiques et sociales sur lesquelles vivait l'Allemagne depuis la fin de la Seconde Guerre mondiale, cette « économie sociale de marché » autrement baptisée « modèle rhénan » qui conjuguait le libéralisme économique, locomotive de la croissance allemande et la solidarité sociale dont la cogestion des entreprises était le symbole le plus marquant. Ce sont les piliers de cet édifice que sapent les réformes de Gerhard Schröder, même si leur objectif officiel est de sauver, au prix d'un certain nombre de sacrifices, un système de protection sociale qui remonte au XIXe siècle. Les réformes du système de santé mettent fin à la quasi-gratuité des soins en prévoyant une cotisation des assurés, une limitation du nombre d'examens pris en charge, un forfait hospitalier. Sur le marché du travail, l'octroi des allocations-chômage est soumis à des conditions rigoureuses dont l'obligation d'accepter une offre de travail, même rémunérée en dessous des tarifs prévus par les conventions collectives et ces allocations ne sont versées que durant une année, une aide sociale d'un peu plus de 300 euros par mois prenant le relais au-delà. En matière de retraites, l'âge de la préretraite passe de 60 à 63 ans, les possibilités de rachat d'annuités étant réduites.

Or ces sévères mesures paraissent inutiles puisqu'elles ne parviennent pas véritablement à enrayer les difficultés économiques de l'Allemagne, du moins dans l'immédiat. La croissance stagne, les grandes entreprises, confrontées à une chute de leurs ventes, licencient une partie de leur personnel à l'image du constructeur automobile Opel qui annonce en octobre 2004 la suppression de 8 000 emplois en Allemagne ou du distributeur Karstadtquelle qui projette 5 500 suppressions, voire qui, comme Volkswagen, naguère entreprise symbole du modèle rhénan, propose de geler durant deux ans les salaires de ses ouvriers. Quant au chômage, il ne cesse de croître, franchissant au début de l'année 2005 la barre des 5 millions.

Sans doute, à terme, peut-on considérer que les réformes de Gerhard Schröder auront pour résultat un assainissement de l'économie allemande qui permettra à celle-ci de repartir sur de bonnes bases pour retrouver un rythme de croissance plus satisfaisant. Mais, dans l'immédiat, cette politique libérale conduite par un gouvernement de gauche et qui demande aux plus fragiles des sacrifices douloureux, provoque dans la population allemande et, en particulier dans les milieux d'ouvriers et d'employés qui constituent la clientèle du SPD un sentiment d'incompréhension et de colère dont la traduction politique est l'impopularité de la coalition au pouvoir.

Les retombées sociales et politiques des réformes. Dès l'été 2004, naissent dans les Länder d'Allemagne de l'Est des manifestations de protestation de la population contre les mesures de rigueur prises par le gouvernement. Alors que les taux de chômage de ces régions avoisinent parfois les 20 %, des rassemblements réunissant des dizaines de milliers de personnes s'organisent à partir du mois d'août 2004, d'abord à Berlin, puis dans des villes comme Magdebourg, Leipzig, Halle, Dresde. etc., organisés hebdomadairement tous les lundis sur le modèle de celles qui avaient conduit à l'ébranlement du pouvoir communiste en RDA. Si le mouvement s'essouffle durant l'automne, de crainte d'une récupération par des éléments d'extrême-droite, il traduit le sentiment d'exaspération de nombreux habitants d'Allemagne de l'Est, ulcérés d'être traités en citoyens de seconde zone et convaincus que l'Ouest fait peser sur eux le poids essentiel du chômage, des restructurations, voire des délocalisations d'emplois vers la Pologne voisine où le coût du travail est très inférieur. Le principal bénéficiaire de cette colère des Allemands de l'Est est incontestablement l'ancien parti communiste, devenu PDS, sous la direction de Gregor Gysi dont les sondages révèlent la remarquable percée, menaçant les positions du SPD dans ces Länder.

Or cette opposition de gauche en plein essor dans l'est du pays n'est pas la seule à menacer le pouvoir de Gerhard Schröder. Au sein même du SPD, tenu dans sa majorité à la fidélité au Chancelier, le malaise est perceptible depuis 2003. De nombreux adhérents ont démissionné ou sont partis sur la pointe des pieds. Les liens avec les syndicats sont d'autant plus rudement ébranlés que les dirigeants de ceux-ci n'ont obtenu du gouvernement que des aménagements mineurs aux mesures de rigueur. Et surtout, l'ancien président du SPD, l'homme fort du gouvernement de 1998, Oskar Lafontaine, est en situation de dissidence ouverte. Opposant résolu à la politique mise en œuvre par Gerhard Schröder, il a démissionné en 1999 de la présidence de son parti et de son poste de ministre des Finances. En mai 2005, il claque la porte du SPD et préconise désormais la formation d'un nouveau parti de gauche unissant les déçus du SPD et les communistes réformateurs du PDS, perspective que ne rejette pas Gregor Gysi, conscient que le cantonnement de sa formation dans les Länder de l'ancienne RDA entrave son expansion.

Au début de l'année 2005, le Chancelier et son gouvernement paraissent avoir le dos au mur. Il ne saurait être question de revenir sur les réformes, jugées indispensables. Mais comment motiver des électeurs découragés qui ont le sentiment d'avoir été trahis par leur parti ? Les efforts du président de celui-ci, Franz Müntefering, pour redonner de l'allant à sa formation, le conduisent à tenir un discours violemment anticapitaliste reprochant aux milieux financiers de poursuivre une logique de pur profit sans aucun souci de l'intérêt des travailleurs, retrouvant ainsi des accents marxisants que le SPD paraissait avoir abandonnés depuis son congrès de Bad-Godesberg. En fait, l'élection régionale dans le Land de Rhénanie-du-Nord-Westphalie prévue le 22 mai 2005 va précipiter les événements. Place forte du SPD dont sont issus un grand nombre de ses militants, elle est gouvernée depuis des décennies par un ministre-président social-démocrate. Or, le discrédit qui frappe ce parti est tel qu'une défaite, inconcevable jusque-là, ne l'est plus dans le contexte spécifique du printemps 2005. Une victoire de la CDU aurait pour résultat de lui permettre de réunir une majorité des deux tiers au Bundesrat, rendant plus difficile la tâche du gouvernement et surtout d'affirmer au grand jour son déclin dans l'opinion. Or le verdict du 22 mai est sans appel. En ne réunissant que 37 % des voix contre 44,8 % à l'Union chrétienne-démocrate, le SPD est largement battu face à une CDU qui réalise son meilleur score dans ce Land. La leçon est claire : le SPD ne dispose plus de la confiance du peuple allemand.

Le Chancelier en tire aussitôt les conséquences en annonçant le soir même qu'il posera la question de confiance aux électeurs allemands en devançant d'une année les élections législatives normalement prévues en septembre 2006. Ce faisant, il entend éviter de conduire durant seize mois un gouvernement paralysé par sa situation virtuellement minoritaire dans l'opinion et prendre de vitesse l'opposition chrétienne-démocrate avant qu'elle n'ait le loisir de se renforcer en gênant l'action gouvernementale. Mais il compte aussi sur un ressaisissement de l'électorat populaire en démontrant que l'opposition n'a pas de programme alternatif à proposer à la politique économique et sociale conduite par son gouvernement, que la politique scolaire et démographique qu'il propose en jouant sur une école plus égalitaire et une journée scolaire plus longue afin de permettre aux femmes ayant des enfants de travailler est en adéquation avec les attentes de la société, enfin que le retour de la droite au pouvoir pourrait signifier un retour au nucléaire que la social-démocratie combat.

Le 21 juillet 2005, après que Gerhard Schröder ait provoqué le 1er juillet un vote de méfiance contre lui au Bundestag afin d'obtenir de nouvelles élections, le président de la République annonce la dissolution de la chambre et la tenue de nouvelles élections législatives le 18 septembre. Quelques jours plus tôt, le 17 juillet, le PDS est-allemand change son nom pour devenir le Parti de gauche *(Linkspartei)*, ouvrant ainsi la voie à un rassemblement antilibéral avec les sociaux-démocrates en rupture de ban, des syndicalistes, des altermondialistes et des militants trotskystes, parti aussitôt crédité par les sondages de 8 à 12 % des suffrages, et co-dirigé par Gregor Gysi et Oskar Lafontaine. Le SPD part donc dans l'épreuve électorale provoquée par Gerard Schröder avec le double handicap d'une CDU donnée gagnante par tous les instituts de sondage et d'un nouvel adversaire à sa gauche dont le leader est son charismatique ancien président.

L'Allemagne d'Angela Merkel (2005-2008)

Les élections de 2005 et la formation de la « Grande coalition »

Une campagne électorale indécise. Au moment où s'ouvre la campagne électorale de l'été 2005, tous les sondages prévoient une nette victoire de la CDU, sans doute moins due à ses propres mérites qu'au recul dans l'opinion d'une social-démocratie qui paie ainsi le prix de la profonde mutation que ses réformes ont fait subir à l'Allemagne. Toutefois les élections sont d'autant moins jouées que l'audience dans l'opinion des deux compétiteurs principaux paraît en contradiction avec les prévisions des sondeurs.

Chancelier sortant, habile politique, le flamboyant Gerhard Schröder entend imposer les termes du débat politique tel qu'il les a conçus en jouant les élections anticipées. Ayant pris le risque d'imposer à l'Allemagne les douloureuses réformes de l'« Agenda 2010 », il veut convaincre l'électorat que le moment est venu de profiter des retombées des mesures de rigueur adoptées et qu'il entend poursuivre, mais qu'il juge désormais nécessaire d'assortir de mesures sociales plus conformes aux traditions de la social-démocratie et d'autant plus nécessaires qu'il est soumis sur sa gauche à la surenchère de Die Linke et de son charismatique dirigeant Oskar Lafontaine. Aussi le Chancelier sortant s'engage–t-il à assouplir la réforme des allocations-chômage (le très contesté programme « Hartz IV), à créer une couverture maladie universelle, à instaurer un salaire minimum négocié par branche. Un impôt sur les plus riches (ceux dont le revenu dépasse 250 000 euros annuels) financera les dépenses de recherche et de formation. Et surtout, le SPD propose une nouvelle politique familiale permettant aux femmes de concilier vie professionnelle et exigences familiales par la création d'un congé parental d'un an avec une indemnisation des 2/3 du salaire et par une augmentation importante des places de crèche, de garde, et de jardins d'enfants.

Du côté de la CDU /CSU, les choses sont beaucoup moins claires. Candidate désignée à la Chancellerie, la présidente de la CDU, Angela Merkel, apparaît comme une personnalité discrète et longtemps considérée avec une certaine condescendance par les poids lourds de la droite allemande à commencer le puissant ministre-président de Bavière Edmund Stoiber, chef de file de la CSU, mais dont l'avenir politique est obéré par sa défaite de 2002 contre le chancelier Schröder. Née à Hambourg, fille de pasteur, elle passe son enfance et sa jeunesse en RDA où elle suit des études de physique et de chimie, s'efforce de s'intégrer à la société communiste est-allemande sans toutefois s'engager dans le SED communiste. L'effondrement de la RDA à laquelle elle ne participe d'aucune manière la conduit à s'inscrire dans un petit parti démocrate-chrétien, et à devenir la collaboratrice de l'éphémère

Premier ministre Lothar de Maizière, chargé de préparer les voies de l'intégration à la République fédérale. La réunification allemande va la propulser dans un rôle politique à l'échelle nationale. Elle devient l'une des protégées d'Helmut Kohl qui apprécie le symbole que constitue cette jeune femme originaire d'Allemagne de l'Est, mais qui se situe d'emblée dans la position d'une citoyenne de la République réunifiée. Aussi accède-t-elle au gouvernement dès 1991, à 37 ans, d'abord comme ministre de la Famille et de la Jeunesse, puis, en 1994, de l'Environnement. La défaite de la CDU aux élections de 1998 conduit cette jeune femme, que son parti et l'opinion surnomment « la gamine », à accéder au secrétariat général de la CDU. Peu après, lorsqu'éclate l'affaire des fonds secrets illégalement reçus par la CDU, elle prend parti pour la démission d'Helmut Kohl invité à s'expliquer devant la justice. Cette image d'intégrité poussera ce parti à l'élire à sa présidence en 2000 avec 96 % des suffrages, mais non à lui confier deux ans plus tard la charge d'affronter Gerhard Schröder pour conduire le parti aux élections législatives. En 2005, les choses ont changé. Son sérieux, sa ténacité, sa puissance de travail, mais aussi son refus de toute ostentation, sa modestie naturelle apparaissent comme de puissants atouts, même si beaucoup redoutent son apparente naïveté face à la rouerie du Chancelier sortant. D'autant que comme l'avait fort bien vu ce dernier, la CDU ne peut guère proposer un programme radicalement différent de celui du SPD, ni remettre en cause l'Agenda 2010 qui est largement conforme à ses propres options. Tout au plus, la candidate à la Chancellerie propose-t-elle une augmentation du taux de la TVA pour financer une baisse des impôts et des cotisations chômage et des mesures destinées à faciliter les licenciements dans les petites entreprises. C'est finalement sur la question de l'énergie, où la droite affirme qu'il faut revenir au nucléaire, et sur la politique étrangère où elle préconise un rapprochement avec les États-Unis et moins de complaisance à l'égard de la Russie que le programme de la CDU tranche le plus clairement avec les vues de la gauche.

Toutefois, il apparaît que la brièveté de la campagne électorale (elle ne commence véritablement que dans la deuxième quinzaine d'août, soit un mois avant le scrutin) n'est pas véritablement de nature à modifier les prévisions des sondages. Sans doute, Mme Merkel tente-t-elle de frapper l'opinion en s'entourant d'une équipe de compétences reconnues, mais la tentative est compromise par le fait que le doute subsiste sur la participation et le rôle du leader bavarois Edmund Stoiber, ulcéré à l'évidence de n'avoir pas été choisi comme candidat à la chancellerie et qui laisse planer le doute sur sa participation au futur gouvernement et sur le choix du spécialiste de l'économie, l'ancien juge constitutionnel Kirchhof, partisans d'un taux fiscal unique de 25 % mais qui s'est résolument prononcé contre l'augmentation de la TVA. De surcroît, M. Schröder, rappelant son expérience de 2002 affirme que, les électeurs se décidant dans les derniers jours, il aura, d'ici là, inversé la tendance des sondages défavorables. Toutefois, un atout lui fait défaut : les inondations qui atteignent le sud du pays à la fin du mois d'août provoquent une ruée des hommes politiques dans les zones atteintes par la crue, alors qu'en 2002 la sollicitude du Chancelier pour les populations victimes des inondations, contrastant avec l'indifférence des conservateurs, avait coûté à ceux-ci la victoire électorale.

Si bien qu'à la fin du mois d'août 2005, les jeux semblent faits et les chrétiens-démocrates célèbrent déjà une victoire qui ne semble plus pouvoir leur échapper et accentuent la tonalité libérale de leur programme en rapport avec leur intention de gouverner le pays en accord avec les libéraux du FDP. Le duel télévisé du 4 septembre, le seul de la campagne à permettre une confrontation directe entre les deux candidats est sans doute la dernière chance de Gerhard Schröder de renverser la tendance. De fait, le dirigeant socialiste apparaît comme un debater plus habile que sa concurrente et se montre plus sympathique aux yeux du public. Mais, contre toute attente, la candidate chrétienne-démocrate fait mieux que résister au Chancelier, en particulier dans son réquisitoire contre le bilan de ce dernier. Mais il est vrai que les critiques de Mme Merkel sont relayées, voire amplifiées par Oskar Lafontaine et le Parti de gauche qui règlent leurs comptes avec le Chancelier.

Un scrutin sans résultat clair. À la veille du scrutin du 18 septembre, l'érosion du vote en faveur de la CDU et la timide remontée des sociaux-démocrates fait régner l'incertitude sur les possibles résultats du scrutin, même si la CDU conserve encore sept points d'avance sur le SPD. Et, fait plus surprenant, le résultat du scrutin ne lève pas véritablement cette incertitude. Sans doute la coalition sortante paie-t-elle le prix des réformes impopulaires du gouvernement Schröder puisque ses deux composantes perdent des suffrages, le SPD tombant de 38,5 % à 34, 2 % et les Verts de 8,6 % à 8,1 %. Recul, mais non effondrement, qui exclut en tout cas la reconduction au pouvoir d'une coalition qui ne rassemble que 42,3 % des voix. Avec 273 députés au Bundestag (222 sociaux-démocrates et 51 Verts) alors que la majorité absolue se situe à 307 sièges, ce résultat est hors d'atteinte. Mais la surprise réside dans le fait que la coalition rivale n'est guère mieux lotie malgré le net progrès des libéraux du FDP qui passent de 7,4 à 9,8 %. La CDU-CSU recule en effet elle aussi, de 38,5 % à 35, 2 %, ce qui représente une claire déconvenue pour Mme Merkel qui culmine avec ses alliés libéraux à 45 % des suffrages et dont les effectifs parlementaires (225 CDU/CSU et 61 FDP) n'atteignent que 286 sièges, à vingt unités de la majorité absolue. En définitive, outre les libéraux, seul le Parti de gauche apparaît comme le véritable vainqueur du scrutin avec 8,7 % des suffrages et 54 élus. Mais aucun des deux grands partis n'envisage de s'allier avec lui. Dans ces conditions d'incertitude, les scénarios les plus divers s'ébauchent dans la coulisse, et hormis les libéraux du FDP qui excluent toute autre alliance qu'une coalition avec la CDU, aucune hypothèse n'est véritablement exclue. Et la situation est d'autant plus confuse que Mme Merkel et M. Schröder revendiquent l'un et l'autre la Chancellerie, la première arguant du fait que la CDU/CSU est arrivée en tête de tous les partis, le second répliquant qu'il n'a pas été véritablement désavoué par les électeurs.

Il ne faudra pas moins de trois semaines de négociations serrées pour sortir de l'impasse. Ce n'est que le 10 octobre que la CDU/CSU et le SPD décident finalement de constituer un gouvernement de « grande coalition », Mme Merkel devant accepter, pour accéder à la Chancellerie, de partager de façon égale les ministères entre les chrétiens-démocrates et les sociaux-démocrates, à raison de seize portefeuilles pour chacune des deux grandes forces politiques. La négociation a également porté sur le programme, les socialistes et l'aile sociale de la CDU conjuguant leurs efforts pour convaincre Mme Merkel de renoncer aux initiatives les plus libérales qu'elle avait proposées. Pour autant, il faudra plus d'un mois de négociations serrées pour aboutir à la formation du gouvernement de grande coalition, un mois marqué par les manœuvres de M. Stoiber pour mettre en tutelle Mme Merkel, d'abord en exigeant un vaste ministère de l'Économie qui aurait fait de lui l'homme fort de l'équipe, puis en renonçant finalement à faire partie du gouvernement, tout en déléguant aux fonctions qu'il ambitionnait le président du groupe parlementaire de la CSU, mais un mois également marqué par la crise provoquée au sein du SPD par son demi-échec, la mise à l'écart de Gerhard Schröder et la mise en minorité du lieutenant de celui-ci, Franz Müntefering, président du SPD, qui renonce à ses fonctions et menace d'abandonner le poste de vice-Chancelier qui lui est destiné. Finalement, le gouvernement investi par le Bundestag le 22 novembre 2005 voit la position de Mme Merkel nettement renforcée, les laborieuses discussions ayant mis en avant son habileté manœuvrière. Elle peut compter sur l'expérience du ministre de l'Intérieur Wolfgang Schäuble, sur le ministre de la Chancellerie Thomas de Maizière qu'elle connaît de longue date et sur les deux femmes nommées au ministère de la Famille (Ursula von der Leyen) et à la Culture et l'Éducation (Annette Schavan), qui occupaient des fonctions identiques dans leur Land d'origine, respectivement la Basse-Saxe et le Bade-Wurtemberg. Côté social-démocrate, ce sont les lieutenants de M. Schröder qui détiennent les postes-clés, le Travail et les Affaires sociales avec Franz Müntefering, nommé en outre vice-Chancelier, les Affaires étrangères avec Frank-Walter Steinmeier, ex-chef de cabinet du Chancelier sortant et les Finances avec Peer Steinbruck. Si on ajoute à ce trio le ministère de la Santé, dévolu à Ulla Schmidt qui occupait les mêmes fonctions dans le gouvernement Schröder, il est clair que les sociaux-démocrates ont choisi de poursuivre au sein de la grande coalition la réforme de l'État-providence.

Composition du Bundestag après les élections de 2005

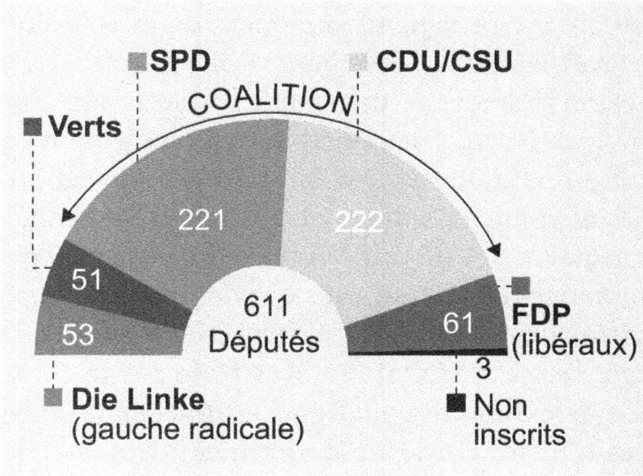

La « Grande coalition » au pouvoir et l'affirmation d'Angela Merkel

Un programme d'austérité tempéré par des mesures d'aide aux plus fragiles. C'est le 11 novembre 2005, quelques jours avant l'investiture du gouvernement devant le Bundestag, que celui-ci définit son programme qui représente une synthèse équilibrée des propositions de ses deux composantes et qu'on peut définir comme une poursuite des réformes de l'État-Providence entreprises par le Chancelier social-démocrate sortant. Au niveau du marché du travail, il inclut l'extension à deux ans de la période d'essai pour les salariés nouvellement embauchés qui était jusqu'alors de six mois, l'accroissement d'une heure de l'horaire hebdomadaire de travail des fonctionnaires, désormais fixé à 41 heures, et le renforcement du contrôle des chômeurs cependant que les cotisations d'assurance-chômage baisseront de 6,5 % à 4,5 % et le montant des allocations versées aux chômeurs de longue durée unifié à 345 euros à l'Est comme à l'Ouest. Pour ce qui concerne l'âge du départ à la retraite il sera progressivement relevé de 65 à 67 ans, alors que les cotisations passeront de 19,5 % à 19,9 %. Sur le plan fiscal, la TVA sera relevée de 16 % à 19 % et le taux d'imposition des hauts revenus de 42 à 45 %. L'objet de cette politique d'austérité est clairement de ramener dès 2007 les déficits publics sous le seuil de 3 % du PIB comme le prévoit le Pacte de stabilité et de croissance européen, et, sur ce point, ce sont bien les vues libérales de la CDU qui l'ont emporté. La compensation réside dans la nouvelle politique familiale souhaitée par les sociaux-démocrates avec l'institution à partir de 2008 d'un salaire parental de 1 800 euros par mois versé après la naissance d'un enfant.

Si ce programme a supposé de part et d'autre que soient consentis des compromis entre les vues plus diverses qu'antagonistes des deux partenaires, sa mise en œuvre dépend largement de la cohésion d'ensemble de la politique gouvernementale dessinée par la Chancelière. Or, contre toute attente, celle-ci qui s'est révélée une habile manœuvrière dans les jours difficiles qui ont suivi le résultat des élections, va rapidement s'affirmer comme une personnalité politique de premier plan et imposer au monde l'image d'un chef de gouvernement sérieux et travailleur, se gardant de toute prise de position fracassante et de toute ostentation, mais résolue à mener une politique cohérente et conforme à ses convictions comme aux accords passés avec ses partenaires-rivaux de la social-démocratie.

L'affirmation d'Angela Merkel. Sous-estimée par la classe politique allemande comme par les hommes politiques européens, la nouvelle Chancelière va, en quelques semaines dissiper le sentiment d'un chef de gouvernement dépassé par l'ampleur des problèmes qu'elle doit assumer et empêtrée dans les marécages de la perpétuelle recherche de compromis qui caractérise une grande coalition.

C'est d'abord dans le domaine où on ne l'attendait guère, celui de la politique étrangère qu'elle surprend les observateurs par la netteté de ses positions et les exigences de principe qu'elle met en avant, à cent lieues de la *Realpolitik* qui marque généralement ce type de prises de position. Dès le lendemain de son investiture, elle se rend à Paris pour y déjeuner avec le président Jacques Chirac et y réaffirmer la permanence de l'axe franco-allemand malgré le changement de gouvernement. Mais aussitôt après, elle gagne Bruxelles où elle a des entretiens à la Commission européenne et au siège de l'OTAN, montrant par là que l'intégration européenne et l'Alliance atlantique constituent des éléments majeurs de sa vision internationale. Conviction qui entraîne d'ailleurs quelques divergences avec la France, prête à faire son deuil du traité constitutionnel européen rejeté par le référendum français de mai 2005, alors que l'Allemagne qui l'a ratifié tient, comme le fait savoir la Chancelière, à relancer le processus. De même que Mme Merkel n'envisage pas de s'associer à la volonté française de prise de distance à l'égard des États-Unis. Mais surtout, elle surprend par son refus de passer aux pertes et profits de la diplomatie la question des droits de l'Homme. En visite à Washington en janvier 2006, elle n'hésite pas à faire part à George Bush de son désaveu sur les pratiques de la prison de Guantanamo comme elle soulève en recevant à Berlin la secrétaire d'État Condoleeza Rice le problème des transferts secrets de prisonniers par la CIA. Rencontrant à Moscou Vladimir Poutine, elle lui fait connaître son désaccord sur la guerre en Tchétchénie et reçoit à l'ambassade d'Allemagne à Moscou des opposants et des représentants d'ONG qui défendent les droits de l'Homme. Enfin, elle s'oppose fermement à la demande, formulée par Paris, de la levée d'embargo sur les ventes d'armes à la Chine décidé après le massacre de la place Tiananmen.

Mais, parallèlement à l'envergure désormais reconnue que lui vaut sa nouvelle stature internationale, il est clair que l'opinion allemande attend d'elle des résultats significatifs sur le plan économique et financier. Sans doute, dès son arrivée au pouvoir a-t-elle d'ores et déjà supprimé toute une série d'avantages fiscaux qui pesaient sur le budget, permettant ainsi la réduction d'une partie du déficit de la République fédérale. Mais il est évident qu'elle est attendue non seulement sur la rigueur budgétaire, conforme à ses principes et appuyée par la coalition, y compris par les sociaux-démocrates, mais avant tout sur la relance de l'économie afin de réduire un chômage qui atteint 11 % de la population active, mais souvent près de 20 % dans les Länder de l'Est. C'est à tenter de répondre à cette attente qu'est consacrée la réunion gouvernementale des 9 et 10 janvier 2006 qui décide d'investir en trois ans 25 milliards d'euros afin de soutenir la croissance et de stimuler la création d'emplois. Le pari est d'accentuer la timide reprise qui paraît s'esquisser en Allemagne, de manière à rendre possible l'augmentation prévue en janvier 2007 de trois points de TVA, laquelle devrait jouer un rôle décisif dans la réduction du déficit. Or, la conjoncture paraît combler les vœux du gouvernement. L'annonce début janvier 2006 que le chômage a reculé en décembre 2005 de 110 000 unités, repassant sous la barre des 5 millions fait l'effet d'une bouffée d'oxygène, conduisant le SPD à l'analyser comme le résultat des réformes du chancelier Schröder et la CDU à y voir l'effet de la confiance revenue grâce à Mme Merkel. Du coup, un vent nouveau d'optimisme souffle sur l'Allemagne, les instituts de conjoncture évoquant désormais la possibilité d'une croissance de 2 % en 2006, le ralentissement des restructurations, la reprise des investissements. Dans les mois qui suivent, l'embellie se confirme, dopée par la perspective de la tenue en Allemagne de la coupe du monde de football en juillet, réputée créatrice de 60 000 emplois. De fait, l'année 2006 enregistre un incontestable redressement économique essentiellement dû au redressement des exportations, à la reprise de l'investissement, à l'accroissement des rentrées fiscales qui permettent de réduire les déficits publics et même d'envisager le retour dès la fin de l'année 2006 de celui-ci sous la barre des 3 % du PIB. Enfin la courbe du chômage continue de décroître au cours de l'année. À ce riant tableau, il faut cependant ajouter quelques ombres, la stagnation, voire la baisse de la consommation intérieure et le fait que la reprise de la croissance ne paraît pas profiter aux Länder de l'Est où le chômage dépasse en moyenne les 16 % de la population active.

Le redressement allemand et la poursuite des réformes. Considéré avec un certain scepticisme par les instituts de conjoncture qui redoutent qu'il ne s'agisse que d'une embellie éphémère, le rebond de l'économie allemande se poursuit durant les années 2006-2008, en dépit des inquiétudes suscitées par la hausse de la TVA au 1er janvier 2007. Celle-ci, qui permet de réduire le déficit et de baisser les cotisations chômage de 6 à 4,2 % est facilement absorbée et tous les indicateurs économiques évoluent positivement, qu'il s'agisse des carnets de commande, de l'investissement, du moral des patrons ou des exportations pour lesquelles l'Allemagne conserve son premier rang mondial. Les chiffres du chômage eux-mêmes enregistrent une décrue significative grâce à la création de plusieurs centaines de milliers d'emplois salariés. L'atmosphère d'euphorie qui résulte de ces données est encore accrue par le retour à l'équilibre des finances publiques, constaté dès l'été 2007 avec l'annonce que, durant le premier semestre de l'année, le budget a dégagé un excédent de 1,2 milliard d'euros, phénomène qui ne s'était pas produit depuis la réunification allemande. Tout se passe donc comme si, grâce à l'effet cumulé des réformes engagées dans la douleur par les sociaux-démocrates sous les gouvernements Schröder et de la politique prudente des « petits pas » d'Angela Merkel, les effets déstabilisants pour l'économie allemande de la réunification semblaient désormais absorbés.

Dans ce contexte économique favorable se poursuit la mise en place des réformes structurelles dans la suite de l'« Agenda 2010 » de Gerhard Schröder que Mme Merkel poursuit sans vraiment le remettre en question, mais aussi des quelques mesures plus limitées que celle-ci y ajoute dans le cadre des principes libéraux qui inspirent la politique de la CDU/CSU, avec pour souci principal l'équilibre des finances publiques et la résorption du déficit. Mais chacune de ces réformes exige désormais de délicates négociations entre membres de la grande coalition dont chacun veille à ménager les intérêts de son électorat et, par conséquent, son audience dans l'opinion. C'est par exemple le cas de la décision, prise en janvier 2006, de fermeture des mines de charbon allemandes d'ici 2018, activité économique qui ne subsiste que grâce aux subventions de l'État. Ardemment défendue par le SPD, l'extraction charbonnière qui se concentre dans le Land de Rhénanie-du-Nord-Westphalie, bastion de la social-démocratie, perdu par celle-ci en 2005, est finalement sacrifiée sur l'autel de l'équilibre budgétaire, après un baroud d'honneur du vice-chancelier Müntefering. Après de laborieuses négociations, les partis de la grande coalition finissent en octobre 2006 par trouver un compromis sur la refonte du système de santé, à partir des positions divergentes de la CDU et du SPD. À dater de 2009 un fonds centralisé percevra les cotisations des salariés et des employeurs, puis reversera aux caisses d'assurance-maladie un forfait par assuré, à charge pour elles de mettre en harmonie leurs dépenses et leurs recettes par l'appel à des cotisations supplémentaires de leurs adhérents. Des discussions plus délicates se poursuivent entre les deux formations pour l'instauration d'un salaire minimum auquel le SPD tient particulièrement et qui suscite les réserves de la CDU. En revanche, les chrétiens-démocrates, en dépit des engagements pris lors de la constitution de la grande coalition, entendent remettre en cause la décision prise par les socialistes et les Verts sous le gouvernement Schröder de sortir du nucléaire en arrêtant progressivement les centrales jusqu'en 2021. Or la droite, aiguillonnée par le président français Nicolas Sarkozy, défend désormais l'allongement de la durée d'activité des installations nucléaires.

Il n'en reste pas moins que le redressement économique, la poursuite à pas mesurés des réformes, les débats autour de nouvelles avancées, conclus finalement par des compromis jugés raisonnables, donnent le sentiment à l'opinion que l'Allemagne sort du trou d'air qu'elle a connu au tournant du siècle. Même si les réformes accomplies par Gerhard Schröder expliquent pour une large part ce redressement, c'est la Chancelière qui capitalise ces résultats en termes de popularité dans l'opinion.

Les retombées sociales et politiques du redressement allemand. En fait le retour, même limité, à la croissance, s'il fait régner dans le pays un climat d'optimisme et assoit durablement l'autorité de la Chancelière est aussi générateur d'un certain nombre de problèmes dans le domaine social et politique.

En premier lieu, il apparaît que la prospérité économique retrouvée profite inégalement aux Allemands en fonction du groupe social auquel ils appartiennent ou de la région du pays qu'ils habitent. Ainsi, si le chômage a incontestablement régressé, de plus de 11 % de la population active en 2005 à 8,7 % à l'automne 2007, un nombre croissant de citoyens de la République fédérale connaît une situation de pauvreté. Les bénéficiaires d'aide sociale ont vu en deux ans (2005-2007) leur nombre croître de 800 000 à 1,3 million et plus de 450 000 salariés ne gagnent pas assez pour subvenir à leurs besoins. La hausse importante des prix de l'énergie et des denrées alimentaires, l'augmentation de trois points de la TVA en janvier 2007, la reprise de l'inflation posent au pays un problème de pouvoir d'achat. Le contraste entre la rapide croissance des revenus des entreprises et du capital et la stagnation des salaires, retombés en 2006 à leur niveau de 1986 selon les statistiques du ministère du Travail, entretient chez les salariés un malaise latent, générateur de mouvements sociaux comme le conflit des conducteurs de chemins de fer, déclenché pour exiger une augmentation de 31 % des salaires.

Or ce mécontentement se trouve accentué dans les Länder de l'Est où la crise a été plus profonde qu'à l'Ouest et la reprise beaucoup moins rapide et moins accentuée. Il en résulte un profond mécontentement qui frappe en particulier les jeunes des populations immigrées. Maîtrisant mal la langue allemande, beaucoup d'entre eux se trouvent en situation d'échec scolaire. Leurs aînés connaissent un chômage endémique. Et à l'image des banlieues françaises à la fin des années 1990 un phénomène de ghettoïsation se produit dans certains quartiers, livrés à la délinquance (y compris celle de mineurs d'une dizaine d'années) et à une violence aveugle qui n'épargne pas le milieu scolaire. Par contrecoup les Länder de l'Est voient renaître le phénomène du néo-nazisme autour du parti NPD que Gerhard Schröder avait échoué à faire interdire en 2003 et qui tend à déborder à l'ouest du pays. Des manifestations néo-nazies se déroulent dans différentes villes comme à Francfort-sur-Oder et, lors des élections régionales, l'extrême-droite parvient à obtenir des élus dans des régions comme la Saxe, le Brandebourg, ou le Mecklembourg-Poméranie-occidentale, voire à Brême, à l'ouest du pays. Lors de son congrès de 2006 organisé à Berlin, le NPD ne dissimule pas son ambition d'entrer au Bundestag lors des élections de 2009.

À dire vrai, dès la mi-2007, à mi-mandat du Bundestag élu en 2005, la perspective de la consultation de 2009 est présente à l'esprit de tous et entretient dans les forces politiques comme au sein de la grande coalition une incontestable fébrilité. Il s'avère en effet que le bilan très positif de celle-ci est largement porté par l'opinion au crédit de la Chancelière et, par contrecoup, tend à profiter à son parti, même si la popularité des chrétiens-démocrates s'avère pour le moins limitée. La conséquence immédiate en est le malaise de la social-démocratie qui fait, un peu injustement, figure de parent pauvre de la coalition (les sondages ne lui attribuent que 30 % d'opinions favorables), les succès étant systématiquement attribués à Mme Merkel, cependant que, sur sa gauche, *Die Linke* se fait le champion d'une politique de justice sociale que le gouvernement ne paraît nullement prêt à endosser. Pris entre la nécessaire solidarité gouvernementale et la surenchère de l'extrême-gauche, le parti social-démocrate doit donc dégager une voie moyenne qu'il tente, à l'initiative du président du parti Kurt Beck, de trouver dans un rééquilibrage à gauche. Celui-ci se manifeste, lors du congrès du SPD tenu en octobre 2007, par la volonté de remettre en cause, ou, tout au moins, d'adoucir sur le plan social un certain nombre de mesures de l'Agenda 2010. Mais si le président du parti et la majorité des militants approuvent cette évolution, tel n'est pas le cas des ministres SPD qui n'ignorent pas qu'ils se heurteront sur ce point à la fermeté de Mme Merkel. Ces tensions internes à la social-démocratie ne sont pas étrangères à la démission du gouvernement, en novembre 2007, du vice-chancelier Franz Müntefering, même si des raisons privées jouent un rôle dans cette décision. Et son remplacement au poste de vice-chancelier par le ministre des Affaires étrangères Frank-Walter Steinmeier, ex-lieutenant de M. Schröder et inspirateur de ses réformes, n'est pas fait pour combler le fossé entre ministres et militants.

La crise de la social-démocratie et la popularité de Mme Merkel ne sont pas non plus sans influence sur les Unions chrétienne-démocrate et chrétienne-sociale. Les succès de la Chancelière garantissent en effet qu'elle sera inévitablement candidate à sa propre succession lors des élections de

2009, ce qui ne peut que décevoir les ambitions de nombreuses personnalités ayant généralement rang de ministre-président dans leur Land et qui, ayant sous-estimé la Chancelière, contesté son autorité et, plus ou moins clairement, parié sur son échec, doivent constater qu'aucun d'entre eux n'est véritablement en mesure de lui disputer la direction de la droite lors des élections futures. Un symbole de cette situation est administré fin septembre 2007 par la démission d'Edmund Stoiber, le principal rival de Mme Merkel dans son camp, qui abandonne ses fonctions de président de la CSU et de ministre-président du Land de Bavière. Mais surtout, lors de son congrès de Hanovre de décembre 2007, la CDU, à la demande de Mme Merkel, adopte un nouveau programme qui la situe clairement au centre de l'échiquier politique en réponse à l'infléchissement à gauche du SPD. Rejetant catégoriquement tout socialisme (fût-il démocratique comme le proclame la « social-démocratie »), elle prend assez systématiquement le contre-pied des propositions social-démocrates visant à adoucir les réformes de l'Agenda 2010. Mais elle tempère son libéralisme en acceptant d'envisager des minimums salariaux dans plusieurs branches ou de contrôler les salaires excessifs des patrons, sans toutefois y renoncer puisque le programme envisage des baisses d'impôts, une réforme de l'assurance-maladie et de l'allocation-dépendance. Enfin, la CDU prend quelques distances avec ses conceptions traditionnelles concernant les problèmes de société et la famille. Si elle considère toujours le mariage comme la forme normale du couple, elle accepte d'améliorer le système fiscal des couples non mariés et reconnaît les couples homosexuels, tout en leur refusant le droit à l'adoption. Enfin, sans renoncer au rôle traditionnel de la femme comme ménagère et mère de famille, la CDU préconise un égal partage des tâches au sein du couple et propose de verser à partir de 2013 une prime aux familles dont l'un des parents se consacre exclusivement à l'éducation des enfants. Autre évolution, la CDU juge favorablement l'immigration légale, à condition qu'elle débouche sur l'intégration qui exige l'acceptation des valeurs et des normes démocratiques et la maîtrise de la langue allemande. Programme très renouvelé et habile, dans la mesure où il apparaît comme susceptible de convaincre une large majorité de la population, rejetant le SPD vers une impasse politique.

Toutefois celui-ci n'a guère le choix de sa stratégie. Quitter la grande coalition serait provoquer des élections anticipées qui le rejetteraient dans l'opposition. Aussi bon gré mal gré lui faut-il demeurer dans l'alliance avec une CDU qui tire seule les avantages de la gestion modérée d'une Allemagne convalescente. De même, la Chancelière ne voit-elle aucun intérêt à précipiter les échéances et entend-elle jusqu'en 2009 poursuivre une cohabitation dont elle est la principale bénéficiaire.

Chapitre 21

La prépondérance allemande dans une Europe en crise (2008-2013)

La crise économique et les élections de 2009

L'Allemagne face à la crise économique mondiale. Jusqu'à l'été 2008, la marche d'Angela Merkel vers une confirmation aisée de son pouvoir sur l'Allemagne, lors du scrutin de septembre 2009, apparaît comme une certitude inéluctable. L'hypothèse la plus probable réside dans la possibilité pour la Chancelière de l'emporter assez nettement sur une social-démocratie qui ne parvient pas à retrouver son identité ni sa cohésion entre un électorat qui exige des avancées sociales et des ministres qui n'envisagent que la continuation des réformes engagées par Gerhard Schröder et poursuivies par la grande coalition. La crise qui débute aux États-Unis à partir de l'été 2007 et qui affecte les prêts hypothécaires américains à risque, les *subprimes*, ne semble pas devoir affecter ce scénario. Sans doute quelques banques allemandes qui, par la pratique de la titrisation, ont acheté des avoirs « toxiques » connaissent-elles des difficultés, mais la croissance économique allemande qui a atteint 2,5 % en 2007 n'en semble nullement affectée. La trésorerie des entreprises, fortement accrue par l'expansion des années 2006-2008, n'est nullement gênée par la restriction des crédits bancaires et l'industrie allemande, restructurée, ayant comprimé ses coûts salariaux à la faveur des réformes des années 2002-2007, se montre particulièrement compétitive pour maintenir à un très haut niveau ses exportations, moteur principal de la croissance. D'autant que le marché de l'Union européenne, son principal débouché, connaît un bon climat économique et que la hausse de l'euro par rapport au dollar ne joue dans ces conditions qu'un rôle limité au moins dans le court terme.

Les choses changent toutefois à partir du second trimestre 2008. Les indicateurs économiques qui avaient enregistré au premier trimestre une croissance record de 1,5 % mettent en évidence une chute de 1 % entre avril et juin. Parallèlement, on constate un recul des commandes industrielles, en particulier en provenance de la zone euro. L'industrie automobile, une des locomotives des exportations allemandes, est lourdement touchée. On prévoit une baisse des investissements, d'autant que la consommation intérieure, comprimée par la chute du pouvoir d'achat du fait des réformes, n'est pas en mesure de prendre le relais. À l'automne, c'est le système bancaire allemand qui est à son tour ébranlé, enregistrant le contrecoup de la faillite de la banque américaine Leman Brothers, abandonnée à son sort par le gouvernement américain en septembre 2008. Des banques qui ont multiplié les placements hasardeux connaissent une crise des liquidités. Début octobre, c'est la banque immobilière Hypo Real Estate, quatrième banque du pays, qui frôle l'effondrement, entraînant une action gouvernementale pour contraindre un consortium bancaire à venir à son secours. Car, pour la Chancelière, les choses sont claires : les difficultés sont dues à l'action des banquiers qui se sont lancés dans des opérations irresponsables et il leur appartient d'en supporter les conséquences, et non d'attendre du gouvernement qu'il fasse appel aux contribuables pour leur venir en aide. Mais, quelques jours plus tard, afin d'éviter un scénario-catastrophe à l'américaine et une panique généralisée, elle montre son pragmatisme en décidant que le gouvernement garantira la totalité des dépôts bancaires du pays.

Désormais, le spectre de la récession plane sur l'Allemagne. Si, pour l'année 2008, grâce aux carnets de commande bien remplis des industriels en début d'année, la croissance estimée est encore de 1,8 %, les prévisions pour l'année 2009 varient entre une croissance quasi nulle à 0,2 % et une croissance négative de – 0,8 % en raison de la dégradation de la conjoncture aux États-Unis et dans les pays de la zone euro. En ce qui concerne le marché du travail, les prévisions sont tout aussi sombres. Alors que, grâce à la bonne tenue de l'économie allemande, le chômage n'avait cessé de diminuer, de 5 millions début 2005 à moins de 3 millions en octobre 2008, il repart désormais à la hausse. Encore est-il freiné par les entreprises industrielles, préoccupées d'éviter les licenciements secs, tout au moins jusqu'aux élections de 2009, en ayant recours au chômage partiel et à la suppression d'emplois intérimaires.

Or, face à ces difficultés économiques, la Chancelière refuse, comme l'en pressent ses partenaires européens et en particulier le président français Nicolas Sarkozy, de se lancer dans l'aventure d'un vaste plan de relance européen. Appuyée par son ministre des Finances, le social-démocrate Peer Steinbrück, elle considère qu'il appartient à chacun des pays de l'Union européenne de gérer la crise selon ses intérêts nationaux et n'envisage qu'un modeste plan de

31 milliards sur deux ans, se réservant de donner plus d'ampleur à l'intervention de l'État dans l'économie avant les élections de 2009, le cas échéant. Prudence qui s'explique par son souci de l'orthodoxie financière et par la volonté de ne pas remettre en cause l'équilibre des finances publiques, difficilement rétabli, mais aussi par la structure d'une économie allemande tributaire des exportations et, par conséquent, de la compétitivité des entreprises. En d'autres termes, elle entend laisser jouer, autant qu'il sera possible, les mécanismes de la crise sans injecter des sommes considérables dans le circuit économique, afin que l'Allemagne se retrouve en bonne position pour profiter de la reprise lorsqu'elle aura lieu. Toutefois, à mesure que se rapproche la perspective des élections, la pression se fait plus forte sur le gouvernement allemand. Les difficultés qui affectent certains grands groupes industriels comme le constructeur automobile Opel, filiale de l'américain General Motors qui se trouve pour sa part en perdition aux États-Unis, ou l'équipementier automobile Schaeffler qui vient de racheter le fabricant de pneus Continental, risquent, en cas de dépôt de bilan, de provoquer la mise en chômage de dizaines de milliers de salariés, précipitant l'Allemagne dans un marasme générateur de panique sociale. Mais comment venir en aide à ces grands groupes sans provoquer les demandes de milliers d'entreprises en difficulté, risquer de fausser les règles de la concurrence et remettre en cause l'équilibre des finances publiques ? Dans cette situation critique où le gouvernement hésite sur une fragile ligne de crête entre deux politiques dont aucune ne paraît totalement satisfaisante, Mme Merkel et son compétiteur social-démocrate, le vice-chancelier Steinmeier ne voient d'autre solution que de geler le plus longtemps possible la campagne électorale pour éviter l'éclatement de la grande coalition et se consacrer à la difficile gestion d'un pays en crise.

Les élections de 2009 et la victoire d'Angela Merkel. Étrange élection en vérité que celle de 2009. Sur fond de crise économique et de gouvernement de grande coalition quel débat ouvrir sans que chacune des formations politiques ne soit amenée à critiquer ses propres options en attaquant l'adversaire, mais quelle solution envisager pour gouverner l'Allemagne qui puisse avoir la moindre crédibilité auprès de l'électorat ? Chrétiens-démocrates et sociaux-démocrates souhaitent ardemment la fin de la grande coalition dont ils estiment chacun qu'elle ne leur a pas permis d'appliquer leurs idées au pouvoir, mais ne peuvent le dire, dans l'incertitude où ils sont que les résultats électoraux ne les contraindront pas à la reconduire, pas plus qu'ils ne peuvent critiquer son bilan dont ils sont solidairement responsables. La CDU/CSU rêve de reconstituer son alliance traditionnelle avec les libéraux sans qu'il soit certain qu'une telle solution lui permettra de disposer d'une majorité au Bundestag et, dans ces conditions, ne sera-t-il pas nécessaire de faire appel aux Verts ? Le SPD se verrait bien retrouver l'alliance des Verts comme de 1998 à 2005, mais si les résultats électoraux l'exigeaient un appel aux libéraux ne s'imposerait-il pas ? Compliquant le jeu, des exclusives sont lancées : les libéraux refusent l'idée d'une alliance avec le SPD, ce dernier comme les Verts, n'envisage pas de faire appel à Die Linke dont le score est la grande inconnue du scrutin (mais dans certains Länder comme la Sarre cette solution n'est pas exclue).

Dans ces conditions, les rivaux de demain sont amenés à scruter les enseignements supposés des élections régionales en tentant d'en augurer les résultats des futures législatives, mais les préoccupations locales, la personnalité des chefs de file, la situation propre de chaque Land, ne permettent d'en tirer aucune conclusion fiable. Plus significatives sont les données fournies par les élections européennes de juin 2009 qui révèlent que, malgré un recul de 6 % par rapport à 2004 la CDU/CSU demeure la principale force politique du pays avec 37,9 % des suffrages, loin devant le SPD qui n'en rassemble que 20,8 %. En termes de coalitions possibles le bon score des Verts (12,1 %) n'est pas de nature à ramener la gauche au pouvoir alors que le redressement des libéraux du FDP (11 %) rend vraisemblable une coalition de droite.

Quoi qu'il en soit, la conséquence qu'en tire la Chancelière va irriter aussi bien son parti que ses rivaux sociaux-démocrates. Tirant les leçons d'une situation qui fait contraster l'extraordinaire popularité que lui vaut dans le pays son apparente modestie, son calme, sa prudence politique et une éthique qui teinte son libéralisme de préoccupations sociales et de critiques à l'encontre des excès du patronat et des banques, et la médiocre audience d'une démocratie-chrétienne en perte de vitesse, elle choisit de conduire une non-campagne électorale qui met en avant sa propre personnalité comme une incarnation de l'Allemagne sérieuse et modérée dans laquelle se reconnaissent nombre d'électeurs. Mais ce refus de la Chancelière d'entrer dans un débat polémique avec ses adversaires fait redouter à beaucoup de dirigeants de la CDU que la base de leur parti se détourne d'eux pour voter en faveur des libéraux faute que Mme Merkel ait clairement affirmé des options tranchées, comme les membres catholiques du parti craignent que les vives critiques de la Chancelière envers la décision du pape Benoît XVI de réintégrer l'évêque intégriste Williamson, malgré ses déclarations négationnistes, n'éloignent leurs coreligionnaires du vote CDU. Aussi les critiques se multiplient-elles contre la Chancelière au sein de son parti, surtout lorsque, peu avant les législatives du 27 septembre, la CDU enregistre de lourdes pertes dans les élections régionales de Sarre et de Thuringe. Sans que ces attaques émeuvent le moins du monde Mme Merkel, résolue à montrer que la lutte contre la crise demeure sa priorité, bien avant les polémiques idéologiques.

Il est vrai que ce calme est également alimenté par les sondages qui lui prédisent une nette victoire électorale (80 % des Allemands estiment qu'elle gagnera les élections) et par la stagnation du SPD qui ne parvient pas à dépasser les 25 % des intentions de vote. Les efforts de Frank-Walter Steinmeier pour mobiliser l'électorat traditionnel du parti paraissent voués à l'échec, tant du fait de l'absence de charisme du candidat social-démocrate, que du décalage de son programme avec les attentes de la population. En agitant le spectre d'une augmentation des impôts (pour les plus riches, il est vrai) là où Mme Merkel promet à tous des baisses d'impôts, le vice-Chancelier tente de faire oublier la proximité pragmatique des programmes économiques de la CDU/CSU et du SPD.

À ce jeu, la lecture des résultats du scrutin du 27 septembre peut être double. En termes d'audience dans l'opinion, on peut considérer que l'électorat a sanctionné la grande coalition puisque ses deux composantes apparaissent en recul en termes de suffrages. Avec 33,8 % des voix la CDU/CSU est en recul sur son résultat déjà médiocre de 2005 cependant que le parti social-démocrate qui ne rassemble que 23 % des voix enregistre son plus mauvais score depuis 1945. Par contraste, les petits partis bénéficient tous du discrédit qui frappe les grandes formations. Avec 10,7 % des suffrages, les Verts ont recueilli une partie des voix qui se portaient d'ordinaire sur le SPD. Mais c'est surtout le parti d'extrême-gauche dirigé par Oskar Lafontaine qui effectue une réelle percée aux dépens du SPD en rassemblant près de 12 % des voix. À droite, les libéraux qui atteignent 14,6 % des voix s'enrichissent visiblement des dépouilles des déçus de la CDU/CSU. Mais la seconde lecture qui peut être faite des élections de 2009 est celle de la victoire d'Angela Merkel contrastant avec la contre-performance de sa formation. Grâce aux 239 élus des unions chrétiennes et aux 93 députés libéraux, elle dispose d'une majorité absolue étroite, mais cohérente, de 332 sièges et peut constituer la coalition qu'elle envisageait avec le FDP. Sans doute devra-t-elle affronter une opposition de 290 députés, plus vigoureuse que celle du Bundestag sortant, mais divisée entre trois partis sans vues communes (146 SPD, 68 Verts et 76 gauche radicale). Toutefois, cette éclatante victoire a son revers, car elle contraint la Chancelière à tenir compte de ses alliés libéraux dont les vues sont nettement plus conservatrices que les siennes, qu'il s'agisse de l'intégration européenne, de la lutte contre le réchauffement climatique et surtout de la défense des intérêts de l'industrie allemande.

La composition et le programme du nouveau gouvernement, connu à la fin du mois d'octobre 2009, enregistrent le résultat des négociations conduites entre la Chancelière et le président du parti libéral Guido Westerwalle, qui devient ministre des Affaires étrangères avec le titre de vice-Chancelier. En ce qui concerne la répartition des portefeuilles les libéraux héritent de cinq ministères contre huit pour la CDU et trois pour la CSU. Wolfgang Schäuble (CDU), ministre de l'Intérieur du gouvernement de grande coalition hérite du poste-clé des Finances, et Karl-Theodor zu Guttenberg (CSU), qui avait été quelques mois ministre de l'Économie du cabinet sortant, est nommé à la Défense. Le FDP gérera le ministère

Composition du Bundestag après les élections de 2009

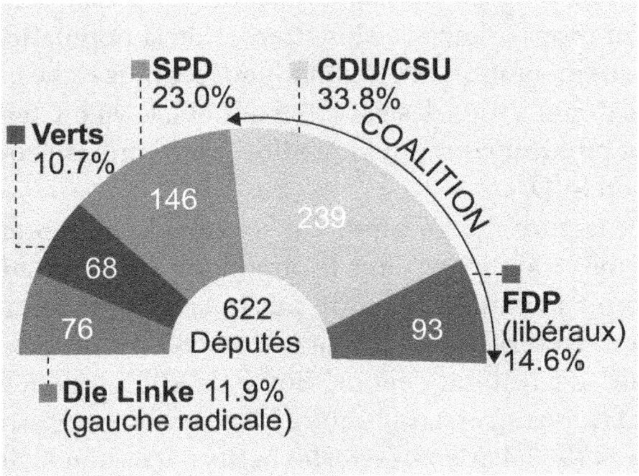

de la Justice avec Sabine Leutheusser-Schnarrenberger, celui de la Santé avec Philipp Rössler et celui de l'Économie et des Technologies avec Rainer Brüderie. La marque libérale s'imprime également dans le programme du gouvernement puisque deux des principales revendications de ce parti deviennent des objectifs gouvernementaux, les réductions d'impôts et la réforme du système de santé qui exigera des caisses d'assurance-maladie des augmentations de cotisations salariales, lesquelles annuleront le bénéfice des baisses d'impôts. Principale victime de cette politique, au grand dam de la Chancelière, l'équilibre des finances publiques est renvoyé à plus tard, après la sortie de crise. En attendant, l'Allemagne devra s'accommoder des déficits, évalués à 6 % du PIB. Au-delà de ces annonces un peu floues, le sentiment prévaut que la Chancelière entend continuer à pratiquer la politique des petits pas qui lui a si bien réussi depuis 2005.

Quant au SPD, étrillé par sa défaite électorale, il tente de se reconstruire en faisant, lors de son congrès de Dresde en novembre 2009, un examen de conscience public et en se donnant un nouveau président pour remplacer Franz Müntefering démissionnaire, en la personne de Sigmar Gabriel un pragmatique, ministre sortant de l'environnement du gouvernement de grande coalition.

Une politique économique rigoureuse, mais efficace

Le choix de la rigueur. Au lendemain des élections de 2009, l'économie allemande, ébranlée par la grave récession subie du fait de la crise économique mondiale est dans une situation précaire que souligne la Chancelière dans son allocution télévisée du 31 décembre. Son Produit intérieur brut (PIB) a subi en 2009 une baisse de plus de 5 %, son déficit public bat des records et les prévisions pour 2010 le placent à hauteur de 5,7 % du PIB, loin des 3 % fixés par les critères du traité de Maastricht. Du même coup, l'endettement du pays s'aggrave, son montant prévisible devant s'élever à 85,8 milliards en 2010, plaçant ainsi le gouvernement fédéral en contradiction avec le mécanisme de frein à la dette inscrit dans la Constitution. Sans doute Mme Merkel a-t-elle pris dès 2008 un certain nombre de mesures destinées à éviter l'aggravation de ces difficultés, mesures qui permettent malgré tout de limiter la hausse du chômage et d'espérer une croissance positive, mais modérée pour 2010. Il n'en reste pas moins que l'avenir immédiat apparaît précaire. La Chancelière peut en effet craindre une explosion du chômage, les entreprises ayant retardé les décisions de licenciement avant les élections et les mesures de soutien à l'industrie automobile ayant cessé de produire leurs effets en septembre 2009. Par ailleurs, les entreprises allemandes souffrent d'une pénurie de crédits due aux retombées de la crise financière mondiale et à la frilosité des banques qui ont connu de sérieuses difficultés. Or ces restrictions de crédits atteignent particulièrement les entreprises de taille intermédiaire qui constituent une part essentielle du tissu économique allemand. Enfin, l'Allemagne dont près de la moitié du PIB repose sur les exportations est évidemment atteinte par la crise des pays de l'Union européenne (et en particulier ceux de la zone euro) qui constituent sa principale clientèle.

Face à ces difficultés, le gouvernement allemand est divisé. Si la Chancelière se montre clairement favorable à une politique de rigueur destinée à obtenir le redressement des finances publiques et fondée sur le gel des salaires, la flexibilité du travail, le recul progressif de l'âge du départ à la retraite jusqu'à 67 ans, toutes mesures décidées par le gouvernement Schröder ou la grande coalition des années 2005-2009, ses alliés libéraux qui ont multiplié les promesses durant la campagne électorale mettent en avant une tout autre conception. Conduits par le vice-chancelier et ministre des Affaires étrangères Guido Westerwelle, ils exigent l'application de la mesure phare dont ils ont fait la condition de leur participation au gouvernement, la baisse des impôts. D'assez mauvais gré, la Chancelière et son ministre des Finances Wolfgang Schäuble ont consenti à accorder à partir du 1er janvier 2010 des allégements fiscaux de 8,5 milliards d'euros au bénéfice des familles, des hôteliers et des entreprises. Mais ces libéralités sont assez mal accueillies par plusieurs Länder qui exigent de l'État fédéral des compensations aux pertes de recettes qui en résultent et menacent de bloquer la mesure au Bundesrat.

Par ailleurs, près de 70 % des Allemands et la plupart des experts doutent de l'efficacité de cette politique pour relancer la croissance. Aussi le ministre des Finances annonce-t-il clairement que le budget 2010 ne devrait comporter aucune nouvelle charge de cet ordre pour l'État fédéral. Sortant d'un long silence sans doute destiné à maintenir la cohésion de sa majorité, Mme Merkel le confirme ouvertement en mai 2010, au grand dam de ses alliés libéraux, aucune baisse d'impôt ne figurera dans les budgets 2010 et 2011. C'est donc le choix de la rigueur qui va prévaloir dans la lutte contre la crise.

La mise en œuvre de la rigueur et ses résultats. Désormais, de 2010 à 2013, la politique économique de l'Allemagne est dominée par la volonté farouche de la Chancelière et de son ministre des Finances de réduction du déficit public, fondée sur une réduction des dépenses de l'État fédéral, des Länder, des communes et des caisses de Sécurité sociale. M. Schäuble, de budget en budget, procède ainsi impitoyablement à des augmentations de recettes (taxe sur les billets d'avion, taxe sur le nucléaire) et à des restrictions de dépenses par la réduction des aides aux demandeurs d'emploi, des aides au chauffage pour les bénéficiaires d'une allocation-logement, des aides aux parents... Cet assainissement est accéléré par les bons résultats obtenus par l'économie allemande qui vont permettre d'accentuer ces politiques d'économies, à telle enseigne que le mécanisme de « frein à la dette » inscrit dans la constitution allemande et qui prévoyait un retour à l'équilibre budgétaire en 2016, va être atteint avec deux ans d'avance en 2014. Malgré le malaise des libéraux et les critiques de la Social-démocratie, la Chancelière s'en tient obstinément à cette politique qui la fait apparaître comme la championne de l'austérité en Europe, là où la plupart des gouvernements souhaitent au contraire pratiquer des politiques de relance. Mais ce choix est largement approuvé par l'opinion publique allemande et cette donnée n'est pas négligeable dans la perspective des élections de 2013.

C'est que cette politique de rigueur donne d'incontestables résultats. Alors que tous les États européens s'enfoncent dans la crise, l'Allemagne fait preuve d'une insolente santé économique. Contrastant avec la récession ou la quasi-stagnation qui atteint à peu près tous les pays du Vieux Continent, elle connaît en 2010 et 2011 des taux de croissance supérieurs à 3 % du PIB et, même si 2012 et 2013 enregistrent un ralentissement de la croissance, celle-ci demeure positive. Sa politique d'assainissement des finances publiques rassure les marchés, convaincus qu'elle est un des rares pays à pouvoir rembourser ses dettes sans difficulté et qui acceptent de lui accorder des prêts à taux d'intérêt presque nul. Portée par la vigueur de ses exportations, son industrie est demeurée l'une des clés de voûte de la puissance allemande, compensant le ralentissement de ses ventes en Europe par des gains de parts de marché dans les pays émergents, d'ailleurs favorisés par la baisse de l'euro qui rend les produits allemands moins chers. Au demeurant, l'Allemagne pratique une active diplomatie commerciale, la Chancelière multipliant les voyages officiels dans les pays susceptibles de s'ouvrir davantage aux produits allemands, à commencer par la Chine, devenue son troisième partenaire commercial. Du même coup, les grandes industries allemandes engrangent de fructueux profits qu'il s'agisse de l'automobile, de la chimie, de la métallurgie. Conséquence sociale de cette bonne santé économique, le chômage diminue dans d'importantes proportions en dépit de quelques aléas passagers. Dès 2010, il passe sous la barre des 3 millions et peut espérer se stabiliser en 2013 à 6,5 % de la population active.

Au total, à la veille des élections de septembre 2013 destinées à renouveler le Bundestag, l'Allemagne apparaît comme la première puissance européenne et sans doute la seule qui a su adapter ses structures aux défis posés par la mondialisation. Du même coup, elle se trouve investie d'un rôle mondial qu'elle n'a ni souhaité, ni recherché et qui en fait le chef de file d'une Europe que la crise économique et les effets de la mondialisation ont jetée dans le désarroi.

L'Allemagne, chef de file d'une Europe en crise

La crise européenne contraint l'Allemagne à s'impliquer sur le plan international. De longue date, la place conquise sur le plan mondial par la République fédérale et sa puissance économique, a poussé les grandes puissances à attendre d'elle qu'elle joue un rôle à sa mesure dans les relations internationales en acceptant de partager les responsabilités dans la solution des grands problèmes qui affectent la planète. Or le gouvernement fédéral, appuyé par une grande majorité de l'opinion publique, s'est toujours montré réticent à l'égard de toute intervention de ce type, acceptant du bout des lèvres des actions limitées dans les Balkans ou en Afghanistan, mais se refusant énergiquement à intervenir en Irak, en Libye ou en Syrie. Sans doute, cette réserve s'explique-t-elle à la fois par le souci de se démarquer du passé militariste de l'Allemagne impériale ou du IIIe Reich et par la conscience de la nécessité pour un pays dont la prospérité repose sur les exportations de ne pas se brouiller avec ses clients potentiels. L'Allemagne se veut donc un pays qui entend se contenter de développer son économie et son commerce et qui n'envisage pas de monnayer sa puissance en termes d'influence politique.

Or ce qui apparaît comme une véritable doctrine va se trouver battu en brèche par les difficultés qui atteignent depuis 2008 une Union européenne frappée par la crise économique et financière, puis, à partir de 2010 par celle des dettes souveraines. Sans doute Mme Merkel affirme-t-elle qu'il appartient à chacun des membres de l'Union européenne, dans le cadre de sa souveraineté, de porter remède aux dysfonctionnements constatés et, comme on l'a vu, elle-même prêche d'exemple. Mais les choses ne sont pas si simples. C'est dans l'Union européenne que l'Allemagne trouve ses principaux clients et leur effondrement économique éventuel ne saurait rester sans conséquence pour l'économie du pays. D'autre part, la crise des dettes souveraines menace la cohésion de la zone euro, et le risque d'une implosion de celle-ci et de la destruction concomitante de l'Union européenne menace très directement les bases sur lesquelles l'Allemagne a fondé sa réussite. Aussi la Chancelière se trouve-t-elle contrainte malgré elle de s'impliquer dans le sort et l'avenir d'une Europe dont elle est à la fois une des parties prenantes et la clé de voûte.

La tentative d'imposition du modèle allemand à l'Union européenne. L'espoir de Mme Merkel de voir chacun des États européens régler seul les effets de la crise économique et financière s'évanouit avec l'appel à l'aide lancé en avril 2010 par une Grèce au bord de la faillite, contrainte de faire appel au Fonds monétaire international pour se financer. Si la crise mondiale joue évidemment un rôle dans cette situation, celle-ci résulte également de causes spécifiques, les dépenses considérables (entre 11 et 20 milliards de dollars) consenties pour l'organisation des Jeux Olympiques de 2004, sans que celles-ci aient engendré des retours sur investissements suffisants, le mauvais rendement des impôts, l'inexistence du cadastre, la corruption, une administration pléthorique... Il apparaît également que, lors de son entrée dans la zone euro, la Grèce a dissimulé la réalité de son déficit public et l'ampleur de sa dette. Or le premier s'élève en 2010 à 13 % du PIB (loin des 3 % exigés par les critères de Maastricht) et la seconde à 120 % du PIB (soit le double des 60 %, norme de la zone euro). Dans ces conditions, les marchés se méfient de la capacité de la Grèce à rembourser sa dette publique et à en payer les intérêts et n'acceptent de lui consentir des crédits qu'à des taux exorbitants.

Face à cette grave crise, la doctrine du « chacun pour soi » ne saurait s'appliquer, d'autant qu'une faillite de la Grèce risquerait de s'étendre à d'autres pays de l'Europe du Sud comme l'Espagne, le Portugal ou l'Italie (voire la France) dont les déficits et les taux d'endettement dépassent aussi très largement les normes fixées dans la zone euro, avec le risque non négligeable d'un effondrement de l'euro dont tous les membres (Allemagne comprise) auraient à pâtir. La solidarité, prônée par la France et la commission européenne finit donc par s'imposer et, entre 2010 et 2012, deux plans d'aide à la Grèce sont mis en place, permettant l'injection de plusieurs centaines de milliards d'euros dans l'économie grecque, avec la garantie des pays de la zone euro. Toutefois, si la Chancelière, appuyée par le président français Nicolas Sarkozy, se résigne à voir son pays s'impliquer ainsi dans le sauvetage de l'euro, elle n'entend pas que le contribuable allemand paie le prix de l'imprévoyance et de la légèreté des dirigeants de certains pays de la zone euro et elle ne donne son accord qu'à des conditions draconiennes destinées à éviter le renouvellement des pratiques de désinvolture comptable. Ce sont donc les principes qu'elle prône dans son propre gouvernement qui vont s'imposer à l'Europe : la « culture de la stabilité » qui exige le strict respect par tous des critères de Maastricht, la réduction des déficits et de la dette publique, la régulation des marchés financiers, le redressement de la compétitivité des entreprises et des réformes structurelles concernant le marché du travail et les retraites. En somme, le modèle allemand imposé à l'Europe et le refus que la zone euro devienne une « Union de transferts financiers » des pays vertueux de l'Europe du Nord vers les pays laxistes de l'Europe du Sud, celle du « club Méd ». Moyennant quoi des cures d'austérité sont appliquées aux pays demandeurs d'aide financière (la Grèce ou l'Irlande), voire, dans le cas de la Grèce, soumis à la tutelle d'une « troïka » formée par la Commission européenne, la Banque centrale européenne et le Fonds monétaire international, surveillant la politique du gouvernement grec et lui imposant des mesures impopulaires dans son opinion publique en échange de l'injection de liquidités destinées à empêcher sa faillite. Si ce résultat est atteint, il ne permet pas à la Grèce de retrouver la stabilité recherchée, puisque l'austérité imposée au pays empêche toute relance qui rétablirait la situation économique d'un pays sous perfusion. En revanche, l'impopularité de l'Allemagne, et spécifiquement de la Chancelière, atteint des sommets dans l'Europe du Sud et surtout en Grèce où la germanophobie fait rejouer les souvenirs de l'occupation hitlérienne.

Le virage européen d'Angela Merkel. Si la Chancelière s'est impliquée malgré elle dans le sauvetage de la zone euro, les événements de 2010-2012 lui ont fait prendre conscience que le sort des pays de l'Union européenne concernait au premier chef l'Allemagne et son avenir et qu'elle ne pouvait se désintéresser de la situation de ses partenaires de l'Union sauf à compromettre la prospérité de son pays. Or, force lui est de constater que les critiques adressées par elle au laxisme des pays de l'Europe du Sud, responsables de la crise de l'euro, ont largement alimenté le scepticisme d'une opinion publique allemande, qui, à 57 %, regrette le mark et redoute que les économies accumulées par son sérieux et ses efforts ne soient dilapidées pour payer les dettes de pays qui ont violé les règles et encouragé la paresse de leur population. Cette méfiance envers l'Europe, assez largement répandue dans l'opinion, est également partagée par une partie des élus du Bundestag, par les juges de la Cour constitutionnelle de Karlsruhe, par les dirigeants de la Bundesbank et par une fraction du patronat. Sans doute cette opinion diffuse manque-t-elle d'une organisation et d'un dirigeant qui lui permettrait de se manifester dans le champ politique et l'Union chrétienne-démocrate redoute par-dessus tout la naissance sur sa droite d'une formation qui capitaliserait la frange eurosceptique de l'électorat. Or, les tentatives pour créer un tel parti ne manquent pas : en décembre 2011, un ancien dirigeant du patronat allemand Hans-Olaf Henkel crée ainsi une organisation pour tenter de rassembler derrière lui les eurosceptiques ; en avril 2013 est créé un autre parti, Alternative pour l'Allemagne (AfD) qui préconise l'expulsion de la zone euro de la Grèce, de Chypre, de l'Italie, de l'Espagne, de la France et le retour au deutschemark pour 2020. Si aucune de ces formations ne paraît avoir d'avenir, plus grave apparaît le virage du parti libéral (FDP), membre de la coalition gouvernementale. En chute libre dans les sondages, ce parti, jadis europhile, qui avait rassemblé 14 % des suffrages aux élections de 2009, n'est plus crédité que de 2 à 4 % des voix, ce qui l'éliminerait du Bundestag. Pour se refaire une santé, il tente de s'appuyer sur l'euroscepticisme de l'opinion. Son nouveau président Philipp Rössler envisage en septembre 2011 une sortie de l'euro pour la Grèce, exige que les pays de la zone euro remettent de l'ordre dans leur économie selon les règles du traité de Maastricht et refuse que le Fonds européen de stabilité financière créé en mai 2010 pour faire face aux difficultés de certains pays rachète la dette de ceux qui connaissent les plus grosses difficultés.

Face à cette poussée de l'euroscepticisme, la Chancelière, qui a senti le danger, juge urgent de réagir. Avec l'appui de son ministre des Finances, le très europhile Wolfgang Schäuble qui s'est déclaré partisan d'un ministre des Finances européen et de son ministre du Travail, Ursula von der Leyen qui préconise des « États-Unis d'Europe » organisés sur un modèle fédéral, elle va se présenter à l'automne 2011 en championne du renforcement de l'Union européenne et de la zone euro. Le congrès de Leipzig de la CDU qui débute le 14 novembre 2011 va lui donner l'occasion de professer publiquement sa foi européenne. Elle y affirme avec force que la prospérité allemande repose sur l'Europe et que la solution à la crise n'est « pas moins, mais plus d'Europe ». De l'expérience acquise durant les derniers mois, elle tire la leçon que « nous sommes tous une partie de la politique intérieure européenne ». Et, de discours en discours, elle va décliner la vision de l'Europe qui est désormais la sienne. Elle se prononce pour le renforcement des institutions communautaires avec un président de la Commission européenne élu au suffrage universel, comme le souhaitait de longue date Wolfgang Schäuble. Elle réclame un gouvernement économique de la zone euro avec intégration économique renforcée de cette zone, quitte à créer cette Europe à deux vitesses redoutée par les États de l'Union qui n'appartiennent pas à l'euro. Mais ce gouvernement économique aurait à ses yeux la mission de peser sur les réformes structurelles nécessaires à la compétitivité des pays de la zone. Elle envisage même de conférer au niveau européen un droit d'intervention de l'Europe dans les budgets nationaux de manière à faire respecter les dispositions du pacte de stabilité et de croissance.

On assiste donc à la veille des élections de 2013 à un véritable tournant européen de la Chancelière allemande. Tournant qui contraste avec la frilosité dont elle a fait preuve dans les mois précédents en refusant la fusion entre l'entreprise aéronautique EADS et la britannique BAE au motif que le poids de l'Allemagne en serait amenuisé ou avec ses réticences à l'égard d'une union bancaire européenne imposant des règles strictes qui pourraient d'avérer défavorables à une partie des banques allemandes lourdement endettées. On ne saurait certes s'offusquer de voir la Chancelière allemande défendre les intérêts de son pays dans l'Union européenne. Mais l'avenir montrera si cette volonté d'organisation de l'Union européenne et de la zone euro résulte de la prise de conscience des responsabilités nouvelles de l'Allemagne devenue le chef de file de l'Europe, de la découverte que le sort de chacun des pays de l'Union européenne dépend de la stabilité et de la prospérité de l'ensemble ou si elle n'est que la posture pré-électorale d'une candidate à sa propre succession qui doit gagner des voix au centre pour remporter le scrutin.

Quel avenir pour l'Allemagne ?

La politique de rigueur conduite par la Chancelière allemande et dont elle n'entend visiblement pas dévier s'explique en partie par sa prise de conscience que la puissance allemande telle qu'elle se manifeste en ce début de XXIe siècle risque de se trouver remise en cause par la nouvelle donne planétaire liée à la mondialisation, mais aussi par des évolutions propres à l'Allemagne et contre lesquelles elle entend la prémunir.

Les aléas de la transition énergétique. Dans le cadre de l'adaptation de l'Allemagne aux nouvelles conditions du monde du XXIe siècle, le gouvernement de Gerhard Schröder appuyé sur une coalition du SPD et des Verts a légué à ses successeurs une décision prise en 2003 et selon laquelle les 17 réacteurs nucléaires qui fournissent 11 % de l'énergie allemande doivent être arrêtés en 2022. Toutefois, la Chancelière ne s'engage qu'avec réticence dans la voie de cette politique, compte tenu de l'opposition du monde industriel, des Länder de l'Allemagne du Sud et d'une partie de la CDU. Aussi, en dépit d'une opinion majoritairement hostile au nucléaire et de la colère du SPD et des Verts, Mme Merkel décide-t-elle fin septembre 2010 de prolonger de douze ans en moyenne l'activité des centrales nucléaires, en taxant en contrepartie les groupes industriels du nucléaire afin de subventionner le développement des énergies renouvelables et particulièrement l'installation d'un parc d'éoliennes en Baltique et mer du Nord. À terme, en 2050, l'Allemagne ne devrait plus utiliser que des énergies renouvelables.

Cette politique prudente de petits pas, conforme à la démarche de la Chancelière va toutefois se trouver ébranlée par la catastrophe nucléaire de Fukushima. Dès mars 2011, Mme Merkel décide de faire vérifier la sécurité des centrales allemandes et d'instaurer un moratoire sur la durée d'activité des centrales. En mai 2011, cette évolution se précise. Huit centrales nucléaires sont mises à l'arrêt et la sortie totale du nucléaire est envisagée à nouveau pour 2022. Pour éviter le risque d'une possible pénurie d'électricité, le gouvernement pousse les feux pour la construction de centrales à gaz et à charbon et du parc d'éoliennes, mais aussi de centrales fonctionnant au gaz ou au lignite. Le projet de loi instaurant la transition énergétique est voté fin juin 2011 au Bundestag par une quasi-unanimité des parlementaires, le SPD et les Verts approuvant le projet de la Chancelière comme l'écrasante majorité de la CDU et, malgré certaines réticences, les libéraux du FDP. Il reste au gouvernement à mettre en œuvre cette transition énergétique désormais inscrite dans la loi. À ce niveau se posent d'innombrables problèmes techniques dont le moindre n'est pas l'adaptation du réseau électrique destiné à acheminer l'énergie éolienne produite en Allemagne du Nord vers le sud industriel où se situait l'essentiel des centrales nucléaires promises au démantèlement.

Si Mme Merkel s'est félicitée en 2010 que l'Allemagne joue le rôle de précurseur en devenant la première grande puissance industrielle à prendre le virage vers les énergies renouvelables, la réalité des premiers résultats apparaît moins riante. Contrainte de suppléer à une énergie nucléaire en voie d'abandon, l'Allemagne a dû se tourner vers les sources alternatives disponibles. Les centrales à gaz étant jugées peu rentables, l'éolienne et le photovoltaïque ne fournissant encore qu'une production réduite, ce sont le charbon et le lignite, présents en abondance dans le sous-sol allemand, qui sont largement exploités. Avec pour conséquence, un accroissement de la pollution et en certaines régions de Rhénanie du Nord-Westphalie, la disparition de villages entiers afin de laisser place aux excavatrices qui extrairont le lignite du sol pour alimenter les centrales thermiques. De surcroît, le coût de cette transition apparaît beaucoup plus lourd qu'il n'avait été prévu, le prix de l'électricité va croître et il n'est pas exclu que l'Allemagne, jusqu'alors exportatrice d'énergie, soit conduite à acheter de l'électricité à ses voisins. Si bien que certains expriment désormais l'idée d'un échec d'une transition énergétique qui devrait être repensée.

Les problèmes de la société allemande. Comme la transition énergétique, dont les premiers résultats ne sont pas à la hauteur des espérances, les problèmes qui affectent la société allemande résultent à la fois de causes spécifiques au pays, accentuées et aggravées par les effets de la mondialisation.

La puissante Allemagne est aussi une Allemagne vieillissante qui connaît un important problème démographique. Le taux de natalité (huit enfants pour 1 000 habitants) est le plus faible du monde, si bien que seulement 13 % de la population a moins de 15 ans alors que l'allongement de l'espérance de vie accroît le nombre des plus de 65 ans (20 %) et celui des personnes dépendantes (2,5 millions).

Or l'avenir démographique paraît sombre : alors que les ménages avec enfant ne représentent que 29 % du total, les célibataires sont 43 %. Ce sont d'ailleurs les prévisions qui évaluent à 17 millions d'ici 2060 la diminution de la population allemande qui expliquent la rigueur économique de Mme Merkel et son souci de réduire à tout prix l'endettement du pays : comment compter sur des générations réduites en nombre pour acquitter le coût de dettes colossales ?

Il est clair que cette crise démographique s'explique largement par la culture familiale allemande. Celle-ci reste attachée aux « trois K » du statut des femmes (Kinder-Küche-Kirche, enfants, cuisine, église) qui obligent celles-ci à choisir entre une carrière professionnelle et le soin de leur ménage et de leurs enfants. Le nombre croissant de femmes décidées à travailler a donc eu pour conséquence une chute de la natalité, d'autant qu'il n'existe guère de système organisé de garde d'enfants (crèches ou écoles maternelles). Aussi les gouvernements, depuis le début du XXIe siècle, tentent-ils par diverses mesures de pallier une évolution jugée inquiétante : octroi d'un salaire parental, construction de crèches, ouverture des écoles l'après-midi, aménagement du temps de travail... avec des résultats jusqu'à présent limités.

Autre phénomène lié à la crise démographique, l'arrivée d'immigrants pour pallier la pénurie de main-d'œuvre liée à la faiblesse du taux de natalité. Sur les 81 millions d'Allemands, on compte entre 6 et 7 millions d'étrangers, le contingent le plus important étant celui des Turcs (plus d'un million et demi). Or si la doctrine officielle est celle d'un pays ouvert, des réactions hostiles à cette immigration musulmane se font jour dans une fraction de la population. Elles vont se cristalliser autour d'un livre paru en août 2010, *L'Allemagne court à sa perte*, dont l'auteur, Thilo Sarrazin, membre du SPD, ancien ministre des Finances et du directoire de la Bundesbank, dénonce l'invasion de l'Allemagne par les musulmans, énonçant au passage quelques allusions antisémites. Il en résulte un vif débat qui révèle que les propos de l'auteur ne sont pas sans écho en Allemagne. La social-démocratie, après avoir songé à l'exclure, se contente de lui demander de revenir sur ses propos. Le ministre-président de Bavière et président de la CSU, Horst Seehofer, réagit en affirmant que l'Allemagne n'a pas besoin de davantage d'immigrants de culture différente et la Chancelière elle-même déclare en octobre 2010 que l'Allemagne se sent liée aux valeurs chrétiennes, considérant que ceux qui n'acceptent pas cette situation n'ont pas leur place dans le pays.

On ne saurait enfin négliger le fait qui affecte durement la société allemande que l'adaptation à la mondialisation a porté un rude coup à l'une des réussites de l'Allemagne d'après-guerre, le modèle rhénan de « l'économie sociale de marché » qui tentait de concilier le libéralisme économique et le progrès social par l'intégration d'un syndicalisme réformateur à la gestion des entreprises. Victime des difficultés économiques qui frappent l'Allemagne depuis sa réunification, de la concurrence internationale liée à la mondialisation, de la recherche vitale de compétitivité d'un pays dont la prospérité est liée aux exportations, le modèle rhénan est en voie de démantèlement. Les réformes initiées par la social-démocratie sous la houlette de Gerhard Schröder et poursuivies par la grande coalition, puis par la coalition CDU-FDP ont mis à mal la cogestion. Les restructurations industrielles, la volonté du patronat de diminuer le coût du travail par les licenciements et la délocalisation ont eu pour résultat un accroissement du chômage et surtout un relâchement, voire une rupture, des liens entre les entreprises et leurs salariés qui avaient permis de fonder le modèle social allemand. Sans doute, les créations d'emplois opérées depuis 2009 ont-elles permis de diminuer le chômage, mais au prix d'une précarisation du marché du travail et d'un creusement des inégalités. 22 % des salariés allemands perçoivent de bas salaires en 2009 et ce pourcentage est en augmentation constante dans un pays où n'existe pas de salaire minimum. La prospérité allemande qui permet aux grandes entreprises d'engranger de fructueux bénéfices dissimule un nombre croissant d'emplois temporaires, d'emplois à durée déterminée ou de « petits boulots ». Le redressement économique et financier qui est à porter à l'actif de la Chancelière et dont elle se glorifie entraîne le retour des revendications syndicales qui exigent des hausses de salaires et la forte demande d'un salaire minimum.

Il est donc évident que l'incontestable réussite économique de la chancelière Angela Merkel, que sa stature européenne, que sa volonté de coller à l'opinion allemande et que la popularité dont elle bénéficie dans la population n'entraînent pas pour autant une satisfaction générale, comme le prouvent les mécomptes qui affectent au quotidien la vie du gouvernement allemand entre 2009 et 2013.

Les paradoxes de la vie publique allemande

Une coalition majoritaire fragilisée. La victoire électorale de septembre 2009 a porté au pouvoir la coalition de droite souhaitée par Mme Merkel, rassemblant les Unions chrétiennes-démocrates (CDU et CSU) et le parti libéral (FDP), dont on pouvait penser qu'elle donnerait une majorité aux conceptions plus cohérentes que la grande coalition avec le SPD de la législature précédente. Or, c'est le contraire qui se produit. Tout à la joie de retrouver les allées du pouvoir, conscient que les 14 % de suffrages obtenus au scrutin ont permis la victoire de la coalition, conduit par un président dépourvu d'expérience politique, Guido Westerwelle, le parti libéral entend imposer un programme politique conforme à ses promesses électorales. Or, il va se heurter aux vues de la Chancelière qui, tout en ménageant son allié, n'entend pas se laisser dicter par lui sa politique. Si bien que, dès les premiers pas du nouveau gouvernement éclatent les contradictions de la nouvelle majorité. Les libéraux reçoivent comme un camouflet la décision gouvernementale de ne pas baisser les impôts et de consacrer à la résorption de la dette les excédents budgétaires dégagés. Ils sont ulcérés par le désaveu de la Chancelière aux propos de M. Westerwelle réclamant un durcissement du régime d'indemnisation des chômeurs de longue durée. Ils se heurtent à la CDU-CSU qui défend le principe de solidarité face à la proposition libérale d'instituer une cotisation unique, sans tenir compte des revenus, pour les caisses d'assurance-maladie. Or ces dissensions ne cessent de s'aggraver avec la politique européenne, les libéraux critiquant l'aide à la Grèce décidée par Mme Merkel après bien des hésitations et des tergiversations et souhaitant que l'Allemagne se dégage des contraintes européennes.

Le résultat de ces contradictions est une incontestable fragilisation de la coalition gouvernementale. D'une part, le vice-chancelier Westerwelle, dont les surenchères permanentes donnent le sentiment d'une cacophonie gouvernementale, devient vite la personnalité la plus impopulaire du gouvernement, pendant que le parti libéral s'effondre dans les sondages comme dans les élections des Länder où il ne parvient plus, dans la plupart des cas, à atteindre les 5 % qui garantissent la participation aux parlements locaux. D'autre part, la Chancelière est critiquée pour son manque d'autorité sur son gouvernement, contrainte qu'elle est de naviguer entre les vues opposées des libéraux et des différents clans de la CDU-CSU pour conserver sa majorité au Bundestag. Et dans les rangs conservateurs eux-mêmes, des voix s'élèvent pour mettre en cause ses initiatives politiques. Si bien que moins d'une année après les élections, l'opinion exprime sa nostalgie de la grande coalition CDU-SPD, finalement beaucoup plus harmonieuse que la nouvelle combinaison et les sondages prédisent que de nouvelles élections aboutiraient à une nette victoire des socialistes alliés aux Verts. Dans ces conditions, les mécomptes de la coalition gouvernementale ne font que confirmer sa perte d'audience dans l'opinion.

Les mécomptes de la coalition gouvernementale. À suivre les événements quotidiens qui marquent la vie politique allemande, on est frappé par la longue suite de déboires qui marque le désaveu de la coalition gouvernementale dans le monde politique et l'opinion. L'élément le plus frappant est la série de reculs ou de défaites qui touchent la CDU et le FDP lors des élections dans les Länder. En mai 2010 se produit le premier choc avec la défaite de la CDU en Rhénanie-du-Nord-Westphalie, vieux fief du SPD, conquis par la droite en 2005, et repris par l'alliance des socialistes et des Verts. Du même coup, la coalition gouvernementale perd la majorité au Bundesrat, la Chambre des Länder, dont l'accord est indispensable pour valider les textes législatifs dans les domaines qui relèvent des assemblées régionales, contraignant le gouvernement à négocier sur ce point avec l'opposition. Cette première défaite en annonce d'autres dans les Länder qui doivent renouveler leurs parlements en 2011. Une coalition SPD-Verts remporte les élections à Hambourg, au Bade-Wurtemberg (où les Verts conquièrent le poste de ministre-président) et en Rhénanie-Palatinat, cependant que la gauche conserve Berlin et le Mecklembourg-Poméranie-occidentale. À peu près partout, même là où la CDU maintient son pouvoir dans le Land (comme en Basse Saxe), elle recule, et le FDP disparaît le plus souvent des parlements régionaux, faute d'atteindre la barre des 5 %.

À ce recul général qui atteint le FDP et, dans une moindre mesure la CDU, mais non la CSU qui conserve la majorité absolue en Bavière en septembre 2013, s'ajoute une série de revers qui atteignent plus directement la Chancelière. C'est d'abord le problème de la présidence fédérale marquée par deux démissions retentissantes. Si la présidence est une fonction avant tout honorifique, le Président jouit d'une incontestable autorité morale, garantissant en quelque sorte l'image internationale du pays. Or le 31 mai 2010, le président Horst Köhler, élu en 2004, donne brusquement sa démission, prétextant les critiques (à dire vrai assez modérées) provoquées par sa déclaration justifiant l'engagement militaire en Afghanistan par les intérêts commerciaux du pays. Pour beaucoup, cette démission s'explique surtout par ses désaccords avec la Chancelière, ulcérée par les critiques formulées par le Président contre certains aspects de sa politique. Or, pour le remplacer, Mme Merkel impose à sa majorité de voter pour Christian Wulff, ministre-président de Basse Saxe, et possible rival au sein de la CDU où il pourrait briguer la candidature à la Chancellerie. Celui-ci l'emporte difficilement au troisième tour sur le pasteur Joachim Gauck, haute personnalité morale, non engagée politiquement et présentée par le SPD et les Verts. Le reproche qui est fait à la Chancelière d'avoir fait un choix politicien, se trouve renforcé par la démission forcée en février 2012 du nouvel élu, convaincu d'avoir reçu, alors qu'il était ministre-président de Basse Saxe, des cadeaux financiers et un prêt sans intérêt de la part d'entrepreneurs. Cette fois, la Chancelière se rallie à la candidature de Joachim Gauck, élu président fédéral en mars 2012. Enfin, la Chancelière se trouve également affaiblie par la démission le 1er mars 2011 de son brillant ministre de la Défense, Karl-Theodor zu Guttenberg, étoile montante de la CSU bavaroise, fort populaire dans l'opinion et la jeunesse, convaincu de plagiat dans la rédaction de sa thèse de droit en 2006.

Le paradoxe de la popularité de la Chancelière. Les difficultés que connaît la coalition au pouvoir depuis 2009 paraissent dans un premier temps devoir durablement affaiblir la Chancelière. De fait jusqu'à l'été 2011, les sondages qui prédisent une victoire aux élections de 2013 d'une coalition de gauche enregistrent dans le même mouvement une chute de la popularité de Mme Merkel, contrastant avec la montée en puissance de l'audience des principaux dirigeants du SPD, parmi lesquels figure à coup sûr le futur candidat du parti à la chancellerie. C'est que l'aile conservatrice de la CDU ne ménage guère la Chancelière accusée de s'éloigner de la clientèle traditionnelle du parti pour tenter de séduire l'aile modérée de la gauche et des Verts en mettant en avant la thématique sociale, les problèmes démographiques, le statut des femmes. Les critiques portent aussi sur le manque de vision européenne et mondiale de Mme Merkel à laquelle on reproche son attitude timorée et ses hésitations à aider la Grèce dans la crise de l'euro comme l'abstention de l'Allemagne lors du vote à l'ONU en mars 2011 de la résolution autorisant des frappes militaires contre les forces du colonel Kadhafi en Libye.

Or, contre toute attente, la Chancelière poursuit le recentrage de la politique allemande en lançant une série de réformes qui heurtent la droite de son parti, une partie des milieux économiques, mais sont en revanche acceptées par les socialistes et les Verts : la fin du nucléaire civil, la suppression du service militaire obligatoire, le renforcement de l'intégration européenne, la volonté de rendre moins sélectif le système scolaire...

Si la clientèle traditionnelle de la CDU se montre critique, la force de la Chancelière est de saisir et d'intégrer les attentes de la masse de la population. Celle-ci lui est reconnaissante d'avoir su épargner au pays les retombées de la crise économique qui frappe l'Europe, de mener une politique prudente de défense des intérêts nationaux, de maintenir à flot une zone euro indispensable à la prospérité allemande, mais d'éviter d'engager son pays plus loin qu'il n'est nécessaire dans la politique européenne et mondiale, bref de maintenir une Allemagne modeste et peu désireuse de jouer les grandes puissances, tournée vers la valorisation de ses atouts économiques. De surcroît, si la CDU redoute que le recentrage que lui impose Mme Merkel ne laisse un espace libre à sa droite à une force politique plus conservatrice, elle ne possède aucun dirigeant susceptible de concurrencer la Chancelière, si bien que le congrès de Karlsruhe de novembre 2010 la réélit présidente du parti par 90 % des suffrages. Et dès l'année 2011, les sondages enregistrent une remontée de la popularité de la Chancelière qui sera même désignée en mars 2012 comme la personnalité préférée des Allemands.

Les élections de 2013 : un scrutin joué de longue date

Une opposition vaincue d'avance. Une des explications de l'avantage incontestable dont paraît bénéficier la Chancelière au niveau fédéral tient aux embarras de son opposition qui, à aucun moment, ne semble en mesure de la concurrencer véritablement. Non que celle-ci soit inexistante. On a vu que le SPD et les Verts étaient en mesure d'arracher à la CDU nombre de Länder grâce à l'audience de personnalités locales jouant sur les mécontentements provoqués par la politique gouvernementale. Mais, à l'échelle fédérale, le jeu est d'une tout autre nature. Outre que les deux principales forces de gauche sont plus rivales que véritablement alliées, bien qu'elles affirment vouloir gouverner de concert, elles sont concurrencées par l'extrême-gauche rassemblée dans Die Linke, puissante en ex-Allemagne de l'Est et souvent constituée d'anciens communistes, surtout depuis le retrait de la vie politique nationale de son fondateur Oskar Lafontaine en 2009. Or ni les sociaux-démocrates ni les Verts n'envisagent de gouverner un jour avec Die Linke dans un gouvernement fédéral, ce qui dans le contexte de 2013 exclut qu'ils puissent réunir une majorité, le SPD étant crédité d'environ 25 % des suffrages, les Verts de 13 %, tandis que les estimations des sondages placent l'extrême-gauche à 7 ou 8 %.

Le problème de la gauche réside donc dans la faiblesse du SPD qui ne parvient pas à se relever de son cinglant échec des élections de 2009 au cours desquelles il a perdu le tiers de son électorat. La social-démocratie continue à traîner comme un boulet l'héritage du chancelier Schröder et de son « Agenda 2010 » qui a sacrifié sur l'autel de la compétitivité économique les intérêts du monde ouvrier et mis en œuvre la réussite économique du pays au prix de la précarisation des milieux populaires. Le sentiment de l'impossibilité de redresser la situation explique assez largement que deux des principaux dirigeants du parti, son président Sigmar Gabriel et le chef de son groupe parlementaire Frank-Walter Steinmeier, déclinent l'offre de candidature à la chancellerie pour le scrutin de 2013. Le choix se porte alors sur Peer Steinbrück, ancien ministre des Finances d'Angela Merkel dans la grande coalition de 2005-2009, gestionnaire sérieux, mais sans charisme. Il va conduire une campagne électorale jalonnée de maladresses qui écornent son image et qu'il s'efforce d'orienter à gauche en prenant ses distances avec les mesures de l'Agenda 2010 qu'il a mis en œuvre comme ministre des Finances, afin de mieux se distinguer d'une Chancelière désormais positionnée au centre. Les mesures proposées dans son programme, augmentation des impôts pour les plus aisés et création d'un salaire minimum sont de celles qui n'enthousiasment guère la majorité de la population. Quant à ses critiques sur la frilosité européenne de la Chancelière et la nécessité d'une solidarité avec les pays du Sud en difficulté, elles contrastent avec l'approba-

au Bundestag de la politique de la Chancelière et hérissent une opinion qui n'entend pas payer pour des pays jugés paresseux. Même si la bonne prestation de Peer Steinbrück dans son duel télévisé avec la Chancelière et une légère remontée dans les sondages en fin de campagne redonnent quelque espoir à la gauche, c'est bien le sentiment d'un combat perdu d'avance qui domine dans ce camp la campagne électorale.

La CDU dans l'ombre de la Chancelière. La situation de la majorité sortante est bien différente.

La popularité de la Chancelière est à son zénith à partir de 2012 et les sondages montrent que si le Chancelier allemand était élu au suffrage universel, Mme Merkel l'emporterait au premier tour avec plus de 50 % des suffrages (contre 18 % pour Peer Steinbrück). En revanche, la CDU est nettement moins populaire que sa présidente, les sondages ne lui accordant que 35 à 39 % des suffrages. Enfin, les libéraux qui se sont avérés des alliés peu fiables pour la CDU paient le prix de leurs surenchères et il apparaît douteux qu'ils atteignent le seuil de 5 % qui leur permettrait de siéger au Bundestag.

L'équation de Mme Merkel est donc simple : conduire une campagne appuyée sur son bilan et sa popularité personnelle, de manière à donner à son parti une large majorité lui permettant de fixer les règles et les enjeux d'une probable coalition et proposer un programme compatible avec celui du SPD ou des Verts afin de rendre possible une alliance gouvernementale avec l'un ou l'autre au cas où les libéraux disparaîtraient du Parlement. Le recentrage imposé par la Chancelière à la CDU facilite les choses, en particulier la transition énergétique, la suppression du service militaire obligatoire, la politique européenne, les réformes du système scolaire. Reprenant sa tactique de 2009, la Chancelière y ajoute un programme électoral, démarqué avec quelques nuances de celui du SPD, la mise en place d'un salaire minimum, un plafonnement des loyers, des investissements pour l'entretien des routes, une amélioration des retraites et des avantages de retraite pour les femmes qui ont abandonné leur emploi pour élever leurs enfants. À la rigueur économique, à la défense des intérêts allemands dans une Europe qu'elle pilote, la Chancelière ajoute donc une corde à son arc, une politique sociale qui ôte à l'opposition un des rares atouts dont elle pouvait jouer.

Le triomphe de la Chancelière. L'habileté politique de Mme Merkel est couronnée de succès. Le résultat des élections du 22 septembre 2013 lui assure une écrasante victoire. Avec 41,5 % des suffrages, elle frôle la majorité absolue au Bundestag où CDU et CSU totalisent 311 sièges sur 630.

En revanche, tous les autres partis sont laminés. Avec 25,7 % des voix le SPD fait à peine mieux qu'en 2009 et fait élire 192 députés. Les deux autres partis de gauche qui dépassaient en 2009 les 10 % connaissent un sensible repli, Die Linke avec 8,6 % des suffrages (contre 11,4 % en 2009), les Verts avec 8,4 % (contre 10,7).

Élections législatives en Allemagne de 2013

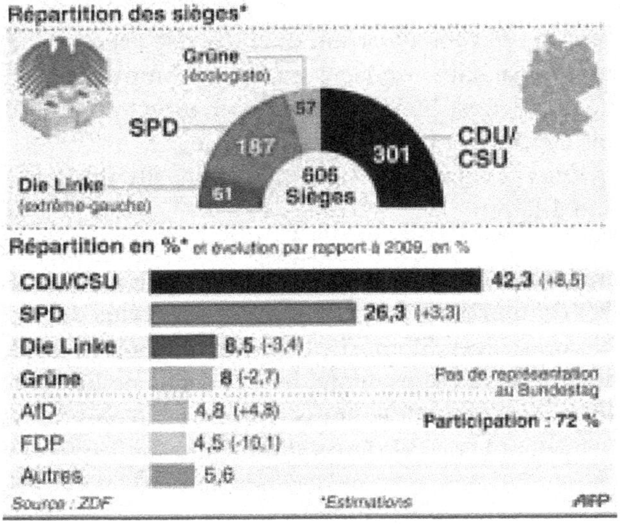

S'il ne fait aucun doute avec ces résultats que Mme Merkel conservera la Chancellerie pour un troisième mandat, comme seuls Konrad Adenauer et Helmut Kohl y étaient parvenus avant elle, ce triomphe personnel s'accompagne de quelques ombres. Le parti eurosceptique AfD n'est certes pas parvenu à entrer au Bundestag, mais avec 4,8 % des suffrages, il s'en est fallu d'assez peu. S'il se pérennise et parvient à grandir, le risque de voir se développer un parti fortement marqué à droite, menaçant le monopole de la CDU-CSU dans le camp conservateur, pourrait se concrétiser. Autre souci pour la Chancelière, l'élimination du FDP du Bundestag (puisqu'il n'a réuni que 4,7 % des suffrages) la prive de son allié naturel. Or il lui faut trouver pour atteindre la majorité absolue les 5 voix qui lui manquent et que seule la gauche peut lui fournir. Si la constitution d'une grande coalition CDU-SPD est plébiscitée par les Allemands, sa réalisation politique ne va pas sans difficulté. Le SPD, écrasé par la CDU, n'entend pas lui fournir les voix qui lui manquent si la Chancelière n'accepte pas d'intégrer une partie de son programme dans l'agenda gouvernemental, d'autant que l'expérience précédente de la « grande coalition » ne lui a guère rapporté électoralement. Paradoxalement, c'est la Chancelière victorieuse qui devra faire des concessions à son adversaire vaincu pour obtenir son appui parlementaire. À moins qu'une alliance inédite entre la CDU et les Verts ne supplée à l'éventuel refus des sociaux-démocrates, hypothèse toutefois difficile à envisager compte tenu des fortes réticences à une telle alliance des Verts et de l'aile droite de la CDU-CSU. Toutefois, à l'issue de ces élections, deux certitudes peuvent être formulées. D'une part, l'habileté et le pragmatisme de la Chancelière lui permettront de négocier un compromis acceptable. D'autre part, la politique de Mme Merkel, fondée sur la prudence, le réalisme et les petits pas marquera sans aucun doute son troisième mandat comme les deux premiers.

Les négociations qui s'ouvrent au lendemain des élections et qui vont se prolonger jusqu'au mois de décembre 2013 confirment ces pronostics. Le 17 décembre, Mme Merkel est élue pour la troisième fois chancelière d'Allemagne à la tête d'un gouvernement de « grande coalition ». Pour y parvenir, elle a dû lâcher du lest à ses partenaires sociaux-démocrates, tant en ce qui concerne la composition du gouvernement que sur le programme de celui-ci. Sur le premier point les sociaux-démocrates auxquels les chrétiens-démocrates n'entendaient concéder que quelques strapontins, compte tenu de leur ample défaite électorale reçoivent six portefeuilles importants dont celui des Affaires étrangères pour Frank-Walter Steinmeier et celui de l'Économie et de l'Énergie attribué au président du SPD, Sigmar Gabriel qui sera chargé de mettre en œuvre la principale réforme du nouveau gouvernement, l'abandon du nucléaire, et qui devient en outre vice-Chancelier. Pour autant, Mme Merkel reste maîtresse du jeu, en conservant à la CDU cinq portefeuilles ministériels auxquels il faut ajouter les trois ministères attribués à la CSU, en maintenant au ministère des Finances Wolfgang Schäuble, ce qui lui permet de contrôler l'ensemble des politiques et en plaçant au ministère de la Défense, la populaire Ursula von der Leyen.

Le programme gouvernemental porte lui aussi la marque du compromis. Les sociaux-démocrates ont imposé à la Chancelière la création d'un salaire minimum à 8,50 euros de l'heure au 1er janvier 2015, le départ à la retraite à 63 ans au lieu de 67 des salariés ayant cotisé 45 ans et l'octroi de la double nationalité aux enfants d'étrangers nés en Allemagne. Mais Mme Merkel a tenu bon sur les finances publiques, confirmant l'équilibre du budget dès 2014 et le refus de nouveaux impôts, sur l'augmentation des retraites pour les mères ayant élevé des enfants avant 1992 et sur une politique européenne fondée sur la compétitivité économique et le refus de la mutualisation de la dette.

Si le succès de Mme Merkel qui a remporté haut la main les élections paraît tout à fait logique, on peut parler de véritable triomphe pour le SPD dont la défaite électorale de septembre 2013 se solde trois mois plus tard par son entrée en force au gouvernement, l'adoption par celui-ci d'une partie de son programme, voire la consolidation du parti dont 75 % des membres ont accepté l'entrée de ses dirigeants au gouvernement.

Biographies

ADENAUER (KONRAD) (1876-1967)

Né à Cologne, il entre dans l'administration après des études de droit, mais se dirige très vite vers une carrière politique. Il adhère au parti catholique Zentrum en 1906, se fait élire conseiller municipal, puis maire de Cologne. Membre et président du Conseil d'État de Prusse de 1920 à 1933, il se montre partisan d'une autonomie rhénane, mais rejette tout séparatisme. À l'arrivée au pouvoir de Hitler en 1933, cet antinazi est révoqué de toutes ses fonctions et connaîtra la prison à deux brèves reprises en 1934 et 1944. La chute du nazisme le place au premier plan de la politique en République fédérale. Fondateur de l'Union chrétienne-démocrate (CDU), il en est élu président en 1950 et le demeure jusqu'en 1966. Président du Conseil parlementaire qui prépare la Constitution de la République fédérale, il devient le premier Chancelier de celle-ci en 1949 et conserve cette fonction jusqu'en 1963, remportant les élections législatives successives de 1953, 1957 et 1961. À ce titre, il est le principal artisan du relèvement économique de l'Allemagne, de l'élaboration du modèle social rhénan, de la renaissance de la souveraineté du pays et de son intégration dans l'Europe de l'ouest, l'alliance atlantique et le Marché commun. Enfin, il conduira avec le général de Gaulle la réconciliation franco-allemande, signant en 1963 le traité de l'Élysée qui pose les bases d'une coopération entre les deux pays. Il démissionne en octobre 1963 sous la pression de son parti, las de subir son autorité.

BETHMANN-HOLLWEG (1856-1921)

Theobald von Bethmann-Hollweg appartient lui aussi à la génération des hommes qui ont une quarantaine d'années à l'avènement de Guillaume II. Il est né en 1856 dans une famille de banquiers de Francfort, alliée aux Junkers prussiens. C'est dire qu'il incarne à la fois les deux branches de la classe dirigeante allemande et s'efforcera de maintenir, comme Bismarck, la « balance égale » entre la bourgeoisie d'affaires et l'aristocratie foncière, de plus en plus étroitement liées l'une à l'autre. Il a été le compagnon d'études de Guillaume II et c'est ce qui lui vaut son ascension rapide. Il est successivement Préfet régional du Brandebourg, ministre de l'Intérieur de Prusse (1905) puis de l'Empire (1907). La chute de Bülow fait de lui en 1909 un chancelier d'Empire entièrement dévoué à l'Empereur. Il manque d'ailleurs totalement d'envergure et de vues personnelles. Il ne saura empêcher ni les progrès rapides des sociaux-démocrates, ni la guerre de 1914. Il quitte d'ailleurs le pouvoir en pleine guerre, en avril 1917. Après s'être exilé au lendemain du conflit aux Pays-Bas, il meurt en Allemagne en 1921.

Brandt (Willy) (1913-1992)

De son véritable nom Herbert Ernst Karl Frahm, le futur Willy Brandt est né à Lübeck dans un milieu modeste (sa mère était vendeuse). Apprenti chez un courtier maritime, il milite dès 1929 dans les Jeunesses socialistes et adopte le pseudonyme de Willy Brandt après l'arrivée au pouvoir de Hitler pour continuer à participer aux activités illégales du mouvement socialiste. En avril 1933, il fuit l'Allemagne nazie pour se réfugier en Norvège. De là, il poursuit ses activités antifascistes dans des organisations révolutionnaires et rend compte en 1938, comme journaliste, de la guerre civile d'Espagne, ce qui lui vaut d'être déchu par les nazis de la nationalité allemande. La conquête de la Norvège par les nazis le pousse à fuir en Suède en 1940, muni d'un passeport norvégien. Cet authentique antifasciste ne regagne l'Allemagne qu'en 1946 comme représentant du gouvernement norvégien à Berlin. Ayant recouvré la nationalité allemande, il adhère au parti social-démocrate et, à ce titre, est élu bourgmestre de Berlin-ouest de 1957 à 1966, à l'époque où les Soviétiques multiplient les pressions sur cette enclave occidentale derrière le rideau de fer et construisent en 1961 le mur coupant la ville en deux. Candidat malheureux des sociaux-démocrates au poste de Chancelier en 1961 et 1965, il accède néanmoins au gouvernement du Chancelier chrétien-démocrate Kiesinger, dans le cadre d'une « grande coalition » en 1966. Il est alors vice-Chancelier et ministre des Affaires étrangères. En 1969, il conduit le SPD à la victoire et accède à la Chancellerie. Son action essentielle consiste dans la mise en œuvre de la politique à l'Est, l'*Ostpolitik*, marquée par la reconnaissance officielle de la RDA, le rapprochement diplomatique avec l'URSS, la Pologne et les autres pays du bloc soviétique, politique qui lui vaut en 1971 de recevoir le prix Nobel de la paix. Il démissionne de la Chancellerie en 1974, après la révélation de l'appartenance d'un de ses collaborateurs aux services secrets de la RDA.

Brüning (Heinrich) (1885-1970)

Né à Munster, en Rhénanie, il est fils d'un négociant en vins. Après de solides études de droit, il fait la guerre de 1914-1918, y gagne la Croix de Fer et lutte contre les révolutionnaires de gauche à Aix-la-Chapelle en 1918-1919. Il commence alors à Berlin une carrière de syndicaliste chrétien, puis en 1924, élu député de Silésie, il s'inscrit au groupe du Zentrum et devient une des illustrations de son aile droite. Spécialiste des questions financières, il montre un zèle à faire voter les crédits militaires qui lui vaut la sympathie de la Reichswehr. Devenu chef de la fraction parlementaire du Zentrum, il est désigné par Hindenburg comme Chancelier sur le conseil de von Schleicher. Celui-ci compte sur cet homme, froid, fermé, profondément conservateur pour instaurer en Allemagne un régime autoritaire. De fait, il jouera un rôle essentiel dans le démantèlement du régime parlementaire et dans la dégradation du régime de Weimar. En 1934, il quitte l'Allemagne pour les États-Unis où il s'engage dans la carrière universitaire et où il meurt en 1970, après avoir vainement tenté de jouer un rôle dans l'Allemagne d'après-guerre.

Caprivi (1831-1899)

Georg di Caprara de Montecuccoli, comte de Caprivi est né à Charlottenburg en 1831 dans une famille d'origine italienne relativement peu fortunée. Aussi sera-t-il assez mal considéré dans les milieux de la haute aristocratie prussienne. À partir de 1849 et jusqu'en 1890 il franchit toutes les étapes de la carrière militaire. Chef de l'Amirauté en 1883, il est général et chef de corps d'armée lorsqu'après la disgrâce de Bismarck, Guillaume II le désigne comme chancelier du Reich. C'est un homme ferme et discipliné, très dévoué à l'Empereur, mais qui manque d'expérience des affaires et qui compense son manque d'envergure par une raideur qui finit par déplaire à Guillaume II. Celui-ci laisse se développer, parallèlement à l'action du Chancelier, l'influence de Philippe d'Eulenburg en politique intérieure et celle du baron von Holstein en politique étrangère. Finalement, les critiques dirigées contre Caprivi par les hobereaux et les agriculteurs, inciteront l'Empereur à se séparer de son chancelier en 1894. Celui-ci meurt à Skyren, dans le Brandebourg, en 1899.

EBERT (FRIEDRICH) (1875-1925)

Né en 1875 dans le Palatinat, artisan sellier, il entre au SPD en 1893. Très vite, il devient permanent du parti, membre du Comité central, puis Secrétaire en 1905. Cet homme d'appareil est élu député en 1912 et, en 1913, à la mort de Bebel, il lui succède à la tête du parti. En 1914, c'est lui qui décide le parti à voter les crédits de guerre. Il se montre un ferme partisan de l'Union sacrée. Le cheveu dru, le cou puissant et court, c'est un homme de sang-froid qui sait agir vite. Il connaît à fond l'appareil du parti et sait dire aux ouvriers les mots qu'ils attendent. Il a été président du Reich de 1919 à sa mort en 1925.

ERZBERGER (MATTHIAS) (1875-1921)

Fils d'un artisan du Wurtemberg, il commence sa carrière comme journaliste. Membre du Zentrum, député en 1903 il devient le chef de l'aile gauche du parti, se faisant remarquer en particulier par son opposition à la politique coloniale. Rallié à l'Union sacrée durant la guerre, il est chargé par Bethmann-Hollweg de faire la propagande de guerre allemande auprès des puissances catholiques (Vatican et Espagne). Mais son séjour auprès du Pape et ses contacts avec l'empereur catholique Charles d'Autriche le persuadent que la guerre risque de s'achever en catastrophe pour les puissances germaniques et qu'elle est de toute façon moralement condamnable. Il prend alors l'initiative de la motion de paix du Reichstag et c'est lui qui est chargé en novembre 1918 de signer au nom de son pays l'armistice de Rethondes. Cohérent avec lui-même, il accepte le traité de Versailles et siège comme vice-Chancelier dans le cabinet Bauer qui signe celui-ci. Les nationalistes ne le lui pardonneront pas : Erzberger est assassiné le 26 août 1921 en Forêt-Noire par deux membres de l'Organisation *Consul.*

HINDENBURG (PAUL VON BENECKENDORFF) (1847-1934)

Sa carrière est classique de celle des officiers prussiens traditionnels. Né dans une famille militaire du Brandebourg, destiné à la carrière des armes, il fait ses études à l'école des Cadets, participe à la guerre franco-prussienne, puis après un passage à l'Académie Militaire, devient officier d'État-Major. En 1911, il achève comme général cette carrière traditionnelle et est mis à la retraite. C'est la guerre qui va lui offrir une seconde carrière, inattendue et brillante. Après l'offensive russe sur le front oriental, il est nommé commandant en chef de la VIIIe armée. Sa victoire sur les Russes à Tannenberg, puis aux lacs Mazures en fait le « sauveur de l'Allemagne » et donne naissance à une légende qui survivra aux faits. C'est le début de la grande ascension. Après Verdun, il remplace Falkenhayn à la tête de l'armée allemande. Ses échecs n'atteignent pas sa légende et il laisse les civils endosser en novembre 1918 la responsabilité de l'armistice ; démissionnaire en 1919, il se retire comme le symbole de l'armée allemande invaincue, face à la trahison des fondateurs de la nouvelle République.

Ce n'est pas le dernier paradoxe de sa carrière. Monarchiste convaincu, il accepte en 1925 de se laisser porter à la tête de la République, non sans avoir auparavant consulté le Kaiser déchu. Président du Reich, il porte une responsabilité essentielle dans le déclin de la République de Weimar, pour avoir en 1930, provoqué la chute du gouvernement parlementaire d'Hermann Müller et appelé au pouvoir avec Brüning un homme qui, pour trouver une majorité, n'hésite pas en pleine crise économique à dissoudre le Reichstag.

Enfin, dernier paradoxe : en janvier 1933, le marasme politique qu'il a largement contribué à créer le contraint d'appeler à la chancellerie le « caporal bohémien » Hitler pour lequel cet officier traditionaliste éprouve le plus profond mépris. Et, ironie du sort, c'est ce dernier qui, à la mort de Hindenburg en 1934, lui succède à la présidence du Reich.

HOHENLOHE (1819-1901)

Chlodwig, prince de Hohenlohe-Schillinsfürst, est né à Rotenburg en 1819. Ce grand seigneur bavarois est donc un homme de la génération de Bismarck, mais il est catholique. Cela ne l'empêche pas, en tant que Président du conseil de Bavière, de soutenir la politique anticléricale du « chancelier de fer ». De 1874 à 1885, il est ambassadeur d'Allemagne en France et joue à ce titre un rôle modérateur, notamment lors de la crise de 1875. En 1885, il devient *Staathalter* d'Alsace-Lorraine et commence par soutenir les tendances autonomistes, avant d'être amené, sous la pression de Bismarck, à pratiquer une politique d'intense germanisation. Il se trouve encore à ce poste lorsque Guillaume II fait appel à lui pour remplacer Caprivi. Grand seigneur un peu désabusé mais plein d'expérience politique, il a beaucoup plus de souplesse que son prédécesseur et s'il se heurte parfois à l'Empereur, c'est plutôt par excès de libéralisme. Laissant Bülow et Holstein diriger les affaires extérieures, il se consacre à la politique intérieure et gouverne avec une coalition des conservateurs, des nationaux-libéraux et du Centre. Il quittera le pouvoir en 1900 pour céder la place à von Bülow en qui Guillaume II voit l'homme capable d'appliquer la politique de puissance dont il rêve pour l'Allemagne. Il meurt à Ragaz, en Suisse, en 1901.

KOHL (HELMUT) (né en 1930)

Né à Ludwigshafen en Rhénanie dans une famille conservatrice et catholique, il poursuit des études de droit à Francfort sur le Main, puis s'oriente vers l'histoire et la science politique à l'Université de Heidelberg où il obtient en 1958 un doctorat sur la reconstruction des partis politiques dans le Palatinat après 1945. Il entre ensuite dans l'industrie privée à Ludwigshafen. Parallèlement, il s'engage précocement en politique, adhérant dès sa fondation en 1946 à l'Union chrétienne-démocrate et fonde une section de jeunesses de ce parti à Ludwigshafen en 1947. Il poursuit régulièrement son ascension dans ce parti politique accédant au comité de direction de la CDU en Rhénanie-Palatinat en 1955. En 1959, Helmut Kohl est élu député à la diète de Rhénanie-Palatinat, et devient en 1969 ministre-président de ce land. En 1973, le « géant noir du Palatinat » accède à la présidence de la CDU, ce qui en fait potentiellement le candidat de ce parti à la Chancellerie de la République fédérale. Son heure vient en 1982 lorsque les libéraux, jusque-là alliés au SPD dans une coalition gouvernementale, rompent avec celui-ci et décident de s'allier à la CDU. Helmut Kohl devient alors Chancelier et le demeure jusqu'en 1998, remportant toutes les élections de la période et battant le record de durée d'Adenauer à la Chancellerie. Européen convaincu, attaché à une étroite collaboration avec la France, il va conduire avec le président français François Mitterrand une politique européenne fondée sur l'axe franco-allemand dont le point fort sera en 1984 la célébration commune des morts français et allemands de Verdun. Mais surtout Helmut Kohl reste dans l'histoire comme l'artisan de la réunification allemande après l'effondrement du mur de Berlin et la chute du communisme en Allemagne de l'Est. Toutefois la récession que connaît l'Allemagne dans les années 1990 et dont la rapide réunification du pays est en partie responsable porte atteinte à sa popularité. S'il est réélu en 1994, il sera battu par le social-démocrate Schröder en 1998. Quelques mois plus tard, il doit abandonner la présidence de la CDU. En 1999, il est atteint par un scandale financier, lié à la révélation de l'existence de comptes secrets alimentant les caisses de la CDU sous sa présidence et sera poursuivi en justice.

LIEBKNECHT (KARL) (1871-1919)

Fils de Wilhelm Liebknecht, fondateur du SPD, il mène de concert sa carrière d'avocat et une carrière politique. Adversaire déterminé du militarisme, fondateur du « Mouvement socialiste de la jeunesse », il connaît la prison en 1906 pour avoir publié un violent pamphlet contre l'armée. En relations depuis 1905 avec les dirigeants du parti bolchevik russe, il est à la veille de la guerre de 1914 un des principaux dirigeants de l'aile gauche de son parti. Député au Reichstag depuis 1908, il demeure cohérent avec lui-même en refusant en août 1914 (le seul de son parti !) de s'associer au vote des crédits de guerre. En 1916, il est à nouveau emprisonné pour avoir crié « À bas la guerre ! » au centre même de Berlin. Libéré par la révolution de 1918, il prend la tête du spartakisme et mourra assassiné lors de la répression de janvier 1919.

LUXEMBURG (ROSA) (1871-1919)

Née en Pologne russe, dans une famille israélite, elle adhère en 1889 au parti socialiste-révolutionnaire qui prétend renverser le tsarisme grâce au terrorisme. Elle doit quitter son pays pour la Suisse, où elle participe aux activités du mouvement socialiste international et où elle fonde le parti social-démocrate polonais. À partir de 1898, elle vit en Allemagne, sauf un bref séjour en Pologne durant la révolution russe de 1905. Proche des dirigeants de gauche du SPD allemand, surtout de Liebknecht, elle participe de très près à la vie de la social-démocratie. Adversaire du révisionnisme de Bernstein, elle développe une œuvre théorique importante et polémique avec Lénine sur le problème du rôle de la spontanéité des masses dans la révolution. Avec la guerre, son rôle devient essentiel. Principal rédacteur des *Lettres de Spartacus*, elle est la théoricienne de l'extrême-gauche allemande. Elle mourra assassinée en janvier 1919 au cours de la répression du mouvement spartakiste dont elle avait été l'animatrice.

MERKEL (ANGELA) (née en 1954)

Fille d'un pasteur et d'une institutrice, née à Hambourg, Angela Kastler gagne avec sa famille en 1954 la République démocratique allemande où son père vient d'être nommé. Elle va passer son enfance et sa jeunesse dans l'Allemagne de l'Est communiste, y suivant des études de physique conclues par un doctorat en 1986. Entre-temps, elle se marie à un physicien, Ulrich Merkel dont elle conserve le nom après son divorce en 1982. Intégrée à la société de la RDA, elle appartient à l'organisation officielle de jeunesse, la Jeunesse libre allemande, et y exerce même des responsabilités. Mais elle se tient soigneusement à l'écart des institutions communistes et de la Stasi, la police politique, qui cherche à la recruter. Ce n'est qu'à la fin de 1989 qu'elle adhère à un mouvement démocratique d'opposition au régime. Ce qui lui permet, au moment où le régime communiste s'effondre, de jouer un rôle politique, d'abord comme porte-parole adjoint du dernier chef de gouvernement de la RDA, le démocrate-chrétien Lothar de Maizière en août 1990, puis comme membre de la CDU qui la fait élire au Bundestag en décembre 1990. Cette jeune intellectuelle est-allemande est élue vice-présidente du Bundestag et Helmut Kohl fait d'elle un ministre des Femmes et de la Jeunesse, puis, en 1994, de l'Environnement, de la Protection de la nature et de la Sécurité nucléaire. Parallèlement, elle est élue en 1993 présidente de la CDU dans le land de Mecklembourg-Poméranie occidentale. Sa grande carrière politique commence avec l'éviction d'Helmut Kohl dont elle apparaissait jusque-là comme la protégée. En 1998, elle devient secrétaire générale de la CDU, fonction qu'elle exerce jusqu'en 2000 où elle est élue présidente de ce parti. Toutefois, pour les élections de 2002, la CDU-CSU lui préfère comme candidat à la Chancellerie le bavarois Edmund Stoiber qui est battu. Elle prend sa revanche en 2005 où, après des élections indécises et d'interminables négociations, elle accède à la Chancellerie à la tête d'une grande coalition avec le SPD. Elle y acquerra assez rapidement une réputation de femme d'État sérieuse, solide et prudente, attachée aux droits de l'homme et soucieuse de mesures sociales. Ce qui lui permet de remporter les élections de 2009 comme celles de 2013, apparaissant comme l'inamovible dirigeante de l'Allemagne et la dirigeante le pus influente de l'Union européenne.

NOSKE (GUSTAV) (1868-1947)

Né à Brandebourg. Ouvrier dans une fabrique de voitures, puis menuisier, il devient fonctionnaire du parti en 1897. Dirigeant socialiste de Saxe, il est élu en 1906 député au Reichstag. Membre de l'aile droite du SPD, il approuve la politique coloniale de l'Allemagne. Spécialiste des questions militaires, tenu par Bebel pour un militariste, il approuve évidemment le vote des crédits de guerre et, durant tout le conflit, assure la liaison entre son parti et l'État-Major. On a vu son rôle à Kiel. Nommé fin décembre membre du Conseil des Commissaires du peuple avec la mission de maintenir l'ordre, il aurait alors déclaré : « Il faut que quelqu'un soit le chien sanguinaire. Je n'ai pas peur de cette responsabilité. »

Rathenau (Walter) (1876-1922)

Fils du grand industriel israélite Emil Rathenau, fondateur du trust de l'électricité AEG, il succède à son père à la tête de celui-ci en 1915. Remarquablement intelligent, doué pour la musique comme pour la philosophie, attiré par la politique, conscient que le développement prodigieux de l'économie doit se faire pour éviter l'anarchie et les catastrophes dans un cadre défini par l'État, il se fait connaître par de multiples écrits et de nombreux discours. Principal artisan de l'organisation économique allemande du temps de guerre, il se rallie à la République en 1919 et est l'une des personnalités marquantes du DDP Ministre de la Reconstruction en 1921, des Affaires étrangères en 1922, il inaugure à ce dernier poste une diplomatie active et habile marquée par la renaissance des initiatives allemandes (Rapallo) et la politique d'exécution du traité. Son assassinat en juin 1922 par deux officiers d'extrême-droite met fin à une carrière qui s'annonçait brillante.

Schacht (Hjalmar) (1877-1970)

Né en 1877 à Tingleff (actuel Danemark), il fut avant tout un banquier et un technicien de l'économie. Directeur de banque dès 1916, nommé commissaire à la monnaie en 1923, puis président de la Reichsbank, il joue un rôle essentiel dans le redressement du mark. Conservateur, convaincu de la nocivité du traité de Versailles, il démissionne de son poste en 1929 pour protester contre le plan Young. Cette attitude lui attire la sympathie des ultra-nationalistes et même de Hitler dont il soutient financièrement la campagne électorale en février 1933 et auquel il ne ménage pas les compliments. Ce qui lui vaut de retrouver la présidence de la Reichsbank, puis le ministère de l'Économie. Il donne à Hitler les moyens économiques de réaliser le réarmement, mais se détache du nouveau régime après 1937. Mis dans un camp de concentration en 1944 sous l'inculpation de complicité dans l'attentat contre Hitler (à tort, semble-t-il), il en est libéré par les Américains, puis est acquitté au procès de Nuremberg. Il continue alors sa carrière de technicien des finances appelé en consultation dans le monde entier jusqu'à sa mort en 1970.

Scheidemann (Philipp) (1865-1939)

Ce typographe, devenu lui aussi permanent du SPD, est avant tout un homme de parlement, à l'aise dans les conseils ministériels. Moustache blanche, barbiche en pointe, c'est un orateur parlementaire, très émotif. D'une extraordinaire vanité, il rêve d'être traité en égal par les puissants du jour et il souhaite faire du SPD un parti respectable, intégré au régime. Il y parvient en 1919.

Schmidt (Helmut) (né en 1918)

Né à Hambourg en décembre 1918, membre du SPD, il est élu en 1953 député au Bundestag. Il devient en 1967 président du groupe social-démocrate du Bundestag et symbolise la mutation de la social-démocratie allemande après l'abandon du marxisme et de l'option révolutionnaire par ce parti à son congrès de Bad-Godesberg. Socialiste modéré, rallié à l'économie de marché, il apparaît comme un ministrable sérieux et compétent lorsque la social-démocratie accède à la Chancellerie en 1969. Helmut Schmidt devient alors le premier socialiste à accéder au poste de ministre de la Défense de la République fédérale et conserve cette fonction jusqu'en 1972. À cette date, le Chancelier Willy Brandt le nomme ministre de l'Économie et des Finances, et il acquerra dans ces fonctions une réputation de spécialiste reconnu de l'économie. En 1974, lorsque Willy Brandt est contraint à la démission en raison de la révélation qu'un de ses conseillers était en fait un espion de la RDA, Helmut Schmidt lui succède tout naturellement et conserve ses fonctions jusqu'en 1982. Dans une conjoncture économique difficile, marquée par les deux chocs pétroliers de 1973-1974 et de 1979-1980, il parvient à faire traverser à l'économie allemande sans trop de difficultés cette mauvaise passe. Européen convaincu, très proche du président français Valéry Giscard d'Estaing avec lequel il entretient des liens d'amitié, il fera progresser de concert avec lui la Communauté européenne. Son départ de la Chancellerie en 1982 n'est pas dû à une défaite électorale, mais à la défection de ses alliés libéraux, conduits par son ministre des Affaires étrangères Hans-Dietrich Genscher, qui choisissent de former une nouvelle majorité avec la CDU d'Helmut Kohl.

SCHRÖDER (GERHARD) (né en 1944)

Gerhardt Schröder naît en 1944 à Mossenberg dans une famille modeste. Il quitte l'école à 14 ans, fait l'apprentissage du métier de vendeur et exerce même un moment comme ouvrier du bâtiment. Pour accéder à l'enseignement supérieur, il suit à partir de 1962 des cours du soir qui lui permettent de faire des études de droit, puis de devenir avocat à Hanovre. En 1963, il adhère au SPD et occupe des postes de responsabilité dans le mouvement des Jeunesses socialistes dont il devient le président fédéral en 1978. Membre du comité directeur du SPD dans la région de Hanovre en 1977, président de ce comité en 1983, il entre bientôt dans la direction fédérale de ce parti. En 1999, il devient président fédéral du SPD en remplacement d'Oskar Lafontaine et est réélu en 2001 et 2003 avant d'en démissionner en 2004.

Ces importantes fonctions au sein du SPD s'accompagnent de mandats électifs dans le land de Basse-Saxe. Tête de liste du SPD dans ce land dès 1986, il en devient ministre-président en 1990 et conserve cette fonction après ses victoires électorales de 1994 et 1998. Parallèlement il est élu député au Bundestag en 1980. En 1998, le SPD le désigne comme candidat à la Chancellerie face à Helmut Kohl qui sollicite un sixième mandat. La victoire du SPD qui l'emporte sur la CDU-CSU permet à Gerhard Schröder d'accéder à la Chancellerie à la tête d'une coalition réunissant le SPD et les Verts. Il demeure Chancelier jusqu'en 2005 avec la même majorité au Bundestag. Son action gouvernementale est marquée par des choix écologiques (sortie du nucléaire prévue en 2020, taxe carbone), une libéralisation des naturalisations, l'institution d'une union civile., mais une politique à contre-courant des conceptions social-démocrates sur le plan économique et social où il procède à un rigoureux assainissement des finances publiques, à une réforme de la fiscalité et des retraites et à la mise en œuvre de l'« Agenda 2010 » qui rogne les acquis de l'État-providence. Politique qui entraîne la démission du ministre des Finances Oskar Lafontaine contre une pratique jugée trop libérale et vaut une impopularité croissante au Chancelier. La lourde défaite électorale subie par le SPD dans le land de Rhénanie du Nord-Westphalie en mai 2005 le décide à provoquer des élections anticipées. Celles-ci, qui ont lieu en septembre 2005, débouchent sur une courte défaite du SPD, qui reste néanmoins au pouvoir au sein d'une grande coalition avec la CDU. Mais Gerhard Schröder ne parvient pas à y conserver le poste de Chancelier qui revient à la chrétienne-démocrate Angela Merkel. Refusant tout autre poste, Schröder abandonne alors la vie politique pour les affaires, devenant président du conseil de surveillance du consortium germano-russe *North-European Gas Pipeline*, nomination très critiquée car, comme Chancelier, il avait approuvé le tracé du gazoduc et fait garantir par l'État fédéral le prêt bancaire nécessaire à sa construction.

STRESEMANN (GUSTAV) (1878-1929)

Né dans une modeste famille berlinoise, il fait des études d'économie politique, puis adhère en 1903 au parti national-libéral. Il est député au Reichstag de 1907 à 1912, puis de 1914 à 1918. En 1917, à la mort du leader national-libéral Bassermann, il devient chef de la fraction parlementaire du parti. Il croit à la mission civilisatrice de l'Allemagne et dès l'avant-guerre est lié aux milieux pan-germanistes. Pendant la guerre, il est le porte-parole de la grande industrie et réclame en son nom l'annexion du reste du bassin lorrain. Il entraîne son groupe à l'assaut de Bethmann-Hollweg et soutient Ludendorff. Pendant la Semaine sanglante, il appuie Ebert et la République mais restera toujours un monarchiste mal repenti et sous son influence les Populistes auront vis-à-vis de la République une attitude équivoque.

VON BÜLOW (1849-1929)

Bernhard, prince von Bülow, est un homme d'une autre génération, puisqu'il est né en 1849 dans une vieille famille du Mecklenbourg. Il a d'abord été officier puis a fait une brillante carrière diplomatique. Ambassadeur en Roumanie jusqu'en 1893, il est à cette date nommé à Rome où il a une certaine influence dans les milieux aristocratiques et auprès des hommes politiques italiens, du fait de son mariage avec dona Laura Minghetti, la fille de l'un des leaders du *Risorgimento.* Remarqué par Eulenburg, il est nommé en 1897 secrétaire d'État aux Affaires étrangères, puis chancelier d'Empire en 1900 en remplacement de Hohenlohe. Il sera pendant 9 ans l'homme de la *Weltpolitik.* En politique intérieure, il lutte activement contre la social-démocratie et s'appuie pour cela, d'abord sur la coalition qui a soutenu son prédécesseur, puis sur le « bloc » des conservateurs et des nationaux-libéraux. Bülow voulait être un second Bismarck, mais il a beaucoup moins d'autorité que le Chancelier de fer. C'est un excellent orateur, un homme séduisant et très cultivé (ses *Mémoires* sont truffées de citations grecques et latines), mais il est souvent hésitant et ne sait pas imposer à l'Empereur ses idées. Il commettra quelques maladresses jusqu'à la malheureuse affaire de l'interview au *Daily Telegraph* qui lui vaut d'être disgrâcié en 1909.

VON PAPEN (FRANZ) (1880-1969)

Cet élégant officier de cavalerie, issu d'une famille de l'aristocratie westphalienne, homme du monde achevé, se croit des talents politiques que les faits démentent cruellement. Attaché militaire aux États-Unis, il s'en fait expulser en 1916 pour avoir trop visiblement fait de l'espionnage et il contribue à indisposer l'opinion américaine vis-à-vis de son pays. Député du Zentrum, il se range naturellement dans son extrême-droite, mais l'ambassadeur François-Poncet assure que « ni ses amis, ni ses ennemis ne le prenaient tout à fait au sérieux ». C'est cependant à cet homme qu'il apprécie pour ses bons mots qu'Hindenburg confie le pouvoir en 1932. On a vu comment, évincé du pouvoir par Schleicher, il s'en venge en introduisant les nazis au gouvernement. Il est d'ailleurs convaincu qu'il a joué Hitler puisque les membres de son parti sont en minorité dans le cabinet. Lorsqu'il s'aperçoit de son erreur, il laisse éclater son indignation dans un discours prononcé à Marbourg le 17 juin 1934. Démissionnaire après la « nuit des longs couteaux », il reprend du service peu après comme ambassadeur, à Vienne d'abord, à Ankara ensuite. Acquitté à Nuremberg, mais condamné par un tribunal allemand aux travaux forcés, il publie peu après son auto-justification qui prouve que ce dilettante de la politique n'a pas davantage compris, malgré le recul du temps, le rôle qu'il a joué entre 1932 et 1934.

Von Seeckt (Hans) (1866-1936)

Fils d'un officier prussien, il entre comme enseigne dans l'armée en 1885. Sa carrière se déroule entièrement dans les états-majors ; il fait la guerre de 1914 pour une part sur le front oriental, pour l'autre comme chef d'état-major de l'armée turque en 1917. Expert militaire à Versailles, il trouvera les idées nécessaires pour tourner les articles du traité qui limitent la souveraineté allemande. Autoritaire, franchement réactionnaire, il va veiller à ne pas confondre l'armée avec un régime républicain qu'il déteste. Sous son influence, la Reichswehr devient un corps autonome dans l'État de Weimar. Principal artisan du réarmement clandestin du Reich dont il fixe la doctrine (cf. chapitre 13), il rêve dès 1924 de jouer un rôle politique et se rapproche du DNVP en espérant pouvoir briguer la succession de Ebert à la présidence du Reich. La mort de celui-ci en 1925 et l'élection de Hindenburg représentent à la fois l'effondrement de ses ambitions politiques et la fin de son pouvoir militaire : Hindenburg se considère comme le véritable chef de l'armée et relègue von Seeckt à un simple rôle technique jusqu'en 1926 où il saisit un prétexte mineur pour se débarrasser de lui. Désormais son action de premier plan est terminée : élu député au Reichstag en 1930, il s'inscrit au groupe populiste et se rallie au nazisme en 1933.

Bibliographie générale

Chapitre 1

Parmi les très nombreux ouvrages en allemand on pourra consulter utilement :

H. Herzfeld, *Die Epochen des bürgerlichen Nationalstaates 1789-1870*, Brunswick, 1960.

G. Man, *Deutsche Geschichte des neunzehnten und zwangzisten Jahrunderts*, Francfort, 1964.

Mais il existe également sur cette période une abondante littérature en français :

P. Ayçoberry, *L'Unité allemande*, Paris, PUF, coll. « Que sais-je ? », 1968.

H. Burgelin, *La Société allemande, 1871-1968*, Paris, Arthaud, 1969.

F.-G. Dreyfus, *Histoire des Allemagnes*, Paris, Armand Colin, coll. « U », 1970.

J. Droz, *Histoire de l'Allemagne*, Paris, PUF, coll. « Que sais-je ? », 14e éd., 2003.

– *Le Romantisme politique en Allemagne*, Paris, 1966.

– *Histoire de l'Allemagne*, tome I : *La Formation de l'unité allemande, 1789-1871*, Paris, Hatier, coll. « Histoire contemporaine », 1984.

E. Vermeil, *L'Allemagne contemporaine*, 2 vol., Paris, Aubier, 1953.

– *L'Allemagne, essai d'explication*, Paris, Gallimard, 1940, ouvrage capital pour la compréhension des conditions politiques et psychologiques de l'Unité.

Enfin sur l'ensemble de la question :

F.-G. Dreyfus, *L'Allemagne contemporaine 1815-1990*, Paris, PUF, coll. « Nouvelle Clio », 1991.

Chapitre 2

On peut ajouter aux ouvrages généraux présentés dans le chapitre 1 les livres suivants :

O. von Bismarck, *Pensées et souvenirs*, présentation de J. Rovan, Paris, Calmann-Lévy, 1984.

F.-G. Dreyfus, *Histoire des Allemagnes*, (voir biblio., chap. 1).

L. Gall, *Bismarck*, Paris, Fayard, 1984.

P. Guillen, *L'Allemagne de 1848 à nos jours*, Paris, Nathan, coll. « Fac », 1970.

M. Kitchen, *The Political Economy of Germany*, Londres, Croom Helm, 1978.

Sur la période étudiée dans ce chapitre, on consultera :

J. Droz, *Le Socialisme démocratique*, Paris, Armand Colin, coll. « U », 1966.

W. Richter, *Bismarck*, New York, GP Putnam's Sons, 1965.

Et en allemand :

K.E. Born, *Staat und Sozialpolitik seit Bismarcks Sturz*, Wiesbaden, 1957.

E. Eyck, *Bismarck. Leben und Werk*, Zurich, 1944.

H. Holborn, *A history of Modem Germany, 1840-1945*, Londres, 1969.

Chapitre 3

F. Angel, *Édouard Bernstein et l'évolution du socialisme allemand*, Paris, Didier, 1961.

P. Batty, *La Dynastie des Krupp*, Paris, Robert Laffon, coll. « L'histoire que nous vivons », 1967.

P. Bertaux, *La Vie quotidienne en Allemagne à l'époque de Guillaume II*, Paris, Hachette, 1962.

F.-G. Dreyfus, *L'Allemagne contemporaine* (voir biblio., chap. 1).

E. Ludwig, *Wilhelm der Zweite*, Munich, 1964.

R. Poidevin, *L'Allemagne impériale et républicaine, 1900-1933*, Paris, Éditions Richelieu, 1972.

G. Ritter, *Die Arbeiterbewegung im wilhelminischen Reich*, Berlin, 1959.

E. Vermeil, *L'Allemagne contemporaine*, tome I : *Le règne de Guillaume II (1890-1918)*, Paris, Aubier, 1952.

Chapitre 4

F.-G. Dreyfus, *L'Allemagne contemporaine* (voir biblio., chap. 1).

Sur le nationalisme allemand et le pangermanisme, on lira :

J. Droz, *Le Nationalisme allemand de 1871 à 1939*, Paris, cours CDU, 1963.

– *L'Europe centrale, évolution historique de l'idée de Mitteleuropa*, Paris, Payot, 1960.

On pourra consulter également :

P. Guillen, *L'Allemagne et le Maroc de 1870 à 1905*, Paris, PUF, 1967.

A. Kruck, *Geschichte des Alldeutschen Verbands 1890*, Wiesbaden, 1954.

R. Poidevn, *L'Allemagne et le monde au xxe siècle*, Paris, Masson, 1983.

R. Poidevin, J. Bariety, *Les Relations franco-allemandes, 1815-1975*, Paris, Armand Colin, 1977.

H.U. Wehler, *Bismarck und der Imperialismus*, Cologne, 1961.

Sur les relations internationales et les problèmes posés par l'impérialisme allemand :

J. Droz, *Histoire diplomatique de 1919 à nos jours*, Paris, Dalloz, 1959, 2e éd.

J.B. Duroselle, *L'Europe de 1815 à nos jours*, Paris, PUF, coll. « Nouvelle Clio », 1970, 3e éd.

F. Fischer, *Griff nach der Weltmach*, Düsseldorf 1961.

I. Geiss, *Juli 1914*, Munich, 1965.

P. Guillen, *L'Allemagne et le Maroc de 1870 à 1905*, Thèse, Paris, PUF, 1967.

W.-F. Hallgarten, *Imperialismus vor 1914*, Munich, 1951, 2 vol.

P. Milza, *Les Relations internationales de 1871 à 1914*, Paris, Armand Colin, coll. « Cursus », 2009, 3e éd.

R. Poidevin, *Les Relations économiques et financières entre la France et l'Allemagne de 1898 à 1914*, Paris, Armand Colin, 1969.

P. Renouvin, *Histoire des relations internationales*, tome 6 : *Le xixe siècle : De 1871 à 1914. L'apogée de l'Europe*, Paris, PUF, 1955.

W. Windelband, *Bismarck und die europäischen Mächte 1879-1885*, Essen, 1942.

Chapitre 5

F.-G. Dreyfus, *L'Allemagne contemporaine* (voir biblio., chap. 1).

Les principaux ouvrages sur l'Allemagne en guerre sont en allemand :

F. Fischer, *Deutchland im Ersten Weltkrieg*, Francfort, 1965.

G. Ritter, *Staatskunst und Kiregshandwerk*, tomes 3 et 4, Munich, 1964 et 1968.

W. Hubatsch, *Deutschland im Weltkrieg 1914-1918*, Berlin, 1966.

En français, on pourra consulter :

G. Badia, *Histoire de l'Allemagne contemporaine*, tome I, Paris, Éditions sociales, 1965.

P. Guillen, *L'Empire allemand 1871-1918*, Paris, Hatier, 1970.

Sur l'étude du traité de Versailles, deux ouvrages indispensables :

J.-B. Duroselle, *Histoire des relations diplomatiques de 1919 à nos jours*, Paris, Dalloz, 1960.

P. Renouvin, *Histoire des relations internationales*, tome 7, Paris, Hachette, 1960.

– *La Première Guerre mondiale*, Paris, PUF, coll. « Que sais-je ? », 1967.

Chapitre 6

En allemand :

K.D. Bracher, *Die Auflösung der Weimarer Republik*, Stuttgart, 1955.

F. Carsten, *Reichswehr und Politik*, Cologne, 1963.

Eyck, *Geschichte der Weimarer Republik*, 2 tomes, Erlenbach 1956-1957.

H. Lehmann, *Die Weimarer Republik*, Munich, 1961.

En français, on dispose d'un ouvrage fondamental :

G. Badia, *Les Spartakistes : 1918, l'Allemagne en révolution*, Bruxelles, Aden, coll. « Petite bibliothèque d'Aden », 2008.

J. Bariéty, J. Droz, *L'Allemagne, République de Weimar et régime hitlérien 1918-1945*, Paris, Hatier, 1981.

G. Castellan, *L'Allemagne de Weimar*, Paris, Armand Colin, 1969.

E. Vermeil, *L'Allemagne contemporaine*, tome II, Paris, Aubier, 1953.

Chapitres 7 et 8

P. Broué, « L'Allemagne des Révolutions », analyse bibliographique in *Revue d'Histoire Moderne et Contemporaine*, 1965.

H. Dederke, *Reich und Republik Deutschland 1918-1933*, Stuttgart, 1969.

A. Eyck, *Geschichte der Weimarer Republik*, 2 vol., Erlenbach-Zurich, 1962.

H. Heiber, *Die Republik von Weimar*, P.T.V., 1966.

R. Poidevin, *L'Allemagne de Guillaume II à Hindenburg*, Paris, Éditions Richelieu, 1972.

Pour la politique intérieure, voir les ouvrages cités au chapitre précédent.

Questions économiques et financières :

C. Ambrosi, M. Baleste et T. Tacel, *Histoire et géographie économiques des grandes puissances*, Delagrave, Paris, 1968.

Questions diplomatiques :

G. Bonnin, *Le Putsch de Hitler à Munich en 1923*, Les Sables-d'Olonne, Bonnin, 1966.

R. Castillon, *Les Réparations allemandes*, Paris, PUF, 1953.

J.-B. Duroselle, *Histoire diplomatique de 1919 à nos jours* (voir biblio., chap. 5).

P. Renouvin, *Histoire des relations internationales* (voir biblio., chap. 5).

Chapitre 9

P. Aycoberry, *La Question nazie, les interprétations du national-socialisme*, Paris, Seuil, 1979.

G. Badia, *Les Spartakistes :1918, l'Allemagne en révolution* (voir biblio chap. 6).

S. Berstein, *Le Nazisme*, Paris, M.A. Éditions, 1985.

A. Bullock, *Hitler ou les mécanismes de la tyrannie*, trad. française, Verviers, 1963.

R. d'O. Butler, *The Roots of National-Socialism*, 1783-1933, Londres, 1941.

C. David, *L'Allemagne de Hitler*, Paris, PUF, coll. « Que sais-je ? », 1963.

J. Fest, *Hitler*, Paris, Fayard, 1973.

A. Hitler, *Mein Kampf*, trad. française, Paris,1934.

W. Hofer, *Le National-Socialisme par les textes*, trad. française, Paris, Plon, 1963.

H. Mau et H. Krausnick, *Le National-Socialisme*, Paris, Casterman, 1962.

W. Shirer, *Le IIIe Reich*, trad. française, Paris, Stock, 1959-1960.

M. G. Steinert, *L'Allemagne nationale-socialiste, 1933-1945*, Paris, Éditions Richelieu, 1972.

E. Vermeil, *Doctrinaires de la Révolution allemande*, Paris, Fernand Sorlot, 1938.

Chapitre 10

Aux ouvrages généraux cités aux chapitres précédents, on ajoutera les ouvrages suivants sur la fin de la République de Weimar :

K.D. Bracher, *Die Anflösung der Weimarer Republik; eine Studie zum problem des Machtverfalls in der Demokratie*, Villingen, 1960.

G. Hallgarten, *Hitler, Reichswehr und Industrie, zur Geschichte der Jahre 1918-1933*, Francfort, 1955.

E. Matthias et M. Morsey, *Das Ende der Parteien (1933)*, Düsseldorf, 1960.

Von Papen, *Mémoires*, traduction française, Paris, 1953.

Chapitre 11

Aux ouvrages précédemment indiqués on ajoutera :

K.J. Ball-Kaduri, *Das Leben der Juden in Deutschland*, Francfort-sur-le-Main, 1963.

Ch. Bloch, *La Nuit des longs couteaux*, Paris, Julliard, coll. « Archives », 1967.

K.D. Bracher, *Die Deutsche Diktatur. Entstehung Struktur, Folgen des National-Sozialismus*, Cologne et Opladen, 1969; Trad. française : *Hitler et la dictature allemande, naissance, structures et conséquences du national-socialisme*, Bruxelles, Complexe, 1995.

– *Deutschland zwischen Demokratie und Diktatur*, Berne, 1964.

K.D. Bracher, W. Sauer, G. Schulz, *Die National-Sozialistische Machtergreifung; Studien zur Errichtung des totalitören Herrschaftesystems in Deutschland 1933-1934*, Cologne 1960.

M. Broszat, *Der Staat Hitlers, Grundlegung und Entwicklung seiner inneren Verfassung*, Munich, Deutscher Tagebuch Verlag, 1969.

J.-C. Fest, *Les maîtres du IIIe Reich*, Paris, Grasset, 1955.

S. Friedländer, *L'Antisémitisme nazi, Histoire d'une psychose collective*, Paris, Seuil, 1971.

Chapitre 12

Aux ouvrages généraux précédemment indiqués on ajoutera :

C. BETTELHEIM, *L'Économie allemande sous le nazisme*, Paris, Maspero, 1946.

R. DUBAIL, *Une Expérience d'économie dirigée, l'Allemagne nationale-socialiste*, Paris, Imprimerie des publications périodiques, 1962.

H. KLEIN BURTON, *Germany's economic preparations for War*, Cambridge, Mass, Harvard University Press, 1959.

D. PETZINA (D.), *Autarkiepolitik im Dritten Reich, Der nationalsozialistische Vierjahresplan*, Suttgart, Deutsche Verlags-Anstalt, 1968.

Chapitre 13

La politique extérieure des nazis a été très étudiée. On pourra lire à ce sujet les excellents chapitres consacrés à cette question par :

J. BENOIST-MECHIN, *Histoire de l'armée allemande*, tomes 4, 5 et 6, Paris, Albin Michel, 1941.

A. BULLOCK, *Hitler ou les mécanismes de la tyrannie* (voir biblio., chap. 9).

J.-B. DUROSELLE, *Histoire diplomatique de 1919 à nos jours* (voir biblio., chap. 5)

H. A. JACOBSEN, *Nationalsozialistiche Aussenpolitik 1933-1938*, Francfort, 1968.

P. RENOUVIN, *Histoire des relations internationales* (voir biblio., chap. 5).

W. SHIRER *Le IIIe Reich* (voir biblio., chap. 9).

Sur des aspects particuliers :

J.-B. DUROSELLE (dir.), *Les Relations germano-soviétiques 1933-1939*, Paris, Armand Colin, 1954.

E. WISKEMANN, *L'Axe Rome-Berlin* trad. française, Paris, 1950.

Pour les questions militaires, des ouvrages de base :

G. CASTELLAN, *Le Réarmement clandestin du Reich, 1930-1935*, Paris, Plon 1954.

G.C. CRAIG, *The Politics of the Prussian Army, 1640-1945*, 1960.

H.J. GORDON, *The Reichswehr and the german republic, 1919-1926*, Princeton 1957.

G. MEINCK, *Hitler und die Deutsche Aufrüstung*, Wiesbaden, 1959.

K.-J. MÜLLER, *Das Heer und Hitler Armee und nationalsozialistiches Regime 1933-1940*, Stuttgart, 1968.

J. W. WHEELER-BENNET, *The Nemesis of Power, The German Army in Politics 1918-1945*, Londres, 1953.

Chapitre 14

Sur la guerre, on trouvera d'intéressants renseignements dans :

J.-B. Duroselle, *Histoire diplomatique de 1919 à nos jours* (voir biblio., chap. 5).

H. Michel, *La Seconde Guerre mondiale*, 2 vol., Paris,1968-1969, Omnibus 2001.

P. Renouvin, *Histoire des Relations Internationales*, tome 8, 2e partie, Paris Hachette, 1958.

M. G. Steinert, *Hitlers Krieg und die Deutschen, Stimmung und Haltung der Bevölkerung im Zweiten Weltkrieg* Düsseldorf, Vienne, 1970.

G. Wright, *L'Europe en guerre, 1939-1945*, Paris, Armand Colin, coll. « U » 1971.

On pourra consulter en outre sur divers aspects :

E. Jackel, *La France dans l'Europe de Hitler*, Paris, Fayard, 1968.

A. S. Milward, *The German Economy at War*, Londres, 1965.

L. Poliakov, *Le IIIe Reich et les Juifs*, Paris, Calmann-Lévy, coll. « Liberté de l'esprit », 1958.

A. Wieviorka *et al.*, *Les Procès de Nuremberg et Tokyo*, Bruxelles, Complexe, 1996.

O. Wormser-Migot, *Le Système concentrationnaire nazi*, Paris, PUF, 1968.

Chapitre 15

Parmi les principaux ouvrages publiés sur la période de l'après-guerre, il faut signaler en allemand :

S. Doernberg, *Die Geburt eines neuen Deutschlands 1945-1949*, Berlin, 1959.

H. Dollinger, *Deutschland unter den Besatzungsmächten*, Munich, 1967.

En français, les ouvrages sont relativement nombreux :

G. Badia, *Histoire de l'Allemagne contemporaine*, tome II, Paris, Éditions sociales, 1964.

G. Castellan, *D.D.R., Allemagne de l'Est*, Paris, Seuil, 1955.

A. Grosser, *L'Allemagne de l'Occident 1945-1952*, Paris, Gallimard, 1953.

G. Krebs et G. Schneilin, *L'Allemagne 1945-1955. De la capitulation à la division*, Paris, Université Sorbonne nouvelle/Asnières, PIA, 1996.

A. Piettre, *L'Économie allemande contemporaine, 1945-1952*, Paris, M.-Th. Génin, 1952.

G. Roustang, *Le Développement économique de l'Allemagne orientale*, Paris, Sedes, 1963.

Chapitre 16

Ouvrages allemands sur la période :

E. Deuerlein, *Deutschland nach dem zweiten Weltkrieg*, Constance, 1963.

S. Doernberg, *Kurze Geschichte der D.D.R.*, Berlin, 1964.

K. Jaspers, *Wohin treibt die Bundesrepublik*, Munich, 1966.

P. Noack, *Deutschland von 1945 bis 1960*, Munich, 1960.

E. Richert, *Das Zweite Deutschland, Ein Staat der nicht sein darf*, 1964.

Nous disposons en français d'excellents ouvrages sur l'Allemagne d'après-guerre :

A. Grosser, *La Démocratie de Bonn*, Paris, Gallimard, 1958.

– *La République Fédérale Allemande*, Paris, PUF, coll. « Que sais-je ? », 1967.

A. Grosser et H. Menudier, *La Vie politique en Allemagne fédérale*, Paris, Armand Colin, 1971.

Et surtout :

H. Burgelin, *La Société allemande, 1871-1968*, Paris, Arthaud, 1969.

G. Castellan, *La République Fédérale Allemande*, Paris, 1966.

F.-G. Dreyfus (dir.), *Le Syndicalisme allemand contemporain*, Paris, Dalloz, 1968.

A. Grosser, *L'Allemagne de notre temps*, Paris, Fayard, 1970.

Chapitre 17

M. Meyer, *L'Allemagne inachevée*, Paris, Denoël, 1976.

J. Rovan, *L'Allemagne du changement*, Paris, Calmann-Lévy, 1983.

A. Grosser, *L'Allemagne en Occident. La République fédérale 40 ans après*, Paris, Fayard, 1985.

Chapitre 18

H. Krisch, *The German Democratic Republic*, Boulder, 1985.

Chapitre 19

Les deux Allemagnes 1984-1989, Paris, La Documentation française, 1990.

R. Fritsch-Bournazel, *L'Allemagne unie dans la nouvelle Europe*, Bruxelles, Complexe, 1991.

H. Ménudier (dir), *L'Allemagne de la division à l'unité*, Publications de l'Institut d'Allemand d'Asnières, 1991.

Chapitre 20 et 21

I. Bourgeois (dir.), *Le Modèle social allemand en mutation*, Cergy-Pontoise, CIRAC, 2005.

I. Bourgeois et R. Lasserre, *La République fédérale d'Allemagne : chronique politique, économique et sociale (1949-2009)*, Cergy-Pontoise, CIRAC, 2009.

R. Brubacker, *Citoyenneté et nationalité en France et en Allemagne*, trad. de l'anglais par J.-P. Bardos, Paris, Belin, 1997.

J.-C. Capèle, *L'Allemagne, hier et aujourd'hui*, Paris, Hachette, 1996.

G. Casasus, S. Lemasson, S. Lorrain (dir), *L'Autre Allemagne, 1990-1995, de Rostock à Leipzig, cinq ans d'unification*, Paris, Autrement, 1995.

J.-P. Depecker et S. Milano, *Économie et société allemandes, l'après-réunification*, Paris, Nathan, 1996.

Esprit, « L'Allemagne de nos incertitudes », mai 1996.

J.-P. Gougeon, *Où va l'Allemagne ?* Paris, Flammarion, 1997.

F. Guérard, « L'évolution des forces politiques en Allemagne », *Problèmes politiques et sociaux, n° 762*, Paris, La Documentation française, 1996.

P. Guillen, *La Question allemande*, Paris, Imprimerie nationale, 1995.

M. Hubert, *L'Allemagne en mutation. Histoire de la population allemande depuis 1815*, Paris, Presses de Sciences-Po, 1995.

E. Husson, *Une autre Allemagne*, Paris, Gallimard, 2005.

H. Joly, *Patrons d'Allemagne, Sociologie d'une élite industrielle 1933-1989*, Paris, Presses de Sciences-Po, 1995.

R. Kastoryano, *La France, l'Allemagne et leurs immigrés*, Paris, Armand Colin, 1996.

R. Lallement, *L'Unification sans miracle, l'économie allemande en mutation (1990-1995)*, Paris, Cirac, 1995.

F. Roth, *Petite histoire de l'Allemagne au XXe siècle*, Paris, Armand Colin, coll. « U », 2002.

Index des noms propres

D

E

F

G

T

U

V

W

Y

Z

Table des encadrés et des illustrations

Table des matières

Composition réalisée par Belle Page

Achevé d'imprimer en France
par Dupli-Print à Domont (95)

Armand Colin Éditeur
5, rue Laromiguière – 75005 Paris

310494 – (I) – (1) – OSB 80° – PBA – BTT
Dépôt légal : avril 2014
N° d'impression : 2014032069